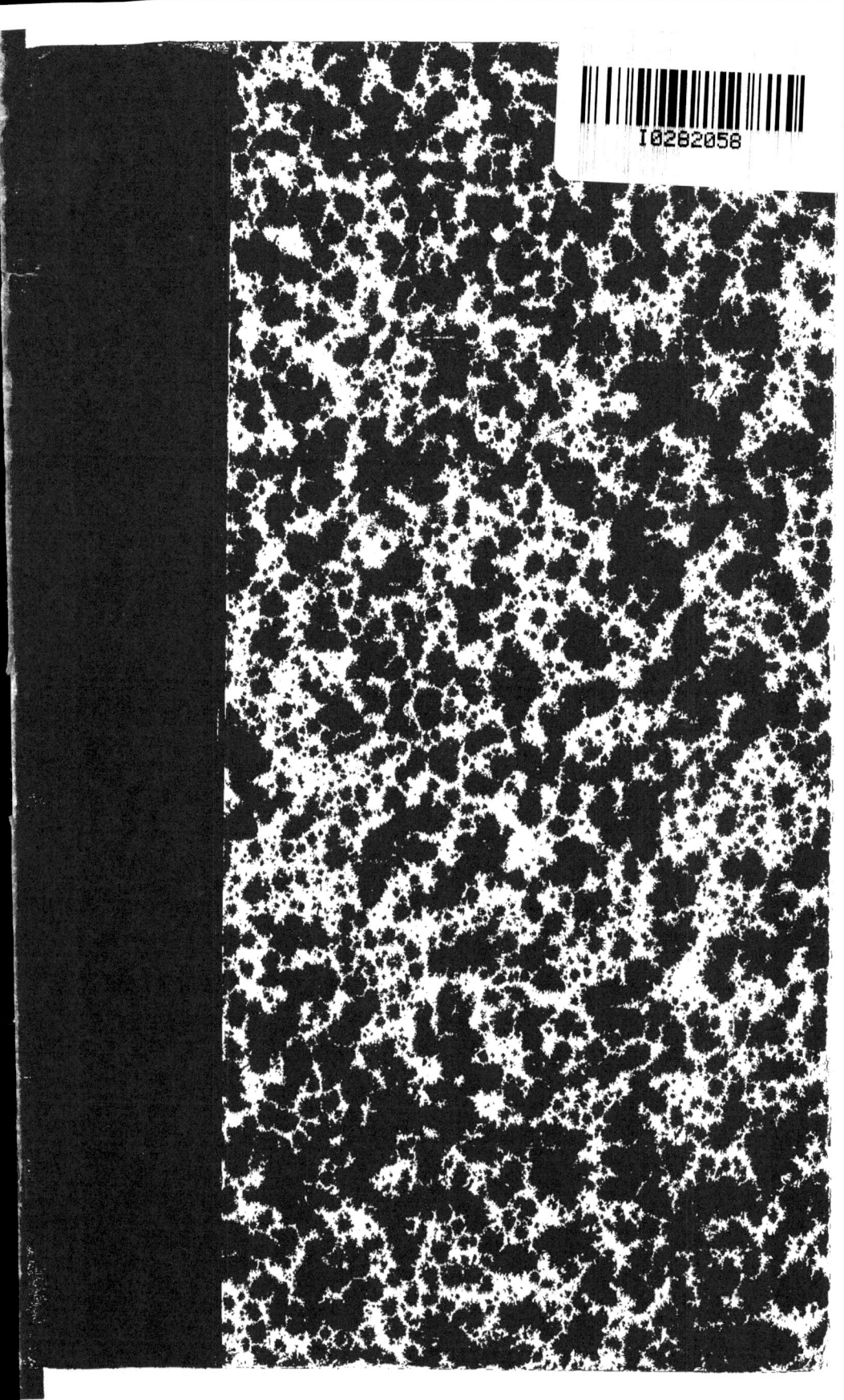

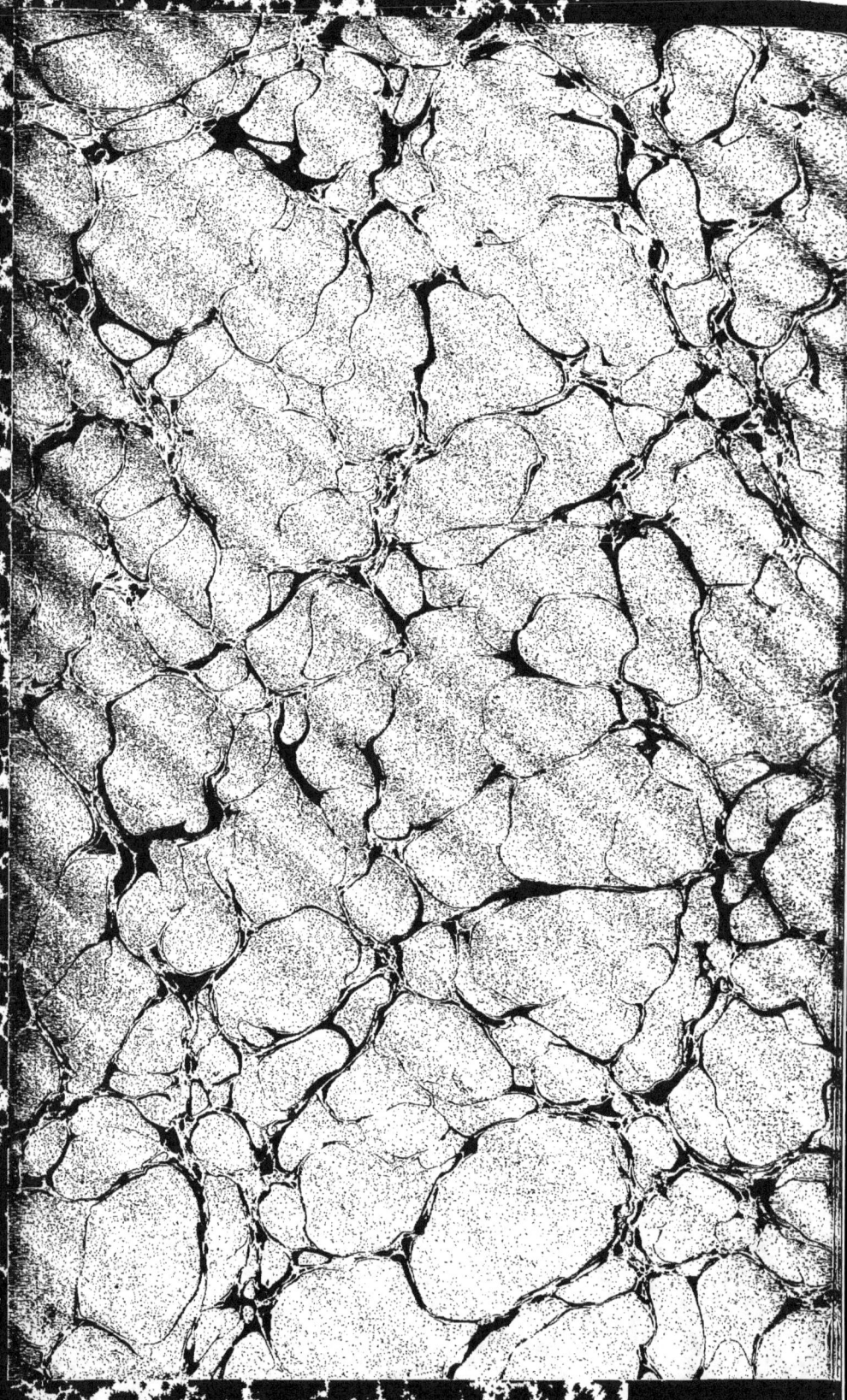

MÉMOIRES
DU
MARÉCHAL
DE VILLARS

PUBLIÉS D'APRÈS LE MANUSCRIT ORIGINAL

POUR LA SOCIÉTÉ DE L'HISTOIRE DE FRANCE

ET ACCOMPAGNÉS

DE CORRESPONDANCES INÉDITES

PAR M. LE Mis DE VOGÜÉ

MEMBRE DE L'INSTITUT.

TOME DEUXIÈME

A PARIS
LIBRAIRIE RENOUARD
H. LAURENS, SUCCESSEUR
LIBRAIRE DE LA SOCIÉTÉ DE L'HISTOIRE DE FRANCE
RUE DE TOURNON, N° 6

M DCCC LXXXVII

MÉMOIRES

DU

MARÉCHAL DE VILLARS

IMPRIMERIE DAUPELEY-GOUVERNEUR

A NOGENT-LE-ROTROU.

MÉMOIRES
DU
MARÉCHAL
DE VILLARS

PUBLIÉS D'APRÈS LE MANUSCRIT ORIGINAL

POUR LA SOCIÉTÉ DE L'HISTOIRE DE FRANCE

ET ACCOMPAGNÉS

DE CORRESPONDANCES INÉDITES

PAR M. LE Mis DE VOGÜÉ

MEMBRE DE L'INSTITUT.

TOME DEUXIÈME

A PARIS
LIBRAIRIE RENOUARD
H. LAURENS, SUCCESSEUR

LIBRAIRE DE LA SOCIÉTÉ DE L'HISTOIRE DE FRANCE

RUE DE TOURNON, N° 6

M DCCC LXXXVII

EXTRAIT DU RÈGLEMENT.

Art. 14. — Le Conseil désigne les ouvrages à publier, et choisit les personnes les plus capables d'en préparer et d'en suivre la publication.

Il nomme, pour chaque ouvrage à publier, un Commissaire responsable, chargé d'en surveiller l'exécution.

Le nom de l'éditeur sera placé à la tête de chaque volume.

Aucun volume ne pourra paraitre sous le nom de la Société sans l'autorisation du Conseil, et s'il n'est accompagné d'une déclaration du Commissaire responsable, portant que le travail lui a paru mériter d'être publié.

Le Commissaire responsable soussigné déclare que l'édition des Mémoires du maréchal de Villars, *préparée par* M. le Mis de Vogüé, *lui a paru digne d'être publiée par la* Société de l'Histoire de France.

Fait à Paris, le 15 novembre 1886.

Signé : L. LALANNE.

Certifié :

Le Secrétaire de la Société de l'Histoire de France,

A. DE BOISLISLE.

MÉMOIRES

DU MARÉCHAL DE VILLARS

En partant de Vienne pour revenir en France, le marquis de Villars passa par Munich et demeura trois jours auprès de l'électeur de Bavière, avec lequel il avoit été autrefois en grande liaison[1]. Ce prince lui confia l'intelligence parfaite où il étoit avec les deux couronnes, et lui dit qu'il n'attendoit que le moment favorable pour la faire connoître à tout l'Empire. Le marquis de Villars passa ensuite chez le prince de Bade, qu'il trouva à Offembourg, préparant tous les matériaux pour l'ouverture de la guerre, lorsqu'il la pourroit commencer en Allemagne, de concert avec les puissances maritimes et avec tous les princes qui s'engageoient dans la ligue.

Le prince de Bade lui apprit deux nouvelles fort importantes. La première étoit la mort de l'archiduc, fils unique du roi des Romains ; la seconde étoit que

1. Ricous écrit de Munich à Torcy le 6 et le 10 août 1701 : « M. de Villars a été ici quelques jours ; M. l'électeur l'a parfaitement reçu et lui a témoigné beaucoup de confiance et d'amitié. » — « M. l'électeur a dit au marquis de Villars (en parlant de la guerre) qu'il y rêvoit tous les jours et qu'il avoit déjà des projets écrits de l'épaisseur de deux doigts. » — Arch. des affaires étrangères. *Bavière,* 43, fol. 206, 213.

l'armée impériale, commandée par le prince Eugène en Italie, avoit passé le Mincio devant celle des deux couronnes.

Comme le prince de Bade et le marquis de Villars avoient souvent raisonné à Vienne sur toutes les difficultés que trouveroit l'armée de l'empereur à sortir des montagnes et à entrer dans des pays où elle n'avoit ni places, ni alliés, il étoit aussi surpris que l'étoit le marquis de Villars que cette armée eût débouché sans obstacle, et qu'elle eût passé les rivières du Pô, de l'Adige, du Tanaro, du Canal-blanc, et ensuite celle du Mincio, sans la plus légère opposition des armées de France, d'Espagne et de Savoye, infiniment supérieures à toutes les forces de l'empereur.

Ces heureux commencements pour l'empereur étonnèrent l'Italie, animèrent et réunirent toutes les puissances qui se préparoient à la guerre contre la France. Le roi, irrité de la foiblesse qui paroissoit dans la conduite du maréchal de Catinat, prit la résolution d'envoyer en Italie le maréchal de Villeroy. Il en reçut les ordres quinze jours avant l'arrivée du marquis de Villars auprès du roi, et demanda à Sa Majesté que le marquis de Villars allât servir en Italie avec lui; de sorte qu'un des gens du marquis de Villars vint au-devant de lui, à deux postes de Paris, et lui apporta les ordres de Sa Majesté pour aller incessamment en Italie. Le jour d'après, il se rendit auprès du roi, et Sa Majesté, dans l'audience particulière qu'elle lui donna, lui marqua une extrême satisfaction de ses services et l'honora des paroles les plus obligeantes et les plus remplies de bonté.

Le marquis de Villars, pénétré de ses expressions,

lui dit cependant : « Mais Votre Majesté a fait duc M. d'Harcourt, M. de Tallard, chevalier de ses ordres, elle lui a même donné un gouvernement de province ; qui pourra croire que Votre Majesté soit aussi satisfaite qu'elle paroît l'être de ma conduite, lorsque mes camarades reçoivent les plus grandes grâces, et que cependant je ne suis honoré d'aucune ? Votre Majesté sait bien pourtant que ce qui s'est passé à Vienne a déterminé le testament du roi d'Espagne, et que les grandes propositions que l'empereur m'a chargé de faire à Votre Majesté ont fait résoudre l'Angleterre et la Hollande au traité de partage. J'aurai donc battu les buissons, et les autres auront pris les oiseaux. » Sur cela, le roi lui dit encore des paroles très flatteuses, à quoi le marquis de Villars répondit : « Il faut donc, sire, que je porte écrit sur ma poitrine tout ce que Votre Majesté me fait l'honneur de me dire ; car, qui pourra penser que je l'aie bien et utilement servie, lorsqu'elle ne fait rien pour moi ? » Le roi dit : « Vous vous apercevrez, aux premières occasions, à quel point je suis content de vous. » Ainsi finit la conversation, et le marquis de Villars partit véritablement affligé.

En arrivant à Lyon, il trouva un courrier du maréchal de Villeroy qui portoit à la cour les nouvelles de l'affaire de Chiari[1], qui n'avoit pas été heureuse aux troupes des couronnes. En prenant congé de Sa Majesté, le maréchal de Villeroy l'avoit laissée vivement piquée de l'inaction honteuse de ses armées, et de ce qu'elles n'avoient apporté aucun obstacle au progrès de la marche de celle de l'empereur pour arriver dans le

1. 1er septembre 1701.

Milanez. Ainsi, il cherchoit une action. Le prince Eugène étant campé à Chiari, le maréchal de Villeroy crut pouvoir l'attaquer dans ses postes et marcha à lui par des pays si couverts qu'il ne put jamais bien connoître sa disposition. Il trouva de l'infanterie bien postée, qui reçut la sienne par un grand feu, et, après une attaque fort inutile, dans laquelle on perdit beaucoup de gens, il fallut se retirer. M. le duc de Savoye s'y distingua fort, s'exposa souvent et offrit au maréchal de Villeroy de recommencer le combat à la tête de ses propres troupes. On ne crut pas devoir le tenter ; mais néanmoins cette affaire, où les ennemis n'eurent d'autre avantage que d'avoir soutenu leur poste, leur fit beaucoup d'honneur dans toute l'Italie.

Le marquis de Villars voyant, par les nouvelles que lui apprit ce courrier, que la guerre commençoit à devenir vive, continua sa route avec toute la diligence possible, [et sans s'arrêter un moment dans ses terres qu'il traversoit[1]]. Mais la fatigue d'un voyage de près de 500 lieues en poste, l'extrême chaleur de la saison, le défaut de sommeil, un peu de chagrin joint à tout cela altérèrent sa santé. En traversant la Savoye, il se

1. Ce membre de phrase est rayé dans le manuscrit d'une main différente de celle qui a fait les corrections et suppressions posthumes que nous avons attribuées à l'éditeur anonyme de 1734 ; on serait porté à croire que cette suppression a été faite par le maréchal lui-même, se souvenant de ce qu'il avait écrit au début de ses mémoires (t. I, p. 193) sur la modicité de son patrimoine. Il résulte de son contrat de mariage qu'en 1701 il ne possédait qu'une maison à Condrieu, le château de la Chapelle en Lyonnais et celui de Villeneuve-le-Marc en Dauphiné, habitations très modestes entourées de quelques terres d'un revenu de 6 à 7,000 livres, entièrement absorbé par les pensions à servir à la marquise de Villars et à ses autres enfants.

trouva attaqué d'une dyssenterie fort violente, malgré laquelle il arriva à cheval à Turin dans un danger évident pour sa vie. A peine fut-il arrivé dans la principale hôtellerie que beaucoup d'honnêtes gens le vinrent voir, et que le marquis de Prié, revenu depuis peu de jours de son ambassade de Vienne, le mena loger dans son palais. C'étoit un grand soulagement pour un homme dangereusement malade de sortir du bruit d'un cabaret pour aller dans une maison belle et tranquille à portée de tous les secours. Mesdames royales l'envoyèrent visiter sur-le-champ par leurs médecins, et tous de concert empêchèrent qu'il ne prît du remède d'Helvétius[1] qu'il avoit apporté avec lui de Paris. Leur raison étoit que sa dyssenterie n'étoit point causée par les fruits, ni par aucune indigestion, mais qu'elle venoit d'un sang échauffé par un excès de fatigue. Ils représentoient de plus que ce remède n'avoit point réussi dans l'armée d'Italie, où il y avoit eu beaucoup de dyssenterie, et citèrent par exemple que le chevalier de Tessé en étoit mort après en avoir pris. Cette contestation des médecins dura deux jours, pendant lesquels le marquis de Villars s'affoiblissoit de plus en plus. Le troisième, malgré tous les raisonnements que les médecins ont accoutumé de faire pour combattre les remèdes qu'ils n'ordonnent pas eux-mêmes, le marquis de Villars prit celui d'Helvétius. L'effet en fut prompt, et si heureux, qu'il le guérit presque dans le moment. Quatre ou

---

1. Adrien Helvétius (1661-1727), second des médecins de ce nom et grand-père du célèbre philosophe financier, avait une poudre mystérieuse contre la dyssenterie qui fit sa fortune et se trouva être la racine d'ipecacuanha.

cinq jours après, quoique très foible encore, il prit la résolution de se rendre à l'armée, dont le voisinage avec celle des ennemis attiroit de fréquentes actions, et presque toutes malheureuses pour les troupes du roi. Mesdames royales, desquelles il alla prendre congé, lui marquèrent beaucoup de bonté. Il se rendit en poste à Milan; M. le prince de Vaudemont le fit loger dans le palais, et, comme il devoit partir lui-même dans trois jours pour joindre l'armée, il le retint pour faire le voyage ensemble. Ils partirent dans la même chaise et se rendirent à Pizzighitone, lieu connu par la prison de François Ier, qui fut conduit dans ce château après la perte de la bataille de Pavie. Ils furent obligés d'y demeurer deux jours pour attendre les arrangements de l'escorte qu'on lui envoya de l'armée, et ils partirent le 4 octobre. Le maréchal de Villeroy avoit envoyé au-devant d'eux le marquis de Villiers[1], brigadier de cavalerie, le comte de Cavaillac, commandant les troupes de Son Altesse Royale, M. de Vandeuil[2], colonel, et M. d'Hymécourt[3], colonel d'infanterie, avec 800 chevaux et 400 hommes de pied.

Le petit séjour du prince de Vaudemont à Pizzighitone donna lieu, selon toutes les apparences, aux

---

1. Ét. Berauld de Villiers-le-Morhier, entré au service en 1667, fit brillamment toutes les campagnes, était alors mestre de camp d'un régiment de son nom, fut brigadier en 1702, maréchal de camp en 1704 et mourut en 1706.

2. M. de Clérembault de Vendeuil fut tué à la bataille de Luzzara, le 15 août suivant.

3. César-Hector de Vassinhac d'Imécourt, né en 1654, mort en 1743; cavalier dans la compagnie de son père en 1672, il fut successivement capitaine, lieutenant-colonel et colonel de ce même régiment, fit toutes les campagnes jusqu'en 1704, fut maréchal de camp en 1718 et lieutenant général en 1734.

ennemis d'être avertis de sa marche, et l'on trouva, en approchant d'une petite ville appelée Castelleone, le général Mercy à la tête d'un corps beaucoup plus considérable que les escortes. Il se mit en bataille dès qu'il en vit paroître les premières troupes. Le marquis de Villiers envoya sur-le-champ avertir M. de Vaudemont, dont le capitaine des gardes, qui marchoit à côté de la chaise, se jeta pied à terre et donna son cheval au marquis de Villars, qui courut diligemment à la tête de l'escorte qui commençoit à se former. Aucun des cavaliers ne savoit que le marquis de Villars fût si près d'eux, et, dès qu'ils le virent l'épée à la main, ils s'écrièrent : « C'est notre général que Dieu nous envoie. » Les ennemis avoient commencé par charger l'avant-garde avec leurs premières troupes; mais, comme ils virent que celles de France se formoient, ils se mirent aussi en bataille de leur côté. Un petit ruisseau, que l'on nomme Biaillere en ce pays-là, séparoit les troupes. Le marquis de Villars fit avancer les 400 hommes de pied que commandoit d'Hymécourt et les plaça sur le ruisseau, ce qui lui donna le moyen d'en reconnoître la qualité. Dès qu'il eut trouvé que le fond en étoit bon, et que les bords en étoient peu escarpés, sachant d'ailleurs l'avantage qu'il y avoit à attaquer, il passa le ruisseau et marcha aux ennemis. La charge fut heureuse ; ils furent renversés, mais leur seconde ligne ayant soutenu et rétabli le désordre de la première, celle du marquis de Villars fut nécessaire pour achever de rompre les ennemis, et tout fut renversé. Malheureusement pour eux, ils trouvèrent à 300 pas de là un ruisseau fort difficile à passer, et les François, animés par la dureté que les impériaux avoient exercée sur eux dans les précédentes affaires, qui avoient toutes été heureuses aux ennemis, exercèrent la même dureté dans cette occasion et firent peu de quartier. Ainsi, l'on ramena peu de prisonniers, mais plus de 200 chevaux, et l'on ne perdit que deux ou trois officiers subalternes et environ vingt cavaliers ou dragons.

Après ce petit combat, le prince de Vaudemont et le marquis de Villars continuèrent leur voyage et trouvèrent le maréchal de Villeroy qui venoit au-devant du prince de Vaudemont et qui étoit déjà informé de l'heureux succès qu'ils avoient eu dans leur marche. Le maréchal de Villeroy et le marquis de Villars étoient assez accoutumés à citer des vers de comédie, et le maréchal faisant compliment au marquis sur l'aventure qui venoit de lui arriver, et sur la joie que les troupes avoient de le revoir, le marquis de Villars lui dit ces vers de Racine dans Bajazet :

Comptez qu'ils me verront encore avec plaisir,
Et qu'ils reconnoîtront la voix de leur vizir.

Il est constant, en effet, que la cavalerie, dont le marquis de Villars étoit général depuis plusieurs années, avoit en lui beaucoup de confiance, et il y parut dans plusieurs affaires que l'on eut avec les ennemis pendant le reste de la campagne. Elles furent toutes avantageuses aux troupes du roi, au lieu que toutes les précédentes l'avoient été aux ennemis.

On fit un fourrage peu de jours après son arrivée, à quatre lieues du camp, et il étoit difficile que les ennemis n'en fussent pas avertis. Aussi fut-il attaqué en divers endroits, mais les ennemis furent repoussés partout et avec perte.

L'armée ayant consommé tous les fourrages qui étoient au delà de l'Oglio, les généraux résolurent de repasser cette rivière et de quitter le camp d'Urago. Il y avoit alors quelque espèce de division entre Son Altesse royale et nos généraux, qui vouloient sans fondement lui croire une intelligence secrète avec les ennemis, et qui, par cette raison, lui cachoient leurs desseins et les mouvements qu'ils vouloient faire. Celui de repasser l'Oglio exigeoit un grand secret, parce que l'armée ennemie n'étoit qu'à une lieue et demie de nous, et, pour assurer notre arrière-garde, il étoit nécessaire de retrancher le quartier général d'Urago. Ce fut aussi ce que les généraux ordonnèrent, et la généralité ayant monté à cheval sur les cinq heures du soir pour se promener, M. le duc de Savoye fut assez surpris de ce que l'on retranchoit son quartier, sans qu'il en eût aucune connoissance. Il en demanda la raison à M. le maréchal de Villeroy avec un air d'étonnement, mais néanmoins sans y joindre aucune parole qui marquât sa juste indignation.

L'armée se mit en marche à l'entrée de la nuit et repassa tranquillement la rivière. Les ennemis s'avancèrent seulement le jour d'après et tirèrent quelques volées de canon qui firent peu d'effet. Dans cette occasion, le maréchal de Catinat, s'étant avancé à pied pour examiner leur disposition, fut légèrement blessé au bras d'un coup de fusil. Plusieurs officiers ennemis, se promenant sur le bord de la rivière, s'adressèrent à quelques-unes des troupes du roi et leur demandèrent des nouvelles du marquis de Villars. « Vous pouvez, » répondirent-ils, « vous adresser à lui-même, car il est à trente pas d'ici. » Sur cela, le comte de

Falkenstein s'avança et lui fit des compliments de la part du prince Eugène et des autres généraux de sa connoissance.

Le 14 novembre, l'armée des couronnes alla camper à Tissingo, et, le 15, elle se sépara en plusieurs quartiers. Le maréchal de Villeroy donna au marquis de Villars une partie considérable de l'armée pour aller couvrir le Milanez et garder la rivière de l'Adda. Il avoit à ses ordres toutes les troupes espagnoles, que l'on appelle *de l'État*, commandées par le duc de Sesto, général de la cavalerie d'Espagne, avec lesquelles il se plaça le long de l'Adda, mettant son principal quartier dans la ville de Lodi.

La campagne étant déjà fort avancée, elle finit sans autres actions que quelques partis qui se montrèrent entre les rivières de l'Adda et de l'Oglio. Mais les troupes du roi y conservèrent toujours l'air de supériorité qu'elles avoient repris depuis l'arrivée du marquis de Villars.

Le maréchal de Villeroy établit son quartier général à Casal-Major, d'où le marquis de Villars partit le 15 décembre pour se rendre à la cour, où, depuis près de quatre ans, il n'avoit été que huit jours. Il passa à Turin, alla faire sa cour à Leurs Altesses royales et prit congé des princesses. Le jour d'après son arrivée, le duc de Savoye lui dit le soir : « Nous ne nous quitterons pas sitôt ; il faut que nous causions ensemble. »

Le marquis de Villars craignoit extrêmement cette conversation particulière. Il savoit qu'elle rouleroit sur des plaintes très vives contre le maréchal de Villeroy et contre le prince de Vaudemont ; et, comme il étoit de leurs amis, qu'il savoit d'ailleurs qu'ils avoient la confiance entière du roi, il ne vouloit pas que M. le duc de Savoye pût le prendre à témoin des reproches qu'il leur faisoit.

Cependant, il ne put éviter cet entretien. Le marquis de Prié, chez lequel il étoit logé, le retint à dîner, et le comte de Non, un des confidents de Son Altesse royale, vint manger avec lui. « Voudriez-vous partir, » lui dit le comte, « sans voir encore notre maître ? » Le marquis de Villars lui répondit « qu'il avoit eu l'honneur de prendre congé de lui. » Le comte de Non se leva de table et fit signe au marquis de Prié pour retenir le marquis de Villars. Le moment d'après, il revint et dit que c'étoit de la part de Son Altesse royale qui l'envoyoit pour prier le marquis de Villars de l'aller voir. Il l'attendoit en effet dans son petit appartement.

La conversation commença par les assurances d'estime et d'amitié que lui donna ce prince, et il lui dit ensuite qu'il étoit bien aise de lui ouvrir son cœur sur la conduite du maréchal de Villeroy et du prince de Vaudemont, conduite dont il avoit lui-même été témoin en partie. Il ajouta, qu'en diverses occasions, ces deux messieurs avoient marqué des défiances très offensantes pour un prince comme lui; qu'il avoit été sage; qu'il avoit marqué son zèle pour les couronnes, même à l'affaire de Chiari, où l'on savoit que, les troupes du roi s'étant rebutées, il avoit offert les siennes pour recommencer le combat; qu'il prioit le marquis de Villars de rendre les témoignages qu'il devoit attendre, plus encore de la vérité de son caractère, que de son amitié; qu'enfin, il étoit outré et qu'il auroit demandé justice au roi, s'il n'étoit convaincu qu'il n'en pouvoit pas beaucoup espérer des deux rois contre les généraux qui commandoient leurs armées. Le marquis de Villars supplia très humblement Son Altesse royale de vouloir bien qu'il ne fût pas chargé de ses plaintes. « J'ai voulu, » lui répondit ce prince, « vous parler comme à un honnête homme, dont je connois le mérite, que j'estime et que j'aime, et qui me doit aussi quelque amitié. » En effet, depuis la campagne de Valence, M. le duc de Savoye avoit marqué beaucoup d'affection au marquis de Villars, et ce prince a toujours continué de lui faire connoître les mêmes sentiments.

Pour dire la vérité, il étoit vivement outré, et c'étoit un soulagement pour lui de s'ouvrir à un homme qui connoissoit la justice de ses plaintes.

1702. Le marquis de Villars arriva à Versailles dans la fin de l'année 1701. Le roi le reçut avec bonté, mais il ne lui fit aucune grâce marquée. Il se répandit même un bruit, et il n'étoit pas sans vraisemblance, que le roi avoit voulu faire quatre maréchaux de France qui étoient le marquis d'Huxelles, le général Rosen, le comte de Tallard et le marquis d'Harcourt. On ajoutoit que la dauphine, pour laquelle le roi et Mme de Maintenon avoient une amitié très vive, ne voyant pas dans ce nombre le comte de Tessé, son premier écuyer, avoit empêché la promotion. Le marquis de Villars étoit bien déterminé à quitter le service, s'il n'étoit pas du nombre des premiers maréchaux de France, et l'incertitude le porta à se rendre enfin aux instantes sollicitations que lui faisoit sa famille pour se marier; persuadé d'ailleurs qu'il trouveroit des partis plus avantageux, tant qu'il seroit dans l'espérance prochaine de la dignité de maréchal de France, que s'il paroissoit y renoncer en se retirant du service. Il épousa donc, le 2 février 1702, Mlle de Varengeville[1], dont l'aînée avoit épousé le président de Maisons[2], homme distingué par sa naissance, par la charge de président à mortier à Paris, par son mérite personnel, et qui avoit 40 mille écus de rente. Les biens des deux sœurs étoient égaux ; ceux de la cadette étoient même augmentés par les épargnes de ses tuteurs depuis le mariage de l'aînée.

Peu de jours après le mariage du marquis de Villars, on apprit à la cour l'affaire de Cremone et la prise du maréchal de Villeroy : aventure de guerre très surprenante, et qui doit apprendre à ne négliger jamais rien pour sa sûreté et pour profiter d'un événement heureux.

Le comte de Revel commandoit dans Cremone en l'absence du maréchal de Villeroy, qui étoit allé passer quelques jours à Milan avec le prince de Vaudemont. Il en fut rappelé par le bruit qu'il y avoit quelques mouvements dans les troupes des ennemis. En arrivant à Cremone, il trouva qu'effectivement ils avoient rassemblé quelques quartiers, mais n'imaginant pas qu'il leur fût possible de rien tenter sur cette place, qui

1. Jeanne-Angélique, fille de Rocques de Varangeville, ambassadeur à Venise, et de Mlle Courtin. Sur cette intéressante personne, sa beauté, la jalousie de Villars, voir le livre de M. Ch. Giraud, *la Maréchale de Villars*, 1881.

2. Claude de Longueil, marquis de Maisons et de Poissy, né en 1667, mort en 1715, avait épousé en secondes noces, le 27 février 1698, Marie-Charlotte Rocques, morte en 1728.

étoit très bonne, et dont la garnison étoit considérable, il différa au lendemain à donner des ordres aux troupes du roi, attendant les confirmations qu'il pouvoit avoir de la marche des ennemis.

Cependant un prêtre, nommé Cassoly, prévôt de Notre-Dame-la-Neuve, avoit découvert au prince de Savoye que, par un aqueduc sous terre, on pourroit entrer dans la ville. Cette route bien reconnue, 400 hommes choisis la suivirent, et une heure avant le jour se rendirent maîtres d'une porte de la ville par laquelle le prince Eugène entra avec une partie de ses troupes.

Ce premier succès ne lui permit plus aucune crainte. Le maréchal de Villeroy n'eut que le temps de monter à cheval et fut arrêté en sortant de sa maison. Le hasard fit que le colonel du régiment des Vaisseaux, nommé d'Entragues, avoit ordonné que son régiment se mît sur les remparts pour en faire la revue; des Irlandais, au premier coup, se mirent en bataille dans leur quartier, et ces troupes renversèrent celles des Impériaux qui marchoient sur le rempart. Le prince Thomas de Vaudemont, fils du prince de Vaudemont, gouverneur du Milanez, venoit de l'autre côté du Pô pour se saisir du pont, ce qui lui auroit été facile si les troupes, qui étoient dans la ville, l'avoient favorisé par quelque mouvement. Mais trop de confiance fit négliger cette précaution. La garnison, qui étoit très nombreuse, se rassembla; elle battit les premières troupes des ennemis, et le prince Eugène ne pouvant espérer de secours du prince de Vaudemont pour se rendre entièrement maître de la ville, se retira après onze heures de combat. Il le fit d'autant plus sagement qu'il y avoit à Cremone un château qu'il n'auroit pu prendre en moins de deux jours, et par lequel toutes les autres troupes des deux couronnes seroient venues aisément au secours de la garnison.

Le marquis de Crenan[1], lieutenant général, fut tué dans cette affaire, aussi bien que d'Entragues et plusieurs braves officiers subalternes.

Le maréchal de Villeroy fut conduit à Inspruck et de là à Gratz, où il resta dix mois. Le commandement de l'armée, vacant par sa prison, fut donné au duc de Vendôme, qui partit sur-le-champ pour se rendre en Italie, et tous les officiers généraux qui avoient servi dans cette armée eurent ordre de le suivre.

Dans le même temps, le roi, informé de l'intention où étoit l'électeur de Bavière de se déclarer pour la France, destina le marquis de Villars à commander les troupes qui pouvoient l'aller joindre. Mais ses desseins étoient tenus fort secrets, et l'électeur ne paroissoit avoir d'autre objet que de se tenir dans une exacte neutralité.

Le marquis de Villars n'avoit pas une connoissance certaine de sa destination; mais, dans le doute, et pendant que les officiers généraux de l'armée d'Italie avoient ordre de s'y rendre, il demanda une permission de demeurer à Paris. Elle lui fut d'autant plus agréable qu'ayant épousé une très belle dame, il auroit

---

1. Pierre de Perrien, marquis de Crenant, entré au service en 1668, combattit sous Turenne et Condé; gouverneur de Casal en 1687, il rendit cette ville avec honneur le 4 juillet 1695. Gouverneur de Condé en 1697, lieutenant général depuis 1693, il commanda Crémone tout l'hiver 1701, fut blessé à l'épaule en sortant de chez lui, lors de la surprise de cette ville, et mourut huit jours après.

été fort chagrin de s'en séparer si promptement. Ainsi, il passa l'hiver entier à Paris et à la cour.

Cependant, lorsqu'on fut sur le point d'ouvrir la campagne, il demanda au roi à partir pour l'Italie, représentant que, dans cette armée très considérable pour le nombre, le comte de Revel[1] étoit son unique ancien, et que, par conséquent, il y commanderoit l'aile gauche de l'armée, au lieu que, dans celle d'Allemagne, il avoit pour anciens les marquis de Chamilly, d'Huxelles, de Veins, MM. de Bertillac et de la Breteche[2]. Cette armée ne devoit pas être bien nombreuse. Cependant, le roi persista dans la résolution de destiner le marquis de Villars à servir dans l'armée du Rhin.

Pendant l'hiver, il put juger par quelques lettres que M. de Chamillart lui écrivit de Versailles, et par quelques conversations qu'il eut avec ce ministre sur les forces de l'électeur de Bavière et sur l'usage que l'on en pourroit faire, que le traité s'avançoit; mais il ne fut conclu que dans le milieu de la campagne[3].

1. Ch.-Am. de Broglie, comte de Revel, servit avec distinction sous Turenne et Condé, lieutenant général en 1688, commandait Crémone en second lors de la surprise et après la prise de Villeroy et de Crenan, se mit à la tête de la garnison et chassa l'ennemi de la place; Cordon bleu en 1703, quitta le service actif et mourut en 1707.

2. Noël Bouton, marquis de Chamilly, et Nic. du Blé, marquis d'Huxelles, depuis maréchaux de France, étaient lieutenants généraux de 1678 et 1688; les trois autres étaient, comme Villars, de la promotion du 30 mars 1693. Pinart (*Chronol. milit.*) écrit leurs noms : Jean de Garde d'Agoult, marquis de Vins, Nic. Jeannot de Bartillat et Esprit de Jousseaume marquis de la Bretèche.

3. Le premier traité entre Max. Emmanuel et Louis XIV fut signé le 9 mars 1702; des articles additionnels furent signés à

Cependant les hostilités commencèrent en Flandres. Les premières furent de la part de l'électeur Palatin, qui fit arrêter sur le Rhin des bateaux que l'on destinoit au siège de Kaiserwerth. Ainsi, tout se prépara à l'ouverture de la campagne en Flandres et en Allemagne; car, jusque-là, il n'y avoit eu de guerre qu'en Italie.

Le roi Guillaume, dont la santé depuis longtemps s'affoiblissoit tous les jours, revint à Londres après avoir tout réglé en Hollande pour l'état de guerre, et fit peu de jours après une chute de cheval à Kensington. Elle ne parut pas dangereuse d'abord; mais l'état de foiblesse où étoit ce prince rendoit mortels pour lui les moindres accidents. Il mourut le 18 mars de l'année 1702, et, à sa place, la princesse Anne, seconde fille de Jacques II, fut proclamée reine d'Angleterre.

La France avoit trouvé dans ce prince le plus dangereux de ses ennemis pendant le cours de sa vie; mais l'expérience fit voir que, dans la conjoncture des affaires, sa perte fut plus nuisible qu'avantageuse à la France. Son crédit étoit si fort tombé en Angleterre qu'il n'en auroit jamais tiré les sommes immenses qu'elle donna pour la guerre sous le règne de la reine Anne. Cette princesse fut gouvernée par deux ministres très habiles, chacun dans leur ordre. C'étoient le comte de Rochester, grand trésorier, et milord Marlborough. Celui-ci se trouva général, et à peine fut-il

---

Versailles par Monastérol et Torcy le 23 juin 1702; mais Max. Emmanuel fit attendre deux mois sa ratification, parce qu'il était alors engagé avec l'Autriche dans des négociations secrètes dont nous avons raconté ailleurs les curieuses phases. Voy. *Le Correspondant*, 1885, 10 et 25 septembre.

à la tête des armées qu'il montra beaucoup plus de talents pour la guerre qu'on n'en avoit espérés de lui. Il profita très sagement des fautes de ses ennemis et des conjonctures favorables que lui donna la fortune.

L'armée de France commandée en Flandres par le maréchal de Boufflers, sous les ordres du duc de Bourgogne, étoit dans les commencements très supérieure à celle des ennemis. Aussi commença-t-elle par les pousser jusque dans les contrescarpes de Nimègue où l'on prétendoit même qu'il auroit été possible de les défaire.

L'armée d'Italie étoit commandée par le duc de Vendôme, et le roi d'Espagne devoit se mettre à la tête. Le comte d'Estrées, vice-amiral de France, étoit allé le prendre à Barcelone dans les vaisseaux du roi, d'où il le mena à Naples.

Mantoüe avoit été bloquée pendant tout l'hiver par le prince Eugène. Mais, dès que le duc de Vendôme eut rassemblé ses forces, il lui fut facile de dégager cette place, et c'est par là qu'il ouvrit la campagne de 1702.

Il n'y avoit que l'Allemagne où l'armée commandée par le maréchal de Catinat sembloit vouloir ne s'opposer à rien, et laisser au prince de Bade la liberté de faire tranquillement le siége de Landau.

Ce général disposa toutes choses pour assurer cette conquête, et, dès qu'il fut sûr qu'elle ne seroit pas troublée par les mouvements de l'armée de France, il manda au roi des Romains qu'il pouvoit se rendre au siège, et la place fut investie le 16 de juin. Mélac, gouverneur, la défendit, et on lui donna deux maréchaux de camp, qui étoient Gasquiet, qui avoit été ci-devant lieutenant-colonel de Champagne[1], et Marsé[2].

On avoit eu le temps de mettre dans Landau, en troupes et en munitions de guerre, tout ce qui pouvoit rendre le siège long et difficile. Aussi le fut-il, quoique, de la part des assiégés, on ne fit pas tout ce qu'il étoit possible de faire pour une défense plus opiniâtre.

Le marquis de Villars se rendit à l'armée vers la fin de juin, et il la trouva campée à Haguenau, couverte de la rivière de Muter[3], et ayant laissé au prince de Bade tout le temps et toutes les facilités de s'établir à son siège.

Le marquis de Villars demanda avec de grands ménagements au maréchal s'il n'avoit pas été possible de se tenir au moins derrière la Lutter[4], qui étoit très facile à garder, quand ce n'auroit été que pour se poster plus noblement et obliger les ennemis à resserrer leurs quartiers, ou enfin pour ne leur pas laisser l'opinion qu'on ne se croiroit en sûreté que par l'éloignement.

Il faut avouer ici que le maréchal de Catinat, dans lequel on avoit reconnu du courage et de la prudence, avoit paru tellement baissé dans la dernière campagne

1. Joseph de Gasquet entra au régiment de Champagne en 1667 et y occupa successivement tous les grades : il ne quitta la lieutenance-colonelle qu'en 1703, étant brigadier d'infanterie depuis 1696. Maréchal de camp en 1704 et commandeur de Saint-Louis, il mourut en 1733, âgé de quatre-vingt-treize ans.

2. Fr.-Guil. de Marcé de la Motte eut, dans le régiment de Navarre, une carrière assez semblable à celle du précédent ; il y occupa successivement tous les grades jusqu'à celui de lieutenant-colonel, et fut nommé maréchal de camp le même jour, 26 oct. 1704.

3. La Moder.

4. La Lauter.

en Italie, que le roi avoit été obligé de lui ôter le commandement de l'armée. Il avoit montré pour lors beaucoup de foiblesse, et la force ne lui étoit pas revenue.

On vouloit se flatter que le siège de Landau tiendroit la campagne entière; mais, s'il finissoit assez tôt pour laisser quelque vue aux ennemis, on paroissoit disposé à ne leur faire pas le moindre obstacle. On craignoit même que, pendant le siège, ils n'occupassent des postes sur la Saare, et qu'aidés par les dispositions favorables du duc de Lorraine, ils ne reformassent des desseins très dangereux pour la France[1]. Cette inquiétude détermina la cour à faire un détachement de l'armée de Flandres de 12 bataillons et de 20 escadrons qui eurent ordre de se rendre sous Thionville. Le roi en destina le commandement au marquis de Villars.

Sa Majesté voyoit avec une peine extrême que son armée de Flandres, à la tête de laquelle elle avoit mis son petit-fils, le duc de Bourgogne, se retiroit assez honteusement devant celle de Marlborough, qui la mena enfin, après plusieurs conquêtes, jusque sous Charleroy. Cette armée n'ayant donc aucun autre objet que de céder, la cour ne balança pas à l'affoiblir, et, jugeant qu'il falloit au moins ôter au prince de Bade le moyen de former de nouveaux desseins, même pendant le siège de Landau, le marquis de Villars eut ordre de se rendre à Metz, d'où il marcha vers la

---

1. Villars ne cessait de signaler à la cour l'attitude suspecte du duc de Lorraine et de conseiller de prendre des mesures pour la paralyser. — Voyez à l'appendice du présent volume les extraits de sa correspondance.

Saare avec ce petit corps de troupes, et donna ordre de travailler promptement à fermer Marsal dont les fortifications qu'on relevoit sortoient à peine de terre.

On n'avoit songé encore à y mettre ni munitions ni artillerie. Cependant, comme la place située au milieu d'un marais est naturellement d'un accès difficile, le marquis de Villars ne balança pas à y mettre quelques pièces de canon, sachant bien qu'aux approches de l'hiver toute entreprise de siège paroit dangereuse, et que les simples apparences de vouloir se défendre arrêtent souvent un ennemi.

Le marquis de Villars envoya divers projets à la cour pour ne pas abandonner entièrement la campagne aux ennemis[1]. Mais le maréchal de Catinat, ne se croyant pas assez fort pour la tenir, même derrière Haguenau, fit joindre le détachement du marquis de Villars[2]. Celui-ci, discourant avec lui et parlant des gens de guerre, lui dit, sans avoir intention de lui faire aucune peine : « Qu'il arrivoit quelquefois que les mêmes hommes ne pensoient pas toujours de même. » Ce maréchal s'appliqua ce discours, et hon-

---

1. Ces dépêches sont au dépôt de la guerre (vol. 1582) en original, et en minute entre mes mains. Le roi et Chamillart, tout en approuvant les idées de Villars, n'osaient pas les imposer à Catinat. Pourtant le 11 août, Catinat ayant voulu appeler Villars sous Strasbourg, Villars protesta auprès du roi, qui lui donna raison, et Catinat se décida à marcher en avant. Le roi, par dépêche du 30, le félicite de ce mouvement et lui conseille de se diriger par Wörth et Reischoffen pour couvrir Wissembourg. Chamillart envoie copie de cette dépêche à Villars avec ces mots : « La dernière lettre que le roi a écrite à M. le maréchal de Catinat vous doit faire grand plaisir ; vous vous trouverez dans les mêmes sentiments que Sa Majesté. »

2. La jonction se fit près de Saverne le 17 août.

teux d'une foiblesse qui ne lui étoit pas naturelle, il répondit au marquis de Villars, le prenant par la main et l'œil humide : « Vous avez raison, Monsieur, les mêmes hommes ne pensent pas toujours de même. »

Cependant Landau capitula le 10 septembre après 84 jours de tranchée ouverte, et alors le maréchal de Catinat, ne se trouvant plus en sûreté derrière la Muter, quitta son camp d'Haguenau et se retira à Brompt, d'où la même inquiétude l'obligea à se mettre dans les palissades de Strasbourg et à s'y retrancher. A peine l'armée du roi se fut-elle placée dans cette honteuse situation qu'on apprit que l'électeur de Bavière s'étoit enfin déclaré en se rendant maître par surprise de la très importante place d'Ulm[1].

Ce prince ignoroit la prise de Landau, et, après cette expédition, il se trouva dans une très dangereuse situation. Il avoit compté que, la ville d'Ulm prise, et l'armée de l'empereur occupée devant Landau, l'armée du maréchal de Catinat, qui étoit très considérable, surtout depuis la jonction du détachement de Flandres, pouvoit aisément le soutenir et faire passer un corps d'armée pour le joindre par le côté d'Huningue. Dans cette vue, il fit marcher son général, le comte d'Arco, vers la source du Danube, et envoya dans le même temps un de ses adjudants nommé Locatelli pour concerter une jonction avec le

---

1. Le 8 septembre, le lieutenant-colonel Pechmann, avec quelques hommes déguisés en paysans, entra dans la ville, s'empara d'une des portes et l'ouvrit à une brigade de dragons qui occupa les principaux postes et contint la garnison surprise jusqu'à l'arrivée d'un corps d'infanterie qui la força à se rendre, après un court combat de rues.

maréchal de Catinat. Cet adjudant pouvoit, sans péril, traverser les terres des Suisses; mais, soit par ignorance, soit par infidélité[1], il aima mieux passer aux barrières de Rheinfeld, place de l'empereur, où il fut arrêté et menacé de la question. Dans cette extrémité, il rendit un compte très exact de tous les projets de son maître, et le comte d'Arco, sur la prise de cet adjudant et sur la nouvelle de la reddition de Landau, retourna sur ses pas.

Le prince de Bade étoit campé à Haguenau et faisoit marcher des troupes à Saverne, jugeant bien que le maréchal de Catinat, retranché sous Strasbourg, lui laissoit une entière liberté. Mais, sitôt qu'il eut nouvelle de la prise d'Ulm, et que le dessein de l'électeur étoit de faire marcher un corps d'armée vers la source du Danube pour se faire joindre par une partie de l'armée de France, il n'imagina rien de plus important que d'ôter à l'électeur tout moyen de recevoir un pareil secours. Il prit donc la résolution de passer le Rhin avec la meilleure partie de son armée pour venir se placer vers Huningue, dans les retranchements que l'on avoit faits par son ordre pour barrer ce fleuve, et pour ôter aux troupes de France toute possibilité de faire passer même un parti de 100 hommes.

1. Cette arrestation parut suspecte à Catinat et au roi (*Le roi à Catinat,* 23 sept. 1702). « Je veux penser qu'il n'y a rien de faux dans la conduite de M. l'électeur, écrit Villars à Chamillart le 19 sept., mais j'ai toujours trouvé trop de confiance à la manière dont ses courriers arrivoient dans notre armée..., et ce M. de Locatelli pouvoit, ce me semble, avant de tout déclarer, souffrir les premières douleurs d'une question qu'un simple gouverneur n'oseroit, selon toutes les apparences, faire donner à un colonel envoyé par un électeur. »

Le roi, qui avoit attendu avec impatience la déclaration de l'électeur de Bavière, la vit éclater avec beaucoup de peine dans des temps où ce prince pouvoit se perdre, sans être d'aucune utilité à la France. Par cette démarche, il livroit tous ses états à l'empereur, dont les généraux concevoient avec grand plaisir l'espérance d'y prendre de bons quartiers d'hiver.

Les armées de Flandres étoient poussées, comme nous l'avons dit, par le général Marlborough, qui, tous les jours, annonçoit par ses trompettes au maréchal de Boufflers les places qu'il vouloit attaquer.

En Italie, le succès de la bataille de Luzzara donnée le 15 août avoit été douteux, quoique l'armée commandée par le roi d'Espagne fût très supérieure en nombre à celle du prince Eugène.

Les armées navales de France et d'Espagne, commandées par le comte de Châteaurenaud, vice-amiral de France, avoient été brûlées à Vigo[1].

Dans le même temps, l'armée d'Allemagne, retranchée dans les contrescarpes de Strasbourg, mettoit de toutes parts les affaires des deux couronnes dans une assez triste situation.

Ce fut précisément dans cette fatale conjoncture que le roi, qui avoit toujours estimé le marquis de Villars, se rappela toutes les actions particulières de ce général, et prit seul, sans consulter aucun de ses ministres, la résolution de lui donner le commandement en chef

---

1. Villars anticipe sur les événements pour charger les couleurs du sombre tableau qu'il fait des événements; le désastre de Vigo n'eut lieu que le 22 octobre.

de l'armée d'Allemagne[1]. Il falloit pour cela prendre un parti assez extraordinaire ; c'étoit d'enfermer dans la ville de Strasbourg le maréchal de Catinat et cinq lieutenants généraux plus anciens que le marquis de Villars.

Nous allons entrer dans l'histoire des actions les plus importantes de ce général ; nous y suivrons avec exactitude tous ses mouvements et sa conduite, et l'on trouvera dans ses entreprises toute l'ardeur, toute la fermeté, toute la sagesse nécessaires pour le succès des plus difficiles.

On pourroit voir dans toutes ses lettres au roi que, depuis la prise de l'adjudant Locatelli, la retraite du comte d'Arco et la marche du prince de Bade vers Huningue, il espéroit peu de trouver des passages sur le Rhin. Mais il falloit au moins, pour la gloire du roi, marquer à l'électeur de Bavière que l'on ne laissoit rien d'intenté pour lui procurer des secours qui prévinssent sa perte.

Le marquis de Villars, ayant reçu les ordres et les

---

1. Le commandement que Villars reçut, non pas après la prise de Landau, mais le 30 août, n'était pas le commandement en chef de l'armée d'Allemagne, mais celui d'un détachement chargé d'aller joindre l'électeur de Bavière. Ce détachement, primitivement composé de 30 bataillons, 40 escadrons et 30 pièces de canon, pris à l'armée de Catinat, fut encore augmenté en octobre ; ce n'est qu'après la victoire de Friedlingen que Villars reçut le commandement en chef de l'armée d'Allemagne, et que Catinat fut rappelé. — Voyez à l'appendice les extraits de la correspondance relative à cette période. — Voy. aussi dans la collection des « Monuments inédits de l'histoire de France » les *Mémoires militaires relatifs à la succession d'Espagne* publiés par le général Pelet, et où se trouvent reproduites toutes les principales pièces du dépôt de la guerre.

pouvoirs pour commander l'armée, partit le 27 septembre du camp sous Strasbourg, ayant pour lieutenants généraux sous lui le comte Dubourg[1], MM. Desbordes[2] et de Laubanie[3], et pour maréchaux de camp les marquis de Biron[4], de Chamarante[5], Saint-Maurice[6] et Magnac[7].

Pour rendre un compte exact de toutes les actions et de tous les mouvements que fit ce général pour passer le Rhin, il importe d'observer qu'il avoit devant lui une armée supérieure en nombre à la sienne ; qu'elle

1. Léonor-Marie du Maine, comte du Bourg, fut un des auxiliaires les plus appréciés de Villars ; lieutenant général du 29 janvier 1702, il fut créé maréchal de France en 1724, chevalier des ordres, et mourut en 1739, à quatre-vingt-quatre ans.

2. Philippe d'Espocy Desbordes, officier d'infanterie de grand mérite, fit toutes les campagnes à partir de 1665 ; lieutenant général du 29 janvier 1702, fut tué à Friedlingen.

3. Yrier de Magontier de Laubanie, lieutenant général de la même promotion, a les plus beaux états de service ; il défendit Landau en 1704 pendant 69 jours de tranchée ouverte, fut créé grand-croix de Saint-Louis et mourut en 1706 des suites de ses blessures, âgé de soixante-cinq ans.

4. Armand-Charles de Gontaut, marquis de Biron, officier d'une grande bravoure, fut lieutenant général en 1704 ; créé duc et maréchal de France, il mourut en 1756.

5. Louis d'Ornaison, comte de Chamarande, longtemps colonel-lieutenant du régiment de la reine, maréchal de camp en 1702, fut lieutenant général en 1710 et mourut en 1725. Son fils était aussi à l'armée de Villars et commandait le régiment de la reine.

6. Ch. César, marquis de Saint-Mauris, maréchal de camp de 1696, fut nommé lieutenant général à cause de sa belle conduite à Friedlingen, et mourut en 1704.

7. Jules Arnolphiny, comte de Magnac, officier de cavalerie de grand mérite, fit une carrière très lente ; maréchal de camp à cinquante-six ans en 1696, il fut fait lieutenant général en 1702 à la suite de sa brillante conduite à Friedlingen, seconda Villars pendant les années suivantes et mourut en 1712.

étoit commandée par le prince de Bade et par les généraux de l'empereur les plus distingués; qu'elle étoit retranchée sur les bords du Rhin et qu'elle étoit campée sur une hauteur inaccessible par elle-même et par un marais au pied de cette hauteur dont le canon passoit plus de mille pas au delà de la ville d'Huningue. Le fort de l'Étoile est placé sur la crête de cette hauteur, le château de Friedlingue au pied, et il y avoit des retranchements sur le bord même du Rhin.

Une situation si avantageuse aux ennemis ne permettoit pas au marquis de Villars de se flatter de repasser le Rhin sans le secours de l'électeur. Il prit sa marche vers Huningue, et l'armée du prince de Bade, qui marchoit vers Saverne, fut obligée de revenir entre Haguenau et Bicheviller pour voir quel pourroit être l'objet du marquis de Villars, et peu de jours après le prince de Bade passa le Rhin.

Le marquis de Villars se rendit en poste à Huningue le 28 septembre, ayant ordonné la marche de son armée pour suivre le même chemin. Il trouva que la tête de celle du prince de Bade étoit déjà placée dans son camp de Friedlingue. L'ouvrage à corne d'Huningue placé dans l'île du Marquisat[1] avoit été rasé à la paix de Riswick, et les ouvrages au delà du Rhin qui couvroient le pont avoient été entièrement détruits. On avoit commencé depuis quelques semaines seulement à relever dans l'île la face gauche d'une partie de cet ouvrage à cornes et quelque chose de la courtine.

---

1. Erreur de Villars : l'île du Marquisat est à l'extrémité nord de l'Alsace, près de Fort-Louis. Voy. ci-dessous, année 1706.

Ce fut de ce morceau de terre, élevé dans cette petite île, que le marquis de Villars conçut la première espérance de pouvoir forcer un passage. Le bras du Rhin qu'il falloit traverser étoit alors de dix toises de largeur, et les ennemis avoient une ligne sur le bord opposé. On fit un pont de bateaux sur le grand bras du Rhin, et, dès qu'il fut achevé, le marquis de Villars fit placer douze pièces de vingt-quatre dans la face de ce demi-bastion et garnir d'artillerie tous les cavaliers des bastions de la ville et toutes les petites hauteurs d'où l'on pouvoit battre la plaine occupée par les ennemis.

Cette première disposition faite, il fit descendre, la nuit du 1er au 2 octobre, le nombre de bateaux nécessaire pour faire un pont sur le petit bras. On le commença, mais le feu des ennemis fut si violent que le pont ne put être achevé. On y eut environ trente soldats tués ou blessés.

Cependant, comme notre artillerie donnoit sur ce bord du Rhin retranché et occupé par les ennemis, il leur fut impossible d'y tenir, et le pont s'acheva.

On commença un petit ouvrage pour en couvrir la tête, et l'on fit avancer 50 grenadiers à la tête des travailleurs. Les ennemis y marchèrent avec plusieurs bataillons. Alors on fit entrer les grenadiers dans le petit ouvrage qui, soutenu de notre artillerie, fut si bien conservé que les ennemis n'osèrent plus l'attaquer.

Cependant, le marquis de Villars fut joint par les sieurs de Luttens et Santini, adjudants généraux de l'électeur. Mais on fut bien étonné lorsqu'on vit que ces messieurs ne venoient que pour savoir des nouvelles de l'armée du roi, et qu'ils n'en donnoient aucune de l'approche de celle de leur maître[1].

Outre le château de Friedlingue, les ennemis avoient un ouvrage dans le milieu de la plaine, et, n'ayant pu tenir le bord du Rhin, ils s'avancèrent par tranchées pour nous empêcher de nous étendre. De son côté, le marquis de Villars avançoit aussi toutes les nuits des ouvrages pour gagner du terrain. Les ennemis firent diverses tentatives pour rompre le pont de bateaux, et pour y réussir, sans ménager les Suisses, ils firent descendre sous le pont de Basle des bateaux chargés de pierres et de goudron pour rompre ou brûler les nôtres. Mais les bateaux de garde que nous avions à la tête de l'île détournèrent ceux des ennemis.

Le marquis de Villars reçut enfin des nouvelles de l'électeur de Bavière, mais bien différentes de celles qu'il en espéroit. C'est qu'au lieu de songer à une jonction, qui devoit être son premier objet, et le plus important, il s'étoit saisi de Memingue[2], ville impériale, et ne pensoit plus à s'approcher du Rhin.

Le prince de Bade, qui ne vouloit pas abandonner

1. Ces deux officiers étaient arrivés le 20 septembre à Strasbourg, annonçant que le détachement commandé par Arco s'avançait à Stühlingen; Catinat leur avait remis un mémoire pour la jonction (Pelet, *Mém. mil.*, II, 827). Repartis immédiatement, ils n'avaient pu ou voulu sortir de Suisse et étaient revenus retrouver Villars à Huningue. Arco était resté auprès de l'électeur qui, à ce moment, négociait secrètement avec l'empereur. « Comme il faut toujours avoir quelque pensée de politique dans les affaires des princes, ne faites-vous pas quelque attention qu'il y a quelque chose de bizarre que ces deux messieurs aient été si bien d'accord pour ne point se hasarder à passer plus avant que Schaffouse? » (*Catinat à Villars*, 3 octobre 1702.)

2. Memmingen, sur l'Iller.

son projet de prendre des quartiers d'hiver en Alsace, tenoit toujours à Bicheviller un corps d'armée considérable commandé par le marquis de Bareit. Le roi prit le parti d'envoyer au marquis de Villars une augmentation de troupes commandées par le comte de Guiscard. Avec un renfort qui lui donnoit quarante bons bataillons, le marquis de Villars, sans compter davantage sur l'électeur de Bavière, espéra pouvoir engager une action avec l'armée du prince de Bade.

Premièrement, par ses ouvrages dans la plaine, il étoit à la portée du pistolet des ennemis; ils étoient protégés du canon des hauteurs de leur camp, le marquis de Villars l'étoit de celui qui étoit dans l'île et sur les cavaliers des bastions d'Huningue. Cet avantage égal, il comptoit sur une grosse action d'infanterie, si les ennemis continuoient dans le dessein de venir à lui par tranchée. Il ne falloit plus que l'ouvrage d'une nuit pour se joindre. Le marquis de Villars comptoit fort sur la valeur de son infanterie, et que, si les ennemis se contenoient dans leurs postes, il pourroit la nuit placer assez de troupes dans la partie de la plaine dont il étoit le maître pour se jeter tout d'un coup sur la droite dans un terrain qui n'étoit pas retranché. Les Suisses, auxquels il appartenoit, n'avoient jamais voulu permettre aux ennemis de le retrancher. La petite rivière de Vise venoit se jeter dans le Rhin, auprès d'un village des Suisses nommé le petit Huningue. Mais cette rivière n'avoit aucun bord relevé et ne faisoit point d'obstacle à passer. Au delà, le marquis de Villars trouvoit un terrain assez égal et où il pouvoit, sans grand désavantage, attaquer les ennemis. La moindre des difficultés étoit de traverser les terres des Suisses, et le roi ne lui ayant rien défendu sur cela[1], il prenoit toutes ses mesures pour marcher aux ennemis la nuit du 13 au 14 octobre.

Pendant ce temps-là, il ordonna une entreprise sur la petite ville de Neubourg, située de l'autre côté du Rhin. Il en chargea M. de Laubanie et lui envoya 1,000 hommes d'infanterie choisis, commandés par le marquis de Biron et par le sieur Jorreau, brigadier d'infanterie.

Le sieur de Laubanie se trouvant incommodé, le marquis de Villars envoya le comte du Bourg pour tenter cette entreprise la nuit du 12 au 13. Il dictoit l'ordre de la marche et du combat pour attaquer, la nuit du 13 au 14, les retranchements des ennemis les plus près des siens et marcher à la rivière de Vise, lorsqu'il apprit que l'entreprise sur Neubourg avoit réussi. M. de Laubanie, qui l'avoit jugée impossible, s'étoit retiré; mais le sieur Jorreau s'y étoit opiniâtré. Un capitaine de grenadiers, nommé La Petitière, marcha au pied de la muraille, et un cadet du régiment de Lorraine, ayant grimpé sur les épaules de quelques grenadiers, entra le premier dans la place. Il y fut

---

1. Les autorités de Bâle envoyèrent des députés à Villars protester d'avance contre une violation de territoire. Villars leur fit observer que les Impériaux avaient violé les premiers « la neutralité suisse en faisant descendre des bateaux pour rompre son pont; » les députés furent obligés de reconnaître l'exactitude du fait et avouèrent que les bateaux avaient été préparés sur leur territoire. Le roi, consulté, répondit : « Il ne convient pas de se brouiller avec un canton sans en tirer une grande utilité; vous leur ferez toutes sortes d'excuses et d'honnêtetés si vous êtes obligé de passer sur eux. » — (*Villars au roi*, 9 oct. — *Chamillart à Villars*, 14 oct. et 16 oct.)

bientôt suivi par les grenadiers, et les 400 Suisses qui la défendoient furent pris ou tués[1].

Cette nouvelle étoit bien importante pour le marquis de Villars; car il étoit bien différent de pouvoir passer le Rhin en sûreté et de pouvoir ensuite donner bataille dans un terrain égal à celui du prince de Bade, ou d'aller chercher à le combattre malgré tous les obstacles qu'on avoit à surmonter. Aussi, dès qu'il apprit que les troupes du roi tenoient Neubourg, il fit descendre des bateaux pour y construire un pont, dans lesquels il mit quatorze compagnies de grenadiers, et, sur le soir, il fit marcher deux régiments de dragons pour joindre le camp du comte de Guiscard, auquel il envoya ordre de se rendre incessamment à Neubourg.

Le prince de Bade, voyant marcher ces troupes, descendre des bateaux, et en même temps recevant avis de la prise de Neubourg, fit marcher, deux heures avant la nuit, toute sa droite de cavalerie vers Neubourg. Le marquis de Villars, qui vit tout ce mouvement, fit descendre toute l'armée sur Huningue, remplit d'infanterie toute l'île du Marquisat[2], et tout le bas du Rhin au delà de l'ouvrage à cornes, étant à sec depuis quatre jours, fut rempli de cavalerie. Ainsi, le prince de Bade, voyant que son poste seroit occupé dans le moment même qu'il le quitteroit, et que l'on se prépa-

1. Villars rendit compte au roi de cette opération les 13 et 14 oct. (Pelet, *Mém. mil.*, II, 404). M. de la Petitière fut tué; il était capitaine du régiment de Crussol; Jorreau était lieutenant-colonel de Béarn. MM. de Biron et Dubourg se distinguèrent.

2. Nous avons déjà fait observer ci-dessus, p. 27, que cette appellation est erronée.

roit à combattre l'instant d'après, fit rentrer sa droite dans son camp.

A l'entrée de la nuit, toute l'ambassade des Suisses vint trouver le marquis de Villars pour l'engager à donner parole qu'il ne passeroit pas sur leurs terres. Ils parloient même hautement et faisoient entendre qu'ils se déclareroient contre le premier qui entreprendroit de les traverser. C'étoit le prince de Bade qui les avoit obligés à s'expliquer ainsi. La conversation avec eux dura jusqu'à minuit, et le marquis de Villars les renvoya sans s'être engagé à rien. Il passa une partie de la nuit à rendre compte au roi de cet entretien et de tous les mouvements de la journée précédente[1].

A peine avoit-il donné ses premières heures au sommeil que le sieur de Tressemanes, major général de l'infanterie, MM. Desbordes, lieutenant général, et de Chamarande entrèrent dans sa chambre pour lui apprendre que l'armée ennemie avoit marché.

En s'habillant très diligemment, il dit à ces messieurs que, déterminé à chercher une occasion à quelque prix que ce fût, il ne falloit pas en perdre les premières occasions, et, qu'en un mot, il falloit joindre les ennemis avec toute l'activité possible.

Alors, il monta à cheval et traversa le pont du Rhin à toutes jambes. Ses troupes, qui étoient préparées dès la veille, remplirent en un moment cette petite plaine que l'on se disputoit dès les premiers jours d'octobre.

1. Rendant compte de cette nouvelle ambassade le 16, Villars affirme avoir gagné la bataille de Friedlingen sans « avoir mis le pied sur les terres de Bâle. »

Le prince de Bade étoit sur la hauteur au fort de Friedlingue et voyoit le marquis de Villars déterminé à le suivre. Il crut le combattre avec plus d'avantage dans le terrain même qu'il abandonnoit que dans sa marche, et, dans cette opinion, il dit aux officiers généraux qui étoient auprès de lui : « J'espère que cette journée sera heureuse pour l'empereur. » Il fondoit son espérance sur sa situation et sur sa supériorité en nombre de troupes.

Pour le marquis de Villars, il n'avoit pas le corps que lui amenoit le comte de Guiscard, et, outre cela, il avoit envoyé des détachements considérables à Neubourg. Le prince de Bade compta que son infanterie, qui n'étoit pas éloignée, pourroit, avant celle du roi, gagner une montagne qui étoit à sa gauche, et que, plaçant ensuite sa cavalerie, supérieure de plus de vingt escadrons à celle de notre armée, sa droite au fort de Friedlingue et sa gauche au pied de la montagne, un poste si avantageux lui promettoit une infaillible victoire.

Le marquis de Villars voyoit bien qu'il falloit gagner la hauteur avec une extrême diligence, et c'est ce que fit son infanterie avec la plus vive ardeur, bien que la montagne fût très escarpée et remplie de vignobles. Ensuite, il mit sa cavalerie en bataille dans la plaine, ordonnant qu'on attendît pour marcher à celle des ennemis qu'elle eût passé le fort de Friedlingue pour ne pas mettre la sienne sous le canon et le feu du mousquet de ce fort. Il mit dans un rideau les seize compagnies de grenadiers qui lui restoient pour fortifier la gauche de sa cavalerie. Cet ordre donné, il monta la montagne en toute diligence et se mit à la tête de l'infanterie, bien persuadé qu'elle décideroit principalement du sort de la bataille.

On marcha pour gagner la crête de la hauteur au travers du bois si épais, que l'on ne put juger de l'approche de l'infanterie impériale que par le bruit des tambours. Enfin, on se joignit sur la crête; l'infanterie des ennemis tira, la nôtre essuya le feu, et, la bayonnette au bout du fusil, elle défit entièrement celle des ennemis.

Le comte de Furstemberg[1], homme d'une grande valeur, qui commandoit l'armée sous le prince de Bade, fut tué à la première décharge, aussi bien que le général Stauffemberg, et ce que les ennemis avoient de meilleurs officiers. Le même malheur arriva à l'armée du roi. Le lieutenant général Desbordes fut tué, ainsi que Chavanes, brigadier d'infanterie, Chamilly[2] et Chamarande blessés et hors de combat. Cependant on chassa les ennemis du bois, et, peu de moments après, le marquis de Villars, jetant les yeux sur la plaine, vit que la cavalerie du roi avoit renversé, avec le même succès, toute celle des ennemis.

Après cet avantage, notre infanterie n'avoit qu'à s'établir dans le bord du bois; mais quelques soldats, ayant poussé dans la plaine, y virent quelques bataillons des ennemis, rentrèrent en désordre dans le bois et communiquèrent ce désordre à notre infanterie,

1. Karl Egon, comte de Fürstenberg Mœsskirch, né en 1665, s'était distingué dans les campagnes de Hongrie, commandait depuis 1693 les *villes forestières* et le corps qui avait la garde du Rhin.
2. Le chevalier de Chamilly, sans doute fils du marquis de Chamilly, créé maréchal de France en 1703.

qui rentra comme eux dans le bois. Le marquis de Villars, étonné d'un désordre auquel, la bataille gagnée, il ne devoit pas s'attendre, leur cria : « A qui en avez-vous, soldats? la bataille est gagnée : Vive le roi! » On cria : « Vive le roi! » Mais une terreur, qu'on ne devoit pas craindre d'une infanterie qui venoit de défaire celle des ennemis, continuant toujours, le marquis de Villars prit un drapeau et ramena ses troupes à la tête du bois. Cependant, comme les principaux officiers avoient été tués, et qu'il n'avoit aucune compagnie de grenadiers, qui est l'âme de l'infanterie, parce que la moitié avoit été envoyée à Neubourg dès la veille, et que l'autre avoit été placée à notre gauche de cavalerie, il craignit l'augmentation d'un désordre que les ennemis ne pouvoient pas voir, et dont heureusement ils ne pouvoient profiter. Dans ce temps-là, il jeta les yeux sur la plaine et vit que la cavalerie, après avoir battu celle des ennemis, revenoit sur ses pas. A la vue de ce mouvement, il eut tout lieu de craindre que, si la cavalerie des ennemis rompue se reformoit, et que l'ébranlement de son infanterie continuât, il ne lui arrivât qu'une bataille entièrement gagnée n'eût une fin malheureuse.

Il prit donc le parti de revenir diligemment à sa cavalerie, et, comme il descendoit avec précipitation à travers des vignes, sa bonne fortune lui envoya un soldat qui lui dit : « Où allez-vous? vous vous jetez dans trois bataillons ennemis qui sont à vingt pas de vous. » A ces mots, il reprit sur sa gauche, et son secrétaire, nommé d'Auteval, qui lui servoit souvent d'aide de camp, tomba parmi les ennemis, et fut le seul prisonnier que fit l'armée impériale.

Le marquis de Villars joignit sa cavalerie, qui le proclama, par des cris de joie, maréchal de France. Il la fit remarcher sur-le-champ pour suivre les ennemis. Quelques-uns de leurs escadrons commençant à se rallier, il les fit pousser par mille chevaux et tout disparut. Mais à peine avoit-il chassé le peu d'ennemis qui paroissoient encore que son infanterie, sans être poussée, et même sans avoir vu aucune troupe des ennemis, descendit de la montagne dans la plaine avec la même terreur qu'elle avoit prise dans le bois. Elle fut bientôt ralliée et n'eut pas un seul homme pris. Mais ce contretemps fit perdre les moments qu'on auroit pu employer à faire un grand nombre de prisonniers.

On voit, dans cet événement, que les désordres peuvent arriver dans les plus braves troupes quand elles ont perdu presque tous leurs officiers.

Les ennemis eurent plus de 4,000 hommes tués sur le champ de bataille, et perdirent soixante drapeaux ou étendards, trois paires de timballes et onze pièces de canon[1].

On s'est étendu dans le récit de cette action et de tout ce qui l'a précédée, pour faire voir qu'une entreprise, que tout le monde devoit trouver impossible, avoit enfin réussi par la persévérance, par l'art et par la fermeté. Il falloit s'ouvrir un passage sur le Rhin en

---

1. La relation officielle de la bataille de Friedlingen est imprimée (Pelet, II, 409). Il existe en outre, au dépôt de la guerre, un billet autographe écrit par Villars au roi du champ de bataille, et à la Bibliothèque nationale (*Nouv. acq. fr.*, 496, fol. 54) un billet autographe écrit de même à l'électeur de Bavière. (Voy. à l'appendice du présent volume.)

présence d'une armée supérieure occupant un poste inaccessible, et commandée par le prince de Bade, le plus grand général de l'Empire, et cet événement, considéré dans toutes ces circonstances, paroîtra des plus extraordinaires [1].

Le marquis de Villars envoya le comte de Choiseul[2], son beau-frère, en porter la nouvelle au roi. Le jour d'après, le fort de Friedlingue, que les ennemis appeloient le fort de l'Étoile, se rendit, la garnison à discrétion.

Le premier objet du marquis de Villars, après une bataille si importante, étoit de joindre l'électeur de

1. On connaît le récit malveillant de Saint-Simon (III, 319) attribuant toute la victoire à Magnac, commandant de la cavalerie, dont Villars aurait usurpé la gloire après avoir cru la bataille perdue et montré un ridicule abattement. Sainte-Beuve (*Causeries du lundi*, XIII, 60) a fait justice de ce roman : le récit de Villars, malgré les exagérations de la fin, a tous les caractères de la sincérité ; la panique qui s'est produite dans l'infanterie victorieuse est un accident fréquent dans notre histoire militaire ; il s'explique par le tempérament spécial du soldat français ; il est pris sur le fait par Villars, qui n'en dissimule rien ; les belles charges de Magnac ont certainement contribué à la victoire et rendu possible le mouvement très hardi de l'infanterie vers les hauteurs ; mais le succès est dû à l'intelligence et à la vigueur avec lesquelles l'ensemble de l'opération a été conçu, préparé et conduit depuis le 30 septembre jusqu'à l'action finale. Villars ne chercha d'ailleurs pas à diminuer le mérite de Magnac ; il l'embrassa devant toute l'armée, et, le 17, il écrivait de sa main à Chamillart : « Je dois vous dire que M. de Magnac, ayant commandé la cavalerie dans la plus belle action qu'elle fera jamais, mérite quelque élévation. » (D. G. 1582. Voy. Pelet, *Mém. mil.*, II, 845.) Magnac fut nommé lieutenant général. La gloire de Villars ne fut nullement contestée sur le moment : l'armée l'acclama et la cour aussi. La correspondance non suspecte de Monastérol, que nous publierons, est formelle.

2. Éléonore de Choiseul-Traves avait épousé, en 1699, Marie-Louise de Villars.

Bavière. Mais le peu de concert de la part de ce prince, qui s'éloignoit du Rhin dans le temps qu'il devoit s'en approcher, causa une véritable douleur à un général, rempli de zèle et d'ardeur pour la gloire de son maître et pour la sienne particulière.

Il fit avancer divers corps de cavalerie et d'infanterie dans les montagnes, et il envoya des partis jusqu'à dix lieues, sans pouvoir apprendre la moindre nouvelle de l'électeur, ni d'aucune de ses troupes[1]. Il rassembla tous les officiers généraux de son armée, et il n'y en eut pas un seul qui ne déclarât que c'étoit vouloir perdre l'armée du roi que de penser à traverser des montagnes, à attaquer des forts et des retranchements, sans pouvoir mener ni chariots, ni canon, et sans être assuré des vivres quand on auroit consommé ce que le soldat en pourroit porter pour quatre ou cinq jours, et enfin sans aucune espérance de pouvoir joindre l'électeur.

Le comte de Choiseul revint de la cour et apporta au marquis de Villars une lettre de la main du roi, par laquelle Sa Majesté l'honoroit de la dignité de maréchal de France, avec des termes très flatteurs, et lui laissoit la liberté entière de faire ce qu'il estimeroit le plus convenable pour le bien de son service. Nous joignons à cette lettre celles qu'il reçut en même temps de monseigneur, de M. le duc d'Orléans et de Mme la princesse de Conti[2].

1. Biron s'avança à Schopfheim et Masbach poussa jusqu'en vue de Rothenhausen, lieu indiqué par l'électeur pour la jonction. Legall courut dans une autre direction avec 2,000 chevaux. (*Villars à Chamillart,* 18 octobre. — Pelet, II, 843.)

2. Le manuscrit porte, ajouté de la main de X : « Fille du

Lettre du roi.

A Fontainebleau, le 20 octobre 1702.

La bataille que vous avez gagnée mérite un bâton de maréchal de France. Je vous le donne avec plaisir. Je m'assure que vous emploierez l'autorité pour le bien de l'État, et j'espère que vous serez aussi heureux dans les suites que vous l'avez été dans cette occasion. J'ai beaucoup de confiance en vous et en votre conduite. Soyez persuadé que mon estime est telle que vous la pouvez désirer. Signé : Louis.

Lettre de M. le Dauphin.

Mon cousin, vous avez si bien mérité la charge de maréchal de France, à laquelle mon seigneur et père vient de vous élever, et je m'assure que vous la remplirez si dignement, qu'on ne devra point être jaloux de vous la voir posséder. Je suis bien aise de m'en réjouir avec vous, et le serai toujours, non seulement de tout ce qui vous sera avantageux, mais de vous donner des marques de mon affection. Cependant, je prie Dieu qu'il vous ait, mon cousin, en sa sainte et digne garde. Écrit à Fontainebleau, ce 22 octobre 1702. Votre cousin. Signé : Louis.

Lettre de M. le duc d'Orléans.

Monsieur mon cousin, de tous les compliments que vous recevrez dans une occasion aussi brillante, et une dignité aussi bien méritée que celle-ci, je puis vous assurer qu'il n'y en a nul plus sincère, ni de meilleur cœur que le mien. J'y trouve mon amour propre flatté par l'opinion que vous savez très bien que j'ai toujours eue de vous, et qu'il y a plus de douze ans que j'avois prise dans une occasion où, vous voyant de loin, j'étois moins en état de juger. Pour dans celle-ci, je n'ai qu'à me joindre au discours unanime de toute la France. Mais je l'avois, pour ainsi dire, prédit, et M. de Choiseul pourra vous dire de quelle façon, en m'applaudissant, j'en fis souvenir le roi. Je

roi, laquelle étoit accoutumée de parler souvent de vers et de comédies avec le marquis de Villars. »

vous souhaite la suite glorieuse qu'un si beau commencement vous donne lieu d'attendre, et puis vous répondre que personne n'y prend plus de part que moi, ni n'a pour vous plus d'estime ni une considération plus particulière.

Je suis, Monsieur mon cousin, votre affectionné cousin. Signé : Philippe d'Orléans.

Lettre de Mme *la princesse de Conti, première douairière.*

Ce 23 octobre 1702. De Fontainebleau.

Il n'y a plus moyen pour cette fois-ci, Monsieur, de ne vous pas faire moi-même mes compliments, si, dans la grande récompense que le roi vient de vous faire, vous pouvez sentir d'autre plaisir que de l'avoir méritée. Réjouissez-vous que tout le monde l'ait souhaitée et s'en réjouisse. Pour moi, qui suis une de vos plus anciennes connoissances, il n'est pas étonnant que j'en sois très aise.

. . . . Vous n'avez point déçu
Le généreux espoir que nous avions conçu.
Vos pareils, à deux fois, ne se font pas connoître,
Et, pour leurs coups d'essai, veulent des coups de maître.

On ne me donne pas le temps, Monsieur, d'en dire davantage ; votre courrier va partir, et vous ne sauriez douter qu'on ne dise vrai quand on vous assure que l'on vous estime.

Signé : Marie-Anne de Bourbon, fille de France.

Après la bataille, et en attendant des nouvelles de l'électeur de Bavière, le maréchal de Villars fit raser le fort de l'Étoile construit par les ennemis, et rétablir ensuite tous les ouvrages qui étoient dans l'île du Marquisat[1] et à la tête du pont d'Huningue. Il n'y avoit pour cela qu'à travailler sur l'ancienne maçonnerie qui sortoit de terre. Ce qu'il y avoit de plus important étoit de mettre la ville de Neubourg hors de toute

1. Voy. ci-dessus, p. 27, note.

insulte. Le prince de Bade s'en approcha après avoir rassemblé toutes ses forces, ou pour attaquer cette place, ce qui étoit difficile par les précautions qu'avoit prises le maréchal de Villars, ou pour empêcher sa jonction avec l'électeur de Bavière, à laquelle il n'ignoroit pourtant pas que ce prince ne songeoit guère[1], puisqu'il s'étoit éloigné du Rhin au lieu de s'en approcher. Et, dans la vérité, si le maréchal de Villars eût pris le parti de se jeter dans les montagnes avec la plus grande partie de ses forces, elles y auroient inévitablement péri, d'un côté, par les obstacles nombreux qu'il auroit rencontrés, de l'autre, par les efforts d'une armée dont il eût été poursuivi dans un pays ennemi, sans aucune espérance d'être secouru contre elle par l'électeur de Bavière.

Le prince de Bade, voulant reconnoître par lui-même s'il ne seroit possible d'emporter Neubourg par un effort de son armée entière, la fit approcher en bataille à la portée du canon, et vint de sa personne à la portée du mousquet. Le maréchal de Villars fit border de troupes les remparts de la ville et planter plus de trente drapeaux pour faire voir aux ennemis que l'on étoit dans la disposition convenable pour les bien recevoir. Après avoir passé une partie de la journée dans cette situation, leur armée se retira et remarcha diligemment vers le bas du Rhin. Le maréchal de

---

1. Villars ne se trompait pas; l'électeur négociait alors avec l'Empire, et, pour se donner le temps de recevoir la réponse définitive de l'empereur, il avait indirectement fait prier le prince de Bade de s'abstenir de tout acte hostile envers lui, et de s'attacher à empêcher Villars de faire la jonction. (Voy. ci-dessous, p. 46.)

Villars, qui ne voyoit aucun motif à cette marche précipitée, se contenta d'envoyer le comte Dubourg avec un corps de troupes vers le fort Louis, avec ordre de s'opposer à toutes les tentatives que pourroient faire les ennemis pour jeter un pont sur le Rhin. Il fut confirmé dans l'opinion qu'il avoit, que leur éloignement avoit pour objet de lui laisser la liberté de se jeter dans les montagnes pour joindre l'électeur de Bavière; [l'ennemi] sachant bien par toutes les lettres qu'il avoit interceptées que le maréchal avoit cette première vue. Mais aussi, le prince de Bade savoit bien qu'elle ne pouvoit réussir, parce qu'il étoit informé que l'électeur de Bavière avoit remarché vers Donavert; ce qui étoit bien éloigné de faire aucun mouvement pour s'approcher du Rhin[1].

Ainsi, le maréchal de Villars eut lieu de croire que le prince de Bade n'avoit marché vers Fribourg que pour lui tendre un piège, puisque aucune autre raison ne le portoit à s'éloigner.

Le maréchal de Villars fit passer le Rhin à une partie de son armée et s'approcha de Fribourg avec deux mille chevaux, et ayant donné tout le temps possible à l'électeur de Bavière pour lui donner de ses nouvelles, n'en ayant aucune, il crut ne pouvoir rien faire de mieux que de chasser toutes les troupes que les ennemis avoient laissées dans la Basse-Alsace, et de leur ôter tous les postes qu'ils avoient vers la Saare, et il passa à Strasbourg.

Quelques semaines auparavant, il avoit vu l'armée du roi retranchée dans les jardins de cette belle ville,

1. Voir la dépêche de Villars au roi, écrite d'Ottmarsheim, 3 novembre. (Pelet, *Mém. mil.*, II, 429.)

ce qui avoit fort déplu à ses riches habitants. Mais enfin délivrés de la crainte des ennemis et d'amis qui leur étoient également à charge, puisque les maisons de plaisance qui touchoient la ville avoient été en partie détruites par un camp et des retranchements, ils reçurent le maréchal de Villars avec de grandes démonstrations de joie. Il n'y demeura qu'un jour, après lequel il se rendit au fort Louis[1], et fit détruire tous les ouvrages que le prince de Bade avoit faits pour s'établir à Haguenau, sur la Muter, et dans la Basse-Alsace.

Cependant, comme il ne trouvoit rien de si important pour le service du roi que d'occuper Nancy, il en représenta la nécessité à Sa Majesté[2] et lui manda qu'il croyoit convenable que le comte de Tallard, qui venoit de prendre Trarbach [2 novembre 1702], fût chargé de cette expédition, le maréchal de Villars ajoutant qu'elle seroit assurée par la situation de son armée, à laquelle il fit fournir des fourrages par les villes de la Basse-Alsace.

Le comte de Tallard opposa plusieurs difficultés à l'exécution de ce projet, fondées sur le mauvais état de ses troupes, qui n'avoient plus de tentes, et sur les

1. Petite place construite par Vauban dans une île du Rhin, à la hauteur d'Haguenau.
2. Il ne résulte pas de la correspondance que l'initiative soit venue de Villars. Le roi, par dépêche du 15 novembre, lui communique son intention d'occuper Nancy et le consulte. Villars approuve résolument; Tallard, au contraire, fait des objections basées sur l'état des troupes et des chemins : « Quand il gèle, les chariots vont, » répondit Villars le 26 ; « quand il pleut, les bateaux. » Le roi fit sommer le duc de Lorraine par M. de Caillières, le 1er décembre; il se soumit à la première injonction.

rigueurs de la saison, car on étoit alors dans le mois de décembre, et par conséquent exposé à la gelée et aux pluies. Il manda au maréchal de Villars que, par les gelées, on ne pouvoit remuer la terre ni se servir des rivières, et que, par les pluies, il étoit impossible de faire marcher les chariots.

Le maréchal de Villars lui manda que l'expédition de Nancy ne pouvoit être de longue durée, et que, selon toute apparence, M. le duc de Lorraine, ne pouvant espérer aucun secours, se soumettroit aux premiers ordres du roi. A l'égard des autres difficultés, il lui manda que la nouvelle ville de Nancy et trois ou quatre gros villages à la portée du canon mettoient toutes ses troupes à couvert, et que, du reste, si la gelée empêchoit le cours des rivières, et que les pluies fissent un obstacle aux charrois, on ne devoit pas craindre ces deux inconvénients tout ensemble, parce que les pluies rendroient libre le commerce des rivières, et que, par la gelée, les chemins de terre seroient praticables. Qu'en un mot, il convenoit de marcher à Nancy. Il ne fallut, en effet, que s'y montrer, et les portes de cette ville furent ouvertes. Par là furent différés, pour quelques années, les projets du prince de Bade et de Marlborough, qui étoient d'attaquer la France par la Moselle et par la Lorraine. Nous verrons ces desseins repris par les ennemis en 1705, et rompus par le maréchal de Villars.

Il alla s'établir à Saverne pour être à portée d'y donner, au comte de Tallard, tous les secours qui pourroient lui être nécessaires pour son expédition de Nancy.

Ce fut alors qu'il reçut des lettres de l'électeur de

Bavière, par lesquelles il apprit que ce prince, au lieu de s'approcher du Haut-Rhin, avoit descendu le Danube jusqu'à Donavert, et qu'il avoit mis des troupes dans Lauvingue[1]. Il se répandoit même un bruit qu'il traitoit avec l'empereur.

Il est certain qu'après la surprise d'Ulm et la nouvelle de la reddition de Landau, ce prince se trouva dans un péril extrême. Sa propre maison étoit remplie de partisans de l'empereur, qui n'oublioient rien pour lui persuader qu'il n'avoit d'autre parti à prendre que de s'accommoder, que les plus courtes folies étoient les meilleures; qu'il étoit au milieu de l'Empire, tandis que les armées de France en Flandres étoient malmenées, et contraintes en Allemagne de se retrancher sous Strasbourg.

On a su depuis qu'il écouta ces remontrances, et il étoit difficile d'en douter, puisqu'après la bataille de Friedlingue, au lieu de faire un pas pour joindre le maréchal de Villars, il manda qu'il ne pouvoit s'éloigner d'Ulm. Le roi connut bien aussi qu'il y avoit lieu de craindre; cependant, on n'oublia rien pour le retenir dans les intérêts de la France. Simeoni, qui l'avoit joint, s'opposa fort aux émissaires de l'empereur auprès de ce prince, et on lui promit un secours tel qu'il le voudroit, dès que les neiges fondues rendroient libre le passage des montagnes. L'empereur fut difficile sur le traité qui se négocioit avec l'électeur, et, l'espérance revenue à l'électeur, il fut difficile aussi[2].

1. Lauingen, petite ville sur le Danube, au-dessus de Donauwerth.
2. Villars ne sut qu'une partie de la vérité; nous l'avons retrouvée tout entière aux archives I. R. de Vienne; il y existe

Il y a toute apparence que les généraux de l'empereur, comptant sur les négociations, négligèrent d'employer la force, et, ce qui le prouve, c'est que le prince de Bade, n'ayant rien à faire sur le Rhin, pouvoit marcher en Bavière avec assez de troupes pour forcer l'électeur à ce qu'on auroit voulu. Quoi qu'il en soit, tout demeura indécis, et le maréchal de Villars établit tous les quartiers d'hiver de l'Alsace, de la Lorraine, des évêchés, de la Sarre et de la Franche-Comté, en sorte que, par la disposition des troupes, il demeuroit en état de pouvoir agir de bonne heure.

Il se rendit le premier de l'année 1703 à Paris, où il trouva la maréchale de Villars accouchée d'un fils[1]. Ainsi, l'année 1702 lui fut heureuse de tout point.

1703. Le maréchal de Villars fut reçu du roi avec les plus grandes marques de bonté, et Sa Majesté, dans les conversations particulières, lui témoigna toute l'estime et toute l'amitié qu'un si grand et si bon maître

---

un dossier de correspondances, la plupart autographes, échangées entre Max-Emmanuel et l'empereur Léopold, du 30 septembre au 9 novembre, par l'intermédiaire du cardinal Lamberg, commissaire impérial à la Diète, et de Reichardt, secrétaire particulier de l'électeur. Max-Emmanuel offrait de se tourner contre la France, à des conditions déterminées, et, comme preuve de sa sincérité, promettait de ne pas faire sa jonction avec Villars, jonction qu'il reconnaissait ne dépendre que de lui. L'empereur trouva les conditions exorbitantes et rompit la négociation le 9 novembre. Ces pièces seront publiées. (Voyez les extraits que j'en ai donnés dans le *Correspondant,* 25 septembre 1885.)

1. Honoré-Armand de Villars, né le 4 octobre 1702, mort en Provence au commencement de mai 1770. (Voy. *Gazette de France,* n° du 7 mai 1770, p. 295.)

pouvoit faire voir à un sujet bien zélé pour sa gloire et pour son service. Ce fut par elle-même qu'il apprit que, sans consulter personne, elle avoit pris la résolution de lui confier le commandement de son armée, et d'enfermer dans Strasbourg, pendant le reste de la campagne, le maréchal de Catinat et cinq lieutenants généraux [plus anciens que lui]. Le roi lui conta toutes ses peines sur les mouvements des armées de Flandres et d'Allemagne ; que le chagrin de les voir chassées par celles des ennemis, et sans combat, lui avoit donné, pendant deux mois, des mouvements de fièvre ; qu'il étoit autant françois qu'il étoit roi, et que ce qui ternissoit la gloire de la nation lui étoit plus sensible que tout autre intérêt. « C'est d'ordinaire sur les six heures du soir, » continua le roi, « que Chamillart vient travailler avec moi, et, pendant plus de trois mois, il ne m'apprenoit que des choses désagréables ; l'heure à laquelle il arrivoit étoit marquée par des mouvements dans mon sang. Vous m'avez tiré de cet état ; comptez sur ma reconnoissance. »

Après les premières conférences que le maréchal de Villars eut avec le roi sur le passé, il fut question des projets pour la campagne prochaine. Celui qui occupoit le plus Sa Majesté étoit la jonction avec l'électeur de Bavière. Le maréchal de Villars représenta au roi que cette vue étoit la plus importante, mais qu'à la guerre comme en toute autre matière considérable, il étoit dangereux de n'avoir qu'un objet, parce que, s'il ne réussissoit pas, on demeuroit sans ressource ; qu'il croyoit donc qu'il falloit toujours avoir plusieurs vues, et que, bien qu'il fût persuadé que la plus convenable aux intérêts du roi étoit la jonction, il falloit cependant, s'il étoit possible, commencer par le siège de Kell; qu'à la vérité, l'entreprise étoit remplie de beaucoup d'obstacles, mais que, si l'on pouvoit investir cette place, il osoit espérer, quoiqu'elle fût excellente, et que la saison fût très rude, que le siège n'en seroit pas néanmoins bien long. Il ajouta que le prince de Bade ne pouvoit empêcher l'investissement de Kell qu'en plaçant son armée derrière la Kintche; mais que, s'il prenoit ce parti, il y rassembleroit toutes ses forces, et que, par conséquent, l'électeur, mieux concerté que par le passé, et marchant avec ses troupes vers le haut Danube, lui, maréchal de Villars, marchant vers Walkirk et la vallée de Saint-Pierre, ne trouveroit aucun obstacle pour percer les montagnes; qu'enfin, si les troupes du roi pouvoient investir et prendre Kell, la jonction et le commerce avec l'électeur seroient très faciles, puisqu'au lieu d'une seule route, on en auroit plusieurs pour percer les montagnes noires.

Le roi, touché de ces raisons, laissa une entière liberté au maréchal de Villars sur toutes les entreprises qu'il croiroit convenables au bien de son service, et l'on croit devoir placer ici le projet que ce général envoya de Strasbourg le 26 janvier, et sur lequel le roi lui confirma encore la liberté qu'il lui avoit donnée d'agir selon ses vues.

MÉMOIRE DE M. LE MARÉCHAL DE VILLARS.

26 JANVIER 1703.

Comme rien n'est si important que d'éloigner, autant qu'il est possible, l'attention des ennemis des desseins que l'on peut former contre eux, j'ai pensé, depuis que j'ai eu l'honneur de prendre congé de Sa Majesté, à tout ce qui pouvoit nous donner les moyens de rapprocher nos troupes des lieux où elles doivent agir, sans marquer notre objet.

Ce que j'ai appris, en passant à Metz, de la disposition des ennemis dans le duché de Deux-Ponts, de leur dessein de raccommoder Hombourg, m'a fait examiner le projet suivant.

Je crois donc que, soit par l'inquiétude que l'on peut avoir pour Trarbach, que M. le marquis de Varennes m'assure être de plus en plus fondée, soit pour chasser les ennemis des postes qu'ils établissent à Hombourg et dans le duché de Deux-Ponts, et pousser encore nos contributions plus loin, il est bon d'assembler, vers le 10 février, insensiblement les troupes qui sont dans les évêchés, la Lorraine, Longwy et Luxembourg, derrière la Sarre, depuis Sarrebruck jusqu'à Sarre-Louis. De là, on peut, ou marcher pour secourir Trarbach, si Sa Majesté le désire, supposé qu'il soit attaqué, ou chasser les ennemis de Hombourg. Pour moi, je ne songeois pas à Trarbach quand ces premières idées me sont venues ; mais il ne faut pas que ce dessein des ennemis nous dérange ; on peut marcher pour le secourir, si Sa Majesté le trouve à propos, et commencer par là, si les ennemis ne songent pas à l'attaquer, ou que nos mouvements les fassent retirer. Je compte que, nous ébranlant de Saint-Jean, on marcheroit en corps d'armée, vers le 12 ou 15 février, à Hombourg avec les susdites troupes, sans qu'aucune de celles d'Alsace se remuât ; qu'après avoir employé jusqu'au 20 février, au delà de la Sarre, à chasser les ennemis de Hombourg et de quelques autres petits postes, les mêmes troupes marchent ensuite par la vallée de Bitche vers Bouxwiller, de là à Haguenau, laissant penser aux ennemis que l'on veut attaquer la Lutter. Si elle étoit dégarnie, voir ce qui se peut tenter ; mais pour peu qu'il y eût apparence d'obstacles, paroître s'en tenir à l'unique dessein de fortifier Haguenau, où je mettrois d'abord douze à quinze bataillons de l'infanterie que je mènerois des Évêchés et de la Sarre.

Je compte que je n'arriverai à Haguenau que vers le 25 ; que je serai là quatre à cinq jours à discuter avec les ingénieurs sur les fortifications que l'on y voudroit faire, dont un seul, qui seroit dans le secret, feroit des difficultés mal à propos sur ce que les autres pourroient penser de plus sensé sur les fortifications de Haguenau pour demeurer exprès dans l'inaction. Pendant ce temps-là, on commanderoit des pionniers de l'Alsace, que l'on feroit marcher vers Haguenau, et, tout d'un coup, ayant précédemment fait les dispositions des troupes nécessaires vers la haute Alsace, je partirois de Haguenau en poste et j'irois prendre toutes les troupes qui sont entre Huningue, Belfort et Brisach, et passerois sur le pont de Neubourg et paroîtrois vouloir investir Brisach. Nous savons déjà que Fribourg et Brisach sont fort remplis de troupes, surtout de l'infanterie de l'empereur. Dans le même temps que je passerois à Neubourg, toute l'infanterie de Haguenau quitteroit cette ville, viendroit diligemment à Strasbourg; on feroit remonter les ponts de bateaux qui y sont vers Rheinau, et, des troupes que j'aurois de l'autre côté du Rhin, j'enverrois un corps pour assurer une tête de pont; je pourrois, en deux jours, rassembler toutes nos troupes entre Vieux-Brisach et Strasbourg, et, laissant derrière moi toutes celles des ennemis qui sont dans Brisach, Fribourg, les vallées de Waldkirk et de Saint-Pierre, et, derrière les montagnes Noires, je marcherois à la Kintche, assez supérieur aux ennemis pour espérer d'investir Kell sans obstacle, car toute mon inquiétude est de trouver les ennemis assez forts derrière la Kintche pour m'en disputer le passage, et j'avoue que j'espère, par la conduite ci-devant appliquée, pouvoir séparer leurs forces, de manière que je me mette au milieu. Si ce bonheur-là m'arrive, et que le corps d'armée que les ennemis auroient sans doute derrière la Kintche, composé de toutes les troupes qu'ils retireroient diligemment de derrière la Lutter, et qui sont naturellement entre la Kintche, le Rhin, les montagnes et le bas Necker, ne soit pas considérable, je pourrai leur donner un combat avec avantage, en cas qu'ils s'obstinent à tenir devant moi pour défendre la Kintche. S'ils s'éloignent, ils me laissent toute la liberté que je désire de me placer autour de Kell; la prise en peut être plus ou moins retardée de quelques jours, mais infaillible quand il sera investi; et je fais ce siège avec toutes les facilités du monde, sans charroi ni pour l'artillerie ni pour les vivres, une ville comme Strasbourg pour ainsi dire dans la circonvallation, de manière que le soldat malade ou blessé se porte de la tranchée dans les meilleurs hôpitaux, le canon va de l'arsenal dans la batterie, enfin, avec toutes les commodités sans lesquelles les sièges d'hiver sont dangereux.

Sa Majesté trouvera peut-être que dans les mouvements précédents il y aura de la fatigue pour ses troupes, qui sont un peu déshabituées des guerres d'hiver, depuis celles de Sa Majesté et de MM. de Turenne et de Créquy ; mais il faut qu'elles s'y raccoutument quand elles sont absolument nécessaires, et j'expliquerai par quels moyens nous tâcherons de les rendre supportables.

Un grand avantage que l'on peut espérer, mais qui n'est pourtant pas assuré, c'est qu'il a neigé trois mois de suite, que la gelée et le beau temps recommencent depuis quelques jours, et que l'on peut se flatter qu'ils dureront.

En second lieu, je compte que les troupes auront toujours le couvert.

Quand je passerai la Sarre, j'imposerai des contributions de vaches qu'on leur donnera gratis ; je ferai la même chose au delà du Rhin ; et tant que durera le siège j'aurai une extrême attention à soulager le soldat. J'espère trouver des fourrages entre la montagne et le Rhin, depuis Gengenbach jusqu'à Kell, et nous étendre même assez loin les premiers jours, à la droite et à la gauche de cette petite rivière.

Enfin l'on fait toute la diligence possible pour magasiner, les premiers jours de l'investissement, comme Sa Majesté le sait ; et suivant les fourrages que je trouverai dans mon camp et le temps que je pourrai les faire durer, je garderai plus ou moins de cavalerie ; ce qui ne demeurera pas dans le camp, je le renverrai sur la Sarre, depuis Sarguemines, sans descendre plus bas en remontant cette rivière, et l'étendant ensuite dans la Lorraine jusque vers Saint-Dié.

Ce parti de se mettre en Lorraine, on ne le prendra que par une nécessité indispensable, car il ne faut point s'exposer à éloigner la cavalerie et à n'en pouvoir espérer aucun secours si l'ennemi rassembloit toutes ses forces. Sa Majesté pensera bien que, si je puis garder ma cavalerie à quatre ou cinq lieues du camp au delà du Rhin, la répandant un peu par quartiers et lui donnant du couvert, je ne l'éloignerai pas de moi; mais, si je suis contraint par le fourrage ou par n'oser la séparer par quartiers, je la renverrai comme j'ai dit, car il faut la conserver. Selon toutes les apparences, ce projet doit réussir, vu les dispositions actuelles des ennemis; mais s'ils prenoient le parti de négliger tout pour couvrir Kell et rassembler toutes leurs forces derrière la Kintche, de manière qu'il me fût impossible de les chasser sans trop hasarder, il faut voir quels avantages on peut retirer de nos mouvements.

C'en est toujours un que la diversion que Sa Majesté a ordonnée par rapport à l'électeur de Bavière; et il est bien certain que, dans ces temps-là, M. de Bade ne fera point des détachements considérables. Il me semble que M. l'électeur de Bavière tourne ses principales forces vers les frontières de ses états les moins exposées, car je tiens le côté de Franconie et de Souabe plus dangereux pour lui que les recrues d'Autriche et les Saxons dont les gazettes le menacent.

Si ce prince, d'ailleurs, a espéré que ses états, environnés d'ennemis de toutes parts, ne souffrent en aucun endroit, c'est vouloir se tromper. S'il veut se conduire, je ne dis pas en homme de guerre, mais seulement par le sens commun, il dira : « Je ne puis me soutenir que par un effort qui me procure un secours des troupes du roi; cet effort, ou faisons-le par le Tyrol, entrant par Inspruck pour aller au-devant des troupes que M. de Vendôme peut m'envoyer, le prince Eugène étant si foible que toutes les nouvelles de l'Empire ne lui donnent pas douze mille hommes effectifs, ou si cette route est trop difficile, tournons nos espérances vers la Souabe. » Et je prendrai la liberté d'alléguer (par parenthèse) deux raisons incontestables pour prouver clairement que celle du Tyrol est la plus aisée. La première, que les chemins en sont beaux, larges et aisés; je parle pour les avoir vus : M. le maréchal de Villeroy les a connus de même. La seconde, c'est que je ne vois pas quel corps d'ennemis oseroit se mettre entre l'armée de M. de Vendôme et celle de M. l'électeur de Bavière. De notre côté, il n'y a que deux chemins : ou la vallée de la Kintche, ou la vallée de Saint-Pierre : il faut passer sous Fribourg; on tâcheroit d'éviter cet inconvénient en passant par Waldkirk; mais il faut que M. de Bavière vienne à Villingen par le chemin de Rotenhausen et Hauenstein. Il faut de même que M. l'électeur de Bavière vienne de l'autre côté des montagnes emporter un de ces forts et faire trouver du pain pour le corps que le roi y enverra.

Nous avons une armée plus considérable que celle de M. le prince Eugène, qui tâchera de traverser ses desseins, et nous savons par notre expérience que les ennemis ont une route au travers des montagnes, qui coupe vers Villingen et vers Rhinfeld.

Quand je dis par notre expérience, c'est que j'ai fait, avec M. le maréchal de Créquy, une marche très diligente à Offembourg où nous voulions nous poster. M. le duc de Lorraine partoit de derrière Rhinfeld et arriva avec la tête de son armée, par la vallée de la Kintche, sur Offembourg aussitôt que nous. J'allègue cela pour faire voir le peu de solidité qu'il y a dans les propositions de ceux qui croient que les troupes du roi, sans un effort considérable de la part de M. l'électeur de Bavière, puissent jamais le joindre. Mais, s'il veut agir vivement dans le temps que M. le prince de Bade emploiera presque toutes ses troupes pour me défendre la Kintche, rien ne peut empêcher M. de Bavière de venir avec toutes les siennes, par le derrière, attaquer Villingen ou Rotenhausen.

Véritablement, je ne réponds pas que pendant ce temps-là les troupes d'Autriche ne puissent entrer en Bavière par le côté de Passau, mais, je le dis encore, ce prince n'est pas sage s'il a cru se déclarer contre l'empereur et l'Empire sans qu'il y ait en Bavière une poule hasardée.

Je supplie qu'on ne lui déclare rien de positif sur les desseins de Sa Majesté, et il suffit de lui mander en général que l'on tâchera de faire une diversion violente. Je ne doute pas que l'on ne puisse passer, mais si toutes les troupes de l'Empire sont placées derrière la Kintche et que M. de Bavière ne fasse rien pour une jonction, n'y a-t-il donc plus rien à faire? En ce cas, la Lutter n'est-elle point dégarnie et Brisach découvert? J'en conviens et je serois bien mortifié que l'on eût à me reprocher de ne pas imaginer les choses possibles.

Je pourrois, je crois, chasser les ennemis de Vissembourg,

et quoique les moindres avantages puissent être comptés quand on les remporte sur un ennemi dont les forces sont à peu près égales, celui-là me satisferoit médiocrement, et, si de là je pouvois aller à Landau, je serois dépité de ne point attaquer Kell, mais j'en ai démontré les obstacles dans mon premier mémoire.

Brisach se pourroit assiéger : je crois cette place mal en artillerie et en poudre; la garnison est nombreuse, mais pour ce siège il faut un si grand nombre de chariots pour voiturer tout de Strasbourg que je doute que l'Alsace puisse les fournir ; d'ailleurs, je laisse toute la basse Alsace découverte. Sa Majesté peut cependant décider, s'il arrivoit que Kell ne pût être investi, par trouver l'armée des ennemis presque entière derrière la Kintche, si elle veut qu'on s'attache à Brisach.

Enfin, je finis par dire que j'ai une très grande espérance de faire le siège de Kell, par la conduite ci-devant expliquée, et que certainement ou je prendrai Kell, ou M. de Bavière ne sera point attaqué par un assez grand nombre de troupes pour l'intimider.

J'ajouterai encore un avantage que je me procurerai assurément et dont je retirerai une grande utilité pour la campagne, c'est que je ne repasserai point le Rhin sans avoir assuré une tête de pont vers Rheinau, qui me donne les moyens de rentrer en Allemagne dès que les herbes le permettront, et de pouvoir donner toujours à l'ennemi la même inquiétude pour Kell et Brisach, de passer même une partie de la campagne au delà du Rhin, au lieu de revenir vers Haguenau, où l'on ne peut subsister longtemps.

Si je me trompe dans mes vues, ou s'il m'en échappe quelqu'une, je supplie qu'on veuille bien me redresser. Sur quoi j'ose dire que je ne saurois l'être : c'est sur une attention très vive, suivie, assez décidée dans ce qui aura été une fois résolu, beaucoup de diligence dans l'exécution et plus d'ardeur que personne au monde de mériter les grâces dont il a plu à Sa Majesté de m'honorer; mais surtout l'honneur de sa confiance que je préfère à toutes les dignités du monde.

Quelques mouvements que les ennemis puissent faire présentement, je croirai toujours que les nôtres doivent commencer par passer la Sarre avec les troupes des Évêchés et de la Lorraine pour ne point marquer trop tôt le dessein de Kell, puisque les ennemis, pouvant le prévoir, mettroient assurément toutes leurs forces derrière la Kintche.

Le maréchal de Villars employa le reste du mois de janvier, et les premiers jours de février, à faire toutes les dispositions. Les troupes n'avoient quitté la campagne que le 20 décembre; il falloit les remettre en mouvement dans les premiers jours de février, et plusieurs n'avoient pas demeuré quinze jours dans leurs quartiers, la plupart même des officiers étoient absents. Cependant, il étoit question d'agir, et le maréchal de Villars avoit pour principe que, dans la guerre, il y a beaucoup d'entreprises estimées impossibles, quoiqu'au fond elles ne soient que difficiles, et que c'est aux chefs à se mettre en tête de rendre possible ce qui n'est que difficile.

Dans le commencement de l'année, le prince de Hesse-Cassel attaqua Trarbach. La ville fut abandonnée, et le château, avantageusement situé sur le haut d'une montagne, se défendit assez pour donner le temps au maréchal de Tallard, tout récemment élevé à cette dignité, de rassembler assez de troupes pour obliger le prince de Hesse à se retirer.

Le maréchal de Villars prit ses mesures pour passer le Rhin le 12 février. Les gelées étoient fortes, et, si elles avoient continué, les glaces auroient empêché son projet en rompant les ponts de bateaux sur le Rhin. Heureusement, celui de Neubourg demeura entier. Mais il falloit, après avoir passé le Rhin, qu'il menât son armée entre Brisach et Fribourg, et une partie de l'armée ennemie avoit ses quartiers d'hiver entre Brisach, Fribourg et Offembourg, dans plusieurs petites villes fermées.

Il lui étoit important de les surprendre, et de faire en sorte que ces troupes n'eussent pas le temps de s'aller placer derrière la rivière de Kintche. Enfin, l'extrême diligence lui étoit nécessaire; quoiqu'il n'eût qu'un seul colonel pour commander la cavalerie, qui étoit le chevalier de la Feronaye [1], le chevalier de la Vrillière [2], colonel de dragons, et deux officiers généraux, il ne balança pas à marcher aux quartiers des ennemis, et sa bonne fortune l'aida en tout.

Premièrement, depuis quelques jours, il ressentoit dans la tête des douleurs violentes auxquelles il n'avoit jamais été sujet ; ces douleurs lui donnèrent même quelques mouvements de fièvre, et elles avoient été précédées d'un grand rhume ; mais la nuit qu'il passa à Otmarsheim, sur le bord du Rhin, il moucha un abcès très violent, et, le matin, il se trouva parfaitement guéri.

Second événement heureux. Il lui falloit passer entre la ville de Brisach et la montagne sous le canon de la basse ville, et le brouillard fut si épais qu'il ne fut point aperçu. La gelée de ce même matin fut assez forte pour que son canon et sa cavalerie pussent sans peine passer de petites rivières et des marais assez fâcheux qui coupoient son chemin. A peine eut-il passé les hauteurs de Brisach que le brouillard tomba ; le canon de la ville fit plusieurs salves, autant pour avertir le pays que pour incommoder les troupes.

1. Pierre Ferron, chevalier, puis comte de la Ferronays, mourut brigadier de cavalerie ; son fils (1699-1753) ne dépassa pas le même grade.

2. Fils de Louis Phélypeaux, marquis de la Vrillière, secrétaire d'État.

Le marquis de Villars connut alors qu'il n'avoit plus de temps à perdre ; il se mit à la tête d'un corps de cavalerie et de dragons, poussant 200 houssards devant lui, en sorte que les ennemis, qui étoient dans leurs quartiers, n'eurent que le loisir d'en sortir. Mais pour les empêcher de marcher droit à la Kintche, où elles avoient leur rendez-vous, il y marcha lui-même, au lieu de songer à pousser tous ces différents corps, qui gagnèrent la montagne dès qu'ils virent une tête d'armée dans la plaine. On lui amena beaucoup de prisonniers, les houssards poussant vivement et tuant ce qui demeuroit derrière.

Il envoya, sur-le-champ, ordre d'achever le pont qu'il avoit commandé à Altenein[1] pour faire passer la tête des troupes qui avoient marché pour donner l'alarme vers la Lutter ; et, quoiqu'il n'eût pas 4,000 chevaux ou dragons, il arriva à la Kintche, qui étoit assez haute, et, outre cela, bordée de redoutes gardées et de retranchements. Il fit sonder un gué et, dès qu'il fut trouvé praticable, il se jeta le premier dans l'eau. Il vit quelques escadrons des ennemis qui arrivoient sur le bord ; il les chargea et les renversa. C'étoit le prince de Bade qui arrivoit lui-même et qui comptoit, comme le maréchal de Villars, que la plus grande diligence lui étoit nécessaire pour défendre la Kintche. Il étoit à la tête de ses premières troupes, et, s'il avoit eu quelques moments de plus, il défendoit le passage, et, par conséquent, il rompoit le projet du maréchal de Villars. Mais ce général savoit bien qu'il lui étoit plus important de prévenir les ennemis que

---

1. Altenheim, à la hauteur d'Offenburg.

de marcher avec plus de forces. Il passa la Kintche et fit pousser les escadrons ennemis.

Dès que le prince de Bade se vit hors d'espérance de défendre la rivière, il envoya ordre à l'infanterie, qui marchoit le long du Rhin, de se jeter dans Kell pour en fortifier la garnison, et il se retira vers Stolhoffen.

Le maréchal de Villars pouvoit, avant que d'arriver à la Kintche, défaire les troupes qui fuyoient devant lui; mais le temps lui étoit si précieux qu'il se contenta de les faire pousser par les houssards et par des détachements de cavalerie et de dragons. Pour lui, il suivit constamment son premier projet, qui étoit aussi le plus important.

Le général Pibrak[1] commandoit les troupes impériales qui étoient entre Brisach, Fribourg et Offembourg. Elles consistoient en quatorze bataillons et quelques escadrons de dragons. Mais il ne put les contenir ensemble; il abandonna son canon, que l'on amena au maréchal de Villars, et emporta les drapeaux, criant aux soldats de se jeter dans les montagnes. Le prince de Bade, également surpris, n'eut pas le temps de retirer les troupes de plus de quarante redoutes et forts qu'il avoit sur la Kintche et le long du Rhin. Il y avoit, dans quelques-uns, du canon et beaucoup de munitions de guerre, et tout ce qui les gardoit fut fait prisonnier.

Les villes impériales d'Offembourg et de Gengembach furent abandonnées. On trouva dans la première 28 pièces de canon, quantité de munitions de guerre et de vivres, tous les chariots et équipages d'artillerie

1. Bibra.

qui, la campagne précédente, avoient servi dans l'armée de l'empereur.

Le maréchal de Villars envoya le chevalier de la Vrillière porter au roi la nouvelle de cet heureux commencement de campagne. Ensuite, après avoir donné tous les ordres pour travailler aux lignes de circonvallation, faire construire des ponts sur le Rhin et préparer tous les matériaux pour l'ouverture de la tranchée, il marcha avec 5,000 chevaux ou dragons et des détachements de grenadiers dans les vallées de la Kintche. Il s'avança jusqu'à Haslach et s'empara de toutes les petites villes d'Ortenberg, Gengembach et Hosen[1], dans lesquelles il trouva quantité de grains et de fourrages suffisants pour donner à sa cavalerie une subsistance qu'elle ne trouvoit pas en Alsace. Par ce moyen, il épargna au roi des dépenses considérables, tant par les contributions qu'en consommant les magasins des ennemis. Cette marche eut encore cet avantage qu'elle répandit l'épouvante dans la Souabe, et fit revenir diverses troupes impériales qui marchoient vers la Bavière.

Le maréchal de Villars revint le 26 février dans son camp devant Kell, où il trouva bien exécutés tous les ordres qu'il avoit donnés pour l'ouverture de la tranchée. Elle fut ouverte la nuit du 27 au 28 et poussée jusqu'à la première digue, à la faveur des maisons du village de Kell. Les ennemis, s'étant aperçus tard de l'ouverture de la tranchée, ne firent pas grand feu, bien qu'elle ne fût qu'à la demi-portée du mousquet,

---

1. Hausen, dans le grand-duché de Bade, à dix lieues de Strasbourg.

les masures des maisons ayant favorisé les approches.

Ce fut contre l'opinion du plus grand nombre des ingénieurs que le maréchal de Villars mena son siège. Celle de Terrade, qui étoit plutôt à la tête des entrepreneurs d'ouvrages qu'ingénieur, lui parut la plus sensée, et au lieu d'attaquer par le front, suivant la pensée de M. de Vauban, qui avoit fait bâtir la place, il alla à la branche de l'ouvrage à corne du haut Rhin, et, par ce moyen, il évita une quantité prodigieuse d'ouvrages qui auroient fait durer le siège bien plus longtemps.

La garnison, augmentée par les troupes que le prince de Bade y avoit jetées la veille de l'investissement, étoit de près de 4,000 hommes. Il y avoit une redoute dans une des îles du Rhin, qui pouvoit arrêter plusieurs jours le maréchal de Villars. Il fit tirer quelques volées de canon à barbette, et, dès que les ennemis parurent s'ébranler, un détachement de grenadiers, qui passa en bateau, les chassa de l'île et s'en rendit le maître. On s'y établit, et l'on travailla à y placer des batteries contre la branche droite de l'ouvrage à corne.

Elles furent achevées dès le 27. Une de huit pièces de vingt-quatre battoit une demi-lune qui étoit devant l'ouvrage, et une de douze la face de l'ouvrage. On perdit très peu de monde dans tous ces mouvements, et l'on eut lieu d'espérer que le siège ne seroit pas fort meurtrier. Mais une pluie très violente survint le 1er mars, et le maréchal de Villars, revenant de la tranchée à minuit, et craignant une inondation, alla voir le bord de la Kintche. Comme il trouva qu'elle commençoit à déborder, il fit marcher les soldats des bataillons les plus voisins, et à la clarté de quelques baraques, où l'on mit le feu, on fit trois saignées à la rivière pour en détourner l'eau dans les dehors de la circonvallation. A peine la terre fut-elle ouverte que l'eau se précipita avec violence, et qu'elle ouvrit en un moment les passages commencés, ce qui empêcha le camp d'être submergé. Dans l'instant, le maréchal de Villars courut aux deux rivières de Schutter, qui le traversoient, où l'on prit les mêmes précautions qu'on avoit employées contre la Kintche; cependant, malgré ces mesures, il y eut quelques bataillons et escadrons dans le camp desquels il y avoit un pied d'eau.

La nuit du 4 au 5, on se logea sur l'avant-chemin couvert. Les compagnies de grenadiers, en y entrant, ne purent penser que les ennemis eussent fui si promptement. On se tira plusieurs coups, et il y eut plusieurs de nos soldats tués ou blessés. Parmi les officiers blessés, il n'y eut que Mauroy, capitaine de grenadiers de la reine.

Les batteries avancèrent fort la brèche de la face de l'ouvrage à corne, et l'on espéra de pouvoir y donner l'assaut le 6, ce qui fut exécuté; et le maréchal de Villars dictant l'ordre de l'attaque dans la tranchée, trouva qu'un capitaine de grenadiers, qui avoit la tête de l'attaque, s'appeloit *La Retournade*. Il lui dit, en plaisantant sur son nom : « Vous ne retournerez pas. » Le capitaine lui répondit : « Monseigneur, ce ne sera qu'après y être entré, à moins que je ne sois tué en montant. »

L'ouvrage fut emporté sans beaucoup de peine, l'intrépidité des troupes inspirant une grande terreur aux ennemis.

Le comte Dubourg, lieutenant général, et Marivaux[1], maréchal de camp, étoient de jour et servirent très bien.

Le 9, on se logea sur le chemin couvert de la place, et l'on travailla à y placer des batteries. On fit dire au gouverneur, qui étoit le général d'Amsberg, que, s'il attendoit qu'il y eût brèche au corps de la place, il n'y auroit d'autre capitulation qu'à discrétion. Il répondit qu'il avoit ordre du prince de Bade de se défendre jusqu'à l'extrémité, et qu'il suivroit son ordre.

Le sieur de Lapara[2], lieutenant général et principal ingénieur, étoit arrivé, quelques jours auparavant, avec des instructions du maréchal de Vauban, qui avoit offert de venir lui-même pour la conduite du siège. Ces instructions conduisoient les attaques par la tête des ouvrages, et donnoient 39 jours de siège. La plupart des ingénieurs avoient été d'avis de suivre ce projet; ils avoient même ébranlé Terrade, qui, dans le commencement, avoit donné des vues différentes au maréchal de Villars, auxquelles nous avons vu que ce général s'étoit attaché.

Lapara fut retenu par la goutte à Strasbourg; le maréchal de Villars l'alla voir et lui dit que quelque considération qu'il eût pour les lumières de M. de Vauban, il se garderoit bien de suivre son mémoire[3].

1. N. de l'Isle, marquis de Marivault, maréchal de camp le 2 février 1702, mourut lieutenant général en 1709.
2. Louis de Lappara de Fieux, né en 1651, se distingua à la plupart des sièges importants de 1684 à 1705, gouverneur de Mont-Dauphin en 1706, tué la même année au siège de Barcelone.
3. Dans sa correspondance, Villars n'est pas aussi explicite : « J'ai ouï dire, écrit-il le 12 mars au roi, que M. le maréchal de Vauban avoit envoyé à M. de Lapara un plan de la manière dont

Le jour même que la place se rendit, le maréchal de Villars reçut une lettre du roi par laquelle il paroissoit que la confiance de Sa Majesté pour M. le maréchal de Vauban la portoit à penser que ses instructions sur le siège d'une place qu'il avoit bâtie lui-même méritoient quelque attention. De sorte que le maréchal pouvoit juger que, malgré la liberté que Sa Majesté lui laissoit, elle voyoit avec peine la route différente qu'il avoit prise. La réponse du maréchal à cette lettre fut que, s'il l'avoit reçue trois jours plus tôt, il auroit eu bien de la peine à ne pas soumettre ses sentiments à ceux auxquels Sa Majesté inclinoit, mais que, Dieu merci, la place étoit prise.

La veille de la capitulation, les ennemis tentèrent une sortie. Le maréchal de Villars s'étant trouvé à la tête de la tranchée, mit l'épée à la main, marcha à eux, et ils rentrèrent dans le moment[1].

Dans le compte qu'il rendit au roi des officiers généraux et des autres qui s'étoient le plus distingués durant le siège, il se loua fort des sieurs Dubourg, de Chamarande, de Tressemanes[2] et de Verceilles[3], qui

il croyoit que nos attaques devoient être menées. A Dieu ne plaise que je prétende désapprouver des conseils respectables comme les siens, mais, assurément, je ne les aurois pas suivis. » La lettre que Villars dit avoir ensuite reçue du roi et celle qu'il lui aurait répondue ne se trouvent ni au dépôt de la guerre, ni dans les papiers que je possède; il n'existe que la lettre du 5, de Chamillart, à laquelle Villars répondit le 14 par la dépêche tout entière reproduite ci-dessous, p. 67.

1. Villars fut d'un courage téméraire pendant tout le siège. Voy. à l'appendice les lettres qui le constatent.

2. André, chevalier de Tressemanes, fut major général de l'infanterie sous Villars de 1703 à 1707, maréchal de camp en 1709, lieutenant général en 1718, et mourut en 1720.

3. Jaques Badier, marquis de Verceilles, fut en même temps

faisoit la charge de maréchal général des logis de l'armée, et, parmi les ingénieurs, des sieurs de Blanzy, Portail et Terrade.

Quoique le maréchal de Villars eût été élevé dans la cavalerie, nous avons vu dans le commencement de ces mémoires qu'il n'avoit manqué aucune des occasions d'infanterie où il avoit pu se trouver, et, par cette expérience, il étoit plus en état de juger sainement des vues des ingénieurs qu'il employoit. Il donna le commandement de Kell au sieur de Marcé, très brave maréchal de camp.

Le maréchal de Villars demanda au roi un brevet de duc, et représenta à Mme de Maintenon et à M. de Chamillart[1], ministre de la guerre, que l'empereur avoit donné en souveraineté au prince de Bade le comté d'Ortenau, qui valoit 100,000 livres de rente, pour défendre le Rhin; que, pour lui, depuis quatre mois, il avoit donné au roi trois passages sur le Rhin, qu'il avoit gagné une bataille et pris deux places, et qu'il osoit se flatter que de si heureux succès pouvoient lui faire espérer le brevet de duc. Cette grâce fut différée, et le maréchal ne songea qu'à la mériter par de nouveaux services.

Il reçut des lettres de l'électeur de Bavière, datées

vigoureux officier de hussards et bon maréchal général des logis, c'est-à-dire chef d'état-major général. Il exerça ces fonctions de 1703 à 1728. Lieutenant général en 1734, il mourut en 1737.

1. La lettre est au dépôt de la guerre (vol. 1675), datée du 10 mars. Villars prie Chamillart de ne transmettre sa demande au roi que si Sa Majesté ne songe pas d'elle-même à lui accorder le brevet. Chamillart déclina la mission et Villars lui répondit la curieuse lettre du 22, dont il nous donne lui-même des extraits. Voy. ci-dessous, p. 73.

du 25 février, par lesquelles ce prince, qui songeoit à des moyens solides pour une jonction, convenoit que celui qu'il avoit d'abord proposé par Rotenhausen[1] étoit impraticable.

La prise de Kell étoit une des plus importantes conquêtes que le roi pouvoit faire, tant pour la défensive, pource qu'elle rendoit impossible le siège de Strasbourg, que pour l'offensive, puisqu'elle assuroit deux routes pour pénétrer dans l'Empire, sans exposer l'armée du roi à une perte certaine. Elle mit aussi le maréchal de Villars en état de commencer à prendre de justes mesures pour assurer une jonction avec l'électeur de Bavière dans les premiers jours de mai.

Pendant que les troupes commençoient à repasser le Rhin, il marcha avec 2,000 chevaux et 500 grenadiers vers Kensingen, petite ville fermée de bonnes murailles, dans laquelle il y avoit deux bataillons impériaux du régiment de Salm avec du canon. Il envoya ordre à ces troupes d'ouvrir les portes ou qu'il alloit attaquer. Les habitants firent sortir, pour faire des propositions, deux capucins qui parloient un assez mauvais latin. Le maréchal de Villars leur répondit dans un latin pareil que, si dans le moment on ne lui ouvroit les portes, il feroit tuer généralement tout ce qui étoit dans la ville et brûler toutes les maisons. A ce discours, les capucins tombèrent de frayeur à ses pieds, et les officiers et bourgeois qui les avoient suivis, rentrés dans la ville, en ouvrirent les portes. Ainsi cette promenade, avec 500 grenadiers pour toute infanterie, donna au roi

1. Petit fort aujourd'hui disparu, près de Säckingen sur le Rhin, à 35 kilomètres au-dessus de Bâle.

deux bataillons, cinq pièces de canon et une petite ville remplie de fourrages[1].

Le maréchal de Villars fut informé alors que, durant le siège de Kell, les courtisans avoient soutenu l'opinion du maréchal de Vauban sur la conduite du siège, et blâmé la sienne. Il fut bien aise d'exposer au roi toutes les raisons qu'il avoit eues, et il est bon de placer ici la lettre qu'il écrivit à ce sujet à M. de Chamillart, le 14 mars 1703 :

Je reçois, Monsieur, la lettre que vous me faites l'honneur de m'écrire du 5, dans laquelle je trouve deux mots de votre main, qui contiennent un ordre de Sa Majesté de suivre en tout le projet de M. de Vauban. Il est très heureux pour le bien du service du roi que cet ordre ne soit pas venu plus tôt. Car, comme j'avois l'honneur de mander à Sa Majesté que, sur le récit qui m'a été fait de ce projet, quelque respectables que soient les sentiments de M. le maréchal de Vauban, je ne les aurois pas suivis ; il est bien différent de les voir appuyés d'un ordre exprès de Sa Majesté de m'y conformer.

Il m'est revenu, Monsieur, que, sur les premières nouvelles de ma conduite dans ce siège, MM. les maréchaux que je ne nomme pas, soutenus de MM. les courtisans que je ne nomme pas non plus, ont publié que je m'en faisois accroire et que, par une opiniâtre présomption, donnant tout à la fortune, je ferois des fautes capitales dans une sorte de guerre qu'un homme élevé dans la cavalerie ne doit pas entendre parfaitement.

Je pourrois leur dire que, quoique élevé dans la cavalerie, j'ai peut-être plus vu d'affaires d'infanterie que la plupart de nos fantassins. Sa Majesté elle-même voudra peut-être bien se sou-

1. « N'est-ce pas là, Monsieur, une assez heureuse promenade ! Je dois ce succès au terrible latin que je parlai aux religieux, lesquels, après avoir porté mes dernières fureurs à la garnison, ne voulurent pas rentrer dans cette malheureuse ville dont je déplorois la ruine, très incertain de la procurer. » (*Villars à Chamillart*, 19 mars 1703.)

venir qu'au siège de Maestricht, sa bonté l'ayant portée à défendre expressément à tous les volontaires d'aller aux attaques sans sa permission, je crus que cette permission qu'on lui demandoit en foule, et refusée à plusieurs, non sans quelques brocards du courtisan, n'étoit pas une grâce à demander. Je menai donc à l'attaque de la demi-lune huit ou dix jeunes gendarmes de la compagnie dans laquelle j'étois enseigne, et ils servirent utilement. Sa Majesté me gronda, mais avec une bonté qui m'excusoit dans le fond, et je pris la liberté de lui dire que les officiers de cavalerie devoient aussi apprendre l'infanterie.

J'ai pratiqué cette maxime autant que je l'ai pu et, mestre de camp de cavalerie, je n'ai guère manqué d'attaques de contrescarpes, ni d'assauts. Je me suis même trouvé à celui du fort de Kell que nous venons de prendre.

Je vous demande pardon, Monsieur, de cette digression que j'ai crue nécessaire, afin que vous ne me croyiez pas un parfait ignorant sur les sièges, et j'aurai l'honneur de vous dire que, quoique dans celui-ci je ne me sois pas trouvé de l'opinion de la plupart des ingénieurs, je les ai pourtant forcés tous d'avouer dans la suite que la mienne étoit fondée sur la raison dont je suis toujours les principes, autant qu'il est possible, ne donnant à la fortune que par une nécessité indispensable.

Je vais donc reprendre le commencement du siège, dans la conduite duquel les connoissances parfaites du sieur Terrade, qui a bâti la place, m'ont été d'un grand secours.

C'est par lui que j'ai su que la branche droite du grand ouvrage à corne, déjà sapée par le Rhin, étoit accessible par le côté du Rhin même qui dans les basses eaux s'éloigne de la pointe de plusieurs toises.

C'est lui qui m'a appris aussi que, par la négligence des ennemis, l'écluse, qui est à la pointe du demi-bastion, étoit ensablée de plus de trois pieds et que le fossé à la face de ce demi-bastion étoit entièrement sec.

Ce sont ces connoissances qui m'ont déterminé à attaquer et cette branche et cette face. On n'a rien oublié pour me faire commencer par une redoute maçonnée, qui est entre le demi-bastion de la gauche et une grande demi-lune. Et effectivement je sais que, quand une garnison est foible et que l'infanterie des assiégeants est nombreuse, l'on ne peut trop embrasser de terrain ni faire trop d'attaques. Mais je sais aussi que, quand il y a 4,000 hommes de pied dans une place excellente et que pour attaquer je n'en ai pas 14,000 effectifs, que mes attaques partagées par divers bras du Rhin, de la Schutter et de la Kintche, je suis nécessité à monter près de 5,000 hommes de garde de tranchée, et, dans une saison comme celle-ci, c'est mettre mon infanterie sur les dents en dix jours. Voilà ma première raison pour n'avoir pas embrassé tout l'ouvrage à corne. Elle a été fortifiée par la mollesse que j'ai remarquée dans les ennemis, et par la nécessité d'abréger, quand on en a d'aussi dangereux à craindre que la saison, et toutes les forces que rassembloit M. le prince de Bade.

Cette mollesse des ennemis, reconnue dans les deux premiers jours de tranchée, m'a donc fait prendre le parti de faire conduire un boyau entre les deux redoutes de terre de l'île. On vouloit me faire embrasser la première ; et, pour moi, je pensois que la première redoute se voyant coupée ne tiendroit pas, et à la vérité, au premier coup de canon que l'on tira, ceux qui la gardoient l'abandonnèrent. Je fis avancer, autant qu'il fut possible, sur l'autre redoute, ayant moi-même tracé une batterie dont quelques pièces pouvoient battre cette redoute, et les autres la branche de l'ouvrage à corne. Mais cette batterie, par la faute du commissaire qui en étoit chargé, fut placée dans le boyau pour plus grande sûreté des travailleurs, et ainsi enterrée de quatre pieds, sans aucune embrasure qui vît la redoute. Je reconnus cette faute dès le matin ; je réprimandai vivement le commissaire qui l'avoit faite, je fis raccommoder les embrasures de jour avec peu de péril, les ennemis faisant un médiocre feu, et, dès le premier coup de canon tiré sur cette seconde redoute, nous les vîmes ébranlés et songer à s'en retirer. J'y envoyai les premiers soldats du régiment Dauphin, que je trouvai dans le boyau qui en étoit le plus voisin, et nous l'occupâmes.

Si la batterie que je vous ai fait remarquer être trop enfoncée avoit été exécutée et placée selon mes ordres, dès ce moment on battoit en brèche la branche. M. le comte Dubourg avoit montré, dès la veille, un endroit pour placer quatre pièces qui firent un grand effet, et l'on en mit sept autres qui ne tirèrent que le jour d'après. Pendant ce temps-là, je faisois continuer l'attaque de la droite et, me trouvant assez près de la contrescarpe, je la fis attaquer encore, malgré l'opinion des ingénieurs. Elle fut emportée avec peu de perte. L'attaque de la gauche étoit principalement pour battre la branche, et pour celle de la droite nous marchions à cette branche, de manière que, la contrescarpe prise, nous nous trouvions au pied du bastion et que l'on pouvoit aller à la brèche de la branche par manche de bataillon [1], n'ayant aucun feu à craindre, parce qu'un petit ouvrage qui voyoit cette branche avoit été ruiné par une batterie, placée à la droite de ce qu'on appeloit autrefois le fort de Lapille, qui voyoit à revers ce petit ouvrage et les deux tiers de l'ouvrage à corne.

On dira : mais la raison veut-elle que l'on attaque par un point? Je n'attaquois pas par un point, puisqu'en deux jours il y avoit quarante toises de brèche à la branche et une de dix toises à la face, dont on ne se servit que quand les premiers grenadiers furent montés et que l'on reconnut la demi-lune abandonnée.

M. le comte Dubourg, après avoir fait reconnoître la brèche par un jeune Irlandois, nommé Maxfil, qui a servi d'ingénieur, et de bon ingénieur, m'envoya dire qu'elle étoit praticable. J'allai sur-le-champ la reconnoître moi-même et je fis les dispositions nécessaires pour l'assaut. Comme elles achevoient d'être écrites, les ingénieurs vinrent me proposer encore de différer. Mais trouvant plus de foiblesse que de solidité dans leurs raisonnements, j'allai moi-même parler aux grenadiers et fis marcher.

Les ennemis ne se présentèrent pas même pour défendre la brèche. L'ouvrage à corne fut emporté, sans essuyer un seul coup, et il n'y eut de feu qu'en occupant la gorge de l'ouvrage, qui se trouva naturellement retranché en notre faveur par la muraille qui le fermoit au côté du fort et que l'ennemi avoit commencé à rompre dès le matin. Le sieur de Blanzy, ingénieur, fit très bien dans cette occasion.

J'aurai l'honneur de vous dire que, dans le temps qu'on attaquoit l'ouvrage à corne, on fit une fausse attaque par l'île. Les

---

1. Subdivision de 40 à 50 hommes. (*Dict. milit.* de la C. d. B.)

ennemis avoient fait une petite digue, pour communiquer du fort à ces ouvrages de l'île; les grenadiers de Provence allèrent droit à la contrescarpe et le sr Moreau les mena jusqu'à la petite demi-lune qui couvre la porte du fort.

Cet ouvrage à cornes emporté, c'étoit avoir exécuté les trois quarts de l'entreprise. Il falloit achever, et je suivois toujours mon premier principe, qui est de ne pas donner à un ennemi étonné le temps de reprendre vigueur. Nous pouvions occuper toute la digue, depuis l'extrémité de la même branche droite, commençant à une écluse qui va de cette branche à la digue, jusqu'à la porte du fort qui regarde le Rhin. Je l'avois ordonné, mais on se contenta de la moitié. Pendant que l'on travailloit à ce logement, on logea aussi quatre pièces dans la gorge de l'ouvrage à cornes. J'avois donné ordre que l'on en plaçât deux sur le rempart de l'ouvrage qui dominoit et voyoit toute la contrescarpe à revers, cependant cela ne fut exécuté que la seconde nuit. Après la prise de l'ouvrage, il falloit placer une batterie sur la digue. MM. le comte Dubourg et Terrade s'opiniâtrèrent à un chemin, malgré l'avis encore des ingénieurs qui vouloient nous en faire prendre un autre que je reconnus impraticable, ou si difficile qu'il nous retardoit de trois jours au moins.

J'ordonnai une batterie de trois pièces pour battre le flanc qui voyoit la face du bastion que nous attaquions. Les ingénieurs me soutenoient que cette batterie étoit impossible et je les forçai d'avouer, sur le terrain même, qu'elle étoit très praticable.

Enfin, Monsieur, il falloit absolument mener ce siège comme nous avons fait et toute autre conduite pouvoit le faire manquer. Pour moi, sans vouloir me faire un mérite d'une vivacité que j'ai crue indispensable, j'ai été obligé à ne pas perdre de vue la tranchée et les batteries qui ont toujours été bien servies, dès que le canon y a été placé; mais le sr Douville étoit médiocrement aidé.

J'ai cru, Monsieur, devoir vous expliquer ces détails, afin que Sa Majesté soit convaincue que, loin de m'abandonner à cette ardeur immodérée qui porte à donner tout à la fortune et au courage des troupes, je les ai ménagées, au contraire, de manière qu'il n'a pas coûté 90 soldats et qu'il n'y a eu d'officier tué qu'un seul capitaine du régiment de Clare. Mais j'ai cru devoir éviter des longueurs et des précautions lentes qui pouvoient rendre le courage aux assiégés et donner au prince de Bade le temps d'arriver sur nous. Mon poste étoit bon à la vérité, mais il est toujours embarrassant d'avoir tout ensemble une grosse armée sur les bras et un siège à faire. D'ailleurs, deux jours de pluie noyoient nos tranchées dans un terrain aussi bas que celui-ci, ils faisoient croitre le Rhin et, par conséquent, aussi les fossés de la place et nous donnoient de vives inquiétudes qu'il étoit bon de prévenir.

Je reviens d'un voyage près de Gengembach, pour visiter des pays où il n'est pas possible que M. le prince de Bade et moi nous n'ayons quelque querelle avant qu'il soit deux mois. J'ai fait sauter le château d'Ortembourg et raser, autant qu'il a été possible, les ouvrages des ennemis. Je ne sais si c'est cette course et mes veilles depuis un mois qui m'ont un peu abattu. On n'en reconnoît les effets que quand le feu de l'affaire ne nous soutient plus, mais en vérité je suis accablé.

M. le comte Dubourg va à Capelle[1] avec toutes les troupes qui doivent aller en haute Alsace. Dès hier, j'y ai fait remonter le pont de bateaux et, si je me porte un peu mieux, j'irai demain. Je demeure ici avec les troupes qui vont vers Saverne, Phalsbourg et la basse Alsace; j'aurai l'honneur de vous envoyer incessamment un état de nos dispositions et j'ai l'honneur d'être, etc.

Le 22 mars, le maréchal de Villars, un peu piqué de n'avoir pas reçu le brevet de duc, écrivit au ministre de la guerre une lettre des plus vives sur les faux projets qui lui étoient envoyés pour une jonction. On voit dans toutes ses dépêches beaucoup d'ardeur et de zèle, accompagnées de raisonnements solides, des projets trop digérés pour faire penser qu'il donnoit tout au hasard, et de l'application à former un arran-

---

1. Kappel, petit village en face de Rheinau.

gement qui pût soutenir ce qu'il pouvoit raisonnablement attendre de la valeur de la nation. Sur ce que M. de Chamillart lui mandoit qu'il n'avoit pas osé insister sur le brevet de duc, il lui écrivit ces paroles : « Si, le 30 septembre dernier, lorsque l'armée du roi en Flandres étoit poussée depuis Nimègue jusque sous Charleroy, lorsque Marlborough prenoit toutes nos places, et faisoit les garnisons prisonnières de guerre avec plus de 60 pièces de vingt-quatre destinées à attaquer celles des ennemis, lorsque après la prise de Landau, l'armée du roi en Allemagne étoit poussée et retranchée sous Strasbourg ; lorsque le roi vous disoit à vous-même que tant de peine et de honte pour la nation depuis deux mois lui donnoient tous les jours des mouvements de fièvre ; si, dans ce temps-là, quelque bon partisan, avec les cautions les plus solides pour les gens d'affaires, vous eût dit à l'oreille : « Faites maréchal de France et duc celui que je vous nommerai, et je vous promets qu'avant quatre mois vous chasserez les ennemis de l'Alsace ; vous gagnerez une bataille ; vous prendrez deux places, l'une la plus importante et la meilleure de l'Europe ; vous dissiperez une armée qui couvre ces places ; vous aurez quatre ponts sur le Rhin et toutes les facilités pour joindre l'électeur de Bavière, auriez-vous tremblé de demander ces grâces au roi ? » Le maréchal finissoit sa lettre au ministre en lui disant : « Qu'il voyoit bien qu'il falloit s'en tenir à la maxime de courtisan, qu'il vaut mieux plaire que servir. Mais, reprenoit-il, peut-on plaire sans servir ? On n'en voit que trop d'exemples. Peut-on servir sans plaire ? Hélas oui ! » Nous rapportons les propres termes dont se servit le maréchal de

Villars pour faire mieux comprendre quel étoit son caractère[1].

Quelques-uns des courtisans et des confrères de ce général, aigris par l'envie si naturelle dans les cours, avoient fort blâmé le parti qu'il avoit pris de repasser le Rhin après la prise de Kell, et même lui attirèrent une lettre du roi qui désapprouvoit ce mouvement. La réponse qu'il fit à Sa Majesté fut aussi vive que le respect le pouvoit permettre[2]. Il disoit, en peu de mots, que Sa Majesté avoit pu remarquer dans le compte qu'il avoit eu l'honneur de lui rendre de la fin du siège que, dans le temps même qu'il signoit la capitulation, la terre étoit couverte de deux pieds de neige; qu'il étoit bien connu que, durant l'hiver et les neiges, il n'y avoit point d'autre route pour traverser

1. La lettre originale est au dépôt de la guerre, et nous en possédons la minute; la forme est un peu différente des extraits donnés ici, mais les différences n'ont pas grande importance.
2. Cette correspondance a été en partie publiée (Pelet, *Mém. milit.*, III, 530 et suiv.). Le roi, craignant une nouvelle défection de l'électeur de Bavière, fatigué par les plaintes de Monastérol, voulait que Villars marchât malgré l'état de l'armée et des chemins. Villars n'eut pas de peine à démontrer qu'une marche sans moyens de transport suffisants, et avant que l'armée ne fût au complet, était aussi dangereuse qu'inutile. Le roi revint de très bonne grâce et finit par laisser au maréchal toute sa liberté. Saint-Simon, avec sa malveillance habituelle, a expliqué le retour du maréchal à Strasbourg par le désir de revoir sa femme. Villars avait répondu d'avance à cette absurde insinuation : « Ceux qui publient que j'ai repassé le Rhin pour voir Mme de Villars, qui ne m'a pourtant pas beaucoup occupé pendant le siège de Kell, ne songent sans doute pas... qu'il y a un esprit de prévoyance dans la guerre de campagne..., et que de ces ménagements dépend le succès. » (*Villars à Chamillart*, 27 mars. Pelet, III, 545.) Nous donnons à l'appendice des correspondances qui complètent les informations relatives à cet incident.

les montagnes Noires avec les charrois que celle d'Et-
lingue et Phorzheim gardée par l'armée du prince de
Bade ; que les autres routes qu'il pouvoit suivre étoient
impraticables par les neiges, même pour les simples
voyageurs ; que l'électeur de Bavière étoit à cent lieues
du Rhin, vers Braunau-sur-l'Inn, où il étoit menacé
par des troupes impériales ; que toutes celles du roi,
qui avoient fait le siège, étoient en campagne depuis
dix mois ; que l'infanterie étoit tellement dépourvue
d'armes qu'il n'avoit fait le siège de Kell qu'avec des
fusils de rempart tirés de l'arsenal de Strasbourg, et
que la garde de tranchée qui descendoit laissoit à la
tranchée pour celle qui relevoit ; que toute la cavalerie
étoit sans bottes et sans habits. Et, sur cette exposi-
tion, le maréchal demanda s'il y avoit une apparence
raisonnable de tenir une armée en pareil état au delà
du Rhin, sans aucune utilité ; et si, au contraire, il ne
convenoit pas mieux de lui donner vingt jours de
repos. Il disoit hautement au ministre qu'il étoit surprenant que l'on voulût écouter Monastérol[1], qui s'étoit
déclaré ennemi du maréchal sans aucune raison, et
qui se joignoit à tous ceux qu'il pouvoit avoir parmi
les courtisans.

1. Ferd.-Aug. de Solars, comte de Monastérol, officier piémon-
tais au service de Bavière, fut envoyé de Max-Emmanuel à la
cour de France, d'abord en 1698, puis en 1701 et pendant toute
la guerre. Nous avons retrouvé à Munich une grande partie de
sa correspondance, et en publierons des extraits. Dans la cir-
constance présente, il contribua beaucoup à monter l'opinion de
la cour de Versailles contre Villars : « Grâce au ciel, écrit-il
le 24 à Malknecht, M. de Villars en aura le démenti, et je crois
que je n'ai pas peu contribué à faire déterminer cette résolution
vigoureuse. » (*Archives du comte Törring.* Munich.)

On verra, dans la suite de ces mémoires, que ce très pernicieux ministre causa enfin la ruine de l'électeur son maître.

Le maréchal de Villars, ayant une liberté entière d'agir comme il le trouveroit convenable pour le service du roi, se fixa à deux partis : ou à attaquer le prince de Bade posté derrière Bihel[1], ou à percer les montagnes Noires par les vallées de la Kintche et de Walkirk. Pour cela, il donna rendez-vous au maréchal de Tallard au village de Kokersberg, afin de pouvoir prendre des mesures ensemble pour l'exécution de l'un de ces desseins.

Le prince de Bade, avec une grande partie de ses forces derrière la Lutter, occupoit Wissembourg et Lutterbourg. Il étoit important de lui causer une vive inquiétude de ce côté-là, afin de le trouver plus foible derrière la rivière de Stolhofen, et il falloit, dans cette vue, faire marcher généralement toutes les troupes qui étoient dans les Évêchés, l'Alsace, la Comté et le long de la Saare. Ce fut ce que le maréchal de Villars concerta, le 7 avril, dans la conférence qu'il eut avec le maréchal de Tallard. On y prit toutes les mesures pour ébranler les troupes, de manière que, le même jour, l'ennemi pût craindre pour tous ses postes ensemble.

Pour cela, le maréchal de Villars fit passer le marquis de Rosel[2] à Huningue avec les troupes qui arri-

---

1. Bühl, petite ville du duché de Bade, au pied des montagnes, à six lieues de Kehl; de Bühl à Stollhofen sur le Rhin, les impériaux avaient élevé une ligne de retranchements qui interceptait toute la vallée, et joua un grand rôle pendant toute la guerre.

2. César Armand, marquis de Rozel, lieutenant de cavalerie

voient de Comté, et avec celles qui avoient leurs quartiers dans la Haute-Alsace.

Le maréchal de Tallard marcha vers Paffove[1] pour menacer la Lutter. Le marquis de Lannion[2], dans le même dessein, prit sa route avec une tête vers le Fort-louis, et, le 16, le maréchal de Villars s'avança sur la petite rivière de Renken. Le marquis de Lannion repassa le même jour par Strasbourg, et fit l'arrière-garde de l'armée.

Le 18, le maréchal de Villars alla reconnoître les retranchements de l'ennemi à Bihel, et, dans sa marche, il y a eu plusieurs partis ennemis battus, et dans l'un desquels fut tué le lieutenant-colonel d'un régiment de l'empereur nommé Esterhazy.

On apprit, par les prisonniers, que le prince de Bade étoit arrivé le 17 à Bihel, et le 19 on découvrit l'armée ennemie placée dans la plaine. On fit marcher derrière les montagnes quatre brigades d'infanterie commandées par le marquis de Blainville[3]; mais, comme il parut quelques bataillons des ennemis, il ne crut pas pouvoir attaquer avec succès. Cependant, on

---

en 1664, maréchal de camp en 1696, lieutenant général en 1702, prit part à toutes les campagnes jusqu'en 1712 et mourut en 1726.

1. Sans doute Pfaffenhofen sur la Moder.

2. Pierre de Lannion, né en 1642, se distingua à Sénef et à Fleurus; lieutenant général en 1702, servit sous Villars jusqu'en 1707, où il fut envoyé en Bretagne et devint gouverneur de Saint-Malo; il mourut en 1717.

3. Jul.-Arm. Colbert, marquis de Blainville, né en 1664, était le quatrième fils du grand Colbert; brillant officier, nommé colonel de Champagne après son frère le comte de Sceaux tué à Fleurus, fut nommé lieutenant général en 1702 pour sa belle défense de Kaiserswerth, et fut tué à la seconde bataille d'Hochstedt (1704).

sut depuis qu'avec un peu plus de diligence et d'ordre, ils auroient pu être forcés.

On plaça des batteries dans tous les lieux d'où l'on pouvoit incommoder l'ennemi, et, le 24, on attaqua le village de Finkinbach[1] occupé par les troupes de l'empereur. Elles en furent chassées, et, le jour d'après, on se disposa à attaquer l'armée ennemie. L'ordre du combat fut donné et même distribué à tous les officiers généraux.

Le maréchal de Villars avoit tenu un conseil de guerre la veille, où même il avoit fait assister M. de Monasterol, envoyé de Bavière. Ce ministre avoit dit à la cour que le maréchal de Villars ne vouloit point joindre son maître, et le maréchal étoit bien aise qu'il vît lui-même ce qui pouvoit causer les difficultés de cette entreprise[2].

Dans ce conseil, presque tous les officiers généraux s'opposèrent à l'attaque. Cependant, elle étoit résolue pour la pointe du jour du 26, lorsque les marquis de Clérembault[3], de Chamarante et le brigadier du Tot[4] mandèrent au maréchal de Villars, deux heures après minuit, qu'ils ne pouvoient attaquer la montagne. Sur cette difficulté, tous les officiers généraux en firent de

1. Finkbach, petit village près de Schwarzach.
2. Monastérol, rendant compte à l'électeur de ce conseil, déclare que les généraux se sont opposés à l'attaque, et ajoute : « Il y auroit eu témérité à l'entreprendre. » Villars regretta toute sa vie de ne pas avoir passé outre. Il adressa à Chamillart une lettre dépitée que l'on trouvera à l'appendice.
3. Philippe de Clérembault de Palluau, lieutenant d'infanterie en 1672, lieutenant général en 1702, fut tué à Hochstedt en 1704.
4. Il y eut un du Tot, lieutenant général en 1652; son fils fut nommé maréchal de camp en 1649; il s'agit sans doute ici de son petit-fils, dont les états de services ne se sont pas retrouvés.

pareilles de leur côté, et enfin on prit le parti de forcer les montagnes par le côté de la Kintche.

Le maréchal de Villars manda très naturellement au ministre que, sans les mauvoises impressions qu'on avoit voulu donner de sa conduite après la prise de Kell[1], il n'auroit pas tenu de conseil de guerre; qu'il avouoit que les dernières dépêches du roi et celle du ministre auroient dû lui redonner de la confiance; qu'elle reviendroit dans la suite, mais qu'il ne pouvoit cacher que la peine qu'il avoit si justement ressentie n'étoit pas encore dissipée.

Il est certain que la crainte de passer dans l'Empire, crainte très forte dans l'âme de la plupart des officiers généraux, avoit passé dans le cœur des soldats, et à tel point que le maréchal de Villars étoit presque le seul de toute son armée qui voulut déterminément s'éloigner du royaume et entrer dans l'Empire.

Il eut lieu de croire, par une lettre du roi du 25 avril, que Sa Majesté ne croyoit plus l'électeur de Bavière à portée de faciliter une jonction, et les incertitudes de ce prince portèrent le roi à former quelque autre projet, si les troupes de l'électeur ne s'approchoient pas de Villingen. De sorte qu'il ordonna au maréchal de Villars de prendre des mesures avec le maréchal de

---

1. « Si, après Kell, le roi m'avoit honoré de quelque élévation, l'on se seroit dit à soi-même : suivons notre génie et les véritables raisons de guerre; ne soyons pas retenus par des craintes basses : au pis aller que me feront ces misérables ! Je me trouve toujours une dignité qui établit ma famille; sur cela on marche. Mais, avec une malheureuse petite fortune, à peine commencée, chancelante, ébranlée dans les occasions qui devroient l'affermir, on dit : ne faisons rien qu'à la pluralité des voix, et on ne fait rien qui vaille. » (*Villars à Chamillart*, 2 mai 1703.)

Tallard pour faire le siège de Brisach, regardant néanmoins toujours la jonction avec l'électeur de Bavière comme le principal objet[1].

Pour satisfaire aux ordres du roi, le maréchal de Villars prit tous les arrangements possibles pour forcer les montagnes, défendues par le comte de Stahremberg à la tête de plusieurs bataillons de l'empire, de toutes les milices du Wirtemberg, et ayant sous lui le général Mercy.

Le marquis de Blainville fut détaché avec dix-huit des meilleurs bataillons pour attaquer le fort d'Hausach, et le maréchal eut tout lieu de croire que cet officier, qui étoit homme de valeur, n'oublieroit rien pour réussir avec la tête qu'il menoit ; d'autant plus qu'il étoit justement piqué de s'être plus opposé que personne à l'attaque du prince de Bade par les derrières des montagnes, attaque de laquelle on pouvoit espérer un heureux succès. Ce qu'il y a de constant, c'est que le prince de Bade se croyoit si peu assuré de son poste, qu'il n'y avoit pas mené son canon, et que l'on sut depuis que, si l'infanterie du marquis de Blainville s'étoit approchée, les ennemis étoient résolus à se retirer.

La petite ville d'Haslach[2] fut emportée avec deux

---

1. Villars n'analyse pas exactement la pensée du roi : la dépêche du 25, qui est au dépôt de la guerre, prescrit à Villars de donner quelques troupes à Tallard pour aider au siège de Brisach, mais de s'appliquer sans relâche à la jonction, et d' « en faire son principal objet... La prise des places n'est rien en comparaison ; vous êtes chargé de tout ce qu'il y a de plus important. »

2. Jusqu'à Hausach, la vallée de la Kintzig est assez large et n'offrait pas de grandes difficultés : Hausach avait une enceinte bastionnée et un château sur la montagne ; la place ne fut pas

cents soldats de Furstemberg à discrétion, et le fort d'Hausach fut abandonné.

Le 1ᵉʳ mai, le maréchal de Villars marcha à Hornberg et força dans la même journée les retranchements de Hornberg et un autre sur la crête des montagnes.

Celui d'Hornberg étoit défendu par 4,000 hommes; la ville étoit bien fermée de murailles, et le château situé sur une hauteur d'assez difficile accès. Le maréchal de Villars fit marcher six bataillons pour escalader le château, et en même temps il donna ordre au marquis de Blainville d'attaquer la crête de la montagne fort escarpée. Cet ordre ne fut point suivi, et le maréchal, voyant, de la hauteur du château qu'il faisoit attaquer, de la mollesse dans cette attaque, y courut diligemment, se mit à pied à la tête des grenadiers, et marchant le premier aux retranchements, disant aux généraux qui les commandoient : « Il faut donc que moi, maréchal de France et votre général, je monte ici le premier, si je veux qu'on attaque. » Il est évident que le succès n'étoit désiré ni par les officiers généraux, ni par les troupes, mais enfin le 1ᵉʳ mai tout fut emporté sans qu'il en coûtât 50 soldats. Le colonel du régiment de la reine y fut légèrement blessé et peu d'officiers le furent avec lui, mais on fit un grand

---

défendue; après Hausach on s'engagea dans la vallée de la Gutach, qui se resserre de plus en plus; le passage d'Hornberg était très difficile; après cette place, la route serpente dans une gorge étroite et escarpée, puis gravit les pentes rapides du Sommerau jusqu'au plateau de Saint-Georges « pendant deux lieues, écrit Villars à l'électeur de Bavière le 7 mai, le chemin est dans le fond d'un précipice, où 50 arbres abattus arrêtent sans difficulté, ou bien dans le penchant d'une montagne, où il n'y a qu'à couper les terres; il faudroit faire un chemin sur des échafauds. »

nombre de prisonniers, parmi lesquels il y eut un lieutenant-colonel, un major et six capitaines, et le maréchal de Villars envoya cette nouvelle au roi.

Il faut avouer ici que la confiance des généraux ennemis, chargés de défendre les montagnes, fit leur perte. Ils se rassurèrent en les croyant inaccessibles.

Il y avoit six lieues de défilés entre deux montagnes du haut desquelles on pouvoit avec des pierres accabler tout ce qui vouloit les forcer, en abattant des arbres, ou coupant des sentiers par lesquels on pouvoit grimper, on retardoit la marche de six jours. Il n'en falloit pas davantage pour donner aux ennemis le temps de se fortifier, et les seules difficultés de la nature du pays, si peu qu'ils y eussent ajouté, rendoient impossible le passage des montagnes, et par conséquent la jonction avec l'électeur de Bavière.

Ce prince étoit encore fort éloigné avec ses troupes, et l'on ne reçut pas le moindre secours de sa part pour surmonter tous ces obstacles.

Le maréchal de Villars fit tirer quelques volées de canon à boulets rouges dans la ville de Villingen, et son premier dessein avoit été de s'en rendre le maître[1].

1. Villingen était entourée d'une enceinte à hautes tours, du moyen âge, qui subsiste encore : le baron de Wilsdorf, qui y commandait pour l'empereur, résista à toutes les sommations de Villars; celui-ci, pressé par l'électeur, et n'ayant pas assez de vivres pour s'arrêter, essaya de l'intimidation, jeta cinquante boulets rouges dans la ville, et, n'obtenant aucun résultat, continua sa marche vers le Danube. Il existe aux archives de cette petite ville deux relations de ce siège, l'une en allemand, par le baron de Wilsdorf, l'autre en latin, par le gardien du couvent des Franciscains A. Funk ; elles ont été publiées par le professeur Ch. Roder dans les annales d'une société scientifique locale,

Il envoya le marquis de Chamarante avec un corps de troupes pour prendre le château de Bregents, mais cet officier ne crut pas pouvoir y réussir et revint joindre l'armée sans avoir attaqué. Le maréchal de Villars avoit mandé à Chamarante : « Je ne puis vous ordonner d'attaquer ce que je ne connois pas, mais pour vous mettre l'esprit en repos sur l'incertitude de l'événement, si vous attaquez, je déclarerai que c'est par mon ordre précis. » On ne reçut aucun secours de troupes, ni de vivres de la part de l'électeur, et il fallut imposer des farines dans toutes les petites villes.

La première attention du maréchal fut d'établir dans les troupes une sévère discipline, toujours nécessaire, mais plus indispensablement dans un pays ennemi éloigné de toutes les places de France.

Pour cela, il ordonna aux colonels de faire arrêter eux-mêmes les soldats qui auroient été en maraude ; car la seule crainte du prévôt ne fait pas grande impression sur les troupes ; outre que les vieux soldats envoient les nouveaux piller malgré eux et les battent quand ils ne rapportent rien pour la chambrée. Il n'y a que la recherche exacte des colonels et des capitaines qui puisse les contenir, parce qu'ils vont à la source du mal.

Quelques colonels montrèrent d'abord de la répugnance à faire arrêter ainsi et livrer eux-mêmes leurs soldats ; mais le maréchal de Villars leur fit si bien voir la nécessité qu'il y avoit de les rendre sages, et la sévérité dont il useroit à l'égard des colonels qui manqueroient à suivre ses ordres, que, dès les pre-

---

Verein für Geschichte, etc., *in Donaueschingen,* IVᵉ cahier, p. 125 et suiv. Tübingen, 1882.

miers jours, ils livrèrent six soldats ou dragons. Ils furent pendus sur-le-champ, et la sagesse des troupes fut telle ensuite que l'on ne fut plus obligé à aucun exemple et que les peuples, au lieu d'abandonner leurs maisons et leurs villages, apportoient tous les jours au camp des vivres que l'on payoit très exactement. Tout y étoit même à si bon prix que la paire de poulets ne coûtoit que trois sols.

Le maréchal de Villars reçut alors des lettres du roi, qui lui marquoit une grande satisfaction de ses heureux succès. Sa Majesté lui donna le pouvoir de déclarer brigadiers dans l'infanterie, dans la cavalerie et les dragons ceux qu'il trouveroit les plus dignes d'être élevés. Elle lui envoya les brevets en blanc et la liberté de nommer à toutes les charges de subalternes dans tous les régiments. Enfin le roi donnoit au maréchal un plein pouvoir, mais il lui recommandoit en même temps une grande complaisance pour l'électeur. Sa Majesté, prévenue par quelques avis particuliers, ne s'en rapporta pas à la connoissance parfaite qu'avoit le maréchal de la conduite nécessaire pour gouverner ce prince, dont le caractère n'étoit point de se prendre par la complaisance ; pour cela, il faut connoître les hommes. Les impériaux ne l'avoient jamais tenu que par la hauteur. Une conduite opposée donnoit toujours le dessus à tous les fripons accoutumés à vendre, à tromper et à voler ce prince naturellement très bon et très doux.

Il pressa le maréchal de Villars de s'approcher de lui le plus promptement qu'il seroit possible, et nous avons dit que le dessein de ce général étoit de prendre Villingen. Il ne lui falloit pas dix jours pour se rendre maître de cette petite ville et de quelques autres, pendant que ses troupes se raccommoderoient par un repos qui leur étoit indispensablement nécessaire.

Ces places que l'on auroit pu très aisément fortifier, et déjà fermées de remparts et de bonnes murailles, auroient assuré une communication solide avec la France. Mais le maréchal de Villars, pressé vivement, sacrifia le parti le plus sage à l'intention de ne pas contrarier l'électeur, surtout après l'opinion que le comte de Monasterol avoit voulu donner au roi et à son maître que le maréchal de Villars auroit peu de déférence pour lui.

L'électeur envoya courrier sur courrier au maréchal pour le presser de se rendre auprès de lui. Il lui donna rendez-vous à Riedlingen, et ce prince avoit si grande envie de le voir qu'il s'avança deux lieues au delà de cette petite ville. Dès qu'il l'aperçut, il courut au-devant de lui avec tant de précipitation que le maréchal de Villars, qui vouloit descendre de cheval, ne le put, et ce prince l'embrassa si vivement que peu s'en fallut qu'ils ne tombassent tous deux de dessus leurs chevaux.

Les premiers discours ne furent que des remerciements de la part de l'électeur. Il reconnut qu'il devoit au maréchal de Villars son salut, celui de ses états, de sa femme, de tous les princes ses enfants, et qu'enfin toute la maison de Bavière étoit perdue sans lui.

Ils dînèrent ensemble. L'électeur se mit dans un fauteuil, mais toutes les autres chaises étoient égales pour le maréchal et pour les gentilshommes de l'électeur. Le maréchal de Villars avoit déjà fait connoître au roi qu'il se compteroit pour rien, mais que c'étoit à Sa Majesté à décider sur le traitement que l'on devoit à un maréchal de France, général de ses armées, qui étoit au milieu de l'Empire; qu'il se croyoit obligé de dire à Sa Majesté qu'étant autrefois avec le comte de Saint-Géran, simple colonel, mais envoyé du roi auprès de l'électeur de Brandebourg, quand ce comte mangeoit avec ce prince, deux chambellans de l'électeur partoient du buffet, portant chacun un bassin et une aiguière de vermeil doré pour présenter à laver en même temps à l'électeur et à l'envoyé du roi ; que le caractère de maréchal de France à la tête des armées exigeoit quelques honneurs, mais que c'étoit à Sa Majesté à les prescrire. Le roi trouva très justes les raisons du maréchal de Villars, et lui écrivit qu'il devoit demander un autre traitement. Mais, comme le maréchal avoit des matières plus importantes à traiter avec l'électeur, il prit sur lui de sacrifier le cérémonial; conduite bien différente de celle qu'il auroit pu prendre[1]. Nous dirons à cette occasion que l'électeur, racontant au maréchal de Villars les mauvais traitements qu'il avoit reçus des généraux de l'empereur, lui dit qu'ils avoient porté si loin la hauteur avec lui qu'ils disoient qu'il n'étoit pas trop bon pour panser les chevaux de l'empereur, ni l'électrice trop bonne pour frotter les chambres de l'impératrice. Paroles qui, comme elles le devoient, causèrent la plus grande surprise au maréchal.

1. Le roi, par dépêche du 24 mai, l'engage « à se mettre au-dessus des petites choses » et à ne pas réclamer le traitement auquel il a droit; il prescrit à Ricous d' « insinuer à l'électeur que la dignité de maréchal de France met en droit d'exiger plus qu'il n'a fait, » mais lui recommande de ne pas se compromettre et de ne pas insister si Max-Emmanuel refuse.

L'électeur pressa encore le maréchal de Villars de marcher en avant, sous prétexte d'attaquer le comte de Styrum. Mais le maréchal lui fit voir clairement que cette vue étoit fausse et qu'il ne convenoit pas de la préférer à la nécessité d'occuper des places qui assuroient une communication avec la France, pendant que la cavalerie prendroit trois semaines de repos indispensablement nécessaire, et que ce dernier avantage étoit bien plus utile que de pousser Styrum, qui avoit le temps de se retirer. Cependant le maréchal demanda à l'électeur quelques heures pour réfléchir sur les divers partis que l'on pourroit prendre. Il se retira dans sa chambre pour y travailler, et trouva Ricous[1] qui l'attendoit. Il commença par lui marquer sa peine de voir l'électeur déterminé à des partis qui, certainement, n'étoient pas convenables. Ricous dit que c'étoit Monasterol qui les conseilloit[2]. « Et comment le savez-vous ? » lui dit le maréchal. Ricous lui conta naturellement que, d'ordinaire, l'électeur, par un air de confiance, lui lisoit toujours les lettres qu'il recevoit, mais que, s'étant souvent aperçu que

1. N. de Ricous ou de Ricousse, capitaine au régiment d'Enghien le 27 août 1682, envoyé du roi auprès de l'électeur de Bavière le 14 avril 1701, ne le quitta qu'après le désastre d'Hochstedt (1704), où il fut blessé. Il fut nommé par l'électeur maréchal de camp dans l'armée bavaroise; la prétention qu'il eut de *rouler* avec les officiers généraux français fut la source de difficultés qui le mirent en conflit avec Villars et firent de lui un ennemi acharné du maréchal.

2. Toute cette conversation est rapportée avec plus de détails dans une dépêche de Villars au roi du 16 mai; elle a été imprimée dans Pelet, *Mém. milit.*, III, 582. La concordance est d'ailleurs complète entre les informations écrites sur l'heure et les mémoires écrits après coup.

ce prince lui lisoit ce qui n'étoit pas, il commençoit, au lieu de l'écouter, par lire le revers des lettres, et que, dans la dernière que Monasterol lui écrivoit, il avoit lu qu'il falloit joindre incessamment l'armée du roi, par la raison que le maréchal de Villars avoit commencé par faire des impositions pour le roi à tout le pays de Wirtemberg, et que, quand l'armée de France seroit jointe, ce seroit à l'électeur à faire lui-même les impositions. Ses ministres avoient grand intérêt d'en être les maîtres, d'autant plus qu'ils imposoient peu pour leur prince et se ménageoient pour eux-mêmes des pots-de-vin considérables.

Sur cela, le maréchal de Villars manda au roi ce qu'il avoit eu l'honneur de lui mander plus d'une fois, c'est que l'intérêt des gens de l'électeur ruincroit toujours ceux de Sa Majesté et de leur maître.

Ricous dit encore au maréchal ce que celui-ci avoit bien jugé sur les démarches de l'électeur, c'est que, depuis la prise d'Ulm et la nouvelle de celle de Landau par le roi des Romains, il avoit toujours hésité s'il se raccommoderoit avec l'empereur ou s'il continueroit la guerre, même dans le temps que l'on avoit forcé les montagnes Noires.

Le comte d'Arco fit le même aveu au maréchal de Villars et lui dit que, lorsqu'il avoit attaqué Styrum malgré l'électeur, ce prince lui avoit dit : « Vous voulez attaquer Styrum ; si vous ne le battez pas, que deviendront la Bavière, ma femme et mes enfants ? » Qu'il lui avoit répondu : « C'est à quoi il falloit songer avant que de commencer la guerre, mais si vous ne battez pas Styrum il va se rendre maître de Ratisbonne et vous êtes perdu. » Qu'enfin sur cela, l'électeur lui avoit dit : « Faites ce que vous voudrez. »

Le maréchal de Villars manda au roi que l'électeur devoit à Monasterol 900,000 francs d'argent gagné au jeu, 1,200,000 au comte d'Arco, autant à Bombarde[1] et des sommes très considérables à d'autres fripons qui servoient ce prince ; que tous ces gens-là n'étoient occupés qu'à se faire payer sur les contributions, et qu'ils porteroient le plus grand désordre dans les impositions. Aussi l'électeur commença par vouloir mettre sous sa protection une infinité de pays, qui payoient des contributions secrètes à ses ministres et à son général, et surtout à Monasterol. Dès lors, le maréchal de Villars prévit des divisions inévitables avec ce prince, si le roi ne l'autorisoit au point de pouvoir éloigner de l'électeur ceux qui n'avoient d'autre objet que de le voler et de le vendre aux Autrichiens. C'est ce que nous verrons dans le cours de cette campagne, qui pouvoit décider du sort de l'Empire, si les projets du maréchal avoient été suivis.

Il ne fut pas difficile de faire voir à l'électeur que c'étoit une fausse démarche que celle d'aller chercher Styrum. Ce prince convint qu'il n'étoit pas à portée que l'on pût espérer le joindre, puisqu'il n'avoit jamais marché à Balinghen[2]. On examina donc ce qu'il y avoit de plus important à faire, et tout roula sur deux principaux objets qui, dans les commencements, exigeoient les mêmes dispositions.

Le premier regardoit l'Autriche et le second le Tyrol, pour établir une communication facile avec les armées

1. Bombarda était le banquier de Max-Emmanuel.
2. Bahlingen, petite ville du Wurtemberg, à 56 kilomètres S.-O.-S. de Stuttgard.

des couronnes en Italie, et pour cela il falloit également attaquer Passau.

Le maréchal de Villars résolut donc, pour cacher ce dessein le plus longtemps qu'il seroit possible, d'étendre ses troupes par quartiers jusqu'à Ulm, comme si sa première attention eût été uniquement de rétablir la cavalerie qui avoit grand besoin de repos. Il fut arrêté ensuite que l'électeur iroit passer ce temps-là à Munich, que toutes les troupes bavaroises s'étendroient depuis Ulm, le long du Danube, jusqu'à Ratisbonne, et que, vers le 1er juin, toute l'infanterie de l'électeur et un détachement considérable de celle du maréchal de Villars s'embarqueroient sur tous les bateaux que l'on avoit, dans toutes les villes, le long du Danube jusqu'à Ratisbonne, et qu'elles descendroient sur Passau, aussi bien que les troupes que l'électeur avoit dans la Bavière sur la rivière de l'Inn, avec tout l'équipage d'artillerie nécessaire qui étoit dans Braunau, place fortifiée sur l'Inn. Par l'exécution de ce projet, il étoit infaillible que l'on prendroit Passau en trois jours et ensuite la ville de Lints, qui n'étoit pas plus forte, d'où l'on descendoit à Vienne en vingt-quatre heures.

Le maréchal de Villars, qui venoit de passer trois ans dans cette capitale de l'empereur et de l'Empire, connoissoit mieux que personne toutes les facilités de faire cette conquête, et nous verrons, dans la suite de ces mémoires, que l'empereur Léopold en croyoit la perte si infaillible qu'il fut sur le point d'en sortir et qu'il en proposa le dessein au prince Eugène ; c'est ce dernier qui le déclara à Rastat au maréchal de Villars, en présence des sieurs de Saint-Frémont, de Broglie, Contade et de plusieurs autres officiers généraux et principaux, qui étoient auprès du maréchal.

La conquête de Vienne paroissoit donc infaillible alors. Le maréchal de Villars, qui ne s'est jamais consolé du malheur de n'avoir pu rendre à son maître un service si éclatant, et tout à la fois si glorieux pour lui-même, n'a pu pardonner à Monasterol d'avoir rompu un si grand projet[1].

Si l'on eût trouvé des difficultés dans ce dessein, obstacles cependant auxquels il n'y avoit aucune apparence, l'électeur attaquoit Couvestain[2] dans le Tyrol, pendant que M. de Vendôme occupoit la ville de Trente et par conséquent le peu de troupes que l'empereur avoit en Italie étoit forcé de l'abandonner, pour venir à la défense de l'Autriche.

On avoit, outre cela, diverses intelligences en Bohême, où la plupart des peuples et des seigneurs étoient prêts à se soulever. Et enfin la révolte de Hongrie par le prince Ragotsky et Bergeny[3] étoit dans sa force.

Pendant ces mouvements sur le Danube, le maréchal de Villars devoit avec son armée se tenir entre Dilingen et Donavert et observer les mouvements de

1. Il est difficile de savoir si Monastérol seul est responsable de l'abandon de ce projet; la mobilité d'esprit de l'électeur et son désir d'arrondir ses états héréditaires paraissent avoir plus de part à cet abandon que les intrigues subalternes. Vendôme, d'une part, et Tallard, de l'autre, ne surent d'ailleurs pas soutenir cette marche sur Vienne, conception de génie qui, reprise plus tard par Napoléon en 1809, produisit les grands résultats que Villars avait entrevus.

2. Kufstein sur l'Inn, à l'entrée du Tyrol.

3. Comte Nicolas Bercsenyi, principal conseiller de Rakoczy et commandant supérieur des forces insurgées. (Voy. Arneth, *Prinz Eugen*, I, 227.)

l'armée de l'empereur à la tête de laquelle se rendit le prince de Bade. Celui-ci, n'ayant ni places, ni bateaux sur le Danube, ne pouvoit marcher au secours de Vienne avec son armée que lentement, et, la tenant ensemble, pendant que le maréchal de Villars faisoit descendre par le Danube, dont il étoit le maître, toute l'infanterie et toutes les munitions de guerre. Ainsi, couvert du Danube, il observoit les mouvements du prince de Bade, obligé, comme nous l'avons dit, de marcher avec toutes ses forces en front de bandière, parce que, s'il les avoit séparées pour la commodité et pour la diligence de la marche, le maréchal de Villars, maître des places et des ponts sur le Danube, pouvoit passer cette rivière et les attaquer séparées. On sait que les îles du Danube vis-à-vis de Vienne et ce que l'on appelle Leopoldstat une fois occupés, tout secours est impossible.

Telles étoient les dispositions du maréchal de Villars le 12 mai 1703. Le seul comte d'Arco, général, avoit eu part à ce conseil. L'importance du secret porta le maréchal à prier l'électeur de n'en donner connoissance à personne, et lui-même n'en communiqua rien au comte Dubourg, qui cependant étoit le premier dans sa confidence[1].

Le maréchal de Villars reçut alors à Meskirk deux députations du corps helvétique, qui par la première le prioit de vouloir bien ne pas attaquer Lindau, et qui par la seconde demandoit la même grâce pour toutes

---

1. Villars ne parla pas de Vienne à l'électeur à ce moment ; il craignait trop les indiscrétions de son entourage ; il n'en écrivit même pas au roi ; ce n'est que dans le courant de juin que sa correspondance laisse voir sa pensée entière.

les places qui avoisinent ses frontières. Mais le maréchal de Villars, accoutumé à ne pas donner aux Suisses des réponses bien décisives, se réserva de faire, sans blesser la neutralité, les conquêtes qui lui seroient nécessaires.

En se séparant de l'électeur, il lui demanda, pour la seconde fois, un secret si bien gardé pour leurs projets qu'ils ne fussent connus que de lui et de son général, parce que, en effet, c'est le secret seul qui fait souvent réussir les plus grands desseins, comme c'est lui qui fait manquer les plus petits quand on le divulgue. L'électeur ne put garder le sien avec Monasterol qui avoit grand empire sur son esprit, et le maréchal de Villars apprit avec une très vive peine qu'il étoit déjà publié à Ulm que l'on devoit embarquer l'infanterie, ce qui marquoit évidemment le dessein de descendre sur Passau.

Nous avons dit plus haut que Chamarante, ayant trouvé à Bregents des retranchements qu'il jugea difficiles à emporter, rejoignit l'armée sans avoir rien fait. Ainsi le maréchal de Villars fut très affligé d'être forcé de s'éloigner des frontières des Suisses, sans autre communication qu'une garnison de 400 hommes qu'il laissa dans la petite ville de Ravensbourg. Il continua sa marche vers Ulm, après avoir entièrement rétabli sa cavalerie et retiré par la Suisse des officiers et quelques recrues, qui n'avoient pu joindre son armée dans le temps qu'elle avoit forcé le passage des montagnes Noires.

La peine qu'il avoit ressentie de voir son secret déjà divulgué par l'infidélité de ceux qui approchoient l'électeur fut suivie d'une plus vive encore. Ce fut le changement de ses projets causé par la même infidélité. L'électeur lui manda, par une lettre du 26 mai, qu'il ne pouvoit plus marcher vers Passau, parce qu'il étoit obligé d'aller secourir le château de Rotemberg[1] que Styrum vouloit attaquer.

Le dessein de marcher à Vienne ou d'attaquer le Tyrol, manqué par la prétendue nécessité de secourir un château non attaqué, mit au désespoir le maréchal. Il envoya tout aussitôt le comte Dubourg à Munich pour ramener l'électeur aux vues solides et continua sa marche, espérant que cet officier général, qui jusque-là n'avoit eu aucune connoissance du grand projet, obligeroit l'électeur à continuer d'y donner les mains.

Il écrivit au général d'Arco et au Sr de Ricous pour les presser d'agir conjointement avec le comte Dubourg, pour attaquer l'Autriche. Mais à ce dessein, qui étoit le plus solide et le meilleur à tous égards, l'électeur préféra celui d'attaquer le Tyrol, et connut combien celui de marcher à Nuremberg étoit faux, puisque l'on apprit dans le moment que les ennemis y avoient fait entrer 6,000 hommes. Mais le maréchal avoit déjà représenté à l'électeur que l'entreprise de Nuremberg étoit également dangereuse, soit qu'elle réussît, soit qu'elle ne réussît pas. Si elle ne réussissoit pas, il étoit toujours malheureux d'entreprendre et de manquer son dessein. Si elle réussissoit, il falloit laisser 12,000 hommes de troupes pour conserver la plus grande ville de l'Empire sans citadelle, et par là

1. Rothenberg, petite place forte de Franconie, à 25 kilomètres N.-E. de Nurenberg.

s'affaiblir au point d'être inférieurs en campagne. Enfin l'électeur se détermina au Tyrol, le moins bon des deux projets, puisque celui d'attaquer Passau, Lintz et l'Autriche ébranloit l'Empire et chassoit l'empereur de sa capitale.

Mais l'électeur étoit environné de gens gagnés par l'empereur, il ne perdoit pas même l'espérance de faire avec lui un accommodement avantageux, et peut-être qu'il l'auroit fait, si les généraux et les ministres de l'empereur n'en avoient pas laissé perdre les moments favorables, en lui imposant une loi trop dure, lorsqu'ils comptoient la jonction impossible, et avant que le passage des montagnes Noires eût été forcé.

Le maréchal de Villars écrivit une longue lettre au roi, le 17 juin[1], et lui envoya son premier secrétaire pour l'informer encore plus exactement de sa situation. Par cette dépêche, il expliquoit à Sa Majesté combien il avoit cru possible le siège de Vienne, et combien il étoit persuadé que l'empereur n'auroit pu l'empêcher. Aussi, nous avons déjà remarqué, et on le verra encore dans la suite de ces mémoires, que le prince Eugène avoit avoué au maréchal de Villars que lui-même il comptoit Vienne perdue, si ce général y avoit marché alors.

Le 19 juin, le maréchal de Villars apprit que le prince de Bade, ayant abandonné le Rhin, avoit joint le comte de Styrum avec la plus grande partie de ses forces, et qu'ainsi fortifié de toutes les troupes qu'avoit le comte de Schlick et de 6,000 Saxons, son armée étoit de plus de 40,000 hommes. Le Rhin abandonné,

---

[1]. Publiée dans Pelet, *Mémoires mil.,* III, 622.

M. le duc de Bourgogne étoit le maître d'entreprendre tout ce qu'il voudroit contre la frontière d'Allemagne. Le maréchal de Villars pressoit pour Fribourg, afin d'avoir une communication assurée avec la France. Mais le maréchal de Tallard conclut pour le siège de Brisach, et M. de Vendôme, de son côté, avec 70,000 hommes, tant des troupes du roi que de celles du Milanez et de M. le duc de Savoye, se contentoit, ainsi qu'il paroissoit par ses lettres, d'embarrasser les restes de l'armée de l'empereur que le prince Eugène avoit abandonnée en Italie, et qui n'étoit pas de 18,000 hommes, pendant que le maréchal de Villars soutenoit toutes les forces de l'empereur avec une armée de 25,000 hommes seulement. Il avoit bien prévu, avant que de forcer les montagnes, que, dès qu'il seroit dans l'Empire, les généraux du roi en Italie et sur le Rhin seroient plus occupés de leurs vues particulières que de la générale, qui alloit à pousser la guerre dans l'Empire, et à assurer les communications. Il pouvoit sans doute demeurer à la tête des principales forces du roi sur le Rhin, et envoyer à l'électeur un détachement de son armée; mais son intérêt particulier ne l'ayant jamais occupé, il lui préféra celui de l'État. Ainsi les généraux françois, songeant à de petits avantages qui rouloient sur eux, manquèrent les plus grandes occasions, et l'électeur de Bavière, de son côté, s'opposant à toutes les vues solides, le maréchal ne fut jamais le maître de conduire, suivant les siennes, une guerre qui pouvoit asservir l'Empire et forcer l'empereur aux plus dures conditions de paix.

Le maréchal de Villars apprit, le 20 juin, par un

courrier de l'électeur, qu'il s'étoit rendu maître de Couvestein par une aventure bien heureuse. Le gouverneur ayant voulu faire brûler quelques maisons qui avoisinoient la ville, le feu de ces maisons se communiqua à la ville, et de la ville au château. Un ingénieur français, nommé Desventes, homme d'esprit et très hardi, s'aperçut du désordre que causoit cet embrasement, et qu'une tour voisine des flammes n'étoit pas gardée. Il demanda 50 grenadiers, qui, grimpant les uns sur les autres, gagnèrent la tour, et, de là, entrèrent dans le château. L'électeur manda qu'il attribuoit ce bonheur à la fortune du maréchal. Cet avantage étoit considérable, parce que la conquête de cette place, très bonne en elle-même, ouvroit le Tyrol, laissoit à l'électeur la liberté de marcher à Inspruck, sa capitale, et assuroit la conquête de tout le pays.

Ce même jour, le maréchal apprit que le prince de Bade, avec le général Styrum et toutes leurs forces, devoient marcher à lui. Il pressoit sans cesse la cour[1] de donner des ordres précis au maréchal de Tallard pour établir une communication. Le roi l'ordonna et lui manda que le maréchal de Tallard devoit attaquer les lignes de Bihel et marcher au Necre ; mais nous avons déjà dit qu'il préféra le siège de Brisach, entreprise inutile dans la conjoncture présente, et qui laissoit aux ennemis le temps et les moyens de sauver l'empereur sur le point de sa perte. Le maréchal de Villars représenta, par une infinité de raisons, que

---

1. Les lettres écrites dans ce sens au roi et à Chamillart sont nombreuses et pressantes. Voy. à l'appendice celles du 21 juin.

tout ce qu'il pouvoit faire sans communication seroit comme le soleil de mars, qui émeut et ne résout pas; que ce grand corps de l'Empire, ayant le temps de se reconnoître, feroit les derniers efforts, et que ses périls présents, ranimant tous les États qui le composent, rendroient, si l'on ne profitoit des moments précieux, tout à fait impossibles des projets dont l'exécution étoit infaillible dans le moment présent. Mais M. de Vendôme, qui n'avoit jamais assez de troupes pour ne rien faire, et le maréchal de Tallard, qui vouloit faire prendre une place à M. le duc de Bourgogne, furent crus malgré les raisons solides du maréchal de Villars.

L'électeur de Bavière prit le château de Rotenberg[1] et s'assura de tous les passages du Tyrol.

Le 28 juin, le maréchal de Villars apprit que le prince de Bade étoit campé avec toutes ses forces dans la plaine de Languenau[2]. Il prit toutes les précautions possibles pour empêcher l'ennemi de lui pouvoir dérober un passage sur le Danube. Pour cela, il envoya un corps à hauteur d'Ulm, et des partis continuels le long de ce fleuve. Il avertit en même temps l'électeur de l'inquiétude où il étoit pour Augsbourg et pour Ratisbonne. De ces deux grandes villes, la dernière étoit gardée par les troupes de ce prince, mais en petite quantité. Et, pour la sûreté de l'autre, l'électeur n'avoit que deux conseillers pour otages de la fidélité des habitants. Le maréchal fit tous ses efforts pour engager ce prince à y mettre au moins 500 hommes

1. Rattenberg sur l'Inn.
2. Langenau, au bord de la vallée du Danube, à quinze kilom. au-dessous d'Ulm.

de pied, qui fussent maîtres d'une porte de la ville, laquelle pouvoit se garder contre le dedans et le dehors; il lui fit sentir que cette précaution suffisoit, puisque, tant que cette riche bourgeoisie auroit à craindre que les François ne pussent entrer par une porte, si elle en livroit une aux impériaux, elle ne voudroit pas s'exposer à voir une bataille dans la rue des Orfèvres, où elle avoit de grandes richesses. Mais ces remontrances furent inutiles, et les ministres de l'électeur, vendus à ceux de l'empereur, l'empêchèrent toujours de suivre le conseil du maréchal de Villars.

Le dernier juin, le prince de Bade vint camper avec toutes ses forces sur la petite rivière de Brents. Le maréchal de Villars étoit très avantageusement campé, sa gauche à Lauingen, petite ville sur le Danube, fermée de très bonnes murailles de cinq pieds d'épaisseur avec un double fossé, sa droite à Dilingen, autre ville plus considérable sur le Danube, et dont les murailles étoient meilleures encore que celles de Lauingen. Un petit ruisseau couvroit le front de son camp presque entier.

Les ennemis publioient qu'ils venoient attaquer le maréchal de Villars, qui, de son côté, le désiroit fort, étant bien assuré de la bonté de son poste. Aussi, pour leur en donner l'envie, le jour d'après qu'ils furent campés en présence, il occupa et fit retrancher la nuit un petit village au delà du ruisseau qui couvroit son camp. Ce petit village, quoique séparé par le ruisseau, étoit flanqué par la droite et par la gauche des retranchements de son camp, en sorte que, pour l'attaquer, il falloit que les ennemis marchassent en bataille sous le feu du mousquet de tous ses retranchements. Mais, comme ils publioient qu'ils vouloient attaquer, il fut bien aise de les y provoquer en occupant un poste en avant.

Pendant ce temps-là, un colonel, nommé La Tour[1], que le maréchal de Villars avoit envoyé à Donavert pour étendre les contributions, averti que 100 houssards des ennemis enlevoient les bestiaux de Donavert, sortit de la ville avec 150 chevaux pour les reprendre. A peine fut-il éloigné de mille pas qu'il fut investi par près de 2,000 hommes des ennemis. Il n'eut que le temps de s'enfermer dans un cimetière avec 50 hommes du régiment de Champagne et sa cavalerie. Les ennemis l'attaquèrent; il leur tua plus de 100 hommes et les obligea à se retirer. Toutes les troupes du roi avoient des succès heureux.

L'électeur marcha à Inspruck. Il envoya des détachements pour occuper Trente[2], et un autre pour attaquer Bregents et pour établir des communications assurées avec la France.

Cependant, le maréchal de Villars renouveloit ses vives instances auprès du roi pour déterminer MM. de Vendôme et de Tallard à soutenir la guerre de l'Empire, tant il étoit persuadé que, si elle étoit suivie avec tous les moyens qui dépendoient des généraux du roi, on forceroit l'empereur à la paix. Cette vérité est démontrée si clairement dans toutes les dépêches du

---

1. « Le sr de la Tour, lieutenant-colonel de Fourquevaux, homme intelligent, que j'ai envoyé pour presser les contributions par Donavert, m'écrit qu'il a touché 80,000 francs. » (*Villars au Roi*, 25 juin 1703.)

2. Ce détachement ne dépassa pas le col du Brenner qu'il occupa sous les ordres de M. du Bordet.

maréchal de Villars[1], et par l'événement, que l'on ne peut s'étonner assez qu'elle n'ait pas fait une vive impression. Au lieu de s'y rendre, les fautes auxquelles la foiblesse du ministre donna quelque lieu causèrent enfin la plupart des malheurs d'une guerre, qui n'a fini qu'en 1714, et qui pouvoit être terminée dans cette année 1703.

Le prince de Bade marcha, le 3 juillet, avec toute son armée à la portée du canon de celle du maréchal de Villars, et, après avoir demeuré en bataille près de trois heures, il rentra dans son camp. Les prisonniers et déserteurs disoient qu'afin de pouvoir attaquer avec succès, on attendoit le corps commandé par le marquis de Bareit.

L'électeur de Bavière prit encore trois châteaux très forts dans le Tyrol, et, par ces conquêtes, la Bavière se trouva hors de toute inquiétude pour les contributions que les impériaux pouvoient imposer généralement partout.

Le 13 juillet, le marquis de Bareit approcha de Donavert avec un corps de 10,000 hommes, et mena avec lui des pièces de batterie tirées de Nuremberg.

Plusieurs généraux de l'armée du roi pressèrent le maréchal de Villars de repasser le Danube ; mais il connoissoit trop bien l'importance et la bonté de son poste pour se déterminer à un parti si foible. Outre que, par sa situation, il occupoit quatre villes qui lui donnoient de grandes subsistances, et qu'il auroit fallu les abandonner aux ennemis, dont les forces augmen-

1. Presque toutes les dépêches de Villars pendant les mois de juin et de juillet reviennent sur ce sujet.

toient tous les jours, le maréchal eut lieu de croire, dès le 16 de juillet, qu'ils ne songeoient plus à l'attaquer, puisqu'ils commençoient des retranchements, ce qui marquoit un dessein de se séparer.

Sur cela, il fit de nouvelles instances à l'électeur pour l'engager à s'assurer d'Augsbourg autrement que par les deux otages, et pour faire venir à Ratisbonne les troupes qu'il avoit très inutilement dans le Haut-Palatinat. L'électeur le crut sur le second point, mais il fut impossible de gagner le premier. Le maréchal de Villars fit remonter le corps que commandoit M. de Légal[1] au-dessus d'Ulm pour défendre le passage de l'Iller. Il lui envoya le sieur du Héron, brigadier de dragons, homme d'un très grand courage, de beaucoup d'ardeur, soutenue d'ambition, et qui, élevé conseiller au Parlement de Rouen, avoit plus d'esprit de guerre que l'on n'en pouvoit attendre de son peu d'expérience.

Le maréchal de Villars reçut une lettre du 24 juillet, par laquelle l'électeur lui manda que les paysans du Tyrol, soutenus de quelques troupes réglées, avoient voulu attaquer ses postes, et le couper entre Inspruck et la montagne de Brenner qu'il falloit occuper pour assurer la jonction avec M. de Vendôme, mais qu'il avoit battu ces troupes ramassées et conservé la communication, attendant toujours des

---

[1]. René-Franç. Le Gall, excellent officier de cavalerie, né en 1656, était maréchal de camp depuis 1702, fut fait lieutenant général à la suite de l'affaire de Munderkingen et se retira après Malplaquet comme gouverneur d'Agde ; il mourut en 1724. « L'officier général sur qui je me repose le plus, » écrivait Villars au roi, le 6 août 1703, « est Légal. »

nouvelles de M. de Vendôme, qui, selon les apparences, avançoit de son côté[1].

Par sa réponse, le maréchal exhorta l'électeur à traiter ces paysans avec la dernière sévérité, à faire brûler la ville de Hal, qui s'étoit révoltée la première, qui avoit égorgé le comte de Verita qui y commandoit avec tout ce qu'il avoit de troupes, et jusqu'aux malades mêmes. La raison de guerre et toute sorte de justice exigeoient en effet que l'on fît de rigoureux exemples sur des peuples qui, soumis et bien traités, violent leurs serments et commettent les plus odieuses cruautés.

Cependant, le maréchal de Villars voyoit avec une peine extrême que, depuis le 1er mai qu'il avoit forcé les passages des montagnes Noires jusqu'à la fin de juillet, le maréchal de Tallard, qui avoit 60 bataillons et près de 100 escadrons, n'avoit rien fait. Les moments étoient précieux, et le prince de Bade, ayant abandonné le Rhin, n'étoit occupé qu'à chercher les moyens d'accabler l'armée du maréchal de Villars, qui, plein de confiance sur la bonté de son poste et sur la fermeté de ses troupes, donnoit à l'électeur tout le temps qu'il pouvoit désirer pour assurer la communication avec l'Italie, puisque le maréchal de Tallard ne vouloit pas songer à celle du Rhin avec le maréchal de Villars, dont l'armée, toujours en pré-

1. L'analyse que Villars donne de la lettre de l'électeur du 24 juillet n'est pas claire. L'insurrection des Tyroliens obligea Max-Emmanuel à évacuer complètement le pays. Le combat décrit le 24 juillet eut pour effet, non de lui conserver une communication avec l'Italie, mais de lui rendre une communication avec la Bavière et de lui permettre de rentrer dans ses états.

sence du prince de Bade, donnoit lieu à des escarmouches continuelles.

Le maréchal de Villars les permettoit volontiers : premièrement, parce qu'elles étoient toutes heureuses; il y en avoit même eu de si considérables, qu'un escadron de cuirassiers de l'empereur, s'étant avancé pour les soutenir, fut battu par ceux de France, qui prirent un étendard. D'ailleurs, étant bien retranché, il étoit bien convaincu qu'il n'embarqueroit d'affaire qu'autant qu'il le voudroit. Enfin, son poste dominant la plaine où se passoient les escarmouches, il étoit assuré de faire perdre bien du monde aux ennemis s'ils s'en approchoient trop.

Le comte de la Tour (dont on a déjà parlé[1]) étant campé à Munderking avec un corps de 5,000 à 6,000 hommes des meilleures troupes de l'empereur, le maréchal de Villars fut informé qu'on pouvoit l'attaquer avec avantage, si l'on trouvoit moyen d'avancer sur son camp avec assez de secret et de diligence pour le surprendre. Il ordonna donc à M. de Légal, campé à Offenhausen sur l'Iller, de prendre des

1. Cette parenthèse, ajoutée sans doute par un secrétaire ou copiste, est fausse. Le La Tour dont on a parlé, p. 100, était un officier français, lieutenant-colonel de Fourquevaux : celui-ci était un officier bavarois, qui avait passé au service de l'empereur et commandait un corps détaché. En annonçant sa défaite à Max-Emmanuel, Villars écrit : « V. A. E. apprendra avec joie que son défunt et indigne général le comte de la Tour a été battu à plate couture... J'ai été d'autant plus sensible à sa disgrâce que l'on ne peut rien ajouter à l'insolence et à la dureté dont il a usé pour nos prisonniers, les menaçant de les faire brûler. Il a été prisonnier pendant un quart d'heure et s'est échappé : en vérité, j'aurois acheté bien cher de le pouvoir envoyer à Munich. » Le combat de Munderkingen est du 30 juillet.

mesures, afin que M. du Héron[1], qui avoit un petit corps à deux lieues de là, et qu'un détachement qu'on pouvoit tirer d'Ulm, commandé par le sieur de Fonbausard[2], brigadier, marchant la nuit par des routes différentes, pussent arriver, à une heure marquée, à portée de ce camp des ennemis. Ces trois officiers généraux se conduisirent si bien qu'ils arrivèrent à une lieue de l'ennemi, sans qu'il en fût averti. Mais, le jour les ayant surpris à une demi-lieue du camp, les ennemis eurent le loisir de se mettre en bataille. On trouva même un petit ruisseau, dont ils commencèrent à rompre le pont, ce qui retarda la marche. Un lieutenant-colonel de cavalerie, nommé Bosot, très vaillant homme, et qui avoit la tête de tout, fit rétablir ce pont sous le feu de l'infanterie, et battit ceux qui le défendoient.

Cependant, du Héron se mit en bataille sur la gauche du pont, et L'Ille du Vigier, brigadier de cavalerie, forma la droite dans le temps même que M. de Légal passoit avec son infanterie commandée par le marquis de Montgallard, brigadier d'infanterie. Les ennemis vinrent à la charge avec beaucoup de valeur, et le combat fut très rude et très long. Mais, enfin, la fermeté des troupes du roi l'emporta après plusieurs

1. Ch. de Caradas, marquis du Héron, né en 1667, colonel de dragons en 1688, envoyé extraordinaire à Wolfenbüttel (1697) et en Pologne (1700), rentra dans le service actif à la déclaration de guerre comme colonel des dragons d'Albert; brigadier en 1702, il mourut des blessures reçues le 30 juillet 1703.
2. Phil.-André Forest, sr de Fontbeausard, fit toute sa carrière dans les dragons, commanda quatorze ans le régiment de son nom; brigadier en 1702, maréchal de camp en 1704, il mourut en 1715.

charges, et les ennemis furent entièrement renversés dans le Danube, que Rodemack, lieutenant-colonel du régiment de Choiseuil, passa après eux. Le brigadier du Héron, d'un mérite très distingué, à la valeur et à la sage conduite duquel on dut principalement cet heureux succès, quoique blessé d'un coup au travers du corps, et dont il mourut quinze jours après, rallia les troupes plusieurs fois et renversa enfin la droite des ennemis. M. de Légal, commandant en chef, fit très bien son devoir, mais la joie du maréchal de Villars fut véritablement tempérée par la perte de M. du Héron, qui lui étoit très attaché, et dont la valeur et les talents lui étoient d'une grande utilité.

Le prince Maximilien d'Hanover, frère de l'électeur, fut tué dans ce combat, et même on ne retrouva pas son corps. On prit onze étendards aux ennemis avec deux paires de timbales, et ce corps fut entièrement défait. Par là, les desseins qu'avoit faits le prince de Bade de passer l'Iller furent retardés de quelques jours, et, comme les ennemis répandoient dans l'Empire que l'armée du maréchal de Villars étoit assiégée dans son camp, il dit : « Je fais au moins de belles sorties, puisque, dès qu'un corps d'armée de l'empereur ose passer le Danube, à quinze lieues de moi, il est renversé dans ce fleuve. »

Ce succès, heureux déjà pour tant de raisons, l'étoit encore parce qu'il donnoit quelques jours à l'électeur pour attendre des nouvelles de M. de Vendôme pour la communication avec l'Italie. Le maréchal de Villars, quoique pressé par une armée de la moitié plus forte que la sienne, et commandée par le prince de Bade, ne vouloit pas que M. de Vendôme ou l'électeur pussent dire : « Il ne nous a pas donné le temps d'achever une jonction si heureusement commencée. »

Il pressa encore l'électeur de s'assurer d'une porte de la ville d'Augsbourg, et ce fut pour la quatrième fois que, par sa lettre du 3 août[1], il lui répéta que, si un corps de 3,000 ou 4,000 chevaux, prenant ses derrières, ce qui étoit très facile, entroit dans Augsbourg, et que les paysans du Tyrol, qui paroissoient si animés contre l'électeur, y envoyoient quelques hommes, il faudroit, préférablement à tout autre dessein, reprendre cette place, et que, par conséquent, on seroit forcé d'abandonner le Danube.

Le maréchal de Villars envoya, le 6 d'août, un de ses aides de camp, nommé Roideau, homme très sensé, porter au roi la nouvelle de la défaite du comte de la Tour, et pour presser encore la marche du maréchal de Tallard. Il représentoit à Sa Majesté qu'il étoit nécessaire que les ordres qu'elle donneroit au maréchal de Tallard fussent si précis, qu'il ne différât pas d'un moment l'attaque de Villingen; et il fit voir, par les raisons les plus évidentes, que, si l'on n'établissoit pas une communication, ce qui dépendoit du maréchal de Tallard depuis plus de trois mois, on perdroit l'avantage des succès précédents.

Il est aisé de juger, en effet, que l'inaction du maréchal de Tallard depuis le 1ᵉʳ mai jusqu'au 15 août, et celle de M. de Vendôme, dont la marche vers le Tyrol étoit si lente qu'on pouvoit l'appeler inaction, met-

---

[1]. La lettre existe en minute dans mes archives ; elle est adressée à Ricous.

toient le maréchal au désespoir, en lui faisant perdre l'occasion des plus magnifiques conquêtes. D'autant plus que la révolte de Hongrie se fortifioit à tel point, que l'on pouvoit compter qu'une marche vers l'Autriche y auroit attiré 30,000 Hongrois.

Il arriva alors que les commandants que l'électeur avoit mis dans les châteaux de Rotemberg, et de la ville d'Ehrenberg, se rendirent aux paysans du Tyrol, qui n'avoient pas une seule pièce d'artillerie. Ces châteaux étoient néanmoins excellents. Dans celui d'Ehrenberg, il y avoit 40 pièces de canon de fonte et 40,000 sacs de blé ou de farine que le commandant rendit aux impériaux. On apprit, dans le même temps, que l'électeur se retiroit d'Inspruck, et qu'il abandonnoit le Tyrol sans aucune contribution, quoiqu'il pût aisément en tirer plus de 500,000 écus. Cette démarche étoit l'effet des présents faits à ses ministres et à ses généraux. Enfin, ce prince abandonna le Tyrol, et, dès là, toute espérance de jonction avec M. de Vendôme, dont l'inaction jusqu'au 20 juillet causa tout le renversement de ce premier projet. Effectivement, s'il s'étoit ébranlé dans le temps que l'on se rendit maître du Tyrol avec plus de bonheur qu'on ne pouvoit en espérer, la jonction étoit aussi facile que d'envoyer un courrier de Paris à Orléans[1].

L'électeur, ayant eu avis qu'un corps de ses troupes, commandé par le comte de Tattembach, avoit été

---

1. Non seulement Vendôme ne commença son mouvement que le 20 juillet, mais il mit cinquante jours à parvenir jusqu'à Trente, « se panadant à chaque bicoque » (Saint-Simon, III, 436), perdant un temps précieux, laissant la résistance s'organiser ; il dut revenir en arrière, ayant complètement échoué.

battu par les impériaux près de Scharding, envoya une partie de celles qui étoient auprès de lui pour couvrir la Bavière vers le Danube, et se rendit à Munich. Il manda au maréchal de Villars qu'il étoit forcé de s'éloigner du Tyrol, et de pourvoir à la sûreté de ses états, craignant pour Ratisbonne. Le maréchal prit toutes les mesures possibles pour mettre cette ville et toute l'étendue du Danube jusqu'au-dessus d'Ulm hors d'atteinte à l'ennemi. Mais les nouveaux ouvrages que fit faire le prince de Bade pour fortifier son camp devant celui du maréchal de Villars marquoient un dessein formé de se séparer. Le maréchal fut informé d'ailleurs que le prince de Bade rassembloit tous les chariots du pays, et avoit ses ponts de bateaux sur des haquets prêts à marcher. Sur cet avis, il fit savoir à l'électeur, qui étoit à Munich, qu'il falloit s'attendre à un mouvement très prochain du prince de Bade; que Ratisbonne étoit en sûreté, mais qu'il craignoit toujours pour Augsbourg.

Le prince de Bade s'ébranla enfin le 23 août, et suivit un détachement que commandoit le comte de la Tour, qui marchoit vers le haut de l'Iller. Comme ce mouvement ne pouvoit regarder qu'Augsbourg, le maréchal de Villars poussa encore une fois l'électeur à s'assurer d'une porte de cette ville ; mais cette instance ne fut pas plus heureuse que les précédentes.

Dès que le prince de Bade fut séparé de l'armée qui étoit devant le camp du maréchal de Villars, celui-ci, voyant la sienne plus nombreuse, fit ce qui dépendoit de lui pour engager cette armée au combat. Il sortit de son camp et poussa les gardes de cavalerie jusque dans les redoutes. L'ennemi se mit en bataille derrière ses retranchements, dont il ne vouloit pas sortir. Il ne fut donc plus question que de tâcher à combattre le prince de Bade, qui s'éloignoit avec son armée, et marchoit vers le haut de l'Iller après avoir rassemblé toutes les forces qu'il attendoit de tout l'Empire et de la Hollande.

Sur cette marche, le maréchal de Villars, qui ne pouvoit que par une bataille sortir de la fâcheuse situation où le mettoit l'augmentation des ennemis, cherchoit les occasions de la donner. N'ayant pu l'engager avec l'armée campée et retranchée devant lui, commandée par le maréchal de Styrum, il prit les mesures qui dépendoient de lui pour combattre le prince de Bade lorsqu'il passeroit le Danube ou l'Iller. Pour cela, il fit avancer au-dessus d'Ulm le corps de M. de Légal et le fit soutenir par le comte Dubourg avec 30 escadrons, trois brigades d'infanterie et une brigade d'artillerie. Il pressa encore une fois l'électeur de s'assurer d'Augsbourg[1]; c'étoit, comme on l'a vu, une instance renouvelée dans toutes ses lettres. Il le conjura aussi de sortir de Munich, où il pouvoit facilement être ébranlé par les larmes de sa femme, de ses enfants et de tous ses peuples; car les impériaux étoient entrés dans la Bavière du côté de Passau. Enfin, il pria ce prince de venir se mettre à la tête de l'armée du roi, dont l'envoyé auprès de lui, nommé Ricous, s'étoit tellement brouillé avec la cour de Bavière, que l'électeur écrivit au maréchal de Villars qu'il ne lui parleroit plus d'affaires[2].

1. Par dépêches du 24, du 25 et du 27 août.
2. La lettre est du 24 août et tout entière de la main de l'électeur; il demande formellement le changement de Ricous.

Le maréchal de Villars manda aussi à M. le duc de Bourgogne que, par les difficultés que MM. de Vendôme et de Tallard, chacun de leur côté, apportoient à s'approcher de lui, ils avoient perdu quatre mois que les ennemis avoient employés à tirer des secours de l'électeur de Brandebourg, de celui d'Hanover, de Saxe et même de Hollande, et de régiments dont la levée n'avoit été commencée que depuis qu'il étoit entré dans l'Empire.

Le maréchal de Villars, déterminé à combattre le prince de Bade, pressa l'électeur par divers courriers de le joindre incessamment; les instants étoient précieux. Mais il falloit que ce prince amenât des troupes pour ne pas abandonner le camp de Dillingen, et pour fortifier celles que le maréchal menoit avec lui. Ce prince, par de mauvais prétextes, fut quatre jours à venir de Munich au camp du maréchal de Villars. Celui-ci le pria d'en partir brièvement, après qu'il y fut arrivé, pour aller joindre le comte Dubourg, qui avoit déjà avancé sur la route que tenoit le prince de Bade. L'électeur y consentit; mais il ne voulut partir que le lendemain, et il alla camper à trois lieues de Dillingen. Le maréchal de Villars s'approcha du comte Dubourg avec 20 escadrons, et envoya toute la nuit Verseilles, maréchal des logis de l'armée, pour hâter l'électeur de suivre, lui faisant dire que, pour lui, il répondoit d'arrêter la marche du prince de Bade en s'approchant avec 50 escadrons, puisque ce prince marchoit avec un grand attirail de bagages, d'artillerie et de pontons. Malgré ces vives instances, l'électeur refusa de s'avancer, et si opiniâtrément que la plupart des officiers généraux françois le crurent accommodé, ou du moins traitant avec l'empereur, dont les émissaires redoubloient continuellement leurs sollicitations pour ramener ce prince, déjà fort ébranlé par les larmes de sa femme, qui étoit très attachée à l'empereur.

Cependant le prince de Bade, qui pouvoit être attaqué dans sa marche, passa l'Iller tranquillement, et, lorsque la tête de l'armée du roi approchoit de la ville d'Augsbourg, l'électeur eut la cruelle douleur de voir la tête des troupes du prince de Bade entrer dans cette ville[1].

Les obstacles que l'électeur apportoit sans cesse à l'exécution des plus grands et des plus sages projets, l'opiniâtreté avec laquelle il avoit empêché d'attaquer le prince de Bade, son opposition à s'assurer d'Augsbourg quand il avoit dépendu de lui de le faire, son inconstance sur le projet de marcher à Passau, qui

1. Villars rejette entièrement sur l'électeur la responsabilité des fausses démarches qui permirent au prince de Bade de faire, sans être inquiété, son mouvement tournant par Memmingen jusqu'à Augsbourg. La faute grave, incontestable, que fit Max-Emmanuel, fut de ne pas occuper cette dernière ville, malgré les instances réitérées de Villars : il s'y refusa péremptoirement par lettre du 29 août dont nous avons l'original, conservé par Villars « pour sa justification. » Quant aux mouvements du 1er au 4 septembre et à la lenteur avec laquelle ils furent exécutés, la responsabilité n'est pas aussi facile à déterminer. Max-Emmanuel, dans les mémoires qu'il adressa au roi, reprocha à Villars d'avoir refusé de marcher; Villars porte ici la même accusation contre Max-Emmanuel : ce qui paraît certain, c'est qu'ils furent l'un et l'autre mal renseignés sur la marche du prince de Bade et trompés par l'extrême célérité que mit ce général à atteindre Augsbourg. Cette lenteur aurait d'ailleurs été sans conséquence si Augsbourg avait été occupé par l'électeur, comme Villars le supplia encore de le faire par lettre du 2 sept. dont l'original est conservé à la Bibliothèque nationale (*Nouv. Acq. fr.*, 496). Voyez ce que j'ai écrit à ce sujet dans le *Correspondant*, n° du 25 sept. 1885.

étoit la perte de l'empereur, malgré le consentement qu'il y avoit donné d'abord, tout cela réuni dégoûta si fort le maréchal de Villars, et à tel point, qu'il demanda son congé avec la plus grande instance, ne voulant point sacrifier sa gloire à toutes les fausses démarches qu'il étoit forcé de faire, et à l'impossibilité de détacher ce prince des traîtres qui n'étoient chaque jour occupés qu'à le vendre à l'empereur[1].

Augsbourg occupé par l'armée du prince de Bade, le seul parti qui pouvoit sauver l'armée du roi étoit de marcher vers Ulm pour assurer la jonction du maréchal de Tallard. L'électeur approuva ce dessein, puis en différa l'exécution et pressa le maréchal de mettre son armée entière dans la Bavière. Ce dessein, pernicieux en lui-même, ne pouvoit avoir d'autre motif que de traiter avec l'empereur aux dépens de l'armée du roi. Le maréchal le rejeta hautement, et voyant l'électeur troublé lui dit : « Voulez-vous suivre vos engagements avec le roi? » Il répondit : « Jusqu'à la mort. » — « Eh bien, lui répliqua le maréchal de Villars, il faut nous tirer par un grand coup de la situation où nous sommes. Mais gardez-moi le secret, mieux que vous n'avez fait jusqu'ici. Vous avez trente-trois bataillons, le roi en a cinquante; vous avez quarante-cinq escadrons et le roi soixante : faisons deux armées. On peut se poster de manière à couvrir la Bavière

---

1. C'est le 8 sept. que Villars demande au roi son congé; il renouvelle sa demande le 10 et la recommande à Chamillart par lettre du même jour. Ces longues dépêches énumèrent les fautes de l'électeur, ses incertitudes, ses résistances aux conseils de Villars, ses négociations secrètes avec l'ennemi : le texte des *Mémoires* est le résumé de ces lettres.

avec l'une : que l'autre marche vers l'Autriche ; vous y verrez arriver trente mille révoltés de Hongrie. Alors, il faudra qu'une armée des ennemis coure à la défense de l'Autriche, et, pendant ce temps-là, M. le duc de Bourgogne, qui a pris Brisach et qui n'a aucun ennemi devant lui, entrera dans l'Empire. » A ce discours, l'électeur embrassa le maréchal de Villars et lui dit : « C'est le Saint-Esprit qui vous inspire. » Mais le lendemain, s'étant ouvert à ses traîtres, il déclara qu'il ne feroit rien de ce qu'il avoit pourtant approuvé la veille. Dès lors, tous les officiers françois, voyant que ce prince ne vouloit prendre aucun parti, crurent qu'il s'étoit accommodé avec l'empereur. Ce qui confirmoit cette opinion, c'est que l'électeur ne fit point sortir l'électrice de Munich, comme il l'avoit dit, et que le prince de Bade fit mettre en prison un colonel dont le détachement avoit fait quelques désordres dans la Bavière. Cette attention pour un électeur, qui avoit attiré les François au milieu de l'Empire, étoit au moins très suspecte. Dans ces affreuses situations, l'électeur donna une musique au maréchal de Villars, divertissement auquel celui-ci ne pouvoit guères être sensible. En sortant de cette musique, le maréchal reçut un courrier du s[r] de Péry[1], qui lui mandoit que l'armée commandée par le maréchal de Styrum avoit quitté son camp devant celui de l'armée du roi à Dilingen, et qu'elle marchoit vers Donavert. Le maréchal de Villars, depuis plusieurs jours déterminé à combattre,

1. J.-Bapt., marquis de Péry, fils d'un colonel d'infanterie corse, était brigadier en 1702 ; lieutenant général en 1706, il se distingua, comme on le verra ci-dessous, en 1705 et 1707, servit activement jusqu'à la fin de la guerre et mourut en 1721.

à quelque prix que ce fût, la première des deux armées qui lui en donneroit l'occasion, espéra pouvoir joindre celle de Styrum avant qu'elle arrivât à Donavert. Dans le moment qu'il reçut la nouvelle du s^r de Péry, il donna ordre à toute l'aile gauche de sa cavalerie de monter à cheval et alla retrouver l'électeur à la musique pour lui faire part de ce qu'il venoit d'apprendre et de la résolution qu'il avoit prise de marcher sur-le-champ pour se rendre à Donavert, ajoutant à ce prince qu'il devoit regarder l'occasion de combattre comme l'unique espérance de salut.

L'électeur voulut entrer alors dans de grands raisonnements. « Monseigneur, lui répondit le maréchal, vous savez ce que je pense depuis la malheureuse situation où nous sommes. Si j'ai manqué le prince de Bade dans sa marche, ce n'est pas ma faute ; je ne manquerai pas le maréchal de Styrum. Je supplie V. A. E. de faire mettre l'armée en marche dès qu'elle aura pris du pain, et de vouloir bien me suivre à Donavert. Si elle veut faire diligence, j'espère que nous pourrons combattre demain avant midi. »

Après ces mots, il sortit de la chambre de l'électeur et trouva sa cavalerie prête à marcher. Comme elle s'ébranloit, l'électeur, ayant monté à cheval, courut à lui pour l'arrêter, et le maréchal lui dit une dernière fois : « Je ne puis sauver l'armée du roi que par une bataille : je promets bien que je n'en manquerai pas l'occasion. » En même temps, il donna ordre au marquis de Lanion, lieutenant général, de marcher dès que le pain seroit délivré, et il se rendit avec ce corps de cavalerie le plus diligemment qu'il put à Donavert.

En partant, il envoya ordre au colonel La Tour, qui

y commandoit, d'envoyer un parti de cavalerie au-devant de l'armée ennemie, en sorte qu'arrivant à Donavert il pût être informé précisément de l'endroit où elle auroit campé.

On trouva le parti revenu avec des prisonniers qu'il avoit faits, et qui avoient laissé l'armée ennemie campée à Schweningen près Plintheim[1], le petit ruisseau devant elle. C'étoit précisément la situation où le maréchal de Villars la désiroit, puisque, si l'électeur avoit fait la diligence possible pour arriver à Donavert, on pouvoit espérer d'attaquer cette armée. Le 19 septembre, le maréchal se leva avant le jour, comptant de trouver le campement de l'armée arrivant sur Donavert, mais, dès qu'il fut sorti de cette ville pour aller au-devant des troupes, il fut très surpris de n'en découvrir aucune. Il envoya Verseilles, maréchal des logis général, pour en presser la marche. Mais, à sept heures du matin ne voyant encore personne, il fit partir le chevalier de Tressemanes, major général de l'infanterie[2], pour presser l'électeur. Deux heures après, son impatience augmentant, il envoya M. de Legal, maréchal de camp, et enfin le comte Dubourg, lieutenant général.

Sur les deux heures après midi, il apprit par une lettre de l'électeur qu'ayant eu bien de la peine à

---

1. Petit village de Blindheim devenu tristement célèbre par la capitulation de vingt-sept bataillons de l'armée de Tallard, le 13 août 1704.

2. André, chevalier de Tressemanes, fut major général de l'infanterie pendant plus de dix ans, puis major général de l'armée sous Villars (1705-1707), sous Berwick (1708), sous Harcourt (1709-1713) : il contribua beaucoup aux succès de ces généraux. Lieutenant général seulement en 1718, il mourut la même année.

faire délivrer le pain, il ne s'étoit mis en marche qu'à huit heures du matin, et qu'au lieu de venir droit à Donavert, il marchoit à Rain, petite ville sur le Lech et le Danube. Son intention étoit toujours de s'enfermer avec l'armée du roi dans la Bavière. Le maréchal de Villars alla à toutes jambes vers Rain, où il trouva que l'électeur faisoit déjà marquer le camp ; il fit continuer sa marche vers Donavert lui disant déterminément qu'il vouloit combattre[1].

Cet inconvénient produisit l'effet que désiroit le maréchal de Villars, car le maréchal de Styrum, informé que ce général n'étoit arrivé sur Donavert qu'avec 3,000 chevaux, et que l'armée entière avoit pris la route de Rain, n'eut aucune inquiétude et même séjourna à Plinthein, en sorte que les partis qu'il avoit sur Donavert ne purent l'instruire de la marche de l'armée qui n'arriva qu'à minuit.

Cependant le maréchal de Villars commença dès neuf heures du soir à faire passer le Danube et la Vernits à 3,000 chevaux, et, à mesure que les troupes de l'électeur arrivoient, elles suivirent la tête.

---

1. La correspondance ne permet pas de contrôler entièrement ce récit, qui paraît forcé ; elle ne renferme que quelques courtes lettres écrites le 18 et le 19 : il en résulte que c'est dans la matinée du 18 que Villars reçut de Péry la nouvelle de la marche de Styrum ; le soir même, il était de sa personne à Donauwerth ; le 19, à trois heures du matin, il écrivait à l'électeur de venir camper à Mehringen, afin d'être à portée, soit de le rejoindre, soit de passer le Lech, à Rain, si le prince de Bade entrait en Bavière. Sept heures après, définitivement renseigné sur les mouvements de Styrum, il écrivait à Max Emmanuel qu'il était décidé à combattre et l'invitait à venir le rejoindre ; le soir même, les troupes bavaroises passaient le Danube.

Il écrivit dès le soir au lieutenant général Dusson[1], commandant le corps d'armée qui étoit demeuré campé à Dilingen, de marcher à la pointe du jour et de s'avancer jusque sur le ruisseau d'Hochstet, laissant devant lui ce ruisseau et la ville d'Hochstet occupée par une garnison des troupes du roi, et lui marqua qu'il espéroit être à portée d'attaquer l'armée de Styrum le 20, à dix heures du matin; que, dès qu'il seroit en vue de cette armée, il feroit tirer neuf coups de canon, qu'alors Dusson eût à passer le ruisseau d'Hochstet et à attaquer l'ennemi par derrière, pendant que lui-même il attaqueroit leur front.

Sur les dix heures du soir, le maréchal trouva que le passage du Danube et de la Vernits le tenoit un peu plus longtemps qu'il n'avoit pensé. Il écrivit donc une seconde lettre à Dusson pour lui dire qu'il croyoit ne pouvoir être en présence des ennemis que sur le midi, et qu'il prît ses mesures pour cela, que le signal de neuf coups de canon devoit toujours être la règle pour passer le ruisseau d'Hochstet. Ces lettres furent reçues[2].

L'armée du roi arriva à vue des ennemis sur les onze heures du matin. Leur camp étoit tendu, ils se mirent en bataille, et l'on tira les neuf[3] coups de canon qui étoient le signal pour faire agir M. Dusson. Mais

1. Jean Dusson de Bonnac, marquis d'Usson, né en 1652, lieutenant général en 1696, ministre du roi à Wolfenbüttel en 1701, rentra en 1702 dans le service actif, mourut en 1705.
2. D'Usson ne paraît pas avoir reçu ce contre-ordre.
3. Le signal était de trois coups et non de neuf. Styrum ayant fait tirer trois coups de canon pour faire prendre les armes à ses troupes, d'Usson crut entendre le signal de Villars et marcha trop tôt.

ce général n'avoit pas attendu ce signal pour passer le ruisseau d'Hochstet; il s'avança derrière l'armée des ennemis avant que le maréchal parût, de sorte que leur seconde ligne marcha à lui, et fit repasser le ruisseau d'Hochstet aux troupes de M. Dusson avec quelque désordre. Ce général troublé retourna dans le camp de Dilingen malgré les représentations de presque tous les officiers et du commandant d'Hochstet, lequel assuroit qu'il voyoit de la tour arriver l'armée du roi à l'heure que le maréchal de Villars avoit marquée à M. Dusson. Ainsi ce corps d'armée, qui pouvoit enfermer celle des ennemis, fut entièrement inutile au maréchal de Villars, qui, ayant formé l'aile droite de cavalerie, l'appuya au bois sur la montagne, et fut très surpris, découvrant la plaine d'Hochstet, de n'y voir pas une seule des troupes de M. Dusson.

Les ennemis avoient mis 200 hommes dans le château de Schweningen. On les fit sommer; ils répondirent fièrement. On laissa un escadron de dragons devant ce château, et la gauche de la cavalerie se mit en bataille appuyée au Danube.

L'infanterie du roi avoit fait une marche de dix lieues et arrivoit à peine. Les trois bataillons irlandois, commandés par Milord Clare, avoient la tête de tout, et l'intention du maréchal de Villars étoit d'attendre son infanterie pour passer le ruisseau de Plintheim; mais, ayant remarqué un assez grand désordre dans l'armée des ennemis, qu'elle s'éloignoit du ruisseau, et que leur gauche de cavalerie se retiroit, il passa le ruisseau avec toute sa droite et attaqua la gauche des ennemis. Elle fut entièrement rompue à la première charge. On la poussa dans les bois, et, dans le même temps, on vit sortir d'un village[1] un drapeau blanc. Quelques officiers y coururent, et on fut très étonné de trouver dans ce village la brigade d'infanterie de Bourbonnois que M. Dusson avoit abandonnée en se retirant. Le maréchal de Villars appuya sa droite à cette brigade et courut à son aile gauche de cavalerie, qui se mettoit en bataille devant la droite des ennemis, où l'on apercevoit le même désordre que dans leur gauche.

Pendant ce temps-là, l'infanterie des ennemis avoit commencé à se retirer. Mais l'on vit six bataillons bleus qui partoient du centre pour former l'arrière-garde.

Le maréchal de Villars se mit à la tête de l'aile gauche, dont la première ligne étoit d'escadrons bavarois, pressant le comte d'Arco et Monasterol, qui étoient à la tête, de serrer les ennemis, qui, à la première charge, tirèrent et plièrent. La cavalerie bavaroise tira et plia de même. Le maréchal de Villars se trouva maître du champ de bataille avec MM. de Tressemanes, de Barieu, de Verseilles et avec tous ses aides de camp.

L'électeur arriva dans le moment, et le maréchal de Villars, un peu piqué du mauvais mouvement des troupes de ce prince, lui en fit quelques plaintes. Ce désordre fut réparé par la seconde ligne de cavalerie, qui étoit de françois, et à la tête de laquelle étoit le comte Dubourg. Mais on perdit quelques moments pour suivre diligemment la fuite des ennemis et détruire leur cavalerie, qui se rallia plusieurs fois sous le feu de son infanterie.

1. Unterglauheim, situé au milieu de la plaine.

Le maréchal de Villars crut que, les ailes de cavalerie entièrement rompues, on pouvoit ébranler leur infanterie. Ainsi, il ordonna à quelques escadrons d'attaquer les derniers bataillons. Kerkado, très vaillant homme et mestre de camp de Dauphin Cavalerie, entra dans le bataillon de la droite et prit un drapeau; mais les autres se resserrèrent, et l'on vit bien que l'on ne les romproit pas sans grande perte. Ce fut ce qui détermina le maréchal de Villars à faire marcher ses deux ailes de cavalerie sur deux colonnes à la droite et à la gauche de cette infanterie des ennemis, étant bien assuré qu'il en auroit bon marché avec son infanterie, qui arrivoit, et son canon. Cependant, cette infanterie traversa une lieue et demie de plaine dans un très bon ordre. Comme elle entroit dans un bois, le maréchal de Villars ordonna aux escadrons de gagner le devant. Six de leurs bataillons s'arrêtèrent à l'entrée du bois, les escadrons de la Ferronaye attaquèrent, mais le feu très vif de ces bataillons les rompit. On vit deux cornettes demeurer fermes avec leurs étendards dans le bord du bois, et ces escadrons, s'étant ralliés à trente pas, revinrent à leurs étendards et entrèrent dans ces bataillons. L'infanterie du roi les joignit dans le même temps, et ce ne fut plus que fuite, désordre et grand meurtre des ennemis. La cavalerie, qui avoit gagné la tête, entra de toutes parts dans ces bataillons à demi rompus. Un mérite bien rare pour les troupes de France, c'est d'avoir traversé tous les bagages des ennemis, sans que ni soldats ni cavaliers se soient arrêtés.

L'électeur, qui, depuis quelques jours, étoit en froideur avec le maréchal de Villars par la diversité de leurs sentiments, vint l'embrasser avec les mêmes protestations d'amitié qu'il avoit faites à leur première entrevue, et lui dit que c'étoit pour la seconde fois qu'il lui devoit l'honneur, la vie, le salut de sa famille et de ses états.

On ramena dans les cours et le jardin du château d'Hochstet plus de 7,500 prisonniers, parmi lesquels étoit le lieutenant général Nasmar et grand nombre de généraux, de colonels et de capitaines. On prit 33 pièces de canon, dont 18 de vingt-quatre, un pont de bateaux sur des chariots et une quantité prodigieuse de bagages, en sorte que les troupes du roi, qui étoient nues, se trouvèrent très bien habillées, et cette victoire ne coûta pas 500 hommes. M. de Lée[1], maréchal de camp, fut blessé de plusieurs coups. Le lieutenant général Dusson arriva sur les six heures du soir; mais le maréchal de Villars, content de la journée, ne lui marqua pas toute la mauvaise satisfaction qu'il avoit de sa très honteuse conduite; il l'excusa même dans le compte qu'il rendit au roi[2]. La vérité est qu'il ne prévoyoit pas pour lors la perfidie de ce général, qui trouva moyen de faire passer un courrier, lequel devança le chevalier de Tressemanes qui alloit porter la nouvelle au roi. Dusson manda qu'il avoit gagné la bataille, et, véritablement, il en courut

1. André de Lée, maréchal de camp depuis le 23 décembre 1702, fut lieutenant général en 1704 et servit sans interruption jusqu'en 1712. Grand-croix de Saint-Louis, il mourut en 1734, à quatre-vingt-quatre ans.
2. La relation officielle de la bataille d'Hochstedt est imprimée dans Pelet (*Mém. mil.*, III, 667), ainsi que la lettre écrite par Ricous à Chamillart (*id.*, 961).

des relations imprimées à Paris[1]. Cet homme s'imagina qu'il recevroit quelque récompense avant que l'on eût découvert la vérité.

Un des premiers officiers des armées du roi proposa au maréchal de Villars de faire périr les 7,500 prisonniers des ennemis, à cause de la difficulté de les garder et de les nourrir. Indigné de cette proposition, le maréchal répondit à cet officier qu'une aussi odieuse pensée lui faisoit horreur; que, dans l'action, il avoit ordonné qu'on ne se chargeât pas de prisonniers, mais que ce qui avoit échappé à la fureur du soldat ne périroit pas par les ordres du général.

La bataille gagnée, le maréchal de Villars proposa à l'électeur de profiter des premiers mouvements pour établir une communication certaine avec la France; que, Brisac pris, le maréchal de Tallard pouvoit marcher dans l'Empire, et que toutes ces forces jointes ensemble, il falloit bien que le prince de Bade se sauvât d'Augsbourg avec sa petite armée, puisqu'on pourroit l'enfermer avec toutes ses troupes et le faire périr dans le poste où il étoit. Mais l'électeur s'opposa à ce dessein, en sorte que le maréchal de Villars, après une grande victoire, fut au désespoir de n'en pouvoir tirer tous les avantages certains qu'elle pouvoit lui procurer.

1. La lettre du général d'Usson est imprimée (Pelet, III, 955). Chamillart, au lieu de réprimander ce grave manquement à la hiérarchie et aux convenances, écrivit à d'Usson une lettre ambiguë le 3 octobre, où, tout en lui disant qu'il n'aurait pas dû envoyer de courrier « sans la permission de Villars, » et l'engageant à s'accommoder avec son chef, il le remercie de son message et lui dit que le roi en a ressenti « une joie infinie. » D'Usson colporta la lettre du ministre et s'en fit une arme contre Vil-

L'électeur, qui voulut absolument remarcher vers Augsbourg, obstination qui rejetoit l'armée du roi dans les mêmes embarras où elle étoit avant la bataille, proposa encore de mettre l'armée du roi dans la Bavière.

Le maréchal de Villars envoya un officier[1] au roi pour représenter que, comptant bien qu'il ne falloit rien omettre pour conserver l'électeur, il auroit pour lui toutes les complaisances, hors celle qui causeroit certainement la perte de l'armée du roi; qu'il la trouvoit infaillible en s'enfermant dans la Bavière, surtout n'ayant plus aucune espérance des secours d'Italie, et qu'il ne prendroit un parti si dangereux que sur un ordre précis de Sa Majesté.

De son côté, l'électeur envoya au roi Monasterol. C'étoit l'ennemi déclaré du maréchal; mais celui-ci ne voulut pas prendre la peine de s'opposer à ce voyage, bien déterminé à remettre le commandement de l'armée, si les dernières dépêches étoient aussi inutiles que les précédentes.

Par celle du roi, du 1er octobre, il apprit que le maréchal de Tallard avoit ordre de venir attaquer Villingen. Pour cela, le maréchal de Villars fit avancer Legal avec un corps d'infanterie et de cavalerie à Meiskirk pour établir une communication avec le maréchal de Tallard auquel il envoya le chevalier de la Blandinière pour concerter toutes choses avec ce général, et, dès ce moment, il conçut de grandes espérances de mettre dans l'Empire les affaires du roi dans l'état le plus

---

lars (voyez à l'Appendice la dépêche de Villars, du 21 octobre).

1. M. de Fretteville, aide-major général de l'armée; il était porteur d'un mémoire justificatif, imprimé dans Pelet (III, 966), ainsi que la lettre d'envoi de Villars (*id.*, III, 677).

florissant. Il apprit que le peu de troupes que les ennemis avoient laissées sur les bords du Rhin avoient ordre de venir joindre les débris de l'armée de Styrum, que le maréchal de Villars avoit proposé de détruire, d'abord après la bataille, pour marcher ensuite vers le Wirtemberg.

Peu de jours après la bataille, le maréchal de Villars reçut une lettre du roi, informé des traités de l'électeur avec l'empereur. Par cette dépêche, Sa Majesté ordonnoit au maréchal de prendre les mesures les plus solides pour retirer son armée de l'Empire, et de déclarer à l'électeur que le roi ne s'opposoit pas à son accommodement[1].

Le maréchal de Villars cacha cette lettre, persuadé qu'une victoire aussi complète et aussi heureuse que l'étoit la dernière pouvoit changer les dispositions de l'électeur, et voici la lettre qu'il écrivit au roi dans cette conjoncture :

3 octobre 1703.

Sire,

J'ai reçu la lettre, dont il a plu à Votre Majesté de m'honorer, du 25 septembre, laquelle est arrivée avec une extrême dili-

---

1. Villars dénature le sens de la dépêche du roi. Cette dépêche, écrite sous l'impression du sombre tableau fait par Villars les 8 et 10 septembre, était destinée à lui permettre de sortir des difficultés qu'il décrivait; le roi, pour sauver son armée, renonçait à l'alliance de l'électeur, l'autorisait à traiter avec l'empereur, à la condition que l'armée française pourrait se retirer sans obstacle, ordonnait à Tallard de marcher à la rencontre de Villars pour le recueillir. A la nouvelle de la victoire d'Hochstedt, le roi s'empressa de retirer ses ordres et d'écrire à Villars de brûler sa lettre. Le maréchal avait pris sur lui de ne pas la communiquer à l'électeur. La minute, datée du 25, est au dépôt de la guerre, et la copie est dans les *Papiers de Villars;* elle a été imprimée par Pelet (III, 965).

gence. Votre Majesté sera bien persuadée qu'une bataille gagnée peut apporter un changement considérable dans les affaires. Cependant, sire, j'avois dépêché M. de Fretteville pour avoir l'honneur d'informer Votre Majesté de la situation actuelle, et que, malgré tous les discours de M. l'électeur, je voyois toujours beaucoup d'apparence à renouer avec l'empereur des traités qui n'ont été interrompus que par les avantages des armes de Votre Majesté. Elle peut compter que, quoique M. l'électeur paroisse toujours dans la résolution de faire venir l'électrice, sa famille et ses trésors en Suisse, il est entièrement déterminé à ne pas abandonner son pays. Il ne peut, pas même pour les raisons les plus fortes, se résoudre à s'en éloigner. C'est son opiniâtreté sur cela qui m'a empêché de tirer d'une victoire complète tous les avantages que je pouvois espérer. Si M. l'électeur, en mettant ses troupes dans ses places, avoit bien voulu me laisser marcher dans le Wirtemberg, j'étois sûr de faire abandonner tout ce qui est derrière les lignes de Bihel; de donner lieu à M. le maréchal de Tallard de déboucher le Fortlouis, et de venir ensuite par Etlingen et Phortseim border le Necre. Mais, sire, sur la moindre proposition qui tende à un tel dessein, le plus grand et le plus avantageux pour Votre Majesté et pour ce prince même, qui auroit infailliblement tiré le prince de Bade de ses états, il se plaint d'un abandon entier et veut absolument avoir toutes les troupes de Votre Majesté à sa disposition. Comme leur perte seroit certaine sans une communication, j'ai bien résolu de ne rien faire sur cela sans les ordres positifs de Votre Majesté, ménageant toujours M. l'électeur autant qu'il m'est possible.

Je ne crois point, sire, devoir lui donner la moindre connoissance de ce que Votre Majesté me fait l'honneur de me mander en dernier lieu, ni même de lui rendre la lettre de Votre Majesté. Les ordres dont Elle m'honore sont remplis de la même sagesse qui règne dans tout ce qui part d'Elle. Mais, sire, d'autres temps, d'autres soins, et pourvu qu'il nous vienne un renfort considérable qui prenne Villingen, non seulement j'espère que l'on pourra conserver M. l'électeur, mais même s'en passer, tenant Ulm, quand même il nous abandonneroit. J'avoue, sire, que, pourvu qu'il ne donne point ses troupes contre Votre

Majesté, je croirois son accommodement plus utile que nuisible. Car, outre qu'il ne parle que de nouveaux subsides, de dédommagements de ses pertes, toutes arrivées par sa faute et la perfidie de ses ministres, c'est qu'il est certain qu'il ne fait aucun bon usage des sommes excessives qu'il tire de Votre Majesté et du roi d'Espagne. Il est convenu qu'il avoit tiré par Venise et par la Suisse, dans des balles de soie, depuis deux mois, plus de 400,000 livres. Il ne donne pas une pistole à ses troupes. Je ne puis gagner sur lui que l'on travaille à Munich, ni qu'on rétablisse le petit fort des Suédois à Donnavert, pendant qu'il me parle des ouvrages de Schleisheim, qui sont repris, et n'ont été discontinués que cinq ou six jours. Son premier ministre, M. de Leydel, très bon Autrichien, aussi bien que tous les autres, empêche que l'on ne mette ordre à rien de tout ce qui regarde la guerre, et, comme il est chargé des bâtiments de l'électeur, il consomme en dépenses inutiles, dans la conjoncture présente, le peu de fonds qui devroient être indispensablement employés pour ce qui regarde la guerre. J'avoue, sire, que je suis au désespoir dix fois par jour, et que l'on ne peut souffrir davantage par le zèle que j'ai pour le service de Votre Majesté et pour l'intérêt de l'électeur. Je reviens donc à dire que je croirois soutenir la guerre plus avantageusement pour Votre Majesté en Allemagne, indépendamment de ce prince et de ses troupes, qu'avec son secours. Car, comme par la prise d'Augsbourg il est presque enfermé, quand il auroit la moitié plus de troupes, elles ne suffiroient pas à garder ses états. S'il étoit capable de résolutions fermes, telles que celles de son grand-père Maximilien, que je lui ai citées, et de l'électeur de Saxe dans le même temps, dont l'un, pour s'être attaché aux intérêts de l'empereur, fut obligé d'abandonner toute la Bavière, et l'autre, pour s'être attaché à ceux du roi de Suède, sortit de toute la Saxe, M. l'électeur, sans être réduit à rien qui approchât de ces extrémités, auroit pu nous laisser pousser des conquêtes dans le Wirtemberg et la Suabe, laissant Munich et les places de Bavière bien garnies, et ces conquêtes auroient certainement tiré le prince de Bade d'Augsbourg. Mais il est entièrement déterminé à ne pas perdre son pays de vue, et, plutôt que de s'en éloigner, il subiroit les conditions les plus dures et les plus honteuses de la part de l'empereur. Votre Majesté peut compter sur cela positivement. Si Elle me permet de lui dire ce que je pense pour conserver le plus longtemps qu'il sera possible M. l'électeur, et même pour se soutenir peut-être dans l'Empire malgré lui, je croirois, sire, qu'il conviendroit de mander à M. le maréchal de Tallard de venir prendre Villingen. J'aurois soin de pourvoir à des blés vers Donaueschingen; car, sire, comme j'ai eu l'honneur de le mander à Votre Majesté plus d'une fois, quand on est maître de la campagne, on trouve des facilités qui manquent et doivent manquer au milieu d'un pays ennemi, lorsque ses forces sont supérieures. Il faut donc, sire, que M. le maréchal de Tallard prenne Villingen, et qu'il s'avance ensuite vers le haut de l'Iller. J'ai déjà fait occuper les postes du Danube jusque près de là; ensuite, on pourra donner à M. l'électeur ce que Votre Majesté jugera à propos de troupes qu'il fera subsister dans la Bavière. Si j'osois achever d'exposer toutes mes vues, je croirois qu'il conviendroit au bien du service de Votre Majesté de donner ce commandement à M. le comte de Marsin; je le tiens un des meilleurs hommes de guerre qu'ait Votre Majesté. D'ailleurs, il m'a paru d'une souplesse d'esprit très propre à ménager une cour difficile, qualité, sire, qui ne domine pas en moi. Grâce à Dieu, je n'ai pourtant fait aucune faute de ce côté-là; mais j'avoue, sire, que je souffre trop des incertitudes et des foiblesses de l'électeur, surtout des perfidies de ses gens, perfidies qu'il tolère, et même, selon toute apparence, qu'il partage avec eux; j'en suis malade, aussi bien que de voir commettre des fautes capitales malgré moi, et qui peuvent m'être imputées. M. le comte de Marsin et moi, sur ma parole, penserons de même; je gouvernerai le mieux que je pourrai l'armée de Votre Majesté entre Ulm et les montagnes, et M. le comte de Marsin celle qui sera en Bavière; car pour M. le comte d'Arco, en vérité, sire, je ne sais qu'en croire. M. de Tressemanes a dû dire à Votre Majesté que je n'en ai point du tout été content pendant la bataille, ni des troupes de l'électeur. Je ne pus m'empêcher de dire à ce prince, dans la chaleur du combat, que j'avois eu bien de la peine à les faire charger moi-même, et qu'elles en avoient eu bien peu à se retirer sur-le-champ. Outre que M. de Marsin gouvernera mieux que personne, et l'armée de Votre Majesté en Bavière, et la cour de l'électeur, c'est que, comme je puis tomber malade, ma santé ayant été si altérée que j'ai été obligé de faire les deux dernières marches en chaise, Votre Majesté pourroit avoir sur la conduite générale de ses armées une tranquillité qui ne seroit pas fondée si d'autres les gouvernoient; c'est ce que ma fidélité m'a déjà obligé de représenter à Votre Majesté. Il conviendroit peut-être à mon intérêt particulier que ceux qui me succèdent eussent moins de réputation que M. le comte de Marsin; mais Votre Majesté ne trouvera jamais que ses avantages n'aillent avant tout dans mon cœur.

Je mande donc, Sire, à M. le maréchal de Tallard, lui envoyant un aide de camp très sage et très entendu pour lui servir de guide quand il aura passé les montagnes — car je m'imagine qu'il viendra par le Holgraben tomber sur Villingen — qu'il est bon qu'il mène avec lui quatre pièces de vingt-quatre de la nouvelle invention avec lesquelles Villingen n'est pas un siège de trois jours. J'envoie M. de Legal avec 1,500 chevaux à portée de ce débouché des montagnes pour préparer des farines d'imposition, comme j'en ai trouvé après les avoir traversées. Moyennant cela, Sire, je me flatte de pouvoir retenir M. l'électeur. Je n'en répondrois pourtant pas positivement, premièrement, parce que ses discours avant la bataille m'obligeoient de regarder son traité à deux heures près d'être conclu. Je sais que, la veille, il a dit deux fois à l'intendant que l'armée pouvoit être tranquille; qu'il vouloit qu'elle sortît de l'Empire contente de lui. Moi-même, il m'a sommé deux fois devant M. de Ricous de tenir les traités et de lui donner de l'argent, quoiqu'il sût bien que je n'avois pas une pistole, et, en un mot, toute sa conduite d'ailleurs préparoit à une déclaration prochaine. Présentement, il me parle de sa conscience; il me dit qu'elle l'oblige à préférer le salut de ses peuples à tout; que Dieu ne lui a pas donné des sujets pour les perdre; que la possession des biens conquis par ses pères est bien différente des nouvelles possessions. Voilà ses derniers discours.

Avant la bataille, il m'avoit dit encore que cette Flandre, que Votre Majesté et le roi son petit-fils lui avoient promise en cas qu'il perdît ses états, étoit un beau pays, à la vérité, mais rempli de places de guerre; que ses revenus ne suffiroient pas pour les garder, s'il vouloit être le maître des garnisons; que, s'il en recevoit d'autres princes, il n'étoit plus souverain.

Que Votre Majesté ait la bonté de juger, sur cela et sur sa conduite entière, du fond que l'on peut faire sur ce prince. Mais, s'il nous voit maîtres de nous soutenir en Allemagne par nos propres forces, peut-être tiendra-t-il bon, et quand même il manqueroit, ayant Villingen et mes derrières assurés, je promets à Votre Majesté, pourvu que Dieu me donne vie et santé, et que je trouve des grains, ainsi que je l'espère, étant les plus forts, nous serons maîtres pendant l'hiver des pays qui sont entre le Danube et l'Iller, et que je tâcherai de tirer contribution des pays voisins; pour cela, Sire, Votre Majesté verra bien que l'on ne peut avoir trop de troupes.

Je crois, Sire, d'une nécessité indispensable, que M. le comte de Marsin, ou tout autre que Votre Majesté honorera du commandement de ses troupes auprès de M. l'électeur, ait la direction des subsides et des contributions, sans quoi, Votre Majesté peut compter que ces fonds-là ne seront point employés principalement pour ce qui regarde la guerre, comme ils ne l'ont pas été jusqu'à présent, ne connaissant pas à l'électeur en tout 10,000 hommes; il ne les a pas présentement, à beaucoup près, mais il ne nous a pas accusé juste, ni sur la force, ni sur le nombre des bataillons, ayant tiré des compagnies de divers régiments sans les remplacer, lesquelles véritablement font de nouveaux bataillons, mais rendent les autres plus foibles.

Votre Majesté a vu le commencement de ma lettre; je viens d'avoir une nouvelle conversation avec M. l'électeur, et je dois avoir l'honneur de rendre compte à Votre Majesté de ce qu'il vient de me proposer. Il m'a dit qu'il falloit songer à prendre Augsbourg, sans quoi, il étoit perdu. J'ai répondu : « Comment prendre une ville sous les murailles de laquelle il y a une armée retranchée de plus de 20,000 hommes, et commencer ce siège dans le milieu de novembre? C'est vouloir faire périr tout ce que l'on vous enverroit de troupes. Une ville dans laquelle il y a plus d'artillerie et de poudre que nous n'en pouvons rassembler, une circonvallation dans des lieux épuisés de fourrages, à tel point que nous serons obligés de nous en éloigner dans cinq ou six jours, permettent-elles de concevoir un tel dessein? » Je l'ai conjuré de ne point faire de pareils projets ; qu'il n'y en avoit pas d'autres, quand nous aurions assez de troupes pour lui en donner et nous séparer, que de faire la tête de ses quartiers d'hiver de Munich, couverts de cette grosse ville et de la rivière d'Iller, et pousser ses troupes par Braunau vers l'Autriche, s'emparer de Passau, s'il est possible, et obliger les impériaux à partager leurs forces pendant que l'armée de Votre Majesté, se tenant entre le Danube et l'Iller, donnera de la jalousie à tout le Wirtemberg et obligera les troupes de Suabe à aller garder leurs propres états. Tout cela, Sire, ne fait aucune impression sur ce prince. J'ose donc supplier Votre Majesté de vouloir bien m'honorer de ses ordres sur tous ces cas, car je meurs de peur que, malgré les avantages qu'a remportés l'armée de Votre Majesté, l'electeur, par sa mauvoise conduite, quand il ne reprendroit pas ses traités, ne nous contraigne d'une manière à nous faire périr. J'ai communiqué à M. de Ricous ce que Votre Majesté me fait l'honneur de me mander. Je croyois qu'il auroit un chiffre pour cette lettre[1] que Votre Majesté m'a fait l'honneur de m'envoyer pour Son Altesse électorale, laquelle nous avons trouvé à propos de ne pas rendre jusqu'à ce que Votre Majesté, informée de la victoire que ses armes ont remportée, puisse, après l'arrivée de M. le chevalier de Tressemanes, m'honorer de ses ordres. D'ailleurs, M. de Ricous m'a dit que l'électeur l'avoit chargé de me dire que, si je m'éloignois de ses états, il traiteroit sur-le-champ avec le prince de Bade et tâcheroit de demeurer dans une exacte neutralité. Quel rapport d'un tel discours avec celui de faire sortir Mme l'électrice, et de renoncer à tout plutôt que de se séparer des intérêts de Votre Majesté? Il y a donc une grande apparence, joignant ces derniers discours aux précédents, que ce prince négocie sourdement, et voudroit gagner du temps pour faire son

---

1. C'est la lettre par laquelle le roi, croyant la campagne compromise après la perte d'Augsbourg, autorisait Max Emmanuel à faire sa paix avec l'empereur, en stipulant le libre retour de l'armée française en France. Elle ne fut pas remise à cause de la victoire d'Hochstædt.

traité meilleur, voir les forces de Votre Majesté en plus grand nombre pour avoir de plus favorables conditions, et l'on doit craindre que l'état déplorable des affaires de l'empereur en Hongrie ne l'oblige à les accorder telles que l'électeur les voudra. Il ne diffère que pour les rendre meilleures. M. de Ricous croit que M. de Zint, son ministre à la Diète, est dans les intérêts de Votre Majesté. Je sais qu'il n'écrit pas une lettre à l'électeur qui ne soit pour l'engager à s'accommoder avec l'empereur.

Cependant le maréchal de Tallard, qui avoit toujours évité la communication, peut-être parce qu'il croyoit les conquêtes assurées qu'il entreprenoit plus convenables au service du roi, peut-être aussi par la crainte de joindre ses forces à celles de son ancien, maréchal de France, et par conséquent de se trouver sous ses ordres, persuada la cour que la victoire remportée par le maréchal de Villars le tiroit de toute inquiétude et qu'il falloit profiter de ce temps-là pour faire le siège de Landau. Il s'en fit donner l'ordre, ôta toute espérance de jonction et marcha à Landau.

L'électeur proposa pour la quatrième fois au maréchal de Villars de s'enfermer dans la Bavière, mais ce général demeura ferme dans sa résistance. Jugeant enfin qu'il étoit d'une indispensable nécessité de se mettre en état ou de marcher vers Villingen, si, comme il le pouvoit encore espérer, le maréchal de Tallard suivoit les ordres qu'il avoit eus d'y marcher, ou d'empêcher que les débris de l'armée de Styrum ne joignissent le prince de Bade, il résolut de s'approcher de Memmingen, afin de pouvoir attaquer les troupes qui revenoient vers l'Iller. Il représenta plusieurs fois à l'électeur la nécessité de prendre ce parti, et l'électeur refusa toujours d'y consentir.

Mais enfin le maréchal, déterminé à faire ce qu'exigeoit la raison, alla chez l'électeur à l'heure de l'ordre et commença par lui dire : « Est-il possible que tout ce que j'ai eu l'honneur de représenter à Votre Altesse électorale ne lui fasse aucune impression et que je sois assez malheureux pour ne pouvoir lui persuader les seuls bons partis qui puissent nous rendre maîtres de la guerre ? » L'électeur lui répondit qu'il croyoit son dessein plus raisonnable. « Je dois donc, répliqua le maréchal, déclarer le mien à Votre Altesse électorale. C'est que l'armée du roi marchera demain matin vers Memmingen. » A cette parole, l'électeur jeta son chapeau et sa perruque et dit qu'il avoit commandé l'armée de l'empereur avec le duc de Lorraine, assez grand général, et qu'il n'avoit jamais été traité ainsi.

Le maréchal répondit que feu M. de Lorraine étoit un grand prince et un grand général, mais que, pour lui, il répondoit au roi de son armée et qu'il ne s'exposeroit pas à périr par les mauvois conseils que l'on s'obstinoit à suivre, et, là-dessus, il sortit de la chambre. Deux heures après, l'électeur l'envoya prier de venir chez lui par le comte Sanfré, un de ses lieutenants généraux, brave homme et fidèle à son maître, quoique marié richement dans les états de l'empereur. Le maréchal, entrant dans la chambre, dit à l'électeur : « Votre Altesse électorale a-t-elle quelques ordres à me donner ? » L'électeur répondit : « C'est vous qui me les donnez et c'est à moi de les suivre. » Le maréchal répondit avec tout le respect possible, et l'électeur ajouta : « Je marcherai avec vous, puisque vous le voulez, et j'irai où il vous plaira. » — « Votre Altesse électorale, répliqua le maréchal de Villars, verra dans cette occasion, comme en plusieurs autres, que je prends le seul bon parti. » Et, en effet, l'armée du roi n'eut pas fait deux marches vers Memmingen que le prince de Bade abandonna Augsbourg, pour gagner le haut du Lech et assurer, s'il pouvoit, la jonction des troupes qu'il attendoit[1].

Le maréchal de Villars fit attaquer plusieurs postes que les ennemis avoient commencé à évacuer sur l'Iller, et prit deux bataillons des troupes de Styrum dans la ville de Kempten, très riche abbaye.

L'électeur, ravi de ces heureux succès, en parloit au comte Dubourg et au marquis de Druy[2], lieutenants généraux, sans apercevoir le maréchal de Villars qui étoit derrière lui : « Il faut bien remercier

1. Tous ces incidents sont rapportés par Ricous dans un sens très défavorable à Villars (Arch. des affaires étr., *Bavière*, 48). La correspondance de Ricous, jusqu'au 10 septembre, est très sévère pour l'électeur, qui, de son côté, se plaignait amèrement de Ricous et demandait même son rappel; à cette date, le ton change brusquement, à la suite de froissements entre l'envoyé et le maréchal après l'expédition manquée d'Augsbourg. C'est aussi à cet échec que commencent les discussions aiguës entre Villars et l'électeur, l'un voulant constamment rentrer en Bavière pour la protéger, l'autre se rapprocher de la France pour rétablir les communications. Ricous soutint l'électeur; à défaut d'arguments stratégiques, qu'il eût été embarrassé de fournir, Ricous invoqua des considérations d'un autre ordre et de nature à frapper le roi; il accusa la hauteur, et surtout l'avidité de Villars; il multiplia les insinuations, cita des chiffres; Villars prêtait le flanc; il exagérait le droit de *sauvegardes* que l'usage accordait au général en chef; mais Ricous attribuait à tort à ces questions d'intérêt une divergence qui avait des causes plus profondes; la correspondance de Ricous est le point de départ des accusations dont Saint-Simon s'est fait l'éditeur passionné et partial.

2. Fr.-Eust. Marion, comte de Druy, était lieutenant général depuis 1702 et lieutenant dans les gardes du corps. Il servit de nouveau sous Villars en 1705 et 1706, fut nommé commandant de Luxembourg et y mourut en 1712, à soixante-six ans.

Dieu, leur disoit-il, du bon parti que nous avons pris, et sans lequel nous étions perdus. »

Le maréchal de Villars, l'entendant toujours remercier Dieu, s'approcha de lui et lui dit : « Monseigneur, il faut toujours rendre grâce à Dieu, la première cause de nos bonheurs, mais ne ferez-vous jamais aucune réflexion favorable sur les causes secondes? Vous me faites périr de tristesse : jamais je ne puis prendre un bon parti que par force, témoin la bataille d'Hochstet, et celui-ci. Comme les plus sages dans la guerre ont encore besoin de fortune, le général d'armée qui a un supérieur s'expose trop, quand il faut toujours combattre ses sentiments et l'ennemi. Votre Altesse électorale devroit un peu mieux me connoître et se souvenir de ce qu'elle a eu la bonté de me dire après mon entrée dans l'Empire et sur le champ de bataille d'Hochstet. »

Cependant le maréchal de Villars, ayant très instamment supplié le roi de lui accorder son congé, il manda à Sa Majesté qu'il croyoit le comte de Marsin plus propre que tout autre à commander son armée auprès de l'électeur. Elle lui fit l'honneur de lui répondre : « Je vous envoie le successeur que vous vous êtes choisi. Cependant je vous laisse le maître de demeurer et de renvoyer le comte de Marsin, qui a ordre de se rendre à Schaffouse le jour que vous lui marquerez ou de revenir ; désirant cependant que votre santé vous permette de demeurer à la tête de mon armée[1]. »

---

[1]. Villars force le sens de la lettre écrite par le roi le 8 octobre (Pelet, *Mém. mil.*, III, 692), qui, tout en lui laissant le choix de partir ou de rester, ne fait aucun effort pour le retenir, et ne lui

Le maréchal manda au roi que l'électeur lui marquoit une grande amitié, sur laquelle cependant il ne comptoit pas, et une grande crainte de le voir partir; mais que son expérience ne lui permettoit pas d'espérer de changer l'esprit de ce prince, à qui d'ailleurs Monasterol écrivoit qu'il n'avoit qu'à ordonner, que le roi le laissoit le maître de l'armée et du général[1]. Le maréchal de Villars étoit piqué de voir les impostures de ce pernicieux ministre, dont la fin dévoila dans la suite toute la vie. Effectivement, après avoir volé de plusieurs millions l'électeur son maître, après l'avoir trompé dans toutes les occasions, se voyant prêt à périr dans les prisons, il s'empoisonna à Munich.

Le maréchal de Villars, ayant donc son congé dans sa poche, voulut faire une dernière épreuve de son pouvoir sur l'esprit de l'électeur, et cela dans une occasion qui auroit été pour le roi et pour ce prince aussi importante que toutes les précédentes.

fait aucun compliment sur la bataille d'Hochstædt, ce qui mortifia beaucoup Villars. Six jours après (14 oct. Pelet, *id.*, 696), le roi, revenant sur sa décision, donne à Villars le congé qu'il demandait, et lui annonce le départ de Marcin pour le remplacer. Renonçant à réconcilier l'électeur et le maréchal, il se décidait à les séparer en leur donnant de bonnes paroles à l'un et à l'autre. « J'ai jugé plus convenable à mes intérêts, disoit-il à Villars, de vous employer ailleurs....., et je me réserve, lorsque vous serez auprès de moi, de vous faire connoître toute ma satisfaction pour les services importants que vous m'avez rendus. »

1. Monastérol écrivait le 14 octobre de Fontainebleau à l'électeur : « Sa Majesté s'est trouvée, à ce qu'il m'a paru, très offensée de la conduite de Villars, si bien qu'elle m'assura qu'elle ne perdroit pas un moment pour songer à donner à Votre Altesse électorale la satisfaction qu'elle pouvoit désirer... Sa Majesté a d'abord résolu de retirer Villars et d'envoyer à sa place le comte de Marcin » (Archives du comte Törring à Munich).

Le maréchal de Villars, campé à Memmingen après avoir pris Kempten et plusieurs postes sur l'Iller, tenoit le prince de Bade dans une situation très embarrassante.

Le débris de l'armée de Styrum, fortifié par divers secours envoyés du Rhin, se tenoit sur le haut du Danube, sans oser s'approcher.

Le prince de Bade étoit avec ses troupes auprès de Reichelbrod[1], couvert d'un ruisseau et comptant toujours que l'électeur se rapprocheroit du Lech.

Dans cette situation, le maréchal de Villars, marchant à lui avec grande diligence, pouvoit le défaire entièrement ou le forcer de se retirer vers le Tirol ou la Suisse. Il alla donc le soir trouver l'électeur pour lui exposer sa pensée, et lui dit : « Le prince de Bade, informé de tout ce qui se passe chez vous, a marché pour rejoindre toutes ses forces ; il sait le malheur que j'ai de vous déplaire, que je veux m'en retourner, et j'ose sans vanité assurer Votre Altesse électorale qu'il en a grande envie. Voulez-vous bien me donner une marque de confiance, qui vous sera pour le moins aussi utile que tout ce que j'ai fait jusqu'à présent pour votre service ? Marchons cette nuit au prince de Bade. Nous le détruirons à coup sûr, ou nous le forcerons à se retirer dans le Tirol ou chez les Suisses. Nos forces sont unies ; l'armée du roi désire une action et voici la plus éclatante qui ait jamais été entreprise. Au nom de Dieu, faites-moi la grâce de me croire. »

L'électeur refusa de donner les mains à cette pro-

---

1. Ne se trouve sur aucune carte ; il s'agit sans doute de Reichelsberg près de Kempten.

position, et le maréchal de Villars finit la conversation par lui dire : « Hé bien! je prends congé de Votre Altesse, car j'ai mon congé dans ma poche. » L'électeur très étonné assura le maréchal qu'il ne consentiroit jamais qu'il se retirât[1]. « Je viendrai demain, dit le maréchal, saluer Votre Altesse électorale à la pointe du jour et lui dire adieu. » Toute la nuit se passa en voyages du comte de Saufré, très honnête homme et assez dans la confiance de l'électeur, pour tâcher de retenir le maréchal de Villars. Il employa tous ses efforts pour y réussir et jusqu'aux larmes, aussi bien que plusieurs officiers généraux des troupes du roi. L'électeur lui fit dire qu'il ne donneroit pas d'escorte, qu'elle devoit être au moins de 2,000 chevaux et qu'elle seroit fort en péril, parce qu'il falloit approcher des troupes de Styrum. Le maréchal lui manda que, l'armée étant à ses ordres, il feroit monter à cheval et marcher l'escorte qu'il croiroit nécessaire. Il commanda en effet 2,000 chevaux et alla, dès la pointe du jour, chez l'électeur qui n'oublia rien pour faire changer sa résolution. Mais il demeura ferme dans celle qu'il avoit prise, et, en partant, il dit à l'électeur : « Je souhaite que Votre Altesse électorale se trouve après mon départ dans des situations aussi heureuses que sont celles où je la laisse. Oubliez ma personne et le malheur que j'ai eu de vous déplaire. Souvenez-vous de mes con-

1. Si l'électeur tint ce langage et montra du chagrin du départ du maréchal, il savait bien dissimuler ses véritables sentiments, car, depuis un mois, il ne cessait de faire demander au roi, par Monastérol, le rappel de Villars. « Faites en sorte, écrivoit-il le 12 octobre, que l'on m'ôte le maréchal de Villars incessamment; je persiste à cet égard sur ce que je vous ai dit... avec plus de raison et de vivacité que jamais » (Archives Törring).

seils. Vous êtes environné de gens qui vous vendent à l'empereur. Tous vos sujets sont au désespoir de la guerre, et dans le fond ils ont raison ; car les peuples paient bien cher la gloire de leur souverain. La vôtre aussi bien que vos intérêts ont pu être poussés loin, quoique, si vous me permettez de le dire, vous ayez commencé cette guerre dans une conjoncture très dangereuse, puisque, lorsque vous avez surpris Ulm, Landau étoit pris et que l'armée du roi, sur laquelle vous vous remettiez de votre salut, étoit retranchée dans les contrescarpes de Strasbourg. C'est là que je l'ai prise, et, après une bataille aussi surprenante qu'heureuse, après les Montagnes Noires forcées sans votre secours, vous avez pu marcher à Vienne et donner la loi à l'empereur. Vous êtes présentement maître du Danube, étendez-vous, prenez Passau. Employez votre argent plus utilement qu'à faire bâtir Schleissheim et Ninfembourg. Ayez la bonté de vous souvenir que vous m'avez parlé de la nécessité d'achever ces belles maisons, lorsque je vous ai proposé de fortifier Sterneberg[1], ce fort sur Donavert que le grand Gustave nous avoit appris être un poste si important.

« Voilà les conseils que je dois au zèle que j'ai pour le service du roi et au caractère de vérité d'homme de bien que Dieu me fera la grâce de conserver toute ma vie. » L'électeur embrassa le maréchal de Villars après ce discours et pleura de dépit ou de douleur. Le maréchal de Villars, en traversant son camp, trouva tous les soldats et les cavaliers en pleurs hors de leurs

1. Sans doute Schellenberg, mamelon fortifié qui domine Donauwerth et dont la prise par Marlborough, le 2 juillet 1704, prépara la victoire d'Hochstaedt.

tentes, entre autres les comtes de Clare et de Nettancourt, dont les marques de douleur étoient violentes, aussi bien que leurs murmures contre l'électeur[1].

Le 19 novembre, le maréchal de Villars se rendit à Schaffouse, où il avoit mandé au comte de Marcin de venir attendre de ses nouvelles. Il lui remit l'escorte et lui laissa une partie de ses équipages avec son premier secrétaire, nommé d'Auteval, pour le mettre au fait de bien des choses, dont il convenoit pour le service du roi que le comte fût exactement informé.

Il faut observer ici qu'en même temps que le maréchal de Villars prit la résolution de quitter l'armée d'Allemagne, fatigué des obstacles continuels que l'électeur de Bavière opposoit à ses projets, le prince Eugène, que l'on laissoit manquer de tout en Italie, prit aussi le parti de revenir à Vienne[2]. Il s'y trouva assez heureusement pour empêcher l'empereur Léopold de quitter la capitale de l'empire, précisément lorsque le maréchal de Villars étoit déterminé à en faire le siège. Il est certain qu'il n'y avoit alors dans cette ville pour la défendre que quelques recrues qui y passoient pour aller rejoindre leurs régiments.

« Il est bien vrai, dit le prince Eugène à l'empereur, que le péril est grand, mais, si Votre Majesté quitte Vienne, elle détermine par sa retraite un dessein que

1. Pendant ce temps, Monastérol écrivait : « A la réserve de M. de Villars, Son Altesse électorale est adorée de l'armée du roi ; ce sera une joie sensible pour les généraux et colonels que le rappel du maréchal qu'on abhorre. »

2. C'est à la fin de 1702 que le prince Eugène quitta l'armée d'Italie ; il resta à Vienne, inspirant la résistance jusqu'en novembre 1703, époque à laquelle il fut envoyé en Hongrie pour combattre Rakoczy (Arneth, *Prinz Eugen,* I, ch. IX, X).

l'ennemi n'a peut-être pas formé. » Ce raisonnement étoit si solide que, si l'empereur avoit suivi sa première résolution, le maréchal auroit infailliblement déterminé les incertitudes de l'électeur et par là réduisoit l'Empire aux plus grandes extrémités.

Le maréchal trouva à Schaffouse un courrier du cabinet avec des lettres du roi qui lui destinoit le commandement d'une des armées d'Italie. Le duc de Savoye avoit alors donné quelques soupçons de sa fidélité. Monseigneur de Vendôme s'étoit brouillé avec ce prince dès les commencements de la guerre, et nous avons vu que le maréchal de Villeroy avoit eu de très médiocres égards pour lui. Cependant, il est certain, et Phelypeaux, ambassadeur du roi auprès de lui, le déclara hautement auprès de son parent monseigneur de Pontchartrain, chancelier de France, et devant le maréchal de Villars, que, lorsqu'on arrêta ses troupes, il n'avoit manqué en rien à la fidélité envers le roi. A cette occasion, il faut dire un mot de la conduite que l'on avoit tenue avec ce prince.

Le roi, voulant se l'assurer, ordonna à son ambassadeur de lui offrir le Milanez au lieu de la Savoye qui devoit demeurer au roi. L'offre étoit magnifique ; aussi le duc en parut très satisfait à la première proposition et dit : « Vous me donnerez bien Final, car encore faut-il que je puisse voir la mer. » Phelypeaux répondit que, dans ses instructions, il n'étoit pas parlé de cette place. On ne sait pas bien par quelle fatalité le roi changea de sentiment. Mais, le jour d'après la première conversation de l'ambassadeur, il reçut un courrier qu'on se flattoit apparemment pouvoir atteindre le premier, et qui révoquoit les ordres précédents.

Le duc de Savoye, informé que l'ambassadeur avoit reçu un second courrier, ne fut pas surpris qu'il eût manqué de venir le jour d'après pour continuer la conversation commencée sur le Milanez. Mais, deux jours s'étant passés sans que l'ambassadeur eût paru à la cour, le duc en eut avec raison quelque inquiétude et envoya savoir de ses nouvelles. Enfin l'ambassadeur parut le troisième jour, et au premier abord le duc lui dit : « Reprenons la conversation. Vous avez bien vu que j'ai été content de la première proposition. » Phelypeaux répondit avec un air très gourmé et qui lui étoit assez naturel : « Votre Altesse royale ne l'a pas approuvé, puisqu'elle a demandé le marquisat de Final. » — « Il est vrai, je vous l'ai demandé, répondit ce prince, mais je n'ai pas dit que je n'écouterai rien sans cet article. Reprenons la matière. » — « Qui demande plus, répliqua Phelypeaux, n'accepte pas le moins. » — « Monsieur, répartit le duc de Savoye, vous avez reçu un courrier avant-hier, vous n'êtes pas venu ici depuis trois jours, y a-t-il du changement? » Phelypeaux parut embarrassé; le duc lui dit : « Les bonnes volontés ne sont pas longues chez vous. » Et il se tut. Depuis ce temps, les défiances augmentèrent et elles allèrent au point que l'on arrêta les troupes du duc de Savoye qui servoient dans l'armée du roi en Italie et les autres qu'il avoit en France. Le duc de Vendôme le traita même en ennemi et marcha avec l'armée du roi vers le Piedmont.

Ce fut dans ces circonstances que le roi destina au maréchal de Villars le commandement de l'autre armée qui étoit opposée à celle de l'empereur, commandée par le feld-maréchal comte Guido Staremberg.

Le maréchal de Villars, par la connoissance qu'il avoit de la situation de l'armée qu'il devoit aller commander, trouvoit les dispositions mauvoises. D'ailleurs, commander dans des pays où M. de Vendôme avoit la première direction ne lui parut pas un emploi convenable. Il supplia le roi de le dispenser et il s'en retourna à la cour où il arriva à la fin de novembre.

Le courtisan étoit persuadé que le maréchal, ayant quitté le commandement de l'armée assez contre les intentions de Sa Majesté[1], Elle seroit plus occupée de cette apparence de faute et de toutes celles qu'on lui imputoit sur ses divisions avec l'électeur qu'Elle ne le seroit des grands services qu'il avoit rendus et de ceux qu'il avoit pu rendre, et dont l'inexécution ne pouvoit lui être attribuée. Le courtisan, dis-je, s'attendoit que le maréchal de Villars seroit mal reçu à la cour, mais l'esprit de justice du roi trompa leur espérance. Le roi lui marqua beaucoup de bonté. Il alla à Marly où il lui fit donner un logement, quoiqu'il n'y en eût pas de destiné pour lui, puisqu'il n'étoit pas attendu; et, comme depuis le long temps que le maréchal n'avoit été à Marly il y avoit de grandes augmentations de beautés, le roi se fit un plaisir de les lui montrer et de faire aller toutes les eaux et toutes les fontaines faites depuis cinq ou six ans.

Cependant le maréchal de Tallard, qui avoit formé le siège de Landau, eut tout le succès qu'il pouvoit espérer. Le prince de Hesse qui amena une armée de Flandres fut battu[2] et sa défaite fit rendre Landau déjà pressé.

1. Nous avons dit plus haut ce qu'il faut penser de cette assertion.
2. Bataille de Spire, 15 nov. Landau capitula le lendemain.

Cette campagne, quoique glorieuse pour la France, auroit eu des suites bien différentes, si, au lieu de s'arrêter au siège de Landau, le maréchal de Tallard avoit voulu marcher dans l'Empire. Ce qui faisoit dire au maréchal d'Harcourt, lorsqu'on délibéra si l'on marcheroit à Villingen, ou si l'on entreprendroit le siège de Landau, qu'il valoit mieux manquer Villingen que d'assiéger Landau : voulant marquer par là l'extrême importance dont il étoit de s'étendre dans l'Empire et de marcher à Vienne, pendant que toute la Hongrie étoit soulevée.

Le maréchal de Villars ne voulut pas relever les fautes que l'on avoit faites, en ne donnant pas des ordres assez précis à M. de Vendôme et au maréchal de Tallard. On n'étoit occupé que des succès. C'étoit M. de Chamillart qui avoit fait les fautes et les ministres ne les avouent jamais.

1704. Cependant il n'étoit question d'aucun emploi pour le maréchal de Villars. Le maréchal de Villeroy, en Flandres, M. de Vendôme, en Italie, et le maréchal de Tallard, sur le Rhin, laissoient le maréchal de Villars dans l'inaction. Un jour, le maréchal de Villeroy lui dit, dans la chambre du roi : « Quand vous vous reposez après deux si belles campagnes, c'est demeurer sur la bonne bouche. » — « Je ne sais, lui répondit le maréchal de Villars, si le roi me laissera sans commandement. Si cela arrive, j'aurai quelque ennemi à la cour qui s'en réjouira. Mais les ennemis du roi s'en réjouiront encore davantage. »

N'ayant donc rien à faire, il alla passer quelques jours dans une terre de la maréchale de Villars en

Normandie¹. Il y avoit alors une révolte en Languedoc où les huguenots, sous le nom de camisards, avoient pris les armes dès l'année précédente. On y avoit envoyé le maréchal de Montrevel. Mais les désordres augmentoient, les troupes du roi avoient été défaites en plusieurs occasions, et singulièrement dans une où près de 500 hommes des vaisseaux avoient été taillés en pièces. Les rigueurs dont on usoit contre ces révoltés avoient aigri leurs esprits. Ce n'étoit plus, d'une part, que meurtres, incendies, églises renversées, prêtres massacrés et, de l'autre, liberté entière accordée aux troupes de tuer tout ce qu'elles trouveroient avoir l'air de camisards. Dans ces excès de désordre, le roi ne crut pas le maréchal de Montrevel propre à le faire cesser, et le maréchal de Villars, à son retour de Normandie, trouva que le commandement de ces provinces lui étoit destiné. Il en reçut l'ordre du roi même, qui lui dit avec bonté : « Des guerres plus considérables à conduire vous conviendroient mieux, mais vous me rendrez un service bien important, si vous pouvez arrêter une révolte qui peut devenir très dangereuse, surtout dans une conjoncture où, faisant la guerre à toute l'Europe, il est assez embarrassant d'en voir commencer une dans le centre du royaume. »

On donna peu de jours au maréchal de Villars pour se préparer à partir et, pendant ce court intervalle,

---

1. Terre formée des seigneuries de Varangeville, Galleville, Doudeville, etc., que Pierre Roque, père de la maréchale, avait achetées en 1660 à l'abbaye de Valmont, près d'Yvetot (Voy. *Inventaire des archives du doyenné de Doudeville,* par le doyen, p. 74. Rouen, 1857).

il s'informa autant qu'il lui fut possible de l'état des affaires de Languedoc. Il apprit qu'on exerçoit les plus grandes cruautés contre ces fanatiques et que, par la rigueur des supplices, on leur inspiroit un désespoir qui les portoit à ne plus craindre la mort. Ces inhumanités, auxquelles le maréchal de Villars a toujours été très opposé, lui firent imaginer des routes toutes contraires, et, en prenant congé du roi, il lui dit : « Si Votre Majesté me le permet, j'agirai par des moyens tout différents de ceux que l'on emploie, et je tâcherai de terminer par la douceur des malheurs où la sévérité en tout me paroît non seulement inutile, mais totalement contraire. » — « Je m'en rapporte à vous, lui répondit le roi, et vous croyez bien que je préfère la conservation de mes peuples à leur perte que je vois certaine si cette malheureuse révolte continue[1]. »

Le maréchal de Villars partit dans la fin d'avril 1704 et ne s'arrêta que peu de jours dans ses terres de Lyonnois et de Dauphiné. Il fut reçu avec de grands honneurs à Lyon et dans les principales villes du royaume, encore remplies du bruit de ses récentes victoires. Le vice-légat d'Avignon vint le recevoir à son château hors la ville, avec la cavalerie consistant dans une compagnie. Celui qui la commande avec le titre de général (c'étoit pour lors le frère du cardinal

1. Voir la lettre de Villars à Chamillart, du 11 avril, publiée par M. Roschach dans sa continuation de l'*Histoire du Languedoc* de D. Vaissette, XIV, 1895. Toute la partie essentielle de la correspondance de Villars pendant sa campagne des Cévennes est publiée dans ce même recueil. M. Roschach a en outre donné un excellent résumé des faits dans le t. XIII, p. 820 et suiv.

Maldaquin¹) a pour privilège de ne jamais monter à cheval. Le hasard fit que le maréchal alla descendre à Beaucaire où M. de Basville² et les principaux du Languedoc vinrent le recevoir. A son arrivée, on lui montra une prophétie de Nostradamus, très claire, qui marquoit que le général qui entreroit dans le Languedoc par Beaucaire dissiperoit les révoltés et rétabliroit entièrement le calme dans la province.

Il crut, en arrivant, devoir parler lui-même à tous ces fanatiques, et, pour cela, il commença un voyage dans les pays les plus révoltés, faisant assembler les peuples de cinq ou six villages dans un. Il leur fit les discours les plus capables de les guérir de la fureur qui les portoit à leur perte certaine. Dans le temps qu'il tâchoit de ramener ainsi par la douceur ceux qui venoient l'entendre, il cherchoit avec une grande activité ceux qui avoient les armes à la main, et on en tua un assez grand nombre. Un gentilhomme d'Uzés, nommé d'Aygalliers³, homme d'esprit, proposa au

1. Maldachini ou Maidalchini.
2. Nicolas de Lamoignon, seigneur de Basville, né en 1648, mort en 1724, maître des requêtes, fut intendant du Languedoc pendant trente-trois ans.
3. Rossel, baron d'Aygalliers, gentilhomme protestant, avait quitté la France après la révocation de l'édit de Nantes et pris du service à l'étranger. Revenu en Languedoc et converti, il se proposa pour but la pacification de la province. Il se rendit à Versailles avec un passeport de M. de Paratte, commandant à Uzès pour le roi, fut présenté à Chamillart par le duc de Chevreuse, et recommanda les mesures de clémence. Lorsque Villars fut nommé, il alla le trouver, lui proposa ses services qui furent agréés; il devint l'agent le plus actif de la pacification, secondant la modération et l'habileté du maréchal, servant d'intermédiaire entre lui et les camisards, amenant les chefs révoltés

maréchal de Villars de donner les armes à un nombre de nouveaux convertis, que lui-même avouoit s'être très peu convertis, mais qui, du reste, étoient gens de bien et d'honneur, bons serviteurs du roi, et cependant tous les jours exposés à leur ruine par la fureur des fanatiques. M. de Basville trouvoit dangereux d'armer des gens qui, eux-mêmes, s'avouoient huguenots. Mais leur franchise, la connoissance que le maréchal avoit d'ailleurs de leurs personnes, de leurs qualités et de leurs biens lui fit juger qu'il pouvoit prendre confiance en eux. Enfin, il ne voulut négliger aucun moyen de faire promptement cesser la révolte en parlant lui-même à tous les peuples, et en faisant marcher toutes les troupes jour et nuit pour joindre ceux qui ne se soumettroient pas. Il ordonna ces mouvements contre l'opinion de toutes les troupes qui vouloient supposer impossible de joindre des gens qui avoient une infinité de retraites. La vérité est que la province étoit remplie de petits commandants qui craignoient tous la fin de la guerre, et qui n'étoient occupés qu'à établir dans leur district et leur autorité, et quelques petits monopoles. La sévérité du maréchal de Villars ranima ces gens-là. Il en fit destituer quelques-uns, et, par là, fit craindre aux autres la même destinée, s'ils ne servoient pas plus vivement.

Le 4 mai, le maréchal de Villars, ayant séparé ses troupes en plusieurs petits corps de 500 hommes, se mit lui-même à la tête d'un de 300 pour faire voir aux lieutenants généraux et aux maréchaux de camp

à la soumission. Suivant Court de Gebelin, auteur d'une *Histoire des troubles des Cévennes*, il aurait laissé des Mémoires.

que, lorsqu'un maréchal de France se mettoit à la tête de 300 hommes seulement, ils pouvoient bien se contenter de détachements plus forts que celui-là. Il le fit à dessein, parce que quelques-uns de ces messieurs disoient qu'ils ne vouloient pas hasarder leur réputation avec si peu de troupes.

Il en fit cinq de celles qui étoient à Uzès. Il ordonna la même chose aux garnisons de Sommières, de Nîmes et de Lunel. Les commandants de Genouillac, de Montvert et de Saint-Germain sortirent dans le même temps. Il mena avec lui M. de Basville, qui, quoique intendant et homme de robe, étoit très hardi. La course fut extrêmement rude, et par des pays horribles. On joignit trois troupes de rebelles et on tua presque tout. La troupe de Cavalier passant par un village, nommé Moussac, demanda du pain, disant qu'ils n'avoient pas mangé depuis deux jours. Pressée par le besoin, elle voulut se révolter contre Cavalier, qui leur dit : « Ceux qui veulent abandonner Dieu, je les abandonne. Laissez-moi seul avec mes armes, je défendrai sa cause jusqu'à la mort. » Dès lors, sa troupe diminua considérablement, et la poursuite vive que l'on fit, jointe aux exhortations, fit revenir un grand nombre de ces rebelles.

Les nouveaux convertis, armés sous la conduite du sieur d'Aygalliers, sortirent d'Uzès, et l'on mit tout en usage pour presser les fanatiques de toutes parts et de toute manière[1].

Le succès répondit aux espérances que l'on pouvoit

1. Les lettres adressées par Villars à la cour pendant cette première expédition se trouvent dans Roschach, *ouv. cité*, XIV, 1923-1942.

avoir de tous les moyens qu'on employoit, et, le 16 mai, Cavalier, avec tous ses principaux officiers, vint dans le jardin des capucins de Nîmes se soumettre au maréchal de Villars[1]. Il ne parloit que d'avoir recours à la clémence du roi, et protestoit que lui et ses gens se trouveroient heureux de pouvoir sacrifier leur vie pour son service dans ses armées. Le maréchal de Villars fut surpris de trouver tant de fermeté et même de sens dans un jeune paysan de vingt-deux ans[2]; car le maréchal savoit avec quelle hauteur ce chef de rebelles menoit ceux qui le suivoient. Il les faisoit tuer avec un empire souverain, et la mort auprès de lui étoit le prompt et infaillible châtiment de la désobéissance à ses ordres. « Je crois, disoit-il au maréchal, ne leur commander rien que de juste, et devoir punir sur-le-champ ceux qui me désobéissent. »

Pendant que cette négociation avançoit, il arriva une aventure très propre à relever le courage des fanatiques. M. de Tournon, brigadier d'infanterie, qui commandoit dans les hautes Cévennes, en partit pour venir trouver le maréchal de Villars, sans en avoir reçu aucun ordre de lui, et sans nécessité. Son escorte, de 200 hommes de pied et de quelques compagnies de miquelets, fut attaquée par une troupe commandée par Rolland et fut entièrement défaite. Son lieutenant-colonel, nommé Courbeville, et quatre capitaines furent tués sur-le-champ.

---

1. Cette entrevue entre un chef de rebelles et un maréchal de France, qui scandalisa beaucoup de contemporains, avait été ménagée par d'Aygalliers.

2. Voir le portrait de Cavalier par Villars dans sa lettre à Chamillart, du 5 juin. Roschach, *ouv. cité*, XIV, 1982.

Tout cela n'empêcha pas que Cavalier ne promît de ramener tous ces gens. On lui donna pour rendez-vous général le bourg de Calvisson, et l'on eut soin d'y faire trouver tous les vivres nécessaires.

Cavalier tint parole et se rendit à Calvisson avec près de 1,000 personnes, dont plus de 800 étoient armées. Rolland fit difficulté de suivre l'exemple de Cavalier; mais, tous les jours, il revenoit des camisards, et on leur permettoit l'exercice de la religion en attendant leur départ, qui fut fixé au 1er juin. Pendant ce temps-là, le sieur d'Aygalliers travailloit toujours et très utilement à gagner les restes des révoltés. Il en revint près de 1,800 à Calvisson, où il faisoit faire leurs prières, à la fin desquelles il y en avoit de très dévotes pour le roi, pour la famille royale et pour le maréchal de Villars, tous priant Dieu avec zèle qu'il leur fît la grâce d'apaiser la juste colère du roi[1].

Quelques-uns de ces fanatiques voulant faire des miracles, une grande fille, qui, apparemment, avoit sous les pieds de ces drogues qui endurcissent contre les flammes, se promenoit sur des fagots allumés en priant Dieu, si ce feu la respectoit, que ce prodige convertît les ennemis de l'Éternel. On leur permit les prières, mais on leur défendit les miracles, parce que les peuples ne discernent pas aisément les faux, et que les catholiques de ce pays étoient disposés à y ajouter quelque foi. Enfin, tout se disposoit à faire partir, au 1er juin, les rebelles rendus.

1. Voir le récit de ces curieuses scènes dans Roschach, *ouv. cité*, XIII, 838, les lettres de Cavalier, *ibid.*, XIV, 1940 et suiv., les lettres de Cavalier et celle de Rolland que je donne ci-dessous à l'appendice.

Cependant, les ennemis de l'État, voyant cette révolte presque éteinte et les fanatiques prêts à sortir du royaume, mettoient tout en usage pour la ranimer. Ils firent passer un argent considérable et gagnèrent Ravanel, lieutenant de Cavalier. Cet homme, lorsque tous ces gens étoient en prière, le 28, commença à trembler, dit qu'il étoit inspiré; que Cavalier les trahissoit; que Dieu lui avoit révélé que l'on devoit les égorger tous. Cavalier courut à lui et alloit le tuer; on les sépara, mais tout s'enfuit.

Cavalier courut après et promit de périr ou de les ramener. Le sieur d'Aygalliers et ses gens agirent aussi, et le maréchal de Villars, d'un côté, avec ce qu'il put ramasser de troupes, marcha pour les ramener ou pour les défaire. Il envoya ordre au marquis de Lalande[1] d'en user de même. On fut informé certainement qu'il étoit arrivé à ces rebelles deux hommes de Genève avec de l'argent, et avec parole qu'il entreroit un corps d'armée en Dauphiné pour les soutenir. Cette promesse étoit sans fondement; mais les fanatiques ne raisonnent pas. Ils pouvoient savoir aussi qu'une armée navale très considérable venoit d'entrer dans la Méditerranée.

Cependant, comme Cavalier étoit véritablement bien déterminé à se soumettre, la vivacité du maréchal de Villars à suivre ceux qui s'étoient retirés de Calvisson en fit revenir la plus grande partie, et, dès le 2 juin, Cavalier ramena près de 50 hommes à cheval et plus de 500 à pied. Le maréchal, qui ne voulut plus s'ex-

1. J.-Bapt. du Deffend, marquis de Lalande, né en 1651, lieutenant général de 1704; après la pacification du Languedoc, il fut nommé lieutenant général du gouvernement de l'Orléanais et mourut en 1728.

poser à la folie de ces gens-là, les fit tous enfermer dans l'île de Vallabrègues pour y attendre, pendant quelques jours, ceux qui reviendroient encore, et les faire tous marcher vers l'Allemagne.

On avoit proposé de les envoyer servir dans les armées du roi en Portugal. Mais cette marche d'hérétiques, au travers des pays catholiques, effraya les fanatiques, et l'on ne trouva rien de plus convenable que de les faire passer du côté du Rhin.

Le maréchal recommença ses poursuites et fit marcher cinq détachements sous les ordres de M. de Lalande et des brigadiers. Pour lui, il partit avec 700 hommes pour percer toutes les Cévennes et ne donner aucune relâche aux autres chefs des rebelles, qui étoient Rolland, Maillet, Mauplat, Ravanel, Castanet, Jouany et plusieurs autres. Enfin, toutes les espèces de moyens furent employées : argent, discours, poursuites très vives, mouvements des nouveaux convertis ; rien ne fut oublié de ce qui pouvoit ramener ou détruire ces fanatiques.

Cavalier, qui agissoit de très bonne foi, alla au milieu d'une troupe très nombreuse commandée par Rolland, dont la mère vint lui dire : « Tu ne me tueras pas, car je suis ta mère. Veux-tu nous faire tous périr et ruiner ton pays? » Ces fanatiques assemblés, ébranlés et prêts à se soumettre, Ravanel se laisse tomber de cheval, reste un quart d'heure comme pâmé à terre, et, tremblant, s'écrie : « Dieu nous ordonne de tuer ce traître de Cavalier. » En même temps, on l'environne, et, s'il n'avoit pas été très bien monté sur un des chevaux du maréchal de Villars, et en état de percer la foule, il étoit mort.

Il revint sans avoir pu gagner cette troupe de

rebelles. Le maréchal de Villars le fit sortir de la province avec tous ceux qu'il avoit rassemblés, et demanda pour lui une pension de 500 écus, persuadé que, pour terminer cette révolte, il falloit continuer ses premières maximes, c'est-à-dire récompenser ceux qui ramenoient les rebelles et pardonner à tous ceux qui se soumettoient, les faire sortir de la province et poursuivre avec la plus grande ardeur ceux qui demeuroient opiniâtres.

Rolland envoya le nommé Maillet, le premier après lui, au maréchal de Villars. C'étoit un jeune homme très bien fait, et ayant l'air d'un homme de condition. Il dit au maréchal que les révoltés étoient composés de trois sortes de partis ; que les premiers, et en petit nombre, n'étoient entêtés et attachés à leur révolte que par des motifs de religion, gens qui méprisoient tous les périls, la faim, la misère, la mort même ; que le second, qui faisoit le plus grand nombre, connoissoit la folie de son opiniâtreté ; qu'il sentoit bien qu'à la fin il faudroit périr, et qu'il ne demandoit qu'à finir ; qu'enfin, le troisième étoit une autre espèce de gens accoutumés au meurtre et au brigandage, et n'ayant en vue que la continuation du désordre. Qu'ainsi, il falloit tâcher de tenter les premiers par les récompenses ; que les seconds se soumettroient et que les troisièmes ne méritoient aucune considération.

Cependant, les ennemis envoyoient sur les côtes, par une flotte sur la Méditerranée, divers bâtiments, dont quelques-uns étoient chargés de religionnaires avec des armes. On disposa la milice et le peu de troupes que l'on avoit, de manière qu'aucun de ces bâtiments ne pût aborder ni mettre de gens à terre.

Ces mouvements nécessaires pour assurer la tranquillité du côté de la mer suspendirent pour quelques jours ceux que l'on faisoit pour chercher et détruire les camisards qui ne se soumettroient pas.

Pour ne pas perdre la suite des affaires, nous exposerons ici, et en peu de mots, l'état des guerres qui se faisoient alors.

La ligue, voyant que rien n'étoit plus propre à la diviser que la guerre de l'Empire, eut pour objet principal d'y porter toutes ses forces. L'Empire menacé, qui pouvoit aisément être divisé et soumis, si l'on avoit soutenu le maréchal de Villars, fut ranimé par ses périls à la première campagne. Tous les princes firent de nouveaux efforts, et l'on abandonna toute autre vue pour aller au secours de l'Empire. L'Italie n'étoit plus défendue par les impériaux. Le duc de Vendôme prenoit toutes les places du duc de Savoye l'une après l'autre, et, piqué personnellement contre ce prince, il détruisoit ses peuples et ses places à mesure qu'il s'en rendoit le maître.

Le duc de Marlborough marcha dans l'Empire avec les principales forces de la ligue. Le prince Eugène sortit de Vienne et rassembla toutes les troupes de l'empereur, laissant au prince Ragotski liberté entière de pousser la révolte de Hongrie aussi loin qu'il le pouvoit désirer.

Enfin, les armées navales d'Angleterre et de Hollande étoient d'abord dominantes dans la Méditerranée.

Durant ces agitations, le roi eut, par la bonté de Dieu, un arrière-petit-fils que l'on nomma duc de Bretagne, et ce bonheur fut suivi d'une victoire de l'armée navale de France sur l'armée ennemie, que l'on auroit pu entièrement détruire, si l'on avoit profité des premiers moments de cette victoire[1].

Après de si heureux événements, il en survint qui causèrent une grande consternation, comme nous le verrons dans la suite. Mais reprenons les suites de la petite guerre des fanatiques. Elle fut poussée si vivement que l'on poussoit tous les jours un nombre assez considérable de ces malheureux à se soumettre en rapportant leurs armes.

Cavalier écrivit à Rolland et aux autres chefs, et leur manda les favorables traitements qu'il recevoit de la bonté du roi, afin de les engager à profiter de la même clémence. On crut encore devoir joindre à tous les autres expédients employés pour finir la révolte celui de faire arrêter les pères et mères qui avoient des enfants parmi les fanatiques, et cette sévérité en ramena plusieurs. Les partis qui marchoient incessamment trouvèrent aussi plusieurs troupes de camisards, dont plus de quarante furent tués dans l'espace de huit jours. Les puissances ennemies de la France n'oublioient rien, comme nous l'avons dit, pour entretenir cette révolte, et n'épargnoient aucune dépense pour la fomenter, ou même pour l'accroître. Plusieurs de leurs frégates chargées de fanatiques, d'armes et d'argent, suivant les côtes de Languedoc, quelques-unes abordèrent sur celles de Catalogne, moins exactement gardées que ne l'étoient celles de Languedoc,

---

1. Le 24 septembre, devant Malaga, le comte de Toulouse battit l'amiral Rooke, mais fut empêché de le poursuivre par les avis du marquis d'O, son gouverneur (Voy. Saint-Simon, IV, 147). M. Tamizey de Larroque (*Revue critique*, 1885, p. 433) a contesté cette assertion d'après des documents publiés par M. Communay (Angers, 1885).

et ces troupes essayèrent de percer les Pyrénées pour entrer dans cette province. On en arrêta une vingtaine, qui furent mis dans les cachots de Perpignan; les autres répandirent des libelles horribles contre le roi. Le président Riquet[1] en envoya quelques exemplaires au maréchal de Villars. Un abbé de la Bourlie[2], qui fit plus de bruit dans la suite sous le nom de marquis de Guiscard, et qui se tua enfin en Angleterre après avoir tué le comte d'Oxfort, avoit part à ces libelles. Outre ces tentatives pour soutenir la révolte de Languedoc, les ennemis firent passer des émissaires en Dauphiné et en Rouergue pour faire prendre les armes dans ces provinces à ce qu'ils pouvoient rassembler de fanatiques et de religionnaires, qui comptoient tous que les armées navales d'Angleterre et de Hollande n'étoient entrées dans la Méditerranée que pour les soutenir.

Le maréchal de Villars fit une course le 9 août, et ordonna la même chose à tous les commandants. Mais les rebelles, séparés par petites troupes de 8 et de 10, étoient cachés dans les bois, et même dans les villages, où les paysans leur gardoient une très grande fidélité. Les sieurs de Lalande et de Plane firent tuer quatre ou cinq de ces misérables trouvés les armes à la main. La représaille fut faite sur-le-champ, et ils tuèrent quatre soldats du régiment de Menou auprès

1. Jean-Mathieu Riquet, baron de Bonrepos, président à mortier du parlement de Toulouse, était gendre de Victor-Maurice de Broglie, mort en 1714.
2. Il était frère du lieutenant général de Guiscard. Saint-Simon a raconté l'histoire de cet aventurier et le fait aussi mourir en Angleterre, mais après avoir blessé le duc d'Ormond de deux coups de canif (IV, 112; VII, 227).

de leur quartier. Cependant, la vivacité avec laquelle on les cherchoit produisit son effet, et le maréchal, ayant été averti que Rolland, avec sept de ses principaux confidents, étoit venu dans le château de Castelnau voir la demoiselle de Castelnau, qui étoit sa maîtresse, donna sur-le-champ tous les ordres possibles pour l'y prendre.

Il y avoit, à une lieue de ce château, quelques brigades d'officiers irlandois, des officiers du régiment de Haynault et un détachement de 30 dragons. Ceux qui, depuis six semaines, épioient Rolland, avertirent à point nommé, et toutes ces petites troupes de gens à cheval, composées de 15 ou 20, poussèrent à toutes jambes à la porte du château. Rolland et les siens n'eurent que le temps de monter sur leurs chevaux et furent joints à 500 pas du château. Rolland fut tué dans un chemin creux, cinq des autres furent pris et menés à Nîmes, où ils furent jugés par M. de Basville et condamnés à être roués vifs. Un de ceux-là, nommé Maillet, avoit été envoyé par Rolland au maréchal de Villars pour ménager son accommodement. Il avoit demeuré trois jours dans sa maison à Anduse, et étoit connu de tous ses domestiques. La fermeté avec laquelle ces hommes reçurent leur arrêt de mort et marchèrent au supplice étoit surprenante. Maillet, surtout, y alla avec un air riant; il parla aux gens du maréchal, les chargea d'assurer leur maître de ses respects, leur dit qu'il connoissoit sa bonté; qu'il étoit persuadé que sa mort et celle de ses camarades lui feroit de la peine, et qu'il alloit prier Dieu pour lui. Cet air riant ne l'abandonna pas un seul moment. Il pria le prêtre qui l'exhortoit de le laisser en repos; il encouragea ses camarades, et plusieurs coups du bourreau ne l'empêchèrent pas de parler jusqu'au dernier soupir avec une constance inébranlable, et continuant toujours de faire signe au prêtre de s'éloigner. Ce qu'il y a de vrai, c'est que presque tous ces gens-là montrèrent le même courage, et que l'on étoit obligé de faire battre les tambours, durant leur supplice, pour empêcher les peuples d'entendre leurs discours. Le maréchal de Villars voulut, par l'inutilité de l'extrême rigueur, que, dans la suite, ceux qui seroient condamnés à la mort, l'ayant justement méritée, ne fussent plus exposés à de longs tourments. Il crut devoir ôter au peuple un spectacle plus propre à fortifier les huguenots entêtés qu'à les convertir.

Trois jours après que les camarades de Rolland eurent été exécutés, le commandant du bataillon de Soissonnois, averti que Catinat, un des chefs des rebelles, étoit à une lieue de Calvisson, sortit la nuit, tomba sur sa troupe de gens de cheval, la surprit pied à terre et en tua neuf; mais Catinat se sauva blessé. Ces deux mauvoises aventures en ébranlèrent plusieurs, et le maréchal de Villars reçut le même jour des nouvelles, de sept différents endroits, que des troupes de dix et de quinze se soumettoient en rapportant leurs armes.

Le 20 août, le maréchal de Villars reçut des nouvelles de la victoire de l'armée navale du roi commandée par l'amiral comte de Toulouse. Le comte de Villars, chef d'escadre[1], fut de sentiment de suivre la

1. Armand de Villars, frère du maréchal, ne fut nommé chef d'escadre que le 6 octobre 1705.

flotte des ennemis, qui, n'ayant derrière elle que les côtes d'Espagne ennemies, pouvoit être entièrement défaite.

Ce succès acheva d'intimider les fanatiques, et, tous les jours, il en revenoit un très grand nombre qu'on faisoit sortir du royaume, surtout les prédicants.

Le maréchal de Villars, voyant la plaine tranquille par la mort de Rolland et de ses lieutenants, par la défaite de Catinat et par la soumission de Jean de Lussan avec toute sa troupe, n'eut plus rien à craindre du côté de la mer et partit pour les Cévennes, où il y avoit encore quelques troubles de rebelles.

Peu de jours après son arrivée à Alais, il apprit le malheureux succès de la bataille d'Hochstet, dans le même terrain où, l'année précédente, il avoit défait l'armée de l'empereur. La connoissance parfaite qu'il avoit de tous les pays où l'on faisoit la guerre lui avoit donné de très vives inquiétudes depuis la perte de Donavert [1].

On voit, dans toutes ses dépêches des années 1703 et 1704, qu'il regardoit ce poste comme un des plus importants, et que le Danube, partagé par les ennemis, mettoit l'électeur dans une fâcheuse situation.

La disposition des armées de France, commandées par les maréchaux de Tallard et de Marcin, sous l'autorité de l'électeur de Bavière, parut dangereuse au maréchal de Villars, et leur ordre de bataille étoit très défectueux. Au lieu de fermer la gauche aux montagnes, la droite étant appuyée au Danube, et de s'en tenir à bien défendre le ruisseau de Plintheim, qui

[1]. Occupé le 2 juillet par Marlborough après la prise des fortifications du mont Schellenberg.

séparoit les armées, ils mirent le gros de leur infanterie à la droite et à la gauche, et dégarnirent leur centre, par lequel les ennemis pénétrèrent, et séparèrent les armées. Celle du maréchal de Marcin se retira en assez bon ordre, mais presque toute celle du maréchal de Tallard fut défaite. Vingt-sept bataillons et quelques régiments de dragons se rendirent prisonniers de guerre sans tirer, ce qui fit répondre au maréchal[1] à une lettre écrite sur l'embarras de l'officier général qui commandoit cette infanterie, et qui pouvoit la sauver avec un peu de fermeté, ces deux vers de Corneille :

. . . . qu'il mourût,
Ou qu'un beau désespoir alors le secourût.

Ces mauvoises nouvelles étoient très propres à relever le courage abattu du peu de rebelles qui étoient sur le point de se soumettre.

Cependant, le maréchal de Villars leur envoya le sieur d'Aygalliers, qui persuada aux nommés Mauplat, La Salle, Castanet, tous chefs des rebelles, de se retirer. Il en revint près de trente bien armés, qui demandèrent à sortir du royaume. On en tua près de trente dans diverses courses que faisoient tous les détachements qui traversoient les Cévennes, et l'on n'employoit à la négociation que le temps qu'il falloit absolument donner aux troupes pour se reposer. Cette vivacité eut son effet. Castanet, un des plus fameux prédicants, se rendit, et le maréchal de Villars, ayant

1. La lettre était de l'abbé de Saint-Pierre; nous avons la minute de la réponse de Villars et la donnons à l'appendice du présent volume, ainsi que plusieurs lettres écrites ou reçues par Villars à l'occasion de la défaite d'Hochstædt.

été informé que la troupe de Ravanel, composée de
300 personnes, étoit dans les bois de Saint-Benezet,
le sieur de Courten, lieutenant-colonel suisse, y marcha la nuit, l'investit, et les troupes ne faisant aucun
quartier, tout fut tué, excepté Ravanel, qui se sauva
presque seul. Cette défaite fut suivie de la soumission
de Catinat, un des chefs des rebelles, et de presque
tous les autres.

Dans ce même temps, 60 camisards de la paroisse
de Santeuil rapportèrent leurs armes, demandèrent
leur ancien curé et la permission d'être reçus à faire
leurs devoirs de bons catholiques.

Comme il ne restoit plus de chefs de rebelles que le
nommé La Rose, plutôt voleur et assassin que fanatique, et qui même demandoit pardon, le maréchal de
Villars, après avoir fait conduire vers Genève tous ces
malheureux, manda au roi que Sa Majesté pouvoit
faire servir ailleurs les troupes qui étoient en Languedoc, et que, puisqu'Elle ne lui avoit pas fait l'honneur
de l'employer cette campagne à détruire celles des
ennemis ou à conserver les siennes, il avoit au moins
le bonheur de lui en rendre qui avoient été bien tristement occupées, puisque c'étoit contre ses propres
sujets, et dans le centre du royaume qu'elles venoient
d'agir.

La dissipation des fanatiques du Languedoc étoit
d'autant plus nécessaire que cet abbé de la Boulie formoit une révolte très dangereuse en Rouergue. Un
gentilhomme, ami de cet abbé, ayant rassemblé trente
ou quarante de ces rebelles, tous bien montés et bien
armés, qui commençoient à s'assembler et à faire du
ravage, le maréchal de Villars y envoya quelques

troupes, et l'on étouffa ce désordre dans sa naissance, même sans attendre les ordres du roi. Ensuite, le maréchal renvoya toutes les troupes de la marine en Provence, afin de pouvoir armer tous les vaisseaux et toutes les galères que l'on voudroit mettre en mer.

Ce La Rose dont on a parlé ci-devant demanda à un gentilhomme, nommé M. de Fresquet, une conférence, disant qu'il vouloit se soumettre, lui et ses camarades. Ce pauvre gentilhomme se rendit au lieu marqué; à peine fut-il entre les mains de La Rose qu'il fut assassiné.

L'horreur de ce nouveau crime fit redoubler les ordres pour suivre cet assassin, et l'on en vint à bout en peu de jours. Le chevalier de Froulay en fit tuer ou brûler quinze dans une maison où ils s'étoient retranchés, et, deux jours après, Jouanny se rendit avec 46 hommes bien armés.

Le maréchal de Villars retourna à Usez pour faire désarmer les cadets ou camisards blancs. C'étoit une espèce de volontaires que le maréchal de Montrevel avoit mis sur pied pour faire la guerre aux fanatiques. Mais on ne tira aucun secours de cette milice, qui, loin d'être utile, se remplissoit de voleurs très dangereux. Ainsi on les renvoya tous dans leurs villages avec défense d'en sortir.

Le 11° octobre, La Rose, le dernier chef des rebelles qui fût encore suivi de quelques gens armés, en ramena près de soixante, et par sa soumission la révolte fut entièrement étouffée.

Le maréchal de Villars envoya presque toutes les troupes en Piémont ou par terre, en traversant le

Dauphiné, ou par les galères du roi qui les embarquoient à Antibes.

Les camisards, tous soumis et désarmés, demandoient avec justice qu'on les protégeât contre leurs compatriotes que la fureur ou le zèle auroit portés à les massacrer tous; car il est vrai que l'esprit des peuples du Languedoc est très dangereux, et, pour en donner un exemple, ces cadets, dont on a parlé, eurent l'insolence d'apporter dans la ville d'Uséz, où étoient le maréchal et l'intendant, trois têtes au bout des piques. Ces crimes furent punis sur-le-champ, mais, malgré la punition, il étoit nécessaire pour contenir de pareils esprits de retenir encore quelques troupes jusqu'à ce que tout fût généralement désarmé, fanatiques rebelles et fanatiques catholiques.

Toute la province calmée, le maréchal de Villars voulut entretenir quelques évêques[1] et grands vicaires sur la manière dont les curés gouverneroient à l'avenir les consciences qui ne seroient pas bien soumises, quoique ces hérétiques n'eussent demandé aucune grâce sur la religion. Les évêques et les curés convinrent de bonne foi que, de cent nouveaux convertis, il n'y en avoit pas deux qui le fussent sincèrement.

Néanmoins, il falloit les marier et les curés refusoient d'administrer le sacrement de mariage à ceux qui ne communioient pas. Ces gens-là, tout au contraire, vouloient se marier et ne pas communier. M. de Basville étoit d'avis que l'on les mariât toujours, sans trop insister sur la nécessité de la communion. Le maréchal de Villars pensoit aussi qu'une hérésie établie

1. Voyez à l'appendice la lettre de Villars à l'évêque d'Alais, du 2 novembre.

depuis plusieurs siècles ne se détruit pas dans la seconde et troisième génération; que la patience et la sagesse étoient préférables à un zèle indiscret qui révoltoit les esprits et n'en ramenoit aucun; mais il n'y eut rien de décidé sur cela à la cour.

Cependant tous les rebelles achevoient de se soumettre, et non seulement ils rapportoient leurs armes, ils indiquoient encore tous les endroits où il y en avoit de cachées. Ainsi le maréchal de Villars, laissant un très petit nombre de troupes dans les Cévennes, fit marcher vers le Rhône toutes celles qui devoient sortir de la Provence.

Il arriva le 14 une aventure assez surprenante à Alais. Le s[r] de Mandaiors[1], seigneur de la terre du même nom, maire d'Alais et subdélégué de l'intendant, ayant réputation d'homme sage et d'avoir beaucoup d'esprit, qui avoit même fait imprimer des livres remplis d'érudition, et qui avoit fait une harangue au maréchal de Villars estimée très belle, cet homme, dis-je, se trouva chez l'évêque d'Alais[2], lorsqu'il interrogeoit une fille qui prophétisoit. Cette fille dit au prélat d'un air modeste mais ferme : « Ne vous lasserez-vous jamais de persécuter les véritables enfants de Dieu? » Et puis elle lui parla une langue que personne n'entendit[3]. On la fit enfermer sans la maltraiter, et le

---

1. Louis des Ours de Mandajors. Voy. sur lui la *Bibliothèque historique de la France*, t. I, n°s 171, 177, 178, et t. II, n° 16004.

2. François Chevalier de Saulx.

3. « Comme nous avons vu autrefois le duc de la Ferté, quand il avoit un peu bu, parler anglois devant des Anglois, j'en ai vu dire : *J'entends bien qu'il parle anglois, mais je ne comprends pas un mot de ce qu'il dit*. Cela eût été difficile de le comprendre, car jamais il n'avoit su un mot d'anglois. Cette fille parle grec et hébreu de même » (*Villars à Chamillart*, 14 novembre 1704).

s^r de Mandaiors, maire de la ville, l'alla visiter; en la voyant, sa pitié fut bientôt suivie d'inclination, et quelque temps après il remit toutes ses charges entre les mains de son fils et alla trouver l'évêque d'Alais. Il lui dit que, par le commandement de Dieu, il avoit connu cette prophétesse, qu'elle étoit enceinte et que l'enfant qui en devoit naître seroit le véritable sauveur du monde. Le maréchal de Villars ne voulut pas faire arrêter publiquement un homme de considération, se donnant pour prophète au milieu d'un peuple qui vouloit croire prophète tout misérable imbécile qui osoit en prendre le titre. On conseilla seulement à la famille du s^r de Mandaiors de le mener dans son château à la campagne et d'empêcher qu'il ne sortît.

Pour ne pas perdre de vue les affaires générales, il est bon de dire ici quelque chose des progrès du prince Eugène et de Marlborough. Les Français hors de l'Empire, l'électeur de Bavière se rendit à Versailles. En voyant la maréchale de Villars chez le roi, il vint à elle et lui dit : « Tous mes malheurs viennent de n'avoir pas cru M. le maréchal de Villars. Je dois cet aveu à toutes les obligations que je lui ai, à tout ce qu'il a fait de grand et à tout ce qu'il auroit fait encore, si l'on ne nous avoit pas brouillés et s'il avoit bien voulu demeurer avec nous. »

Ce prince demeura peu de jours à la cour et alla prendre possession des États de Flandres. Le maréchal de Villeroy repassa le Rhin avec toutes les troupes. Il avoit le temps de se placer à la petite Hollande, pour empêcher les ennemis de passer le Rhin à Philisbourg. Il pouvoit les forcer à descendre jusqu'à Mayence, et la saison étoit si avancée qu'en apportant quelque obstacle au passage du Rhin, il pouvoit venir ensuite se placer derrière Landau, la Kiche devant lui, et par ce moyen empêcher très aisément que le siège ne se fît. Mais, au lieu de prendre quelque parti, on laissa les ennemis entièrement maîtres de la campagne, et ils placèrent leur armée commodément sur la Lutter. Le roi des Romains, qui vint prendre Landau pour la seconde fois, mit son quartier dans la ville de Weissembourg où la reine des Romains vint le trouver. On y représenta des opéras pendant que les généraux de l'empereur pressoient le siège et que Marlborough occupoit Trèves, la basse Saare et faisoit attaquer Trarbach.

Landau capitula le 24 novembre et l'on apprit en même temps que l'électrice de Bavière avoit remis à l'empereur toutes les places de guerre et toutes les troupes de l'électeur son mari; que l'empereur avoit promis de donner à cette princesse quatre cent mille florins par an pour sa subsistance; qu'il imposoit des contributions dans tous les états que l'électeur avoit abandonnés et qu'on y mettoit vingt mille hommes en quartier d'hiver.

Le 4° décembre, le maréchal de Villars fit l'ouverture des États du Languedoc par un discours qui fut extrêmement goûté. Les harangues de l'archevêque de Narbonne et de M. de Basville, intendant, marquoient les obligations que lui avoit la province de l'avoir délivrée, sans effusion de sang et sans levée de deniers extraordinaires, d'une guerre dangereuse, qui, en peu de temps, auroit causé sa ruine entière.

Pour le dire en passant, la séance des États du Languedoc est la plus belle du royaume. Celui qui les tient, et qui occupe la place du roi, est sur un trône élevé de quatre marches, ayant à ses pieds son capitaine des gardes. Dans une très grande salle est élevé un théâtre, qui occupe trois des côtés de cette salle. Les trois archevêques et les vingt évêques de la province sont à la droite du trône; le lieutenant général, l'intendant et les commissaires du roi sont à la gauche, ensuite les 23 barons ou ceux qui les représentent. Dans le milieu de la salle, en bas, est le tiers état, et tout cela est fermé par une balustrade. Le reste de la salle est rempli de tout le peuple. Mais il y a derrière les barons et les évêques des échafauds où se placent les dames et les personnes distinguées[1].

Le maréchal de Villars obtint des États tout ce que le roi pouvoit désirer. La demande s'en fait par un second discours, après lequel on s'assemble chez le commandant par commissaires pour les intérêts du roi et de la province. Le maréchal prit ensuite séance à la cour des Aides et à la chambre des Comptes, où le premier président lui donna sa place. Cette séance se passe encore en harangues.

Le maréchal de Villars reçut une lettre du 16, et de peu de lignes, de la main de M. de Chamillart, par laquelle il apprit que le roi lui destinoit le commandement de ses armées sur le Rhin et sur la Moselle,

---

1. Villars fit faire par Martin père un tableau représentant cette séance des États de Languedoc. Ce tableau, après avoir été au château de Vaux, fut transporté, après la vente de Vaux, à l'hôtel de Villars à Paris; il est aujourd'hui en ma possession. Saint-Simon (III, 325) l'a tourné en ridicule. Il existe une gravure de B. Picart, qui offre de grandes analogies avec le tableau de Martin, mais qui représente une séance présidée par l'archevêque de Narbonne.

où il paroissoit que les ennemis devoient porter leurs principales forces. En même temps, le ministre lui recommandoit de tenir secrète cette intention de Sa Majesté. Il est certain que le maréchal de Villeroy comptoit sur ce commandement.

1705. Une autre lettre de M. de la Vrillière, datée du 1ᵉʳ janvier 1705, apprenoit au maréchal de Villars que dans le chapitre de l'Ordre, qui avoit été tenu ce jour-là, le roi l'avoit déclaré chevalier de ses ordres.

Le 2ᵉ janvier, Salles, le dernier des rebelles qui eût encore les armes à la main, se rendit avec la plus grande partie de sa troupe. Sept qui n'avoient pas voulu suivre son exemple furent pris la nuit du [1] au   janvier et tous sept condamnés à être pendus sur-le-champ. Dans le même temps, on apprit que Ravanel étoit mort des blessures qu'il avoit reçues dans sa dernière défaite.

Alors le maréchal de Villars écrivit au roi que Sa Majesté pouvoit compter la révolte terminée et que les dernières racines en étoient coupées ; en sorte qu'il n'étoit plus question que de remettre tous ces peuples à leurs travaux ordinaires, tant pour la culture de la terre que pour les manufactures, et de rétablir les curés dans leurs églises, en leur recommandant plus de sagesse avec des esprits encore révoltés contre la religion, bien que soumis à l'autorité du roi et rentrés dans l'obéissance.

Le 6 janvier, le maréchal de Villars reçut par un courrier des ordres du roi pour se rendre incessam-

1. En blanc dans le manuscrit.

ment à la cour. Aussitôt il envoya commander dans les Cévennes le marquis de Lalande, auquel il avoit procuré quelques semaines auparavant le gouvernement de Neuf-Brisach. Pour le commandement de la province, il le laissa au comte de Peyre, qui en étoit lieutenant général.

En arrivant, le maréchal de Villars alla descendre chez M. de Chamillart, ministre de la guerre, qui le mena sur-le-champ chez Mme de Maintenon où le roi étoit. Sa Majesté lui dit : « M. le maréchal, je suis très content de vous et, afin que vous n'en doutiez pas, je vous fais duc. Ce petit compliment vous persuadera de ma reconnoissance pour vos grandes actions et pour les services très utiles que vous m'avez rendus. » Après ces mots, le roi lui fit l'honneur de l'embrasser et ajouta : « Je vous destine l'emploi le plus important du royaume, puisque je vous confie la défense d'une frontière contre laquelle mes ennemis tournent toutes leurs forces. Nous nous en entretiendrons. Allez-vous-en à Meudon apprendre à Monseigneur la grâce que je viens de vous accorder[1]. »

On peut juger qu'après ceci les compliments des courtisans furent, à l'ordinaire, aussi vifs que peu sincères ; car les grâces que les seuls services attirent ne sont pas de leur goût ; ils sont bien plus disposés à approuver celles qui viennent par les cabales.

Le maréchal de Villars crut devoir donner une partie du temps qui lui restoit avant la campagne à connoître une frontière sur laquelle il n'avoit pas encore

---

[1]. L'armée destinée à Villars était la plus considérable de la campagne de 1705 ; elle comprenait 70 bataillons et 110 escadrons.

fait la guerre, et il prit congé du roi sur la fin de janvier pour se rendre à Luxembourg, dont il visita tous les postes que des armées pouvoient occuper depuis cette place jusqu'à Sarlouis.

Les ennemis ne pouvoient avoir que trois objets, le siège de Sarlouis, celui de Thionville ou d'engager une bataille. Le maréchal de Villars devoit, en cherchant les moyens d'empêcher l'un et l'autre siège, se placer de manière que, si l'ennemi vouloit une bataille, comme la raison de guerre le demandoit, il ne la pût donner sans grand désavantage.

A peine avoit-il passé huit jours sur la frontière que deux partis assez considérables des ennemis furent défaits, l'un de 500 hommes par M. de Balivière[1], qui commandoit à Thionville, l'autre de 300 par La Croix[2]; et le général Butler, ayant attaqué le château de Bliscastel, fut obligé de se retirer après y avoir perdu près de 200 hommes; un nommé du Vernon défendit ce château avec beaucoup de fermeté[3]. Ces commencements parurent d'heureux présages pour l'ouverture de la campagne.

Le maréchal de Villars visita le pays entre Luxembourg et Sarlouis et reconnut les lieux où il pouvoit placer son armée, mais il cacha soigneusement à tout le monde les remarques qu'il avoit faites. Il manda seulement au roi et au ministre qu'il espéroit opposer des

---

1. Fr. Cornu, marquis de Balivière, maréchal de camp en 1705, servit en Flandre jusqu'à la fin de la guerre. Lieutenant général en 1710, il devint lieutenant des gardes du corps et grand-croix de Saint-Louis, et mourut en 1730.

2. Cette affaire est du 12 mars; elle eut lieu pendant le court voyage que Villars fit à la cour (Pelet, *Mém. milit.*, V, 388).

3. Cette affaire est du 10 février.

obstacles assez considérables aux grands projets que formoient les ennemis ; et, en attendant l'ouverture de la campagne, il fut bien aise de leur faire voir que l'on les cherchoit.

Le maréchal de Villars, revenu à Metz, donna tous les ordres nécessaires pour presser le rétablissement des troupes et régler la marche de celles qui devoient fortifier une frontière dont les ennemis s'approchoient tous les jours.

Ce fut alors qu'en faisant un état de son bien au roi, il supplia Sa Majesté, avec les plus vives instances, de prendre généralement tous ses revenus pendant tout le temps que la guerre dureroit, et de lui permettre d'être le premier à donner cet exemple du secours que lui devoient tous ses bons sujets pour soutenir une guerre si dangereuse. Il ne vouloit se réserver que les appointements ordinaires de général pour en soutenir la dépense, disant que ce n'étoit point par les tables ni par les équipages magnifiques que les généraux devoient se faire considérer, et que personne ne lui sauroit mauvois gré de voir une table très frugale, quand on sauroit qu'il auroit pressé le roi d'accepter tous ses revenus[1].

Le roi lui marqua une très vive reconnoissance de ses sentiments et le remercia d'avoir voulu donner un exemple qui ne seroit pas suivi.

Sur la fin de février, le s[r] Protin, ministre du duc de Lorraine, vint à Metz trouver le maréchal de Villars, de la part de son maître, pour lui rendre compte de ce que le ministre de ce prince lui mandoit de la

---

1. Nous donnons à l'appendice la lettre de Villars au roi, qui est du 14 février.

Haye, sur la permission par lui demandée pour les Lorrains de débiter leurs denrées aux deux partis; ce qui avoit été accepté par le sr Heinsius. Il ajouta que les alliés ne permettroient pas qu'aucune de leurs troupes entrât en Lorraine, si la France vouloit retirer celles qu'elle avoit à Nancy. Le maréchal de Villars dit au ministre lorrain que les ennemis occupoient Trèves ; qu'ils y rassembloient des magasins et un grand appareil de guerre, qu'ainsi ils faisoient une proposition peu raisonnable ; mais que, s'ils vouloient être écoutés, il falloit qu'en proposant au roi de retirer ses troupes de Nancy, ils offrissent de retirer les leurs de Trèves ; qu'à l'égard de l'offre qu'ils faisoient de ne pas faire entrer leurs troupes en Lorraine, le général des armées de France y pourvoiroit.

Le maréchal de Villars reçut, le 5ᵉ mars, un ordre du roi pour se rendre auprès de Sa Majesté. Il partit le 7 et ne fut que dix jours dans son voyage. Dès qu'il fut arrivé, il eut l'honneur d'entretenir le roi et de l'informer de ce qu'il pouvoit juger des projets des ennemis, aussi bien que des obstacles par lesquels il comptoit les traverser. Il est certain que, depuis Cologne jusqu'à Coblents et en remontant le Rhin et la Moselle, tout étoit couvert de leurs bateaux chargés de tout l'appareil nécessaire pour faire de grands sièges et pour la subsistance de leurs armées. D'ailleurs, ils étoient dans une intelligence parfaite avec le duc de Lorraine, mais elle étoit tenue fort secrète.

Le 9 avril, Verrue se rendit au duc de Vendôme. Ce siège, qui dura près de cinq mois, coûta des sommes immenses et beaucoup d'hommes. Le duc de Vendôme s'obstina à l'attaque d'une place très bonne et qui avoit une communication libre avec le camp de Crescentino, ce qui auroit fait durer le siège des années entières. A la fin, il se rendit à la raison, qui étoit qu'il valoit mieux attaquer Verrue par le camp que le camp par Verrue. Dès que ce camp fut emporté, Verrue capitula.

Le maréchal de Villars proposa le s[r] de Bohan[1], ancien colonel du régiment de Turenne et l'un des meilleurs officiers d'infanterie, pour commander dans Longwic, et le s[r] de Marcé, très brave officier, pour commander dans Sarlouis. Ces deux maréchaux de camp eurent l'un et l'autre leurs ordres pour se rendre à leur destination. Le maréchal ne fut que six jours à la cour, pendant lesquels il régla avec le roi tout ce qui pouvoit regarder l'ouverture de la campagne, tant pour les troupes qui devoient former son armée que pour les généraux qui devoient servir sous lui.

A peine les pluies, qui avoient fait déborder les rivières de la Saare et de la Blise, furent-elles cessées qu'il marcha avec huit ou dix mille hommes pour attaquer les quartiers que les ennemis avoient au delà de la Saare et prit les Deux-Ponts où l'on fit deux cents prisonniers. On y trouva beaucoup de bagages. La ville de Hombourg fut prise aussi[2], et l'on auroit poussé plus avant dans les quartiers ennemis les plus éloignés, si les pluies n'avoient recommencé violem-

1. Jean-Ant.-Fr. de Boham, maréchal de camp depuis 1704, fut nommé gouverneur de Longwy le 17 mars 1705, et y mourut en 1722.

2. Mais la garnison se retira dans le château, et Villars renonça à en faire le siège, à cause du mauvais temps. La dépêche du 20 avril, qui rend compte de ces opérations, est imprimée (Pelet, *ouv. cité,* V, 394).

ment, en sorte que l'on ne put repasser la Saare que sur le pont de Saint-Jean de Sarbrick et que les plus petits ruisseaux mêmes ne se pouvoient passer à gué.

Le 23ᵉ avril, il apprit l'arrivée de milord Marlborough à la Haye. Il alla visiter Sarlouis, où il trouva M. de Choisy, gouverneur, peiné de ce que le roi renouveloit les anciens ordres de soutenir des assauts au corps de la place. Le maréchal lui dit que les Turcs ne songeoient jamais à défendre aucun dehors, négligeant même cette manière de fortification; qu'ils avoient fait lever le siège de Bude, attaqué par toutes les forces de l'Empire commandées par le duc de Lorraine et par trois électeurs; qu'il falloit des dehors pour lasser un ennemi et le rebuter enfin par des assauts infructueux. Cette conduite n'a été pratiquée ni par les gouverneurs français ni par ceux des ennemis : la défense de presque toutes les places attaquées pendant cette guerre ayant mérité des punitions plutôt que des récompenses.

Le maréchal de Villars fit connoître, par ses lettres du 2ᵉ mai[1], tout ce qu'il pensoit sur les divers projets que les ennemis pouvoient former, en cas que toutes les forces qu'amenoit le duc de Marlborough se joignissent à celles du prince de Bade, et la nécessité qu'il y avoit que le maréchal de Marcin concertât ses mouvements de manière que le prince de Bade ne pût se mettre entre l'armée du maréchal de Villars et celle du maréchal de Marcin qui étoit en Alsace. Il régla aussi toutes les marches de manière qu'à tout événement leur jonction fût sûre. Enfin il crut devoir deman-

---

1. Imprimée dans Pelet, *ouv. cité*, V, 404.

der au roi ses ordres, ou pour chercher une bataille, ou pour ne la donner qu'en se procurant tous les avantages des postes. Voici la dépêche qu'il écrivit sur ce sujet, le 5ᵉ mai 1705, à M. de Chamillart, ministre de la guerre :

Je vois, Monsieur, par la lettre dont il vous a plu de m'honorer, le 30 du mois dernier, les avis que vous avez que le prince de Bade et milord Marlborough doivent agir de concert pour l'exécution de leurs projets sur la Saare. Vous me priez de vous dire ma pensée sur cela ; mes dépêches précédentes ont prévenu cette question et j'ai eu l'honneur de vous informer de tout ce qui se pouvoit imaginer et des divers partis que l'on pouvoit prendre, si les ennemis unissoient leurs forces pour le siège de Sarlouis, et les projets que nous pouvons former, si au contraire les ennemis faisoient leurs principaux efforts en Flandres. Je ne puis maintenant rien ajouter à ma dépêche du 2.

Vous me faites l'honneur de me dire, Monsieur, que, si M. de Bade et M. de Marlborough joignoient leurs forces pour le siège de Sarlouis, en ce cas ils abandonneroient Landau. Je dois prendre la liberté de vous demander si, en ce même cas, vous croyez que le roi ordonnât à M. le maréchal de Marcin d'en faire le siège : car de marcher simplement aux lignes de Wissembourg ce seroit prendre une peine inutile. Les ennemis ne songeront pas à les défendre et se contenteront de jeter dans Landau et dans Philisbourg le peu de troupes qu'ils auront laissées dans ce pays-là.

Quant à la marche des ennemis vers la Saare, elle ne sera pas difficile. Celle de M. le prince de Bade à Sarbruck est très belle. Pendant que milord Marlborough marchera entre la Moselle et la Saare droit à moi, lui seul ne me fera pas quitter mon poste, mais si, pendant que milord me fera tête, M. de Bade marche à la Nied, après avoir passé la Saare à Sarbruck, alors je n'ai plus que les postes du côté de Sierk et je suis forcé de quitter une partie de la Nied, jusqu'à ce que, M. le maréchal de Marcin m'ayant joint par un tour assez grand, je sois assez en force pour marcher aux ennemis, les resserrer et enfin leur disputer le terrain par une sage conduite. Les ennemis prendront le parti que je viens de dire, s'ils cherchent un combat, et je dois éviter de le donner avec des forces inégales. Il peut arriver aussi que M. le prince de Bade fortifiera M. de Marlborough de la plus grande partie de ses troupes et se contentera de faire croire qu'il a des desseins, quand il s'en tiendra à celui de conserver ses lignes.

Pour ce qui regarde les vivres des ennemis, la marche de M. le prince de Bade, s'il vient sur la Saare, est courte; il en portera suffisamment et sans peine pour le temps qu'il sera sans joindre milord Marlborough, après quoi, ils les tireront conjointement de Trèves.

Quant à la subsistance des chevaux, elle sera médiocre jusqu'à ce qu'ils soient sur la Nied qui commencera à leur fournir des herbes.

Si M. le maréchal de Marcin arrive sur Sarbruck avant le prince de Bade et lui défend le passage de la Saare, notre situation sera fort différente, car alors je donne la main à M. le maréchal de Marcin et nous pouvons espérer de défendre la Saare.

Pour cela, Monsieur, il ne faut pas être retenu par la crainte d'abandonner les lignes d'Haguenau. Il faut seulement que le Fort-Louis, Strasbourg et Phalsbourg aient des garnisons suffisantes.

Ce que j'ai l'honneur de vous dire, Monsieur, est la première réflexion que j'ai faite quand le roi m'a honoré du commandement de cette armée. J'eus soin de la représenter à Sa Majesté, et à vous aussi, Monsieur, lorsque je revins de Languedoc. J'espère, avec l'aide de Dieu, que, si les ennemis font quelque fausse démarche devant moi, je saurai bien en profiter. S'ils sont assez imprudents pour m'attaquer dans de bons postes, ou si je puis entreprendre sur eux, sans commettre légèrement les forces de l'État, je n'en perdrai pas l'occasion.

Je vois, Monsieur, que les vaines frayeurs que l'on vouloit avoir de manquer d'hommes, de chevaux et d'argent n'ont plus aucun fondement par les sages précautions de Sa Majesté et par la force avec laquelle vous exécutez ses ordres. Nos armées sont bonnes, bien payées, et enfin nous avons le temps et l'argent. Ce n'est plus le cas où je vous demandois moi-même s'il falloit chercher à combattre. Vous comprendrez aisément, Monsieur, que, s'il pouvoit arriver que les armées ne fussent pas payées, elles pourroient se ruiner et se dissiper sans combat, auquel cas il vaut mieux hasarder une bataille. Il y a des occasions où il est de la sagesse de la chercher, quand même on la donneroit avec désavantage. Il y en a d'autres où, paroissant toujours chercher le combat, il faut cependant plutôt manquer une occasion que de ne se la pas donner la plus favorable qu'il est possible. Je suis persuadé que milord Marlborough se présentera. S'il le fait aussi imprudemment qu'il l'a fait la dernière fois en Allemagne, j'espèrerois de la bonté de Dieu de bien profiter de sa témérité. Voilà proprement ce que j'appelle fausse démarche. S'ils n'en font pas d'autre que de se mettre, comme l'on dit, en place marchande, c'est-à-dire qu'il n'y ait ni avantage ni désavantage à attaquer, c'est à vous, Monsieur, à voir ce que vous estimez convenable à la situation actuelle des affaires du roi, et à Sa Majesté à me donner ses ordres.

Je ne les ai pas attendus pour combattre à Fridlingue, car il n'y avoit alors d'autre parti à prendre que de chercher le combat, comme les ennemis n'en avoient d'autre que de l'éviter. Mais j'ai vu souvent Sa Majesté ordonner à ses généraux de chercher l'ennemi et le combat. Tels furent les ordres que reçut M. de Luxembourg avant la bataille de Fleurus. J'ai vu la lettre de M. de Louvois. Elle portoit deux fois ces mots : « Et Sa Majesté s'attend qu'avec l'armée qu'elle a mise sous votre commandement, vous ne manquerez pas la première occasion de combattre. » Si Elle me l'ordonne ainsi, la première occasion pour moi sera dès que milord Marlborough passera la Saare. Il y avoit toujours ordre de combattre en Allemagne toute la dernière guerre.

Je crois, Monsieur, avoir l'honneur de vous exposer bien nettement la matière et avoir raison de désirer vos instructions. Ce n'est point par inquiétude, mais pour connoître mieux les véritables intérêts de Sa Majesté. Je n'attendrai pas ses ordres pour profiter d'une fausse démarche, ni pour empêcher autant que je le pourrai l'investiture d'une place. Mais, si je ne le puis qu'en donnant une franche bataille, je crois, Monsieur, qu'il est de la sagesse de vous demander ce que veut Sa Majesté. Je vous répète encore que ce n'est point pour avoir des ordres qui puissent me disculper en cas d'événement. La bonté du roi est trop connue et j'ose me flatter que mon ardeur pour son service l'est aussi. Je n'ai aucune timidité d'esprit et, avec l'aide de Dieu, je prendrai hardiment les bons partis; mais, si je dois chercher une bataille à terrain et avantage égaux, et à forces à peu près égales, c'est sur quoi Sa Majesté doit voir ce qui lui convient et me rendre la justice d'être bien persuadée qu'elle n'a pas un sujet plus zélé ni plus dévoué que je le suis, ni vous, Monsieur, personne qui soit avec plus d'attachement, etc.

P. S. J'apprends par tous les avis que le prince de Bade est arrivé le 30 à Rastatt et que les ennemis sont déjà campés en divers endroits. On voit leurs tentes autour de Trèves. Par le temps horrible qu'il fait, on doit être bien aise de les voir déjà en campagne. Je suis persuadé que M. le maréchal de Marcin est bien assuré que rien ne presse, puisqu'il est encore à Paris. Pour moi, je vais après-demain m'établir à Thionville pour être plus près des nouvelles.

Le 5 mai, l'empereur Léopold mourut. Son règne fut très glorieux et rempli de grands événements. C'étoit un prince très éclairé et, quoiqu'il n'eût jamais été à la guerre, il avoit cependant montré dans toutes les occasions une grande fermeté. Sa bonté fut quelquefois estimée foiblesse, suivant par sagesse la pluralité, lors même qu'elle étoit contraire à son avis, qui étoit presque toujours le meilleur.

Le maréchal de Villars reçut un courrier du maréchal de Villeroy avec des lettres du 5 mai, qui lui apprenoient que toutes les troupes angloises commençoient à s'ébranler et à s'approcher de la Meuse. Le maréchal Toop ayant fait plusieurs voyages vers le prince de Bade, on ne pouvoit mettre en doute que ce ne fût pour concerter tous les mouvements des deux généraux et pour agir en même temps avec toutes les forces de la ligue. Comme toutes les troupes des ennemis à Trèves grossissoient tous les jours, le maréchal de Villars fit avancer à Sirk le s^r du Rosel, lieutenant général, avec la tête de l'armée, et fit marcher une autre tête de troupes à Bousonville pour placer ses troupes entre Sarlouis et Thionville et pouvoir les mettre ensemble, dès que les ennemis approcheroient de Trèves avec le gros de leurs forces.

Cependant, comme les pluies avoient recommencé très violemment, les mouvements des ennemis furent suspendus du côté du Rhin et du côté de la Flandre. Sur cette suspension, le maréchal de Villeroi jugea que les forces de la ligue regardoient la Flandre, et le maréchal de Villars reçut ordre du roi de prendre des mesures pour y envoyer du secours. Ce général écrivit en même temps une lettre fort étendue sur les divers desseins que les ennemis pouvoient former vers la Flandre, persuadé cependant que les retardements de leur marche vers la Moselle n'avoient d'autre cause que l'impossibilité de marcher, lorsque tous les pays sont inondés. Effectivement, il n'étoit pas vraisemblable que les dépenses excessives de la ligue pour remplir Trèves de magasins, pour y faire des camps retranchés, pour couvrir tout le Rhin de bateaux et de munitions immenses de vivres et de guerre n'eussent pour objet la Moselle et la Saare, frontière du royaume certainement la plus foible et qui, une fois pénétrée, donnoit à l'ennemi la Lorraine très favorablement disposée pour la ligue.

Le 17 mai, toutes les incertitudes cessèrent par les nouvelles arrivées de toutes parts que toutes les forces ennemies de Flandre et d'Allemagne marchoient pour se joindre vers la Moselle.

Sur ces avis, le maréchal de Villars marcha en avant, paroissant vouloir faire la moitié du chemin pour chercher une action, et prit ses mesures pour avancer vers l'ennemi lorsqu'il s'approchoit, sachant bien par la connoissance du pays qu'il se placeroit de manière que, si l'on vouloit l'attaquer, le poste seroit avantageux pour lui. Mais il comprit en même temps qu'il devoit éviter un combat où l'avantage du poste seroit égal, les ennemis ayant 40 bataillons plus que lui, pendant que les maréchaux de Villeroy et de Marcin conservoient autant qu'il leur étoit possible toutes leurs troupes, et cela, disoient-ils, pour donner de l'inquiétude aux ennemis vers la Flandre et le Rhin; comme si la raison de guerre eût permis de penser que le prince Louis de Bade et Marlborough, ayant formé dès le commencement de l'hiver les projets les plus grands et les plus dangereux pour la France, eussent pu par de médiocres inquiétudes être détournés de les exécuter.

Le 23 mai, l'on apprit que les ennemis s'approchoient de l'armée du roi, et les ordres de la cour ayant déterminé les maréchaux de Villeroy et de Marcin à faire des détachements assez considérables de leurs armées, afin que celle du maréchal de Villars approchât un peu des forces de celle qui marchoit à lui, il manda au roi qu'il faisoit ouvrir tous les passages, afin de pouvoir marcher aux ennemis, et les combattre s'ils vouloient faire un siège devant lui.

Il apprit le 29 mai que toutes les troupes angloises étoient arrivées à Trèves, et que le duc de Marlborough étoit allé de Coblentz conférer avec le prince de Bade à Creutznach. Il étoit bien naturel que ces deux généraux voulussent encore concerter leurs mouvements deux jours avant que d'entrer en action.

Le même jour, les partis du maréchal de Villeroy prirent un courrier de l'électeur de Brandebourg avec des lettres du prince au duc de Marlborough ; par ces lettres l'électeur paroissoit informé des projets, et faisoit son compliment d'avance sur les succès. Les lettres étoient en chiffres.

Le 30 mai, le maréchal de Villars apprit que les armées ennemies avoient passé la Saare et campoient au deçà de Sarbourg[1]. Tous les avis leur donnoient plus de 80,000 hommes effectifs.

Le 4 juin, l'armée ennemie, après avoir passé la Saare par une marche forcée, vint camper en présence de celle du roi. L'envoyé du duc de Lorraine qui s'étoit rendu auprès du duc de Marlborough revint ce même jour, et fit beaucoup de compliments de la part de ce général au maréchal de Villars, lui marquant qu'il espéroit voir une belle campagne puisqu'il avoit à faire à lui et qu'il marchoit à la tête de 110,000 hommes[2].

Le maréchal de Villars, voyant l'armée ennemie s'étendre devant lui, étendit un peu sa droite, mais sans vouloir faire le moindre retranchement, parce que

---

1. Cette nouvelle se trouva fausse : Marlborough passa la Sarre le 5 juin à Consarbrück, et c'est sur les hauteurs de Perl qu'il déploya le lendemain son armée devant celle de Villars.

2. Il y eut en outre échange de politesses entre les deux généraux : « M. de Marlborough m'a envoyé quantité de liqueurs d'Angleterre, de vin de Palme et de cidre : on ne peut recevoir plus d'honnêtetés ; j'ai renchéri autant qu'il m'a été possible ; nous verrons comme les affaires sérieuses se passeront. » (Villars à Chamillart, 10 juin 1705.)

son poste étoit naturellement bon et que les retranchements diminuent quelquefois l'ardeur des troupes.

Il apprit le 5 juin, par une lettre du maréchal de Marcin, que le prince Louis marchoit à la Moselle avec la plus grande partie de ses troupes. Les généraux ennemis employèrent les deux premiers jours à reconnoître la situation de l'armée du roi, et le maréchal de Villars avança un corps d'infanterie et de dragons pour engager une action, bien assuré de pouvoir retirer ce corps, mais ayant un extrême désir d'obliger l'armée ennemie à s'approcher de la sienne. Le 9, il fit attaquer leurs gardes de cavalerie et, content de son poste, il n'oublia rien pour porter l'ennemi à quelque mouvement.

Il reçut alors une lettre du roi fort étendue sur les entreprises que pouvoient faire ses armées de Flandre. M. l'électeur de Bavière, secondé par M. le maréchal de Villeroy, proposa d'attaquer Huy, Liége et Limbourg. Le maréchal de Villars manda au roi[1] que de tels projets n'empêcheroient pas le prince de Bade et le duc de Marlborough de suivre ceux qu'ils avoient formés avec toutes les forces de la Ligue, et qu'il supplioit Sa Majesté de lui pardonner la liberté qu'il prenoit de lui dire que la raison de guerre vouloit que, quand toutes les forces ennemies menaçoient la frontière du royaume la plus foible, toutes celles du royaume marchassent à la défense; que son armée de Flandre étoit encore composée de 86 bataillons, lorsque les ennemis n'en laissoient que 34 retranchés sous Mastricht, c'est-à-

---

1. Ces correspondances des 10 et 13 juin entre le roi, Chamillart et Villars sont imprimées dans Pelet, V, 439-451.

dire qu'ils abandonnoient tout, excepté la défense de cette place ; que, si on lui avoit envoyé de bonne heure les secours proportionnés aux forces des ennemis, il auroit pris des mesures différentes ; que tout ce qu'il avoit pu faire avec des forces inférieures, c'étoit de se bien poster et d'arrêter les ennemis depuis quinze jours, quoiqu'apparemment ils eussent compté de l'emporter en arrivant, ou du moins de le faire reculer, ce qu'il auroit fait s'il eût suivi la pensée de plusieurs de ses officiers généraux ; qu'enfin les ennemis, n'ayant pu réussir dans ce premier dessein, rassembloient tout. Le maréchal ajoutoit qu'il avoit déjà éprouvé plus d'une fois que l'on ne déféroit à ses conseils que lorsque l'on étoit convaincu que ceux des autres, qui d'abord étoient plus favorablement reçus, ne se trouvoient pas si bien fondés.

Cependant, quoiqu'il fût assez tard pour lui envoyer des secours, le roi les ordonna, et il marcha quinze bataillons et vingt escadrons de l'armée de Flandre, avec douze escadrons de celle du Rhin. Le maréchal en les attendant ne put que fortifier les garnisons de Luxembourg et de Sarlouis. Les ennemis continuèrent à rassembler leurs forces, et elles alloient à 100,000 hommes au moins, pendant que le maréchal n'en avoit que 55,000 au plus.

Le prince de Bade arriva à Trèves le 15 juin. Le 16 et le 17, l'ennemi fit les dispositions d'une attaque. On distribua la poudre et les balles, et, sur le refus d'attaquer que fit le prince de Bade, comme le publia le duc de Marlborough, toute cette nombreuse armée, n'ayant pu ébranler celle du maréchal, décampa la nuit du 18. Il est constant que l'armée de la Ligue étoit du double plus forte que celle du maréchal de Villars, mais aussi le poste de ce général étoit excellent. Le prince de Bade, dans la crainte assez fondée de ne pas réussir, refusa absolument d'attaquer, et le duc de Marlborough, de même que les autres généraux, furent bien aises de rejeter sur lui le dérangement du grand projet dont ils s'étoient flattés dans toute l'Europe. En effet, par cette retraite, les vastes desseins des ennemis qui menaçoient Sarlouis et Thionville, et qui par de telles conquêtes, ayant la Lorraine pour eux, s'ouvroient l'entrée du royaume, furent entièrement détruits.

Ce fut un grand événement[1], et auquel l'Europe entière ne s'attendoit pas. Le duc de Lorraine, qui concevoit de grandes espérances des conquêtes dont les ennemis se flattoient, avoit un envoyé auprès du maréchal de Villars et un autre auprès du duc de Marlborough.

Ce dernier envoyé, arrivant à la pointe du jour dans le quartier général de Marlborough, y trouva les houssards françois, et leur dit sans les connoître qu'il avoit un passeport du général. Les houssards le trouvant signé Marlborough le dépouillèrent et le menèrent au maréchal de Villars dans le temps que l'autre ministre de Lorraine étoit auprès de lui. Le maréchal dit à ces deux envoyés : « Vous voyez, par la différence de vos situations et de votre équipage, celle que vous devez mettre entre vos amis; assurez votre maître

1. Villars fit peindre un tableau représentant l'armée de Marlborough en présence de la sienne ; il était dans le billard du château de Vaux, avec les tableaux représentant les principales victoires du maréchal.

qu'il n'en peut jamais avoir de meilleur que le roi. »

Le maréchal reçut des lettres du roi, datées du 18, par lesquelles Sa Majesté ordonnoit au maréchal de Marcin de le joindre. Cet ordre ne fut donné que sur la connoissance que le roi eut que le prince de Bade joignoit le duc de Marlborough, et ces derniers ordres de la cour auroient été inutiles si, par la situation avantageuse que le maréchal de Villars avoit prise, les projets des ennemis n'avoient été déconcertés.

Le 18, le duc de Marlborough, après avoir passé la Saare et la Moselle, manda au maréchal de Villars que le prince de Bade lui avoit manqué de parole et ne l'avoit pas joint le 10 comme il le devoit; qu'au surplus, il le prioit d'avoir assez bonne opinion de lui pour croire qu'il ne se seroit pas retiré sans action, si le général de l'Empire n'avoit pas rompu tous ses projets, et qu'il envoyoit un lieutenant général à l'empereur pour s'en plaindre. Tous les généraux ennemis, sans ménager les termes, se plaignoient hautement de cette trahison, et envoyèrent un trompette au maréchal de Villars pour lui dire qu'il ne vouloit pas qu'il ignorât leurs sentiments, et qu'ils le prioient de les faire connoître à son maître. De telles explications si publiques de la part du duc de Marlborough et de ses lieutenants étoient une espèce de manifeste contre le prince de Bade, dont la conduite n'étoit pourtant pas si blâmable, la bonté du poste que le maréchal de Villars avoit pris soin d'occuper pouvant rendre dangereux le succès d'un combat.

Le maréchal disposa ses troupes, afin que les ordres du roi les trouvassent prêtes à suivre ceux qu'elles recevroient. Il proposa d'aller attaquer Trèves et tous les postes que les ennemis occupoient sur la Saare, de prendre Hombourg, de fortifier Bitche et de faire ensuite le siège de Landau. Mais il lui arriva dans cette occasion ce que l'on a déjà vu, et ce que l'on trouvera dans toute la suite de la guerre, c'est qu'aussitôt qu'il avoit réparé un malheur et mis les affaires dans une disposition favorable à exécuter de grands projets, le crédit des autres généraux à la cour faisoit préférer leurs petits desseins à toute l'utilité de ceux qu'il proposoit. Ainsi la retraite des forces ennemies lui attira des ordres de renvoyer en Flandres la plus grande partie de ses troupes. Mais le roi lui marqua une grande satisfaction de sa conduite, et lui destina le commandement de l'armée du Rhin[1].

Dans le moment, le maréchal prit la résolution d'aller attaquer les lignes de Weissembourg et, s'il étoit possible, de pousser ensuite les ennemis jusqu'à Spirbach, afin de pouvoir faire le siège de Landau si le roi le désiroit. Pour cela, il concerta avec le maréchal de Marcin les mouvements que devoient faire leurs troupes, et prit des mesures pour se joindre le 1er juillet. En mettant l'armée en marche pour ce dessein, il crut, par quelques mouvements de troupes sur Trèves, devoir essayer d'ébranler le corps que les ennemis y avoient laissé sous les ordres du général Opach. Celui-ci, à la première approche des comtes Dubourg et de Druy, abandonna Trèves avec précipitation, y

---

1. La lettre du 20 juin 1705 est imprimée dans Pelet, V, 460; on y lit : « La résolution que le duc de Marlborough a prise est due à votre fermeté.... mes affaires, par le parti que vous avez obligé le duc de M. à prendre, sont au meilleur état que je les pouvois désirer. »

laissa quelques pièces de canon, jeta dans la Moselle toutes les munitions de guerre et de bouche et repassa diligemment la rivière pour se retirer vers Coblentz.

Le maréchal de Villars, marchant à pied à la tête de l'infanterie, eut une attaque de goutte, et, n'ayant pu se donner le repos nécessaire pour la dissiper entièrement, il en fut incommodé pendant presque toute la campagne.

Toutes les mesures prises pour joindre les troupes du maréchal de Marcin, celles que commandoit le maréchal de Villars arrivèrent le 2 juillet à Vert[1]. On séjourna un jour, et le troisième, ayant fait une marche forcée, on arriva le 4 à la pointe du jour sur les hauteurs de Weissembourg, dont les retranchements étoient défendus par 5 ou 6,000 hommes. Le reste de l'armée ennemie devoit y arriver le jour d'après, mais la marche avoit été retardée de trois jours par le mouvement que le maréchal de Villars avoit fait vers Trèves; ce qui avoit persuadé aux ennemis que ce général avoit pour premier objet d'attaquer Trèves et Sarrebourg. Tous leurs généraux, comptant que Trèves étoit son premier dessein, comptèrent d'arriver à Wissembourg avant lui. Ce corps de 6,000 hommes qui défendoit les lignes fut défait et les houssards le poussèrent jusqu'à Landau. On ne fit que 600 prisonniers et 7 officiers seulement. Mais les ennemis avouèrent qu'ils avoient perdu plus de 1,500 hommes, beaucoup d'équipages et d'argent, les houssards ayant eu plus de 15,000 livres en or.

1. Wœrth, sur la Sauerbach, devenu célèbre depuis par la bataille du 6 août 1870.

On prit les châteaux de Sels, de Rederen et de Hatten[1], avec les garnisons à discrétion.

Le maréchal ayant été à cheval pendant toute l'action de Weissembourg, malgré d'assez grandes douleurs de goutte, il lui fut impossible d'y monter le jour d'après, et par conséquent d'y continuer l'attaque du camp retranché de Lauterbourg, dont le maréchal de Marcin et les autres généraux lui déclarèrent l'accès entièrement impossible.

Le maréchal de Villars envoya ordre de raser tous les retranchements que les ennemis avoient faits à Trèves, lesquels étoient très solides. Comme il vit des difficultés insurmontables au siège de Landau, il proposa celui de Fribourg[2] et ordonna au même temps au marquis de Refuge[3], après avoir rasé Trèves, de prendre Hombourg.

Il apprit alors par les lettres du maréchal de Villeroy que les lignes de Flandres avoient été forcées le 19e juillet par Marlborough, près l'abbaye d'Heileissem, que la gauche de l'armée du roi avoit été battue, que l'on y avoit perdu douze pièces de canon ; que le marquis d'Alegre[4] et le comte d'Horn[5] avoient été pris,

1. Série de petites bicoques situées sur un ruisseau qui va de Soultz au Rhin.
2. Les correspondances échangées à ce sujet entre Villars, le roi et Chamillart sont imprimées dans Pelet, V, 481-490.
3. N. Pomponne, marquis de Reffuge, lieutenant général depuis 1696.
4. Yves, marquis d'Alègre, lieutenant général depuis 1702, maréchal de France en 1724, cordon bleu en 1728, mort à quatre-vingts ans.
5. Phil.-Max., comte de Hornes, maréchal de camp en 1702, lieutenant général en 1704, mourut en 1709, avant d'avoir été échangé.

et que l'on regardoit comme une espèce de miracle que l'armée entière n'eût pas été défaite.

Cette nouvelle affligea fort le maréchal, et plus peut-être que ses confrères ne l'auroient été, s'il lui étoit arrivé quelque disgrâce de son côté. L'armée du roi, à la tête de laquelle étoit l'électeur de Bavière, se retira derrière Louvain.

On remarquera en passant que le maréchal de Villars avoit toujours été fort opposé à cette manière de tourner la guerre en défense de lignes; il l'estimoit très dangereuse, et, en effet, l'expérience a fait voir que les lignes ont toujours été forcées.

Le 25 juillet, on battit un parti de 200 chevaux des ennemis tous tués ou pris.

Le même jour, un parti des houssards françois, ayant fait prisonniers quelques impériaux, en pendirent un, sur ce qu'on leur dit que le général Thingen avoit fait pendre un de leurs camarades, et mandèrent au général des impériaux qu'ils traiteroient les prisonniers comme on traiteroit les leurs. Le maréchal de Villars, informé de cette cruauté, fit chercher le capitaine houssard qui l'avoit ordonnée, afin de l'envoyer au général Thingen pour en faire la justice qu'il trouveroit à propos. Mais ce capitaine se sauva.

Dans le même temps, le général ennemi, informé de l'action des houssards françois, mit entre le confesseur et le bourreau un capitaine prisonnier, et manda au maréchal de Villars que, si on ne lui faisoit pas justice de l'action des houssards, le capitaine seroit pendu. Le maréchal ne pouvoit envoyer le capitaine houssard qui s'étoit sauvé, mais à sa place on trouva les deux houssards qui avoient pendu le prisonnier ennemi, il les fit remettre au prévôt pour les envoyer le jour d'après. Ils se sauvèrent la nuit, et le malheureux capitaine françois, qui étoit toujours dans la mauvaise compagnie du confesseur et du bourreau, auroit été pendu si l'on n'avoit amené au maréchal de Villars un houssard qui venoit de voler et tuer des paysans. On l'envoya au général Thingen qui renvoya sur-le-champ le capitaine françois.

Le 27 juillet, Hombourg fut pris. Par cette conquête, les évêchés de Metz et de Toul, avec tous les pays qui étoient au delà de la Saare, et qui payoient contribution aux ennemis, furent délivrés de cette fâcheuse situation.

Le malheur arrivé en Flandres attira au maréchal de Villars des ordres d'y envoyer des détachements considérables de troupes, et, dès lors, il ne fut plus question de nouvelles entreprises de son côté; il prévit seulement que bientôt il seroit réduit à une défensive embarrassante, et de nouveaux ordres reçus le 7e août l'obligèrent encore d'envoyer des détachements en Italie.

Dans les mêmes temps, l'armée des ennemis se fortifioit, et le prince de Bade, qui la vit en état d'agir et d'approcher celle du roi, se rendit dans son camp[1].

Le 12 août, le maréchal de Villars attaqua les postes que les ennemis avoient sur la petite rivière de Rench[2], et tout fut emporté. Leur infanterie se jeta dans la

---

1. Le camp de Stollhofen, sur la rive droite du Rhin.
2. Petite rivière du duché de Bade qui se jette dans le Rhin près de Stollhofen. Villars avait passé le Rhin le 11 avec deux colonnes, l'une par Kehl, l'autre par Gambsheim. Lichtenau est sur la rive droite, en face de Drusenheim.

petite ville de Liechtenau qui fut emportée de même. On leur tua plus de 200 hommes et l'on revint avec un pareil nombre de prisonniers. Le s^r des Eddes, brigadier de nos dragons, y fut tué.

Cependant l'armée impériale fut augmentée de toutes les troupes palatines, et tous les détachements que les ennemis devoient envoyer en Flandres la rejoignirent. Ainsi elle se trouva de plus de 70,000 hommes, et l'on vit par des états fidèles qu'elle étoit composée de 104 bataillons et de 160 escadrons, ce qui la rendoit de beaucoup supérieure à celle du maréchal de Villars. Une si grande supériorité du côté des ennemis n'empêcha pourtant pas que ce général ne reçût des ordres de la cour, du 19e août, pour envoyer encore huit bataillons et dix escadrons en Flandres.

Le 25e août, le prince de Bade marcha à Souls avec une armée très considérable. Il étoit à deux lieues d'Haguenau. Les lignes de la Mutter, en comprenant le terrain qu'il falloit garder pour conserver le Fortlouis, avoient douze lieues d'étendue. Ainsi, l'ennemi, campé dans le centre avec ses forces entières, menaçoit tout, et le maréchal de Villars ne voulut pas s'exposer au péril qu'avoit couru le maréchal de Villeroy pour s'être étendu le long des lignes de Flandres.

Il lui étoit arrivé que sa gauche fut battue, et ce fut par la faute des ennemis, qui se contentèrent de ce premier succès, que l'armée entière ne fut pas détruite.

Le marquis de Silly[1], voyant le prince de Bade arri-

---

1. Jacq.-Jos. Vipart, marquis de Silly, blessé à Neerwinde et à Hochstædt, maréchal de camp en 1704, acheva la guerre sous Villars. Lieutenant général en 1718, conseiller d'État en 1720, cordon bleu en 1724, il mourut en 1727.

ver sur la ligne, fit revenir les troupes de Paffoven[1] et d'Ingwiller et se retira sur Haguenau.

Le 30, le maréchal de Villars marcha en bataille aux ennemis, qui firent avancer quelques escadrons pour soutenir leurs gardes. Elles furent chargées et poussées jusque dans leur front de bandière. Ils se mirent en bataille derrière un petit ruisseau qui leur donnoit un bon poste, et où le maréchal de Villars ne crut pas devoir attaquer une armée plus forte que la sienne. On leur prit un très grand nombre de chevaux et plus de deux cents bœufs de Hongrie.

Sur la nouvelle qu'il arrivoit un convoi aux ennemis, le maréchal de Villars détacha trois lieutenants généraux avec des corps de 5,000 à 6,000 hommes choisis pour l'attaquer, et tous revinrent sans oser l'entreprendre[2]. La goutte, qui alors ne permettoit pas au maréchal de Villars de monter à cheval, sauva ce convoi. Mais il fut bien mortifié de voir les officiers de son armée si peu entreprenants.

Cependant, le 11e septembre, l'armée du prince de Bade fut augmentée de toutes les troupes de Prusse et de 4,000 hommes de celles de Saxe; ainsi, avec le corps que les ennemis avoient devant les lignes de Bihel et celui qui étoit sous Lauterbourg, le prince de Bade pouvoit compter avoir 30,000 hommes[3] plus que le maréchal de Villars.

---

1. Pfaffenhofen.
2. Cette attaque manquée était commandée par M. de Lannion les 6 et 7 septembre.
3. Dans ses dépêches, Villars n'évalue cette supériorité qu'à 15,000 hommes. La cour n'y croyait pas (Pelet, V, 522) : elle fut pourtant démontrée dans la suite (id., 549).

Cette supériorité ne permettoit aucune situation avantageuse à l'armée de France, et l'ennemi pouvant dans une marche de nuit se mettre derrière le ruisseau de Brompt, le maréchal de Villars se seroit trouvé enfermé. Il marcha donc le 13e pour mettre ce ruisseau devant lui, et par là les ennemis eurent la liberté de faire le siège de Haguenau. Le maréchal voulut en retirer les troupes, mais le s^r de Pery qui commandoit dans cette place l'assura si fortement qu'il trouveroit les moyens de n'être pas prisonniers de guerre, qu'il l'abandonna à la conduite de cet officier général. L'armée ennemie vint camper le 16 septembre sur la Zorn, sa droite à Brompt et sa gauche à Weiersheim.

Le 2 octobre, le maréchal fit attaquer la nuit un petit camp que les ennemis avoient près du château d'Ocfelt[1], et tout fut tué. Ainsi il ne négligeoit aucune des petites entreprises, les importantes ne lui étant pas permises par la trop grande supériorité de l'armée ennemie.

On envoya le s^r de Streiff[2], maréchal de camp, avec 3,000 chevaux et 500 hommes de pied pour pénétrer les montagnes noires et pour étendre les contributions le plus loin qu'il seroit possible. Cet officier général battit 1,200 hommes qui gardoient la gorge de Valkirk. La petite ville de Drusenheim, défendue par un nommé Conche, se rendit, et la garnison fut prisonnière de guerre. [24 septembre.]

Haguenau tint jusqu'au 8e octobre, et le s^r de Pery

1. Hochfelden, à 10 kil. à l'ouest de Brompt ou Brumath.
2. Ch.-Fréd. de Streiff, baron de Lœwenstein, Allemand au service de la France, maréchal de camp en 1704, officier de mérite qui fut tué le 21 juillet 1706 ; voy. ci-dessous, p. 213.

qui y commandoit, voyant la place ouverte, demanda à capituler. On le voulut avoir prisonnier de guerre ; mais il prit si bien ses mesures que la nuit il força les gardes ennemies qui étoient sur le chemin de Saverne, où il ramena toute sa garnison après avoir fait perdre aux ennemis plus de 2,000 hommes pendant le siège[1]. Ainsi le maréchal de Villars, que presque tous les officiers de son armée avoient pressé d'abandonner Haguenau dès le 11ᵉ septembre, se sut bon gré d'avoir gagné près d'un mois dans une saison si avancée ; en sorte que la supériorité des ennemis, qui étoit de près de 30,000 hommes, comme nous l'avons dit, ne leur valut que les murailles très mauvaises de Haguenau.

Le maréchal de Villars, attentif à reconnoître le mérite des officiers, supplia le roi de récompenser, par la dignité de lieutenant général, la fermeté et la bonne conduite du sʳ de Pery, et Sa Majesté lui accorda cette grâce.

Le 24, les officiers de jour mandèrent au maréchal que l'armée impériale marchoit à lui. Il s'avança avec dix escadrons pour reconnoître ses mouvements, et trouva que c'étoit seulement mille chevaux des ennemis qui venoient reconnoître son camp. Il les fit repousser, et tout se retira après une légère escarmouche.

Le 27, l'armée impériale décampa et marcha vers Paffoven après avoir fait quelques détachements, mais médiocres, vers l'Italie.

Le maréchal de Villars, de son côté, fortifia la garnison de Hombourg et mit cette place en état de ne pas

---

1. La relation de cette mémorable sortie, adressée par M. de Péry à Villars, est imprimée dans Pelet, V, 801.

craindre un siège. En même temps, il fit ses dispositions pour être en état d'agir si les ennemis éloignoient trop leurs quartiers d'hiver, et pour suppléer à un grand nombre de chevaux morts dans la cavalerie ; il en fit mettre deux mille des vivres sur une ligne, et derrière ces chevaux tous les cavaliers qui avoient perdu les leurs, ayant devant eux leurs selles et leurs bottes. Outre cela, il prit tous les chevaux d'équipage à commencer par les siens, ne s'en réservant que deux de main. Il y joignit tous ceux des officiers généraux, et même dans l'infanterie, et par ce moyen il remonta près de 4,000 cavaliers qui devenoient en état de servir dans l'occasion. Cette disposition ne laissa pas de persuader à un ennemi supérieur en forces qu'il ne pouvoit pas se séparer sans s'attendre à une action. Cependant le maréchal reçut des ordres de la cour d'envoyer 30 compagnies de grenadiers à Nice. Il paroîtra surprenant, et il l'est en effet, qu'au lieu de le fortifier de troupes, la cour lui en ôtât tous les jours.

Le 7 novembre, l'armée ennemie continua à s'éloigner, et les troupes de Brandebourg, qui devoient aller prendre leurs quartiers d'hiver en Bavière, puis ensuite marcher en Italie, passèrent le Rhin.

L'armée impériale alla camper le 10 entre Haguenau et Bicheviller, et le 14 l'armée du roi alla se placer derrière la Bruche, depuis Strasbourg jusqu'à Molsheim.

Les ennemis ayant renvoyé un corps près Hombourg, le maréchal de Villars en fit marcher un à peu près pareil pour soutenir cette place. Les pluies et les neiges commençoient à rendre toutes sortes d'entreprises bien difficiles. Le 23, le maréchal commença à séparer l'armée et à renvoyer les chevaux d'artillerie. Il congédia les officiers généraux et demanda permission au roi d'aller à la cour. Mais ce ne fut qu'après avoir visité tous les postes de la Saare, et la ville de Hombourg qu'il fit mettre en état de soutenir un siège. Il fit occuper aussi le château de Bitche, qui, par sa seule situation, étoit presque imprenable, et fit raccommoder le poste de la Petite-Pierre qui étoit un assez bon château.

Il partit de Metz après avoir donné tous les ordres pour la distribution des troupes dans les quartiers d'hiver, et les postes des officiers généraux pour y commander.

Ainsi finit la campagne de 1705. Sur la fin de cette année, le roi d'Espagne disposa toutes ses forces et celles de France pour faire le siège de Barcelone, dans les commencements de 1706, aidé des secours de l'armée navale de France.

1706. Dans les premiers entretiens que le maréchal de Villars eut avec le roi, Sa Majesté lui ordonna de faire divers projets tant pour l'offensive que pour la défensive en Allemagne, et elle se détermina enfin à faire attaquer, le 1er mai, les lignes de la Moutter, ou bien le camp retranché sous Haguenau, les ennemis ayant travaillé à s'y faire un poste plutôt qu'à défendre la ligne de la Moutter.

Le maréchal concerta tous les mouvements dès Paris, et, pour cacher aux ennemis son véritable dessein aussi longtemps qu'il seroit possible, le maréchal de Marcin disposa les troupes de l'armée de la Moselle, comme si elles eussent dû attaquer Traerbach, et le maréchal de Villars celles d'Alsace, comme pour marcher à Fribourg. Le dernier avril, les troupes de la Moselle, après divers mouvements, devoient se rendre à Saverne, celles d'Allemagne à Strasbourg où le maréchal de Villars se rendit le 29 avril et, le 1ᵉʳ mai, il marcha aux ennemis comme on l'avoit résolu. En approchant de leurs retranchements, le maréchal de Villars trouva 1,200 chevaux qui furent entièrement défaits et peu rentrèrent dans leurs retranchements qui furent emportés en arrivant et avec une très médiocre résistance des ennemis. Le maréchal de Marcin n'en trouva aucune de son côté, et toutes les troupes ennemies se retirèrent derrière les inondations qui couvroient Drusenheim et la plaine du Fortlouis.

La nuit du 1ᵉʳ au 2ᵉ, le maréchal de Villars envoya la Billarderie, maréchal général des logis de l'armée[1], prier le maréchal de Marcin d'attaquer, de son côté, les postes des ennemis, pendant qu'il attaqueroit du sien. Le maréchal de Marcin manda qu'il ne le pouvoit pas. On envoya encore Regemorte, très habile ingénieur, et qui avoit une connoissance parfaite des eaux qui paroissoient très étendues, et le maréchal de Marcin fit encore les mêmes difficultés. Enfin le maréchal de Villars y alla lui-même, et, comme toutes les troupes du maréchal de Marcin étoient en bataille, le maréchal de Villars les ayant vues en passant, dit, en joignant

1. Ch.-César Flahaut de la Billarderie, marquis de Saint-Rémi, avoit déjà rempli les mêmes fonctions auprès de Villars l'année précédente. Brigadier en 1709, il fit toutes les campagnes de Flandre. Lieutenant des gardes du corps, grand-croix de saint Louis, lieutenant général en 1734, il mourut pendant la campagne de 1743, à soixante-quatorze ans.

le maréchal de Marcin : « Monsieur, je viens de voir une belle armée et qui paroît bien disposée à combattre. » Le maréchal de Marcin lui répondit tout haut : « Elle est trop belle pour que je la fasse noyer dans 56 inondations qui me séparent des ennemis. » Cette réponse entendue des troupes pouvoit les intimider, ce qui fit que le maréchal de Villars dit au maréchal de Marcin : « Il faut que nous ayons une petite conversation ensemble, s'il vous plaît. » Et ils entrèrent dans une maison.

Cet entretien peut faire connoître le caractère des deux généraux. Le maréchal de Villars dit au maréchal de Marcin : « Vous voyez que les ennemis montrent peu de vigueur, puisqu'ils n'ont pas défendu les lignes de Haguenau. Il faut profiter de leur terreur. J'ai cru que vous voudriez bien attaquer, car nous sommes sûrs de réussir en faisant agir tout ce que nous avons. » Le maréchal de Marcin proposa un conseil de guerre. Le maréchal de Villars lui dit : « Les conseils de guerre sont bons quand on veut une excuse pour ne rien faire. » Il ajouta que les deux armées étoient également sous ses ordres, mais que la déférence qu'il avoit pour un confrère l'avoit porté à demeurer à son aile. Le maréchal de Marcin répondit comme persuadé que le maréchal de Villars ne demeuroit à l'attaque de sa droite que parce que celle de sa gauche étoit la plus difficile. « Puisque vous le pensez ainsi, lui répliqua le maréchal de Villars, trouvez bon que je fasse commander mille grenadiers, » et il en donna l'ordre. Dès qu'ils furent arrivés, il dit : « Marchons. » Les généraux de l'armée de Marcin murmuroient, et le maréchal de Villars, ayant fait marcher devant lui vingt grenadiers, qui véritablement avoient de l'eau au-dessus des reins, entra le premier dans l'inondation. Un des généraux de Marcin dit tout haut : « Où nous mène-t-on ? » Le maréchal de Villars lui imposa silence d'un ton à se faire obéir. Il est vrai qu'il y avoit demi-quart de lieue d'eau à passer et très haute, quelques chevaux perdant pied. Mais à peine en eut-on traversé les deux tiers, que les escadrons des ennemis qui paroissoient à l'autre bord s'ébranlèrent, firent une mauvaise décharge et s'enfuirent. Le maréchal dit au maréchal de Marcin dès qu'il fut sur la terre : « Vous voyez, Monsieur, que ce que l'on veut croire impossible n'est pas même bien difficile. »

Le maréchal de Marcin fut un peu honteux. En même temps, le maréchal appela le comte de Broglie[1], très bon officier général, et que, dans la suite de ces mémoires, nous verrons servir avec une grande distinction, et lui dit : « Marchez à Lauterbourg. » En effet, la terreur des ennemis les avoit portés à l'abandonner, mais, revenus de cette consternation, ils y rentrèrent par une porte lorsque le comte de Broglie y entroit par l'autre. Ils plièrent d'abord, et l'on demeura maître de cette ville.

Le maréchal de Villars fit en même temps attaquer un fort que les ennemis avoient à la tête de leur pont sur le Rhin, près de Statmaten, et qui étoit défendu par 500 hommes. Après quelques volées de canon, pour rompre les palissades, le marquis de Nangis, à

---

1. François-Marie, comte, puis duc de Broglie, né en 1671, troisième fils du premier maréchal de Broglie, maréchal de France lui-même en 1734 et père du troisième maréchal de ce nom, mort en 1761.

la tête des grenadiers, monta le premier à l'assaut et tout fut pris ou tué. Environ 100 soldats qui s'étoient jetés dans une grande barque la firent tourner par la quantité de gens qui y entroient en foule, et leur multitude fut cause qu'ils se noyèrent tous.

Le château d'Hatten fut pris et la garnison à discrétion.

Le maréchal fit attaquer en même temps Drusenheim et Haguenau.

Le même jour que les retranchements, dont nous avons parlé, furent emportés, le maréchal de Marcin s'éloigna du maréchal de Villars avec son armée. Celui-ci lui envoya le comte de Vivant, maréchal de camp, pour lui représenter tout ce qu'un début de campagne si heureux promettoit de grands succès; qu'après la prise de Drusenheim et d'Haguenau, que l'on alloit attaquer en même temps et qui ne tiendroit pas plus de cinq à six jours, il dépendoit d'eux de faire le siège de Landau ou de Philisbourg; qu'il lui donnoit le choix de commander ou l'armée du siège, ou celle d'observation; qu'il croyoit de la plus grande conséquence pour le service du roi de pousser la guerre en Allemagne, où il n'y avoit rien que de grand à faire et peu de péril pour l'événement.

Le maréchal de Marcin ne se rendit pas à ces raisons et voulut s'en retourner avec ses troupes vers la Flandre. Le maréchal de Villars envoya donc à la cour Laurière, aide-major général, pour représenter toutes les raisons qu'il y avoit de tourner le fort de la guerre vers l'Allemagne et de demeurer sur la défensive en Flandres. Mais le malheur de la France voulut qu'il ne fût pas cru et que le maréchal de Villeroy hasarda la malheureuse bataille de Ramillie, la plus honteuse de toutes les défaites et celle dont les suites furent les plus funestes pour la nation, par l'épouvante qui se répandit dans toutes les troupes et parmi tous les généraux qui commandoient dans toutes les meilleures places de la Flandre espagnole et françoise.

Suivons les opérations de l'armée d'Allemagne. Drusenheim fut pris le 6 mai avec la garnison prisonnière de guerre[1].

Haguenau se rendit le 10 avec sa garnison composée de 2,000 hommes prisonniers de guerre. On prit près de 50 pièces de canon, dont 30 de 24, avec une quantité prodigieuse de poudre et de toutes les munitions de guerre qui pouvoient servir aux ennemis pour l'attaque de quelqu'une de nos places.

Les prisonniers de guerre faits dans toutes les places, forts et postes alloient à près de 4,000 hommes, et, pour leur échange, on retira le reste de ceux que l'on avoit perdus dans les aventures malheureuses des maréchaux de Tallard et de Marcin. Les munitions de bouche et de guerre que les ennemis avoient dans tous leurs postes sur le Rhin, surtout à Drusenheim, étoient si abondantes que les rivières étoient blanches des farines que les ennemis y avoient jetées. On trouva dans Haguenau 30,000 sacs d'avoine.

Il fallut se contenter de ces succès, le roi n'ayant pas voulu permettre le siège de Landau ni celui de Philisbourg que le maréchal de Villars avoit proposés. Il ne put donc former d'autres projets que d'étendre

---

1. Le siège était commandé par M. de Vieux-Pont; quant au siège de Haguenau, il fut dirigé par le même M. de Péry qui avait si brillamment évacué la ville l'année précédente.

les contributions jusqu'à Mayence et dans tous les pays qui sont entre le Rhin et la Moselle.

Le maréchal de Villars fit travailler à des retranchements le long de la Lutter, la droite à Lauterbourg et au Rhin, la gauche à Weissembourg et aux Montagnes.

Le 9ᵉ mai, le maréchal mena l'armée sur le Spirbach et envoya des partis jusqu'auprès de Coblentz.

Le maréchal de Marcin eut l'ordre de marcher en Flandres, et le prince de Bade rassembla, dans les environs de Mayence et le long du Rhin, toutes les troupes de l'Empire.

Le maréchal de Villars, informé le 1ᵉʳ juin que les troupes de Hesse étoient campées en deçà du Rhin, près de Mayence, marcha avec 3,000 chevaux vers Mayence. A son approche toutes les troupes repassèrent le Rhin, et le maréchal, ne voyant plus d'ennemis entre le Rhin et la Moselle, proposa une seconde fois le siège de Landau avec ses seules forces et sans aucun secours des troupes du maréchal de Marcin. Mais les mauvaises nouvelles que l'on apprit en même temps de la levée du siège de Barcelonne et de la malheureuse bataille de Ramillie ne permirent à la cour d'autres résolutions que de tirer des troupes de l'armée du Rhin et de se mettre sur la défensive en Flandres et en Allemagne.

Le maréchal de Villars proposa encore de forcer un passage sur le Rhin, au-dessous des lignes de Stoloffen, par lequel il prenoit ces lignes à revers et pouvoit se mettre en état de rentrer dans l'Empire dans la conjoncture la plus favorable, puisque l'on savoit que le duc de Wirtemberg étoit mécontent, que la Bavière étoit prête à se révolter et que la Hongrie étoit sur le point de s'accommoder si l'on n'excitoit aucun trouble dans l'Empire[1]. Pour persuader à la cour de suivre ses projets et faire voir qu'il avoit plus de troupes qu'il n'en falloit pour les exécuter, le maréchal renvoya neuf escadrons en Flandres et qui étoient vers Hombourg.

Il reçut de nouveaux ordres d'envoyer en Flandres ce qu'il avoit de meilleures troupes[2]. Il représenta que si celles de Hesse et de Westphalie, qui repassoient sur le Rhin au lieu d'aller en Italie, retomboient par le Haut-Rhin sur Huningue, on s'exposeroit à voir percer la frontière du royaume par l'endroit le plus dangereux, puisque, la barrière du Rhin une fois forcée, les ennemis trouvoient la Lorraine et la Comté, les deux provinces du royaume les plus dangereuses, surtout la Lorraine[3].

Le 27 juin, le maréchal de Villars reçut du roi des

1. La lettre du 5 juin, par laquelle Villars propose cette expédition, est imprimée dans Pelet, VI, 434. La cour refusa, toute son attention étant portée sur la Flandre et l'Italie; Villars n'exécuta cette opération que l'année suivante.

2. « Mon cousin, écrivait le roi à Villars le 8 juin, j'avois tout lieu de croire, par le bon état où vous avez mis toutes choses du côté du Rhin, que vous pourriez y faire des conquêtes cette campagne, mais la situation des affaires de Flandres est devenue si violente qu'elle ne permet plus d'y songer; elle demande au contraire un prompt secours : c'est ce qui m'oblige à détacher vingt bataillons de l'armée que vous commandez. »

3. La cour était mieux informée que Villars; les troupes de Hesse étaient réellement destinées à renforcer le prince Eugène en Italie, de même que les Hanovriens alloient se joindre à Marlborough en Flandre : c'est sur ces deux points que les alliés comptaient faire un effort décisif. Le duc de Bade n'avait sur le Rhin qu'une vingtaine de mille hommes.

ordres qui lui firent une très grande peine. Sa Majesté lui donnoit le commandement des armées d'Italie, sous M. le duc d'Orléans, qui alloit prendre celui que M. de Vendôme quittoit pour aller en Flandres[1].

Le maréchal de Villars avoit déjà refusé un pareil commandement, parce que, trouvant toutes les dispositions de M. de Vendôme mal digérées, il se voyoit réduit à les suivre, ou à prendre sur lui de changer tout ce qu'avoit fait un général aimé du roi, et pour lequel le ministre de la guerre avoit de très grands égards.

Les mêmes raisons faisoient craindre une seconde fois cet emploi au maréchal de Villars, et elles étoient fortifiées de plusieurs autres. Il falloit gouverner la guerre sous un jeune prince qui avoit une cour difficile à ménager. D'ailleurs, M. de Vaudemont, gouverneur du Milanez, grand courtisan, avoit un commerce très vif avec M. de Chamillart, dont le gendre, M. de la Feuillade, faisoit le siège de Turin. Il l'avoit commencé par une conduite que le maréchal de Villars estimoit fausse, qui étoit d'attaquer plutôt la citadelle que la ville. Toutes ces raisons le portèrent à envoyer divers courriers pour engager le roi à le dispenser du commandement que Sa Majesté lui avoit destiné. On croit devoir mettre ici deux lettres entières du maréchal de Villars, parce qu'elles sont très propres à faire connoître son caractère de vérité. La première, du 19 juin 1706, est adressée à Mme de Maintenon en ces termes[2] :

1. Voyez la lettre du roi à l'appendice.
2. Villars écrivait le même jour à Chamillart : « Ma pensée

Madame,

Il est bien certain que la très vive douleur dont je suis pénétré est causée par celle que je vous connois. Vous aimez le roi, vous aimez le royaume et vous souffrez plus que personne de ses malheurs. Servez-vous, Madame, de votre courage. Que Dieu nous conserve la santé de notre grand Roy, qu'il nous conserve la vôtre et tout ira bien. Mais, Madame, ne faudroit-il pas, quelquefois du moins, croire les gens heureux, si on ne veut pas les estimer habiles? Je sais que, dans les conjonctures où le présent nous accable, je ne devrois point vous fatiguer du passé; mais aussi comment le taire, puisqu'il peut redresser pour l'avenir?

On a toujours été disposé à mal interpréter les plus sages résolutions que j'ai prises. Après le siège de Kell, on désapprouva fort que j'eusse repassé le Rhin, parti néanmoins indispensablement nécessaire pour se donner les moyens et le temps de pénétrer en Bavière. Tant que j'ai été dans l'empire, on ne m'a jamais cru ni du côté de M. l'électeur ni du nôtre. Je vou-

est que M. le maréchal de Villeroy et M. le maréchal de Marcin doivent se mettre dans les deux places qui seront le plus menacées, chacun avec un détachement de 10,000 hommes choisis... si ni l'une ni l'autre n'est attaquée, que celui de ces messieurs qui se trouvera le plus près de la place investie s'y jette le premier jour de l'investissement; cela est très facile, tout n'entre pas toujours, mais du moins la plus grande partie. C'est ainsi que M. le prince sauva Cambrai; et pour chercher des exemples plus éloignés, quand Charles-Quint assiégea Metz, M. de Guise, avec cinq ou six princes et la fleur de la noblesse du royaume, sauva la place. Il faut que le roi ordonne que la ville attaquée se défende jusqu'au dernier soldat; celui de ces deux messieurs qui ne sera pas renfermé assemblera l'armée et tâchera de troubler le siège. Mais, Monsieur, si vous voulez donner une seconde bataille, au nom de Dieu, que ce ne soit pas sous l'autorité de M. l'électeur de Bavière! Je le connois très malhabile, quand il ne seroit pas aussi malheureux : qui l'entendra parler une heure y sera trompé. Je le connois à fond : il n'y a ni ressource ni solidité en lui. Si l'on ne veut pas me croire, j'aurai eu au moins la satisfaction de dire la vérité. » (Pelet, VI, 442.)

lois le siège de Vienne dès le 2 mai. M. le prince Eugène a dit à trois généraux de M. l'électeur de Bavière, qui me l'ont appris eux-mêmes, en présence de Mgr l'évêque de Metz et de M. de Saint-Contest, que l'Empereur étoit perdu si l'on m'avoit cru. Je voulois ensuite le siège de Fribourg, et M. de Tallard ne vouloit aucune conquête qui pût établir aucune communication avec moi. Je lui rendois les autres bien faciles, puisqu'il ne restoit pas apparence d'ennemis sur le Rhin.

Peu s'en est fallu que je n'aie été condamné sur tous les articles, avec un prince dont certainement la tête n'est pas bonne. J'aurai même l'honneur de vous dire, Madame, qu'après cette heureuse bataille que je donnai malgré M. l'électeur, je n'eus pas la consolation de pouvoir trouver dans les lettres de Sa Majesté qu'il lui eût paru que je me fusse trouvé dans cette bataille. Je ne vous parle de cela, Madame, que pour vous faire observer que l'on sacrifioit tout à M. l'électeur, car, d'ailleurs, les graces dont il a plu à Sa Majesté de m'honorer sont d'assez grands témoignages de la satisfaction qu'elle a bien voulu marquer de mes services.

L'année dernière, j'ai vu le Roi, vous, Madame, et M. de Chamillart entièrement persuadés que j'avois eu grand tort de ne pas défendre les lignes d'Haguenau. Vous trouverez ci-joint, Madame, un ordre de bataille des troupes que le prince de Bade avoit pour lors à ses ordres. Le Roi et M. de Chamillart sont bien convaincus du nombre de ces troupes, et ces mémoires viennent de gens auxquels on a confiance. Les ignorants dans la guerre et les mêmes gens qui mouroient de peur à toutes les apparences d'une action ont persuadé que je devois m'opposer à l'entrée des lignes. Il est vrai que je l'aurois empêchée pour quatre jours, mais les ignorants peuvent-ils disconvenir devant tout homme qui raisonne juste sur la guerre que, dès que je remontois la Moutter et que je m'éloignois du Rhin, le prince de Bade rassembloit toutes ses forces sur moi et qu'il n'étoit plus à mon pouvoir d'éviter une bataille que je donnois avec sept mille chevaux et vingt-six bataillons moins que les ennemis? Et, d'ailleurs, quel grand intérêt de donner bataille pour soutenir Haguenau, place fortifiée contre toutes les règles de la guerre!

En dernier lieu, Madame, je chasse les ennemis de Drusenheim et de Lauterbourg, postes les plus importants, et malgré M. le maréchal de Marcin, qui s'y est opposé un jour entier (car, après cela, les cabales et le crédit des gens très occupés d'en avoir l'emportèrent toujours sur moi). M. le maréchal de Marcin, dis-je, à qui j'envoie proposer toutes les facilités de prendre Landau en peu de jours, fait partir un courrier qui devance les miens, et, avant que l'on eût su ce que je pensois sur cette entreprise, j'ai ordre de n'y pas songer. Que de malheurs n'auroit-on pas évités, Madame, si, en me laissant agir, on avoit ordonné à M. le maréchal de Villeroy la sûreté et l'inaction.

Je serois bien fâché que cette manière de plainte, que je prends la liberté de vous faire, de n'être pas cru, pût vous porter à penser que je ne suis pas très content de M. de Chamillart. Je dois compter et je compte sur son amitié. J'ai reçu les plus grandes grâces sous son ministère et personne ne lui sera jamais plus dévoué que je le suis. Mais d'autres ont beaucoup plus de part à sa confiance. Ce que je désire le plus, Madame, c'est que vous ne croyiez pas mal placées les bontés dont vous m'avez toujours honoré.

Je vois, Madame, que l'on rassemble encore toutes les forces du Roi en Flandres. Mais sous quel chef? Sous M. l'électeur de Bavière. Au nom de Dieu, Madame, c'est mon zèle seul qui me fait parler ainsi, que l'on évite de mettre pour la troisième fois le destin de la France entre les mains d'un prince aussi malhabile que malheureux à la guerre. Jamais le prince d'Orange n'a voulu lui confier quinze escadrons. Sa vie entière est une suite de fautes capitales pour sa conduite et pour celle de ses États. Vous me direz à qui donc confier les armes du Roi en Flandres? A M. le maréchal de Villeroy et à M. le maréchal de Marcin seuls? Oui, Madame, et que du moins ils ne joignent pas leurs trois étoiles pour décider la guerre. Je vous le demande à genoux. Que le Roi prenne bien garde aux officiers généraux qui commandent les ailes. Si M. le maréchal de Villeroy a l'une et M. le maréchal de Marcin l'autre, je les tiens bien menées. Que l'on songe à l'infanterie. Je m'offrirois, Madame, et mon zèle me feroit servir sous tout le monde. Mais j'aurai l'honneur de vous dire, avec la même liberté, que je ne suis pas un trop bon subalterne. Vous croirez que c'est par indocilité : non, Madame; mais je ne suis ni mon génie ni mes vues sous d'autres, à moins que je ne les compte pour rien. Aussi, je ne sais si je pourrois me flatter d'être d'une grande utilité sous ce prince et sous le maréchal de Villeroy. Tout ce qu'il y a de trop libre dans cette lettre, pardonnez-le, Madame, à mon zèle pour le Roy, à mon très respectueux attachement pour vous et à l'envie d'être un peu justifié sur des fautes que l'on m'a imputées très injustement, peine trop dure à souffrir à qui ne sait être que bon serviteur du meilleur et du plus grand maître du monde.

La seconde lettre, datée du 27 du même mois[1], adressée à M. de Chamillart, ministre et secrétaire d'État de la guerre. Voici de quelle manière elle étoit conçue :

Je vois, Monsieur, par la lettre dont vous m'honorez du 22, que Sa Majesté veut bien me destiner pour aller servir dans son armée de Lombardie, sous Mgr le duc d'Orléans. Je reconnois, Monsieur, que c'est une grande distinction pour moi et une marque très flatteuse des bontés et de la confiance dont Sa Majesté m'honore. Mais je sortirois de mon caractère, si je ne prenois la liberté de vous représenter sur cela tout ce qui me paroît être du bien du service.

Oserois-je vous supplier de vous ressouvenir de la première destination dont il plut au Roy de m'honorer pour le même emploi? J'ai eu l'honneur de vous dire que j'aurois changé toutes les dispositions de M. de Vendôme et que je me serois mis quelques lieues plus loin, préférant abandonner quelques villages de plus aux Impériaux, pour me faire une barrière qu'ils ne pussent pas forcer. Peut-être que, par une telle conduite, j'aurois empêché l'entreprise surprenante de M. de Staremberg,

1. Villars écrivit en même temps au roi une lettre qui est imprimée dans Pelet (VI, 793), où, tout en remerciant S. M. de la nouvelle preuve de confiance qu'elle lui donne, il dit : « Je croirois la servir plus utilement dans le poste qu'elle a bien voulu me confier, que dans ce nouveau, où, par les bons soins de M. de Vendôme, tout va parfaitement bien. »

que l'on auroit toujours traitée d'imaginaire, s'il ne l'avoit pas exécutée. Mais j'aurois été blâmé de n'avoir pas suivi la pensée de M. de Vendôme et d'abandonner quelques villages aux ennemis. On n'auroit pas manqué de dire qu'en me conformant au projet de celui qui m'avoit devancé, j'aurois forcé les Impériaux à se retirer, faute de subsistance, au delà du Pô.

Présentement, M. le duc de Vendôme a fait toutes ses dispositions, lesquelles je crois être très sages; mais, quelque respect que j'aie pour ses projets, chacun a sa manière de faire la guerre et j'avoue que la mienne n'a jamais été de vouloir tenir par des lignes vingt lieues de pays, et si j'avois observé sur les sièges la méthode de M. de Vauban, beaucoup plus habile homme que moi en pareille matière, je n'aurois pas pris Kell en douze jours.

Je ne regarde, Monsieur, que le bien du service du Roy et pardonnez-moi l'aveu sincère de mes défauts. Si, parmi tous les généraux, il y en a un moins propre qu'un autre à suivre aveuglément le projet d'un prédécesseur, sous l'autorité d'un prince qui a déjà de grandes connoissances de guerre et dont il faut d'ailleurs ménager la cour en gouvernant l'armée; si, dis-je, Monsieur, vous voulez jeter les yeux sur le moins propre à un pareil emploi, je vous avoue naturellement que c'est sur moi. Vous me retirez de celui que j'ai étudié pour le reste de la campagne, et j'ose vous dire que je ne crois pas ce changement convenable à l'utilité du service. Si la campagne d'Italie commençoit, ou s'il y avoit en ce pays-là quelque désordre dans les affaires, je ne vous représenterois pas tout ce que j'ai l'honneur de vous dire. Mais, Monsieur, n'est-ce pas bien servir le Roi que de se donner pour ce qu'on est? J'attends de l'honneur de votre amitié que, si vous n'approuvez pas ma sincérité, au moins vous me la pardonnerez, et que vous voudrez bien porter Sa Majesté à la regarder avec indulgence et à faire un autre choix. J'ose, Monsieur, vous en supplier, quoique je voie dans celui du Roi les véritables marques de sa bonté pour moi et de l'honneur de sa confiance.

Une commission que j'ai regretté de n'avoir pas eu cet hiver étoit le siège de Barcelone. Je n'avois garde de la demander; mais il y a gens qui savent bien que j'y aurois volé avec joie.

Encore une fois, Monsieur, si quelque chose alloit mal en Italie, j'y volerois de même. Mais il n'y a qu'à conserver, et, si Sa Majesté, qui m'a dit autrefois elle-même, et avec bonté, les défauts qu'elle me connoissoit, a bien voulu les oublier dans cette occasion, il est de ma fidélité de les représenter. Permettez-moi donc d'achever ici ma campagne. M. le maréchal de Marcin, outre ses grands talents pour la guerre, a tous ceux encore qui sont nécessaires pour ménager l'esprit d'un prince et celui de sa cour. De ces derniers talents-là, Monsieur, je n'en ai aucun.

Ainsi j'espère, Monsieur, que, persuadé par mes raisons, vous voudrez bien porter Sa Majesté à honorer de cet emploi quelque autre qui soit plus propre que je le suis à le bien remplir et m'excuser dans le public sur quelques attaques de goutte, qui me prit très violemment, il y a un an, dans cette même saison et qui se fait un peu sentir présentement.

Je crois ne devoir pas perdre un moment à vous dépêcher ce courrier, pour ne point retarder les ordres que Sa Majesté pourroit donner à d'autres.

Je vous supplie très humblement, Monsieur, de vouloir bien sur tout ce que j'ai l'honneur de vous dire entrer dans mes raisons et les appuyer avec bonté. Je suis, etc. Signé : Duc de Villars.

Le 1ᵉʳ juillet, le maréchal de Villars apprit que le prince de Bade remontoit le Rhin. Comme il avoit une grande quantité de bateaux sur des haquets dont il pouvoit faire un pont et dérober un passage sur le Rhin, on fortifia le comte Dubourg de plusieurs bataillons pour être en état de s'opposer à ce dessein. Le maréchal de Villars demeura avec le reste de l'armée et toute sa cavalerie pour la faire toujours subsister aux dépens des ennemis.

Il reçut alors deux lettres du roi datées du premier juillet. La première confirmoit les premiers ordres de se rendre en Italie. Par la seconde, le roi se rendoit aux raisons du maréchal de Villars et ordonnoit au maréchal de Marcin d'aller en Italie à sa place.

Ainsi, le commandement de l'armée du Rhin lui étant resté, il songea à entreprendre sur les ennemis et, en attendant, il consommoit tous les grains et fourrages qu'ils avoient autour de Landau.

Le 20 juillet, après avoir fait un voyage à Strasbourg pour disposer tous les bateaux nécessaires à l'entreprise qu'il méditoit et s'en être retourné en poste à l'armée campée près de Landau, il revint toute la nuit au Fortlouis. On disposa l'artillerie de la place sur les bastions qui commandoient l'île du Marquisat, et à la pointe du jour Streif, maréchal de camp, démarra avec trente bateaux chargés de grenadiers pour faire la descente dans une petite île, qui n'étoit séparée de celle du Marquisat que par un petit bras du Rhin. Streif fut tué des premiers coups et le maréchal de Villars envoya à sa place le comte de Broglio. Les ennemis firent marcher 2,000 hommes détachés, soutenus de six bataillons avec leurs drapeaux, pour s'opposer à la descente. Le comte de Broglio avoit un bras du Rhin si fâcheux à passer que dans les endroits les plus favorables les soldats avoient de l'eau jusqu'aux épaules. Les grenadiers de Navarre et de Champagne, marchant à l'envi les uns des autres, Barberay à la tête de ceux de Navarre et Pécomme à la tête de ceux de Champagne, abordèrent l'île. Les ennemis y firent une opiniâtre résistance, mais le feu du canon les ayant un peu ébranlés, nos grenadiers, commandés par le marquis de Nangis, les renversèrent. Ils furent entièrement défaits et eurent plus de 500 hommes tués sur la place. Une perte considérable de notre part fut celle de Streif, maréchal de camp, très brave officier, et que le maréchal de Villars employoit souvent. Il fit rétablir tous les ouvrages à cornes de Fortlouis et par conséquent rendit à cette place une considération qu'elle avoit perdue depuis la paix de Ryswick[1].

Les ennemis employèrent toutes leurs troupes à faire de nouveaux retranchements le long de la rivière de Stoloffen, laquelle étoit souvent guéable et pouvoit faciliter l'attaque des lignes de Stoloffen. On verra dans la suite que, l'ouvrage à cornes du Marquisat rétabli, on en tira de grandes utilités.

Cependant le maréchal de Villars ne put obtenir la liberté de former aucune entreprise sur les ennemis, et les ordres qu'il reçut d'envoyer encore des troupes bornèrent tous ses desseins à fermer l'Alsace entière par les retranchements de la Lutter et à se préparer une entrée dans l'empire la campagne suivante, quand nos généraux de nos armées en Flandres se lasseroient

1. La lettre du 21 juillet, par laquelle Villars rend compte au roi de ce brillant coup de main, est imprimée dans Pelet (VI, 449) : « Les grenadiers de Champagne, arrivés les derniers, couloient derrière ceux de Navarre et se jetoient à l'eau. V. M. apprendra avec plaisir l'émulation de ces deux corps, qui sent bien l'esprit de gloire de sa vieille infanterie. Barberey, lieutenant-colonel de Navarre, qui commandoit le premier détachement de grenadiers, ayant vu Pécomme, de Champagne, qui se cachoit pour se jeter le premier à l'eau, s'y est jeté, avec tous les grenadiers de Navarre, sans connoître aucun gué..... Je ne puis assez louer la bonne volonté de M. de Streiff, qui se meurt ; j'ose dire que c'est une perte, je l'employois plus qu'un autre. M. de Broglie, dont je me sers fort aussi, s'est conduit avec beaucoup de fermeté et de sagesse..... M. d'Hautefort-Bauren, qui commandoit le premier détachement sous M. de Streiff, a très bien fait, et MM. de Roth, de Nangis, de Seignelay, avec leur valeur ordinaire. »

de perdre des places, sans y mettre aucune opposition.

Le 14 août, le maréchal de Villars reçut les ordres du roi, datés du 11, de faire le siège de Landau[1]. Il fit voir très clairement qu'il ne pouvoit y marcher qu'avec 25 bataillons et 48 escadrons, tandis que le prince de Bade avoit près de 50 bataillons et 80 escadrons. Sur cela, on ne pouvoit que plaindre le peu de connoissance du ministre de la guerre, qui ne pouvoit comprendre ni par conséquent faire connoître au roi le péril de tels projets, si le général n'avoit pas la fidélité d'en faire voir le ridicule. Dès le commencement de la campagne, le maréchal de Villars, après des avantages considérables remportés sur les ennemis, avoit envoyé à la cour un officier général pour proposer la conquête certaine de Landau, ou même de Philisbourg, et de se tenir sur la défensive en

---

1. La lettre du roi et la réponse de Villars sont imprimées dans Pelet (VI, 460). Toutes les raisons militaires qui empêchent le siège de Landau sont longuement et péremptoirement développées. « Je demande mille fois pardon à V. M. de lui alléguer tant de raisons, mais il les faut toutes pour m'aider à soutenir le malheur de ne pas exécuter, dans le moment, ses ordres : j'en attends donc de nouveaux. » Il écrivit en même temps à Chamillart avec moins de ménagement : « ... Je serois véritablement au désespoir si le roi pouvoit croire la moindre apparence [d'hésitation] à l'exécution des ordres qu'il me fait l'honneur de me donner... Je vous ai envoyé divers courriers pour me laisser agir, et dès le 4 mai, et depuis la maudite bataille de Flandre, je pouvois faire une grande diversion. Quand il n'y a plus ni subsistance, ni troupes suffisantes, puis-je agir?... je suis très affligé. Le roi n'a assurément aucun général aussi attaché à sa personne et au bien de l'État que moi. Vous n'avez point, vous, Monsieur, de serviteur plus fidèle; mais, Monsieur, l'honneur de votre confiance ne répond pas à mon attachement pour vous. Cependant, avec des succès toujours heureux, je défie qu'on puisse me reprocher la moindre faute. » (Pelet, VI, 466.)

Flandres. On ne voulut point sentir ses raisons, on lui ôta même toutes ses troupes, et cela sans autre fruit que de laisser prendre quatorze places en Flandres, après la défaite de Ramillies. Mais quand on a consommé tous les fourrages autour de Landau; quand la place est munie de tout; quand le maréchal n'a plus d'armée et lorsque celle du prince de Bade est du double plus forte que la sienne, on lui ordonne le siège de Landau. Sa réponse au roi, cependant ménagée par rapport au ministre, en faisoit voir l'impossibilité si clairement que le maréchal fut remercié de n'avoir pas suivi les ordres qu'il avoit reçus.

Le 16 août, il retira toute sa cavalerie dans les retranchements de la Lutter; il la sépara en divers quartiers, pour la commodité de la subsistance, et le 2 septembre il envoya à la cour ses projets pour l'établissement des quartiers d'hiver et la distribution des officiers généraux.

Le 13 du même mois, il fut informé par un correspondant, auquel il pouvoit prendre confiance, que le prince de Bade avoit reçu des ordres de l'empereur de marcher aux lignes de la Lutter et de les attaquer. Sur cette nouvelle, le maréchal de Villars dépêcha un courrier au roi et lui proposa le dessein qu'il avoit de sortir de ses lignes pour donner bataille aux ennemis, supposé qu'ils marchassent aux lignes, dont la défense ne l'embarrassoit point, parce qu'il étoit sûr de leur bonté.

On pourroit être surpris que, s'étant trouvé par l'inégalité de ses forces hors d'état de songer au siège de Landau lorsque le roi avoit voulu qu'on l'entreprît, le maréchal se crût assez fort quelque temps après pour donner bataille au prince de Bade. Mais il faut expliquer ici que ce prince étant obligé de laisser une partie de son armée pour garder les lignes de Stoloffen, celle qu'il menoit pour attaquer les lignes de la Lutter n'étoit qu'égale à celle du maréchal de Villars, et fort inférieure en qualité. Ainsi il n'y avoit point de contradiction à s'opposer au siège de Landau, et à proposer de livrer bataille à l'ennemi, parce que, dans le premier cas, le prince de Bade avoit toutes ses forces réunies, et que, dans le second, elles étoient nécessairement partagées. Le maréchal disoit donc que, les ennemis étant obligés de laisser un certain nombre de troupes pour garder le Rhin et leurs lignes de Stoloffen, ils ne pouvoient venir à celles de la Lutter qu'avec une supériorité médiocre en nombre ; qu'il la comptoit tout entière de son côté par la qualité de ses troupes ; que, s'il étoit heureux, il passeroit le Rhin ; qu'il emporteroit sans difficulté les lignes de Stoloffen ; qu'il entreroit dans l'Empire et qu'il pourroit faire le siège de Philisbourg ; que, s'il perdoit la bataille, il n'en coûteroit que les lignes de la Lutter, et tout au plus celles de la ville de Lutterbourg, les ennemis n'ayant pas assez de munitions et d'artillerie pour de plus grands desseins, sans compter que la saison étoit d'ailleurs trop avancée pour leur permettre de former aucune entreprise, et qu'enfin Philisbourg pris, l'Empire étoit ouvert.

Le 14 septembre, les ennemis marchèrent avec toutes leurs forces et vinrent camper à Camdel[1], et le maréchal de Villars alla reconnoître leur armée. Il

---

1. Kandel, à douze kilomètres N.-E. de Wissembourg.

fit marcher devant lui Chervary, lieutenant-colonel de houssards, très brave homme, qui trouva cent Maîtres, les chargea et les mena battant jusque dans leur camp. Deux jours après, le courrier du maréchal, qui avoit fait une extrême diligence, lui apporta des lettres du roi qui lui ordonnoient de se borner à la défense de ses lignes et de ne se pas commettre au sort toujours incertain d'une bataille.

Le 16, les ennemis marchèrent à Hagembach, et l'on prit un de leurs courriers à l'empereur, par lequel on apprit que le général Thungen mandoit que, suivant les ordres qu'il avoit eus, il avoit marché à nos lignes, mais qu'il n'avoit pas cru devoir entreprendre une attaque, vu les dispositions que le maréchal de Villars avoit faites. Quelques lettres des principaux officiers de l'armée impériale parloient de la défaite de l'armée du roi devant Turin, nouvelle qui commença à donner de grandes inquiétudes au maréchal de Villars, bien qu'il ne pût imaginer que le prince Eugène, avec une armée si inférieure à celle du roi, eût trouvé moyen de passer tant de rivières sans obstacle.

Cependant cette mauvaise nouvelle ne se trouva que trop véritable. Le prince Eugène passa le Pô et ensuite la Doire, sans que le maréchal de Marcin tirât une seule troupe de 40 bataillons qu'il avoit au delà du Pô. On trouva moyen de n'en opposer que 20 aux ennemis, et pour défendre le côté le moins fortifié.

Albergotti[1] commandoit au delà du Pô et devoit

---

1. Fr.-Zénob-Phil., comte d'Albergotti, né en 1654, lieutenant général en 1702, servit sous Vendôme en Italie, sous Villars en

lui-même se dégarnir, sachant bien que, les ennemis ayant passé cette rivière, il marchoit à la Doire et n'avoit rien à craindre. Cet officier général avoit eu la principale confiance de M. de Luxembourg et de M. de Vendôme. Il avoit du manège, et on lui vouloit croire beaucoup d'esprit, plus sur son silence et sur ses mines que sur ses discours. Il a servi depuis cela dans les dernières campagnes de la guerre sous le maréchal de Villars, qui avoit connu le faux et la malignité de son esprit, même par des expériences dangereuses, comme on le verra dans la suite. Albergotti, après le maréchal de Marcin, contribua plus que personne à la levée du siège de Turin; malheureuse journée qui coûta l'Italie entière aux deux couronnes; car le duc d'Orléans pensoit juste sur les mouvements des ennemis, et pressa le maréchal de Marcin de faire joindre la plupart des troupes d'Albergotti. Mais le maréchal de Marcin s'opposa de toutes ses forces à ce conseil et paya de sa vie son opiniâtreté. On abandonna tout le canon, toutes les munitions, et l'armée se retira sous Pignerolles.

Le maréchal de Villars, après avoir représenté encore une fois qu'en suivant ses projets, qui étoient de demeurer sur la défensive en Flandres, l'on auroit évité les malheurs qui y étoient arrivés, fit voir par des raisons très solides que l'intérêt du roi vouloit que l'on fît les efforts les plus considérables contre l'Empire, la campagne suivante.

Le prince de Bade avoit reçu de très grandes morti-

Flandre et à Fribourg, fit une belle défense dans Douai (1706), mourut en 1717.

fications de la part de l'empereur après les mauvais succès du commencement de la campagne. Les lignes forcées, Haguenau, Drusenheim et plusieurs autres petites places prises avec les garnisons à discrétion, l'artillerie destinée à faire un siège et toutes les munitions perdues, tout cela avoit donné des forces à la malignité des ennemis de ce général à la cour de l'empereur. On envoya Schlick, commissaire général, avec des ordres assez fâcheux pour le prince de Bade, et tant de chagrins joints à une santé affaiblie l'accablèrent à tel point qu'il ne voulut pas servir les derniers mois de la campagne. Il mourut enfin au commencement de l'année 1707. Ce prince avoit beaucoup de valeur et l'esprit de guerre. Il avoit acquis de la gloire dans les guerres de Hongrie ; mais la dernière contre la France lui avoit été entièrement malheureuse.

Le maréchal de Villars envoya un lieutenant-colonel et un commissaire des guerres pour traiter l'échange général des prisonniers avec des officiers impériaux du même caractère. Les ennemis avoient d'abord été très difficiles sur cela, mais ils devinrent plus traitables, le maréchal de Villars leur ayant fait plus de 5,000 prisonniers.

L'armée ennemie campée à Hagembach[1] souffroit beaucoup par le manque de fourrage et par la quantité de malades que causoit un long séjour dans les marais. Les généraux avoient demandé un ordre au prince de Bade pour repasser le Rhin, et il les avoit renvoyés à l'empereur, disant que, les derniers mouve-

1. Petite ville sur le Rhin au-dessous de Lauterbourg.

ments n'ayant pas été par ses ordres, il n'en vouloit pas donner pour la séparation de l'armée à laquelle il arriva une augmentation de troupes saxonnes que le roi de Suède avoit chassées de leur pays, et d'un corps de Moscovites que l'on voyoit sur le Rhin pour la première fois.

Sur la nouvelle qu'eut le maréchal de Villars, par un partisan des ennemis, qu'ils avoient dessein de se saisir d'une île du Rhin au-dessus de Brisac et d'entrer dans la Haute-Alsace, il envoya ce partisan aux commandants de Brisac et d'Huningue, avec des ordres qui contenoient les mesures nécessaires pour traverser ce projet.

Le 2e novembre, les commissaires de France et de l'Empire, assemblés à Offembourg pour régler un cartel pour les prisonniers, signèrent un traité que les généraux de l'empereur désavouèrent. Ainsi cette négociation fut suspendue.

Les ennemis ayant commencé à renvoyer leurs gros bagages au delà du Rhin, le maréchal de Villars fut informé que leur armée devoit repasser ce fleuve. Le 15e, il disposa un assez grand nombre de troupes afin de pouvoir attaquer leur arrière-garde. Mais, sur quelques avis de ce mouvement, les ennemis demeurèrent en bataille toute la journée et marchèrent la nuit du 16e au 17e. Comme ils n'avoient qu'un petit bras du Rhin à passer pour se mettre en sûreté, la nuit leur en donna une facilité entière.

Le maréchal de Villars fit occuper Hagembach et sépara l'armée entière le 17e novembre. Après avoir donné ses ordres pour les dispositions de la frontière, il alla visiter les postes de la Saare et demanda que son congé lui fût envoyé à Metz, où il devoit se rendre dans les derniers jours de novembre.

Le 24ᵉ de ce mois, il fut informé de la distribution des quartiers d'hiver des ennemis. Ils avoient 45 bataillons de campagne, depuis Mayence jusqu'aux lignes de Stoloffen, et 70 escadrons. Le reste alla prendre des quartiers d'hiver en Bavière et dans les montagnes Noires.

Le maréchal de Villars fit dire secrètement aux soldats prisonniers qui étoient dans l'Empire qu'ils pouvoient prendre parti chez les ennemis. Il étoit bien sûr qu'ils ne perdroient pas les premières occasions de s'échapper, et d'ailleurs il vouloit éviter au roi la dépense de les nourrir assez chèrement chez les ennemis. Ensuite, il fit occuper Bitche, place très importante par sa situation, et se rendit à la cour le 8 décembre.

Ainsi finit l'année 1706, la plus malheureuse qu'ait eue la France sous le règne du roi. Premièrement par la levée du siège de Barcelonne, où l'on perdit plus de cent pièces de vingt-quatre, et qui pouvoit enlever la couronne d'Espagne à Philippe V. Ce siège fut commencé trop tard et l'on y fit une faute capitale qui fut d'attaquer le Montjoui plutôt que la ville.

Ensuite, la malheureuse bataille de Ramillies entraîna la perte entière de la Flandre espagnole et de plusieurs places de France, enfin la surprenante levée du siège de Turin mit le comble à nos disgrâces pour s'être obstiné encore à attaquer, d'abord par la citadelle, une des meilleures places de l'Europe, au lieu de commencer par la ville.

On ne peut se prendre de tant de malheurs à la seule

fortune. Pendant que les généraux françois faisoient des fautes considérables, la conduite du prince Eugène et de Marlborough fut très hardie. Ils connurent l'un et l'autre par une heureuse expérience qu'il y a dans les combats un si grand avantage à attaquer que l'on ne doit jamais y manquer, à moins que l'on ne trouve moyen d'amener l'ignorance d'un ennemi à nous attaquer dans un poste inaccessible.

L'union de l'Écosse et de l'Angleterre fut encore un des grands événements de cette année. Le roi Guillaume qui avoit formé ce dessein n'avoit pu l'exécuter. La roine Anne fut plus heureuse. Les principaux articles de l'union étoient qu'à commencer au mois de mai 1707, les deux royaumes n'en feroient plus qu'un, qu'il n'y auroit qu'un Parlement sous le nom de Parlement de la Grande Bretagne; qu'il tiendroit ses séances en Angleterre où l'Écosse enverroit ses députés qui céderoient le pas aux Anglois, et où les décisions se feroient à la pluralité des voix, quoique l'Écosse ne pût avoir que soixante députés, et que le nombre des autres ne fût point borné.

Pierre II, roi de Portugal, mourut dans ce même temps, et son fils aîné lui succéda sous le nom de Jean IV.

1707. Dans les premiers jours de l'année 1707, le comte de Villars[1], chef d'escadre, fit attaquer les rebelles de Minorque retranchés au nombre de 5,000 devant le fort Saint-Philippe, et les força dans leurs lignes.

Le maréchal de Berwick s'étant avancé près de

1. Armand de Villars, frère du maréchal.

Chinchila à dessein de jeter du secours dans le château de Villena sur la frontière de la Nouvelle Castille, milord Galloway et Das Minas qui en faisoient le siège marchèrent à lui et l'attaquèrent dans la plaine d'Almanza. L'action fut très vive, mais les alliés après une vigoureuse résistance prirent la fuite[1]. Il n'y eut que 13 bataillons qui firent la retraite avec assez d'ordre sur la hauteur de Caudeté, où ils furent enveloppés le lendemain à la pointe du jour et contraints de mettre les armes bas. Milord Galloway, qui avoit reçu deux coups de sabre au visage, gagna Tortose en diligence avec les débris de l'armée affaiblie de plus de 12,000 hommes. Le duc d'Orléans marchoit alors pour venir prendre le commandement général de l'armée des deux Couronnes ; mais il n'arriva que le lendemain de l'action, et il entra aussitôt dans le royaume de Valence dont la capitale lui envoya faire sa soumission.

Après cet heureux succès, il marcha en diligence vers l'Aragon. Les députés de Sarragoce vinrent se soumettre et la ville ouvrit ses portes, en sorte qu'une seule victoire enleva aux ennemis les royaumes de Valence et d'Aragon. Il en coûta à ces royaumes reconquis de grosses sommes d'argent et leurs anciens privilèges, le roi d'Espagne ordonnant qu'à l'avenir ils seroient gouvernés selon les lois de Castille.

Le maréchal de Villars, avant que de partir de la cour, avoit mandé au comte de Broglio, qui commandoit dans la Basse-Alsace, d'examiner tout ce qui pourroit être tenté avec apparence de succès pour attaquer les lignes de Stoloffen. Le prince de Bade y

---

1. Le 25 avril 1707.

avoit travaillé pendant plusieurs années et n'avoit rien omis de ce qui pouvoit les rendre imprenables. Il les avoit commencées après la prise du fort de Kell et après l'entrée du maréchal de Villars dans l'Empire.

Ce prince, sans contredit le plus habile des généraux de l'empereur et qui commandoit ses armées avec celles de l'Empire dans toute l'Allemagne, étoit mort au commencement de l'année, et le marquis de Bareith lui avoit succédé dans le commandement.

Le comte de Broglio eut ordre du maréchal de Villars de se trouver à son arrivée à Saverne avec les autres généraux qui avoient commandé sur les frontières. Ce lieutenant général avoit fait pour l'attaque des lignes de Stoloffen un projet qui parut très solide au maréchal de Villars. Ainsi il le renvoya vers Lauterbourg pour étudier mieux encore les mesures qu'il convenoit de prendre, et cela avec le plus grand secret qu'il seroit possible.

Il avoit appris en arrivant sur la frontière que dès le premier mai les ennemis avoient fait camper leurs troupes derrière les lignes de Stoloffen; que le marquis de Bareith étoit arrivé à Hailbronn, le duc de Wirtemberg à Rastat et le maréchal de Thungen à Philisbourg.

Le maréchal fit camper dès le 16 mai 50 escadrons au delà du Rhin. La nécessité des fourrages le demandoit ainsi, parce que ceux des magasins du roi étoient épuisés et que d'ailleurs cette disposition convenoit au projet qu'il méditoit.

Il partit de Strasbourg le 16 mai et alla joindre le comte de Broglio à Lauterbourg.

Le maréchal alla ensuite visiter les bords du Rhin,

accompagné du comte de Broglio et du s^r de Vivans, les seuls qui eussent connoissance du projet médité.

Le comte de Broglio avoit reconnu une île du Rhin[1] à laquelle on pouvoit faire arriver les bateaux. Après un bras de ce fleuve très facile à traverser, on trouvoit une belle plage assez étendue sans être couverte de bois, de manière que la descente étoit aisée.

Le plus grand obstacle étoit d'en cacher le dessein aux ennemis étendus sur tous les bords du Rhin de leur côté, et ayant un pont à l'île de Daxlante[2] de manière qu'aucun bateau ne pouvoit passer sans être aperçu. Le maréchal de Villars avoit sur des haquets un pont de bateaux portatifs. Mais le mouvement de ce pont une fois connu des ennemis, ils faisoient marcher leurs troupes à mesure pour se placer dans l'endroit où l'on voudroit jeter ce pont. Ainsi, pour le faire marcher sans être aperçu, le maréchal fit couvrir par des broussailles certains endroits que les ennemis pouvoient découvrir, et y fit camper peu de troupes qui paroissoient se mettre à couvert par des feuillées[3].

Les chevaux qui devoient tirer les haquets furent commandés le matin et arrivèrent le soir. Les charretiers avoient ordre en certains endroits de ne pas même donner un coup de fouet et de ne pas dire un seul mot. On fit défense d'allumer les pipes la nuit, et l'on

---

1. L'île de Neubourg, près de Lauterbourg.
2. Erreur du copiste; Daxlanden est près de Carlsruhe. C'est de l'île de *Dahlunden,* située en face de Stollhofen, que l'ennemi surveillait les mouvements de Villars.
3. En outre, un canal latéral au Rhin avait été creusé entre Seltz, Drusenheim et Wantzenau, pour faciliter les transports et les dérober à l'ennemi. (Pelet, VII, 190.)

nomma des officiers sages et attentifs pour faire observer ces ordres avec la dernière exactitude.

En effet, les haquets sur lesquels étoient les soixante bateaux arrivèrent près de Lauterbourg, et il faut remarquer qu'on tenoit des îles qui permettoient de les mettre dans un bras du Rhin sans que les ennemis pussent s'en apercevoir. Toute la journée qui avoit précédé cette marche, on avoit des ordres le long de la Lutter de laisser entrer dans les barrières tout ce qui viendroit du pays ennemi, mais de ne laisser sortir personne. On observa le long du Rhin qu'aucun petit bateau ni *vedelin* ne pût passer aux ennemis.

On embarqua sur les 60 bateaux 1,800 hommes qui abordèrent de front, la bayonnette au bout du fusil. Cent hommes des ennemis qui étoient sur le bord s'enfuirent aussitôt, et ce fut leur fuite seule qui avertit les généraux de ce qui se passoit.

Les ennemis firent marcher 2,000 hommes pour attaquer nos gens. Mais ceux-ci, après leur descente, s'étoient retranchés sur le bord avec tant de diligence que les ennemis ne crurent pas les pouvoir emporter.

La veille de l'attaque, le maréchal donna un grand bal à toutes les dames de Strasbourg, en sorte que, tout ce qu'il y avoit d'officiers, même les généraux, n'étoient occupés que de la fête. Pour lui, il appeloit les uns après les autres les généraux qui devoient marcher et leur donnoit ordre de ce qu'ils avoient à faire. En sortant du bal à trois heures du matin, il monta à cheval et joignit à une lieue de Stoloffen l'armée qui s'étoit ébranlée dès minuit.

Le s^r de Pery, qui commandoit vers le Fortlouis,

se présenta avec un corps de troupes et quelques bateaux vis-à-vis de Selingen[1], et le marquis de Vieuxpont[2] à l'île de Talunte[3]. Enfin, ces diverses attaques partagèrent 40 bataillons des ennemis. Il est vrai qu'il manquoit plusieurs officiers généraux à l'armée du roi, mais, comme le secret et la diligence étoient nécessaires, le maréchal ne trouva pas à propos pour cela de différer l'exécution.

Le 21 mai, le maréchal de Villars marcha droit à Bihel. Il y arriva dans le même temps que le comte de Broglio attaquoit le marquis de Bareith[4].

Ce général, averti de la descente des bateaux et

1. Söllingen, petite ville située en face du Fort-Louis.
2. Guil.-Alex., marquis de Vieux-Pont, maréchal de camp en 1702, puis lieutenant général en 1710, servit constamment sous Villars de 1703 à 1713 ; il mourut en 1728, à soixante-quinze ans.
3. Dahlunden.
4. Le passage du Rhin se fit sur quatre points : Villars passa le 21 à Kehl et marcha aux lignes de Stollhofen pour les attaquer de front ; Broglie passa le 22 à Lauterbourg pour les prendre à revers : Péry, par l'île du marquisat, et Vieux-Pont, par celle de Dahlunden, menacèrent leur flanc ; l'attaque générale eut lieu le 23, l'ennemi ne l'attendit pas. Voir la dépêche du 25 par laquelle Villars rend compte au roi de toute l'opération (Pelet, VII, 209) ; il se loue beaucoup de Broglie : « Il mérite d'être élevé, il est du caractère de ceux que le bien de votre service veut que l'on songe à mettre en place ; il est fâcheux que le nombre en soit si rare. » Quelques jours plus tard il écrivait à Chamillart : « Si S. M. ne veut pas avancer M. de Broglie pour le moment, ne seroit-il pas juste de luy donner une gratification sur les contributions, avec une lettre de vous qui lui permît d'espérer que ce ne sera pas la seule récompense que recevront ses mérites ? » Malgré ces chaleureuses recommandations, Broglie se crut oublié par Villars et écrivit à Chamillart, le 11 juin, une lettre où il se donne tout le mérite du succès de Stollhofen. (*Dépôt de la guerre,* vol. 2027, n⁰ˢ 121 et 131.)

surpris des attaques diverses et inopinées le long du Rhin, abandonna les lignes dans lesquelles l'armée du roi entra. On y trouva une quantité prodigieuse d'artillerie, de toutes sortes de munitions et plus de 50 pièces de canon.

Les pièces de 24 que le prince de Bade avoit tirées de la ville d'Augsbourg furent trouvées dans les magasins de Bihel avec plus de 40 milliers de poudre et le camp étoit tendu presque partout. On trouva quantité d'habillements de régiments tous complets, un pont portatif avec tous les haquets estimés plus de 100,000 francs et quantité de magasins de farine et d'avoine. Mais ce qu'il y eut de plus étonnant, c'est que ce grand et heureux succès ne coûta pas un seul homme. Il est pourtant certain que l'art et la nature rendoient les lignes de Stoloffen presque inattaquables. Elles étoient couvertes d'inondations, depuis le pied de la montagne jusqu'au Rhin.

Le maréchal de Villars fut obligé de donner trois jours à Rastat pour préparer ses vivres et pour faire travailler à un fort à Selingen, afin d'assurer le commerce du Fortlouis. Il détacha sur-le-champ Verseilles avec 500 chevaux, qui trouva l'armée ennemie se retirant en désordre, tua beaucoup de soldats et fit un grand nombre de prisonniers.

Le 23 mai, l'armée arriva à Rastat où étoit le palais magnifique du prince de Bade. On le trouva tout meublé avec plusieurs équipages de la princesse de Bade et de ses enfants. Le maréchal lui envoya tout à Etlingen où elle s'étoit retirée.

Après les trois jours passés à Rastat, le maréchal de Villars envoya des ordres aux villes de Stutgard, d'Heidelberg et aux régences de ces deux grandes villes de préparer chacune dix mille sacs de farine et de les faire voiturer dans les lieux indiqués sous peine des plus dures exécutions militaires. Il fut exactement obéi, et l'on voyoit passer les chariots au milieu des troupes ennemies sans qu'elles osassent s'y opposer pour ne pas exposer leur propre pays à une ruine et à une dévastation certaines [1].

Le maréchal envoya des mandements pour les contributions à plus de 40 lieues à la ronde, en Franconie, en Souabe, et, comme il avoit imposé des contributions à ces divers États lorsqu'il entra dans l'Empire en 1703, il demanda les années qui n'avoient pas été payées depuis que les armées du roi en avoient été chassées après la seconde bataille d'Hochstet.

Ce qui paroissoit le plus important et le plus nécessaire au maréchal de Villars étoit d'établir une sévère discipline dans l'armée, parce qu'il n'y a que l'ordre seul qui fasse subsister dans le pays ennemi lorsqu'on ne peut rien tirer de ses propres magasins. Il fit donc assembler les bataillons et parla aux soldats de manière que la plupart le pussent entendre. « Mes amis, leur dit-il, j'ai traversé l'Empire il y a

---

[1]. Dans sa dépêche au roi, du 25 mai, Villars avait exposé son grand projet d'excursion au delà de Francfort, sur les territoires des princes de Hesse-Darmstadt et de l'électeur palatin, pour les « châtier. » « Je ne serai que huit jours à cette expédition et reviendrai ensuite chez M. le duc de Wirtemberg, lequel aura, pendant ce temps, pu faire ses réflexions. Quand je dis châtier ces princes, ce n'est point du tout par brûler ni dévaster leurs États, mais en tirer beaucoup d'argent au profit de V. M. Le roi de Suède a trouvé que c'était la meilleure des punitions, et ce sera la seule que je prendrai la liberté de conseiller à V. M. »

trois ans. Vous savez que votre sagesse permettoit aux paysans d'apporter au camp tout ce qui vous étoit nécessaire. Nous rentrons dans ce même Empire, nous ne pouvons plus compter sur nos magasins. Si vous brûlez, si vous faites fuir les peuples, vous mourrez de faim. Je vous ordonne donc pour votre intérêt, et pour celui du roi, d'être sages; et vous voyez bien vous-mêmes l'importance qu'il y a que vous le soyez. J'espère aussi que vous comprenez les bonnes raisons que je vous dis. Je dois commencer par vous instruire; mais, si ces raisons ne vous contiennent pas, la plus grande sévérité sera employée, et je ne me lasserai pas de faire punir ceux qui s'écarteront de leur devoir. »

Ce discours fit impression sur l'esprit du soldat et l'armée demeura dans une discipline si exacte que l'on ne fut obligé à aucun exemple.

Le 27 mai, le maréchal apprit que les ennemis étoient derrière Phorzheim. Il laissa le s^r de Quadt avec un petit corps de cavalerie sur la Lutter pour couvrir l'Alsace. On trouva des magasins de farine des ennemis, assez considérables, dans les petites villes d'Etlingen et de Kupenheim.

Comme l'armée passoit près d'Etlingen où étoit la princesse de Bade, le maréchal alla lui rendre une visite. Il la trouva dans la vive douleur de la perte d'un mari très respectable et qui l'aimoit fort.

Le 29 mai, il envoya le marquis de Vivans[1] avec

1. Jean de Vivans de Noaillac, lieutenant général de 1704, servit sous Villars jusqu'à la fin de la guerre, se distingua à la prise de Fribourg en 1713.

1,500 chevaux sur la route de Phorzheim. Cet officier eut avis que 500 chevaux des ennemis étoient près de Dourlac. Il marcha à eux avec une partie de son détachement et, malgré une assez grande résistance de cette cavalerie qui avoit un défilé devant elle, il la défit entièrement. Les comtes Garlo et Berlo, lieutenant-colonel et major, furent pris, le premier dangereusement blessé. Sept ou huit autres officiers furent aussi faits prisonniers. Le marquis d'Andezy, mestre de camp de nos troupes, et le marquis de Lagny, capitaine de cavalerie, furent tués dans cette action. Le marquis de Vivans suivit les ennemis et trouva quatre pièces de canon qu'ils avoient abandonnées.

Le dernier mai, le maréchal campé à Kretsingen[1] apprit que les ennemis étoient campés à Mulaker sur la rivière d'Ents. Il fit une marche forcée pour s'approcher d'eux et alla camper à Phorzheim où l'on trouva un très gros magasin de poudre et de bombes. Là, il sut que les opinions des généraux ennemis étoient fort partagées. Les ducs de Wirtemberg et de Dourlac vouloient attendre et combattre dans le poste où ils étoient, et le marquis de Bareith, général, vouloit absolument se retirer. Le maréchal de Villars, en arrivant à Phorzheim, apprit que l'ennemi avoit quitté son camp à la pointe du jour et s'étoit éloigné de près de six lieues. L'infanterie du maréchal ne put arriver qu'à l'entrée de la nuit, et il fut obligé de séjourner deux jours pour se donner le pain nécessaire pour aller en avant.

Le 4 juin, il alla camper à Schweibertingen et le 6

1. Grötzingen, village à côté de Durlach.

à Wahingen[1] seulement avec la cavalerie et les dragons, l'infanterie n'ayant pu suivre faute de pain.

Il envoya des officiers pour rassurer les duchesses et princesses de Wirtemberg dans Stutgard, où l'on conserva tout ce qui pouvoit appartenir au duc de Wirtemberg, dont le palais étoit tout meublé. Sa ville grande et riche fut conservée avec soin.

Le 7e, le maréchal alla camper à Stutgard, laissant derrière lui les États des électeurs Palatin, de Mayence, des princes de Bade, de Dourlac et partie du Wirtemberg auxquels il imposa de grandes contributions.

La régence de Wirtemberg convint de donner pour sa part deux millions cinq cent mille livres.

Dès le 5e juin, le maréchal de Villars avoit écrit une lettre très forte et ci-jointe aux magistrats de la ville d'Ulm :

La dureté que vous avez exercée, Messieurs, contre M. d'Argelos et autres prisonniers, méritoit des punitions sévères. Si je me laissois aller à celles qu'exige la justice, puisque contre toute sorte d'équité vous avez retenu M. d'Argelos et quelques autres François, malgré une capitulation faite avec M. le baron de Thungen, feld maréchal général de l'empereur; si vous n'obéissez pas dans le moment à l'ordre que je vous donne de me renvoyer M. d'Argelos et les autres prisonniers retenus malgré la capitulation, je laisserai dans vos terres des exemples nécessaires à gens qui, aveuglés de quelque prospérité, oublient les sacrés devoirs des capitulations; ce sera de mettre à feu et à sang les villes, bourgs et villages qui vous appartiennent. Faites-vous justice à vous-mêmes, et par là évitez la mienne.

---

1. Vaihingen, village près de Mühlacker, où l'armée, sous la conduite de Saint-Frémont, campa le 5, pendant que Villars, avec la cavalerie, se portait à Schwieberdingen et à Stuttgard.

La régence d'Ulm obéit à l'instant et renvoya les prisonniers qu'elle retenoit.

Après la seconde bataille d'Hochstet et la prise de cette ville par les impériaux, les magistrats d'Ulm contre la capitulation avoient retenu le sʳ d'Argelos, brigadier d'infanterie et colonel de Languedoc, avec plusieurs officiers françois qu'ils traitoient même assez durement. Les menaces du maréchal de Villars tirèrent ces messieurs de la dure prison où ils étoient depuis quatre ans enfermés.

Le maréchal de Villars détacha le marquis de Vivans avec douze escadrons à la tête du Fortlouis, pour protéger la construction d'un fort qu'il fit élever à Selingen et pour assurer les convois qu'il tira de nos magasins dans les commencements. Le sʳ de Quadt, outre cela, étoit avec six escadrons et quatre bataillons sur les lignes de la Lutter pour couvrir toujours l'Alsace.

Le 10ᵉ juin, l'armée du roi alla camper à Stutgard et l'armée ennemie continua à s'éloigner. Elle quitta le camp de Schwabsgemundt[1] le même jour que celle du roi arriva à Stutgard. Le maréchal envoya des mandements pour les contributions dans toute la Souabe et la Franconie. Afin même de faire mieux obéir à ces mandements, il donna ordre au sʳ d'Imécourt d'aller avec 1,500 chevaux au delà du Danube. Il passa ce fleuve au-dessus d'Ulm, et le comte de Broglio [marcha] avec un pareil nombre au delà du Tauber, afin de soumettre par ce moyen toute la

---

1. Gmündt de Souabe, petite ville à cinquante kilomètres est de Stuttgard. La forme Schwabsgemundt se trouve aussi dans les lettres de Villars. Les correspondances des autres généraux portent simplement Gemundt ou Gmund.

Franconie. On apprit alors que l'armée ennemie campée à Schwabsgemundt s'étoit encore éloignée et campoit trois lieues au delà à Bergen.

Le comte de Broglio eut ordre d'envoyer des détachements de cavalerie et de hussards dans les plaines de Hochstet. Comme le bruit s'étoit répandu, qu'on avoit même lu dans les Gazettes et Mémoires de Hollande que les ennemis, après la seconde bataille d'Hochstet, avoient fait élever une pyramide sur le champ de bataille avec des inscriptions à la honte des François, ces détachements eurent ordre d'examiner soigneusement si cette pyramide subsistoit et de la détruire en cas qu'on l'eût élevée. Mais ils ne trouvèrent rien qui eût donné lieu à ce qui avoit été imprimé dans les nouvelles de Hollande.

Le 16, le maréchal de Villars marcha à Schorndorff, place appartenant au duc de Wirtemberg. Elle est entourée de six bastions bien revêtus, d'un fossé revêtu de même et soutenu d'un très bon château. Le siège d'une telle place étoit un peu difficile à une armée qui n'avoit que quatre pièces de batteries et même fort peu de boulets. Aussi la plupart des officiers généraux s'opposèrent-ils à l'attaque.

Le maréchal de Villars, bien résolu à ne pas s'opiniâtrer à ce siège, si les ennemis étoient déterminés à une bonne défense, voulut aussi essayer ce que la terreur pouvoit leur inspirer. Il fit donc ouvrir la tranchée et dire à la duchesse de Wirtemberg que, si cette place attendoit le premier coup de canon, elle serviroit d'un exemple terrible à qui osoit arrêter l'armée du roi. Les ennemis firent un assez gros feu de canon pendant deux jours. Au troisième, les magistrats sortirent pour dire que le commandant ne vouloit pas se rendre. Ils trouvèrent le maréchal à la tête de la tranchée où l'on portoit quantité de fascines. Il leur dit qu'il alloit faire combler le fossé et que, si le commandant de l'empereur ne rendoit pas la place, il feroit tout passer au fil de l'épée.

Deux heures après, la terreur des magistrats s'étant communiquée au commandant, il rendit la place. Le maréchal, en ayant fait le tour, la trouva si bonne qu'il regarda comme un bonheur de ne l'avoir pas connue, puisqu'il n'eût pas été prudent de l'attaquer. Il y trouva une très grosse artillerie et beaucoup de munitions de guerre et de vivres.

Le 20 juin, le maréchal, informé que le lieutenant général Janus étoit campé avec un corps de 5,000 hommes à l'abbaye de Lorch où il étoit retranché ayant une rivière devant lui, résolut néanmoins de l'attaquer. Mais, comme il falloit surprendre les ennemis de manière qu'ils ne pussent être soutenus de leur armée, ni se retirer si on les attaquoit, il donna ordre que personne ne sortît du camp et, sans parler de son dessein, il fit commander 15 bataillons, les dragons du colonel général, et de la Vrillière, et les brigades de cavalerie de l'Isle, et de Saint-Pouanges avec MM. de Saint-Frémont et de la Chatre pour lieutenants-généraux, les s^{rs} de Vieuxpont et de Broille[1] pour maréchaux de camp, et de Nangis. Il envoya d'abord Verseilles avec les houssards,

---

1. Le chevalier de Broglie, frère du comte de Broglie, maréchal de camp comme lui. L'orthographe est curieuse comme indiquant la prononciation du nom.

300 chevaux et 200 grenadiers, avec ordre en approchant de l'ennemi de se placer comme si c'étoit une escorte de fourrage.

Le maréchal de Villars marcha à la tête des dragons. Verseilles trouva 300 chevaux et quelques houssards; il les poussa jusqu'aux retranchements des ennemis.

La cavalerie et les dragons avoient ordre de porter des faulx et de marcher comme des fourrageurs cachant leurs étendards. Dès que l'on fut à une demi-lieue des ennemis, ces troupes se séparèrent comme pour fourrager, de manière que le général Janus, qui avoit vu l'armée du roi campée sur les dix heures du matin, compta toujours que c'étoit du fourrage. Il laissa approcher les premiers détachements sans prendre d'autres précautions que de faire monter sa cavalerie à cheval. Le maréchal de Villars, voyant qu'il ne songeoit pas à s'éloigner, fit approcher les dragons du détachement de Verseilles sans former des escadrons. Ainsi, il posta ses troupes assez près des ennemis pour qu'il ne leur fût plus possible de se retirer.

Alors il envoya ordre à tout ce qui étoit répandu dans la plaine de se former, fit sonner les trompettes, lever les étendards et se mit en bataille sur le bord du ruisseau qui couvroit les ennemis. Ils marchèrent sur le bord; le ruisseau n'étoit pas difficile, on le passa et on renversa les ennemis à la première charge. L'infanterie attaqua l'abbaye de Lorch et l'investit. Le général fut pris et blessé et tout son corps entièrement défait. Le maréchal de Villars se loua fort des officiers généraux, surtout de M. de Frémont, de Broglio, Nangis, Pezeux[1] et des dragons du colonel général qui avoient la tête de l'attaque.

Le 23, le maréchal de Villars, informé que l'armée ennemie étoit toujours à trois lieues au delà de Schwasgemundt, marcha le même jour avec la cavalerie et campa à Schwasgemundt, après avoir envoyé ordre au marquis de Hautefort de marcher avec le reste de l'armée pour le joindre. Elle n'arriva à Gemundt qu'à l'entrée de la nuit.

Le jour suivant, le maréchal, ayant appris sur les deux heures après minuit que les ennemis avoient marché la nuit, partit dans le moment avec la plus grande partie de la cavalerie pour joindre leur arrière-garde. Elle fut attaquée et l'on défit leurs dernières troupes. Un lieutenant-colonel du régiment de Médicis fut pris avec cinq capitaines de divers corps.

On tua un assez grand nombre des ennemis, on ramena 150 prisonniers et plus de 300 chevaux.

Il arriva alors une chose assez particulière ; c'étoit le jour de la Fête-Dieu, le marquis de Nangis, entrant dans un village avec 800 grenadiers, trouva le curé et les habitants en procession. Le curé s'arrêta pour donner la bénédiction, les grenadiers se mirent à genoux et, la bénédiction reçue, on marcha aux ennemis sans que le curé ni la procession parussent alarmés. Il est vrai qu'on avoit établi une discipline si exacte que les paysans ne prenoient plus la fuite.

Dans la situation où étoit le maréchal de Villars, il

---

1. Cleriadus de Pra-Balesseac, chevalier de Pezeux, était brigadier de dragons depuis 1704. Il se distingua à Fribourg (1713), lieutenant général en 1718, gouverneur de Lille, il mourut en 1742 à soixante-huit ans.

espéroit pousser bien loin ses conquêtes. Mais il reçut des ordres affligeants pour lui d'envoyer des détachements de son armée en Provence où l'armée de l'empereur étoit entrée. Ainsi, le moyen de s'étendre lui fut fermé, puisque de ses quarante bataillons il étoit obligé d'en détacher le quart au moins pour garder les villes qu'il prenoit et de ne pas demeurer sans communication avec les places.

Il avoit fait passer secrètement des avis au roi de Suède, qui étoit avec son armée en Saxe, et lui proposoit une jonction de ses forces à Nuremberg. Il faut convenir que, si ce prince eût pris ce parti, il étoit maître de l'Empire. Il avoit fait élire roi de Pologne le roi Stanislas, et jamais prince ne pouvoit se flatter avec plus d'apparence d'une grandeur sans bornes. Mais on sut depuis que son principal ministre, le comte Piper, avoit été gagné par Marlborough, et qu'il porta ce prince intrépide et jaloux de la gloire d'Alexandre à entreprendre de traverser autant de terres que ce fameux conquérant, comptant à son exemple attaquer des barbares. Mais les barbares que faisoit fuir Alexandre occupoient les plus riches contrées de la terre, et ceux que chassoit le roi de Suède ne lui abandonnoient que des déserts. De sorte que son armée, à demi défaite par la famine et par les rigueurs de l'hiver en traversant la Moscovie, périt enfin au siège de Pultowa. Ce prince, déjà blessé, se sauva, passa le Boristhème avec des peines infinies, se retira chez les Turcs à Bender où il essuya les plus grands périls et ne garantit sa vie que par une intrépidité dont on trouvera peu d'exemples dans l'histoire.

Un abbé vint joindre le maréchal de Villars de la part de ce prince, dont il lui apporta un portrait avec des compliments très gracieux et très flatteurs, mais il ne donna aucune espérance de jonction, ni de concert pour la guerre.

Sur ce que les ennemis attendoient des troupes de Saxe, le maréchal de Villars avoit demandé qu'on augmentât les siennes, mais au lieu de le fortifier par un nouveau secours, on lui redemandoit ce qu'il avoit de meilleures troupes, entre autres le régiment de Navarre. Il représenta au roi que ce qui marchoit de l'Empire n'arriveroit pas à temps pour sauver Toulon. Ces remontrances furent inutiles. La fatalité vouloit que, dès que le maréchal avoit rétabli les affaires du roi, on le mettoit hors d'état de mettre à profit pour de plus grands desseins les dispositions favorables où il s'étoit mis. On l'a déjà remarqué dans ce qui se passa après son entrée en Bavière, après la retraite de Marlborough sur la Moselle, après les lignes de Haguenau forcées et toutes les troupes qui défendoient cette place prisonnières de guerre.

Il lui fut donc impossible de marcher plus avant dans l'Empire. Le roi même lui marqua qu'il ne le désiroit pas, et confirma les ordres d'envoyer un détachement en Provence[1].

1. La cour était préoccupée de ces lointaines expéditions de Villars en Allemagne et aurait préféré qu'il se bornât à couvrir l'Alsace et à s'assurer les passages du Rhin : elle aurait voulu qu'il s'emparât d'Heilbronn. Le roi, par dépêches des 23 juin et 5 juillet, insiste pour ce siège (Pelet, VII, 222, 231). Villars, par lettre du 11 juillet (id., 232), démontre péremptoirement les inconvénients de cette opération et les avantages de celles qu'il a entreprises : « Je dois supplier très humblement V. M. de me

L'armée des ennemis fit un grand tour derrière les montagnes et se rapprocha de Mayence. Le maréchal de Villars marcha vers Winendal[1] et envoya vers Lauffen[2] le comte de Broglio qui trouva un corps des ennemis qui en approchoit. Il l'attaqua et en défit une partie. Le comte Fugger, lieutenant-colonel des impériaux, fut tué, et le comte de Broglio s'établit dans la petite ville de Lauffen.

Le 5 juillet, le maréchal marcha à Kretsingen et apprit que les ennemis marchoient si diligemment vers le Rhin qu'ils avoient fait près de 50 lieues en six jours. Il résolut de marcher à Heidelberg et à Manheim et sut que le duc de Wirtemberg avoit quitté l'armée avec de fortes plaintes contre le marquis de Bareith, général.

Le 7 juillet, il fit partir pour la Provence les troupes que le roi avoit ordonné d'y envoyer. Une armée ainsi diminuée ne pouvoit plus donner une grande terreur aux ennemis. Aussi ce détachement lui fit une véritable peine. Mais il falloit se soumettre aux ordres du maître.

Il alla à Heidelberg et envoya le comte Dubourg avec 2,000 chevaux à Manheim. Si ce comte avoit fait un peu plus de diligence, il seroit tombé sur 1,500 che-

---

pardonner la liberté de lui dire que je dois voir clair dans la guerre que je conduis; il n'y a pas à me reprocher d'avoir pris le mauvais parti..... je songe jour et nuit à tout ce qui peut être utile à V. M., et j'ose l'assurer que mon zèle me soutient contre beaucoup d'obstacles et de difficultés qu'on me fait et que je n'écoute pas. »

1. Winnenthal, près de Winnenden, petite ville à vingt kil. N.-E. de Stuttgard.

2. Sur le Necker, à trente kil. au N. de Stuttgard.

vaux avec lesquels le général Mercy se jeta dans Philisbourg; et, s'il avoit saisi, selon l'ordre qu'il en avoit, l'ouvrage à cornes que les ennemis avoient de l'autre côté du Rhin, vis-à-vis de Manheim, et que le maréchal de Villars prit quelques années après, le maréchal faisoit venir son pont portatif, l'établissoit à Manheim, moyennant quoi il occupoit Philisbourg et demeuroit le maître des deux bords du Rhin jusqu'à Mayence.

Il reçut dans son camp des députés de Souabe, Franconie et de la ville d'Ulm pour traiter des contributions, et il apprit aussi que les troupes d'Hanover et de Saxe approchoient du Rhin. On comprend aisément avec quelle joie les ennemis apprirent, de leur côté, que l'armée du roi étoit diminuée de plusieurs détachements envoyés en Provence.

Le 18 juillet, le maréchal alla camper à Manheim, que l'électeur palatin avoit commencé à fortifier. Le corps de la place étoit achevé, mais non les dehors. Cependant elle pouvoit être défendue; mais, quand il auroit pu s'y établir, la diminution de son armée par les détachements et l'augmentation considérable de celle de ses ennemis ne lui permettoient plus les mêmes projets. Il fut donc obligé de venir camper à Valdorff[1], où il fut rejoint par le comte de Cézanne[2], qu'il avoit envoyé avec un corps de troupes au delà du Nekre pour établir les contributions jusqu'à Francfort et le reste de la Franconie. Il envoya aussi occu-

---

1. Petit village dans la vallée du Rhin, à la hauteur de Spire.
2. L.-Fr. d'Harcourt, frère du duc d'Harcourt, né en 1677, blessé à Luzzara, maréchal de camp depuis 1704, fut lieutenant général en 1710 et mourut en 1714.

per les châteaux de Hornberg[1] et de Frideristat pour soutenir les partis qui étendoient les contributions, pendant que lui-même il alla camper à Brucsal pour assurer ses convois, que les ennemis auroient pu couper par Philisbourg. Les farines qu'il avoit tirées jusque-là des pays ennemis étoient consommées.

L'armée ennemie, augmentée de plus de dix mille hommes, passa le Rhin le dernier juillet et alla camper dans la place de Philisbourg; ainsi, il ne fut plus question pour le maréchal, affoibli par les détachements dont nous avons parlé, que de se conduire sagement et de prendre des postes où se trouvoit la sûreté avec la commodité des subsistances. Pour cela, il alla camper à Gotzau, où les députés de Wirtemberg vinrent le joindre et apportèrent le quatrième paiement de leurs contributions. Le prélat Osiander, un des principaux conseillers du duc de Wirtemberg, ayant demandé à entretenir le maréchal en particulier, lui dit que son maître songeoit à se retirer, lui et ses troupes, de la ligue contre la France, et qu'il espéroit le porter à exécuter bientôt un si sage dessein.

Le 15, l'armée du roi alla camper à Mulbourg[2], la droite vers Dourlac, que l'on occupa avec 1,200 fantassins, sous les ordres du marquis de Nangis.

Les ennemis marchèrent en même temps pour se saisir de cette ville, et le maréchal de Villars fut averti dans la marche que leur tête en étoit fort près. Cette nouvelle l'obligea à faire prendre le galop aux dra-

1. Dans la Forêt Noire, le même qui fut pris le 1er mai 1703. Voy. ci-dessus, p. 81.
2. Petit village entre Carlsruhe et le Rhin.

gons de Fimarcon, qui étoient à la tête de tout, et à les faire suivre par la brigade de Saint-Nicault.

Le maréchal de Villars y courut au galop et fit faire un grand bruit de timbales, de trompettes et de tambours qui persuadoit aux ennemis que l'armée entière arrivoit, ce que les bois dont les environs de Dourlac sont couverts ne leur permettoient pas de démêler. Aussi s'arrêtèrent-ils sur les hauteurs en deçà de Kretsingen. Sur une autre nouvelle que le maréchal reçut la nuit, savoir que l'armée ennemie se plaçoit sur Dourlac, il envoya dans le moment même un détachement de grenadiers pour fortifier les premières troupes. Il arriva lui-même à la pointe du jour, le 15 août, sur la ville de Dourlac et trouva que les colonnes d'infanterie des ennemis s'étendoient pour embrasser Dourlac. Comme l'infanterie du roi étoit un peu éloignée, les officiers généraux qui étoient auprès de lui le pressèrent si fort d'abandonner Dourlac que, malgré lui, il donna ordre au marquis de Nangis de se retirer. Puis, faisant réflexion que, s'il abandonnoit cette ville, il se trouveroit peu d'heures après dans une situation embarrassante, il dit à ces messieurs : « Vous voulez me forcer à quitter Dourlac pour éviter l'action présente, et vous ne prévoyez pas que vous aurez une autre action dans quatre heures avec grand désavantage. Ainsi taisez-vous, s'il vous plaît, et me laissez faire. » Sur-le-champ, il envoya Meaupou porter ordre à Nangis de se défendre et fit partir à toutes jambes des aides de camp pour presser la marche des troupes. Les dragons arrivèrent au galop, des officiers de Champagne apportèrent des drapeaux et les firent paroître dans le bord du bois, et cela, joint au bruit des timbales et des tambours, suspendit la marche des ennemis. Un capitaine des grenadiers de Champagne, nommé Chatillon, et qui étoit posté dans des jardins au delà de Dourlac, pressant pour avoir ordre de se retirer, en reçut de contraires ; cette ferme contenance des troupes du roi fit arrêter celles des ennemis, qui se campèrent presque à la portée du fusil de Dourlac et firent un gros feu de canon.

Le maréchal de Villars avoit placé l'armée du roi assez avantageusement pour souhaiter que les ennemis prissent le parti de l'attaquer. Il les trouva postés assez bien pour la sûreté, mais fort mal d'ailleurs, parce qu'ils étoient totalement sous son canon et très découverts, au lieu que la droite de l'armée du roi étoit couverte par la ville de Dourlac et par les bois qui en sont proches.

Le maréchal de Villars fit marcher, la nuit du 16 au 17, quatre pièces de 24 avec dix de 8 et fit masquer les embrasures des batteries, en sorte que les ennemis ne pussent les apercevoir et que l'on ne tirât que lorsque les troupes seroient revenues du fourrage et de la pâture, ce qui arriva sur midi. Aux premières décharges, il parut seulement quelque surprise ; à la seconde, les soldats abandonnèrent le camp sans ordre, la cavalerie monta à cheval et se retira hors de la portée, et leurs officiers généraux les ramenèrent à la tête du camp. Ils perdirent quatre capitaines, plus de trois cents hommes et grand nombre de chevaux.

Le 19, on apprit qu'il étoit arrivé aux ennemis neuf escadrons et trois bataillons.

Le prince de Hohenzolern, général de la cavalerie de l'empereur, et qui étoit fort des amis du maréchal de Villars, avec lequel il avoit fait connoissance à Vienne et dans les guerres de Hongrie, lui proposa une entrevue entre les gardes. Il y alla avec le prince Charles de Lorraine, les comtes Dubourg et d'Hautefort. Le prince de Hohenzolern y vint avec le prince héréditaire de Bareith, le comte de Vakerbart, général des Saxons, le comte d'Erlac et plusieurs autres principaux officiers. La conversation fut gaie, et il ne fut question que d'assurances réciproques d'estime et d'amitié.

La princesse de Dourlac demanda qu'il fût permis aux princes ses enfants qui étoient dans l'armée de l'empereur de la venir voir, et le maréchal de Villars le lui accorda. Cette princesse ne voulut pas sortir de son palais, sur lequel les volées de canon des ennemis et les nôtres passoient souvent.

Le maréchal de Villars apprit alors, par une lettre de Sa Majesté, qu'elle avoit eu la bonté de donner l'abbaye de Chelles, l'une des plus considérables de France, à sa sœur, précédemment abbesse de Saint-André à Vienne[1]. Madame d'Orléans, fille du régent, lui succéda peu d'années après.

Le prince de Darmstat envoya son écuyer avec de très beaux chevaux. Le maréchal le pria de l'excuser s'il ne les acceptoit pas et donna pour raison qu'il avoit refusé les présents que lui avoient offerts le duc de

---

1. Agnès de Villars, née en 1654. Villars, par lettre du 3 juillet 1707, avait demandé à Mme de Maintenon de lui obtenir l'abbaye de Chelles, vacante. Le roi l'accorda le 15 août. Agnès de Villars dut la céder à Mlle d'Orléans le 17 septembre 1719, et se retira chez les Bénédictines de la rue du Cherche-Midi, où elle mourut en 1723.

Wirtemberg et tous les États de l'Empire où il avoit établi des contributions pour le roi.

Comme le maréchal de Villars avoit épuisé tous fourrages dès les premiers jours du mois d'août, il songea à se retirer. Mais, parce qu'il avoit à repasser une rivière très fâcheuse et que l'armée du roi étoit à la demi-portée du canon de celle de l'empereur, il falloit prendre des précautions pour n'être pas attaqué avec désavantage en repassant cette rivière. Pour cela, huit jours avant qu'il résolût de marcher, il envoya ses gros bagages, sous le prétexte de conserver les fourrages, et, ayant disposé les troupes de manière que la retraite ne pût être troublée, il repassa la rivière sur neuf ponts, se mit en bataille de l'autre côté, marcha dans le même ordre dans les plaines de Mulbourg et alla camper le 30 août à Rastat.

Le comte de Valkirk, adjudant de l'empereur, ayant voulu s'approcher pour reconnoître sa marche, fut pris par nos houssards. L'armée des ennemis vint camper à Etlingen.

Le maréchal occupa la petite ville de Kupenheim, qui étoit à la droite de son camp. Il fit faire quelques retranchements sur la hauteur et prit son quartier général à Rastat, ayant devant le front de son camp la rivière de Rastat.

Il avoit ordonné, en entrant dans l'Empire, de faire fortifier le petit village de Selingen, qui est dans le confluent du Rhin et de la rivière de Stoloffen. Ce poste étoit aisé à rendre bon et d'une nécessité indispensable pour assurer un passage sur le Rhin ; car le Fortlouis n'en donnoit aucun, et, moyennant celui qu'il s'étoit ainsi procuré, le maréchal étoit toujours le maître de marcher dans les plaines de Rastat.

Il fit faire un pont sur le Rhin, à la hauteur de cette ville et compta que, comme on avoit affoibli son armée sans nécessité, la cour connoissant de quelle utilité il étoit de lui renvoyer des troupes, il lui en reviendroit de Dauphiné; d'autant plus qu'il n'y avoit désormais rien à craindre pour la Provence et que les ennemis s'étoient retirés de devant Toulon[1].

Le 2 septembre, le marquis de Bareith fit proposer un échange des prisonniers, et l'on nomma pour cela des officiers de part et d'autre qui se rendirent à Offembourg. Ce général, qui devoit céder au duc d'Hanovre le commandement de l'armée impériale, en partit le 3 septembre.

Comme le duc de Wirtemberg assembloit un corps d'armée du côté de Rotevil[2], le maréchal de Villars envoya le marquis de Vivans avec 1,500 chevaux vers Offembourg pour observer le mouvement de ce corps et l'empêcher de sortir des montagnes. Le maréchal prenoit ses mesures pour s'assurer des quartiers d'hiver au delà du Rhin, si le roi le fortifioit à proportion des augmentations de troupes qui arriveroient aux ennemis. Il pouvoit, en effet, mettre en état de défense Rastat, que le prince de Bade avoit fortifié, et, comme tout ce pays-là, jusqu'à la hauteur de Brisac, est rempli de petites villes, toutes fermées d'assez bonnes

---

1. Le roi, par dépêche du 27 août (Pelet, VII, 252), annonça à Villars qu'il lui retournerait les troupes qu'il avait détachées de son armée. Villars, en remerciant le roi le 31 (id., 257), ne dissimule pas qu'il lui est difficile de faire des projets avant d'avoir reçu ces renforts.

2. Rottweil, à seize kil. N.-E. de Villingen.

murailles, il pouvoit soutenir ses troupes et ses quartiers par cinq ponts sur le Rhin, savoir à Huningue, à Neubourg, à Brisac, à Strasbourg et à Rastat, d'autant plus que l'ennemi étoit obligé de mettre des armées entières de l'autre côté des montagnes noires pour couvrir l'Empire.

On sait bien que de tels quartiers d'hiver pris sur l'ennemi exigent une attention vive du général. Aussi le maréchal, pour y réussir, demandoit au roi des officiers généraux qui ne craignissent pas la peine. Il sentoit combien l'activité étoit nécessaire au moins jusqu'à ce que les neiges eussent fermé les passages des montagnes. Cependant, le capitaine qui commandoit dans le château de Hornberg se rendit honteusement aux deux premiers coups de canon des ennemis. Le maréchal de Villars supplia le roi de permettre que cet officier fût mis au conseil de guerre. De tels exemples étoient nécessaires, car, à dire la vérité, les défenses de nos places étoient indignes de la nation.

Nos partis sur les ennemis avoient de continuels avantages.

Le maréchal demanda le gouvernement de la citadelle de Strasbourg pour le sieur de Bergeret, qui en étoit lieutenant du roi; il demanda aussi l'Aide-Majorité pour le sieur Gayet, lieutenant des grenadiers, et ces deux grâces furent accordées.

Le 16 septembre, on apprit que le duc d'Hanovre étoit arrivé à l'armée des ennemis pour la commander, et qu'il avoit été suivi d'un renfort de 3,000 hommes.

Le maréchal de Villars demanda au roi de quelle manière il devoit écrire au duc d'Hanovre, électeur que le roi ne reconnoissoit pas encore. Il représenta à Sa Majesté que les ducs de Wirtemberg, de Dourlac, le marquis de Bareith et le landgrave de Hesse traitoient d'égal à égal avec les électeurs, qu'il avoit même vu celui de Bavière donner la main au prince de Bade; que lui, maréchal de Villars, écrivoit également à tous ces princes, que leurs lettres finissoient mutuellement par *très humble serviteur* et que le prince de Dourlac lui avoit même écrit *très humble et très obéissant*. Il est vrai que ces princes mettent une grande différence entre la qualité de duc et pair et celle de maréchal de France, et qu'ils confondent celle-ci avec celle de leurs maréchaux, laquelle n'a chez eux aucune dignité hors du commandement des armées. Le roi approuva la conduite du maréchal de Villars et lui laissa une entière liberté pour le commerce de lettres.

Le 29 septembre, on apprit qu'il étoit encore arrivé huit bataillons des troupes de Prusse à l'armée ennemie.

Le maréchal de Thungen, chargé par le duc d'Hanovre d'un commerce de lettres avec le maréchal de Villars, lui fit beaucoup de compliments de la part du prince.

L'électeur rassembla les généraux de son armée, qui s'y trouvèrent en grand nombre, sur l'ordre que l'empereur avoit donné à plusieurs feld-maréchaux de se rendre auprès de ce prince, qui leur déclara que les Hollandois lui avoient promis dix mille hommes de leurs meilleures troupes. Le maréchal écrivit donc au roi que, si on laissoit augmenter l'armée des ennemis presque du double et que celle de Sa Majesté ne fût pas fortifiée, à la fin, elle seroit obligée à repasser le Rhin.

Il est vrai qu'elle étoit aussi bien pour la subsistance que celle de l'empereur étoit mal, puisqu'elle n'avoit soutenu sa cavalerie que par ses avoines, et par conséquent assez chèrement.

Le roi n'ayant pas trouvé convenable d'envoyer des troupes au maréchal de Villars pendant que l'électeur d'Hanovre recevoit tous les jours de nouveaux secours, Sa Majesté forma d'autres desseins et ordonna au maréchal de repasser le Rhin à la fin d'octobre et de se rendre à la cour pour y prendre des mesures avec elle sur des desseins qu'elle avoit sur la principauté de Neufchâtel[1], et dont nous parlerons bientôt.

1. Lettres de Chamillart à Villars du 28 octobre (Pelet, VII, 269, 271).

APPENDICE

I.

NÉGOCIATIONS RELATIVES A LA SUCCESSION D'ESPAGNE.

(Suite[1].)

Nous avons vu plus haut (vol. I, pp. 303, 349) que Villars était convaincu que l'empereur Léopold et ses ministres Kinsky, Harrach, Kaunitz avaient eu l'intention de traiter directement avec la France du partage de la monarchie espagnole. Il laisse entendre que, s'il avait été libre de ses actes, il aurait conclu avec l'Autriche un traité bien plus avantageux pour la France que le partage conclu par le roi avec les puissances maritimes ; la guerre aurait été évitée. Louis XIV, au contraire, et Torcy étaient convaincus que l'Autriche ne voulait pas traiter sérieusement, et cette conviction les conduisit au traité de partage. Il n'est pas sans intérêt de rechercher où est la vérité, et de rétablir les responsabilités. C'est ce qu'il est facile de faire à l'aide des documents diplomatiques conservés à Vienne[2]. Les archives Imp. Roy. contiennent, outre la correspondance des ambassadeurs autrichiens à Madrid, à Londres, à La Haye, à Paris, la collection des *Conferenz Protocolle* ou procès-verbaux des séances du Conseil des ministres, depuis le mois d'août 1699 jusqu'en 1701. C'est dans ces courtes notes surtout que se révèle la pensée intime du gouvernement impérial ; on en suit le développement jour par jour. L'étude impartiale de ces documents conduit aux conclusions suivantes :

Le seul ministre, après la mort de Kinsky, qui eût des idées nettes sur la question était Kaunitz ; il voulait l'entente avec Louis XIV sur la base d'un partage qui aurait attribué à l'Autriche l'Italie et les Pays-Bas, à la France le reste de la monarchie espagnole ; il voulait en même

---

1. Voy. vol. I, p. 464.
2. Ces documents ont été publiés pour la plus grande partie par M. Gaedeke dans son livre intitulé : *Die Politik Œsterreichs in der Span. Erbfolgefrage*. Leipzig, 1877. Ils ont été utilisés par M. de Noorden dans son ouvrage malheureusement inachevé : *Europaïsche Geschichte in der XVIII Jahrhundert*. Leipzig, 1882. Ces deux auteurs ont reconnu que l'Autriche n'avait pas voulu traiter et, avec une rare impartialité, défendu Louis XIV contre l'accusation de duplicité dont trop de leurs compatriotes ont chargé sa mémoire. M. Ranke, dans sa remarquable *Histoire de France*, a également soutenu la même opinion.

APPENDICE.

temps des armements sérieux pour appuyer les négociations. Le grand chambellan Waldstein était au fond du même avis, mais avec moins de décision. Les autres ministres suivaient la direction de l'empereur et du roi des Romains qui ne voulaient pas traiter. Léopold, esprit indécis, fataliste, qui espérait en sa faveur le miracle annoncé par les prophéties, n'a jamais autorisé de propositions officielles; les ouvertures faites à Villars n'étaient que des insinuations destinées à découvrir les véritables intentions de la France et à jeter le trouble dans l'alliance des puissances maritimes. Convaincu que jamais Charles II ne signerait un testament en faveur d'un prince français, entretenu dans cette conviction par les assurances de la reine et par les illusions de l'ambassadeur Harrach, Léopold ne voulait rien faire qui diminuât les chances de son fils, ou altérât les bonnes dispositions de Charles II à son égard. Une courte analyse et quelques citations suffiront à le démontrer.

Le seul moment où la cour ait paru disposée à étudier sérieusement la question d'une entente avec la France est en mai-juin 1699. Kaunitz fait à Villars des ouvertures que Louis XIV encourage (*Dép. de Villars au roi.* 3 mai, 10, 18, 24 juin. — *Du roi à Villars.* 20 mai, 24 juin, 13 juillet. Archives des affaires étrangères, Paris). La première nouvelle du traité provisoire de partage conclu par Louis XIV avec Guillaume III et la protestation de Charles II arrêtent ces bonnes dispositions. Kaunitz essaye encore de faire accepter son opinion par le Conseil (7 sept., 13 sept., 11 oct.), mais ne peut y parvenir; ce n'est qu'au mois de mai 1700, après la signature et la communication officielle du deuxième traité de partage, qu'on se décide à faire quelques ouvertures à la France; mais l'intention en est manifeste : Sinzendorf est autorisé à proposer à Torcy de donner toutes les Indes au dauphin et toutes les possessions européennes de l'Espagne à l'archiduc. En autorisant cette communication, le Conseil des ministres espérait brouiller la France avec les puissances maritimes; il savait (*Conf. Prot.*, 31 août 1699) que Portland avait déclaré qu'il se ferait plutôt « couper les mains » que de signer une pareille chose. Sinzendorf lui-même n'avait proposé ce moyen (dép. du 28 nov. 1699) que pour « allécher » la France et la « séparer des puissances maritimes. » Dans la conclusion de la séance du 27 mai, on lit : « Zu sehen ob [Gallus] velit tractare. Indien werde er nicht anneh-« men propter bellum perpetuum. » En même temps, on agissait sur Villars pour le détacher des alliés : « Gegen den Villars eine confidenz « zu machen, und zu remonstriren Anglos et Hollandos esse foedifragos. » (*Conf. Prot.*, 21 mai 1700.) Sinzendorf fit de vains efforts pour « ne pas « donner occasion de penser que l'empereur ne cherchait qu'à gagner du « temps ou à éloigner la France des puissances maritimes. » (Dép. du 7 juillet 1700.) Torcy ne s'y trompa point; il déclina des propositions qu'il ne considérait pas comme sérieuses, et qui ne l'étaient pas. Il suffit, pour achever de les caractériser, de citer ce résumé des instructions décidées par le Conseil du 28 juillet : « Respondendum Sinzendorf ita ut nec « sit affirmativa aut negativa. »

APPENDICE. 255

Cependant, Harrach écrit que Charles II a signé un testament le 3 octobre. Il n'en connaît pas le contenu; mais le roi lui a promis le 30 septembre de tester en faveur de l'archiduc; il espère que la promesse a été tenue, et il craint pourtant l'influence du cardinal Porto Carrero et du Conseil. L'empereur persiste dans ses illusions. Kaunitz fait un dernier et inutile effort. Au Conseil du 25 octobre, il présente un rapport écrit où il analyse la situation avec une netteté et une perspicacité remarquables; il ne doute pas que le testament ne soit en faveur d'un prince français et prédit que, si la mort de Charles II survenait, il serait accepté par toutes les Espagnes, ainsi que par la plupart des gouvernements européens; il faut donc ou traiter de suite, ou se préparer à une guerre sérieuse et occuper militairement les provinces que l'on veut arracher à la succession. Il ne réussit pas à ébranler la confiance fataliste et inerte de l'empereur. Le Conseil décide de ne rien dire à Villars et de laisser les portes ouvertes à une négociation indéterminée. « Respon« dendum Villars non esse adhuc rationem mutandi responsum antea;
« — die porten tractandi offen zu halten. »

Cette quiétude est brusquement troublée par la nouvelle de la mort du roi d'Espagne. Le Conseil tient séance les 19, 21, 22 novembre. Il décide alors qu'il faut traiter avec la France, « ne fût-ce que pour gagner du « temps. » Mais il est trop tard; les nouvelles se succèdent : l'ouverture du testament, l'acceptation de Louis XIV, la proclamation du duc d'Anjou; il n'y a plus place pour des négociations avec la France. Le Conseil se réunit les 26 et 27 novembre; il est obligé de reconnaître qu'il s'est trompé en croyant que la France, s'en tenant au traité de partage, n'accepterait pas le testament, et qu'alors toute la monarchie espagnole reviendrait à l'Autriche. Il ne reste plus à l'empereur qu'à faire la guerre et à chercher des alliés : « Gleichwie man aber allzeit gehofft,
« dass wan Frankraich die Succession von Spanien recusirt, und sich an
« den tractat gehalten hette, die Spanische Regierung und Lænder ihren
« Fehler erkennet und sich wiederumb zu E. K. Majestæt und dero
« glorwürdigstes Erzhauss gewendet haben wurden, also muste man...
« sehen dass dieses fehlet, und E. K. M. nunmehr fast allein mit kei« nem oder wenig Alliirten den Krieg nicht nur wider Franckreich, son« dern auch zugleich wider Spanien in Italien zu führen haben werden. »

II.

EXTRAITS DE LA CORRESPONDANCE DE VILLARS PENDANT LES ANNÉES 1702 A 1707.

1. *Villars à Chamillart.*

Au camp de Schweigshausen, ce 11e juillet 1702.

Je croy, Monseigneur, devoir prendre la liberté de vous mander les veues que je pourray avoir et assez à l'avance pour estre honoré des ordres de Sa Majesté longtemps avant qu'on puisse les mettre à exécution.

En remontant la Sare, il est aysé de mettre sous contribution tout le pays qui est entre la Moselle et le Rhin : ce pays appartient premierement au Roy de Suede pour la duché des Deux-Ponts, à divers princes et seigneurs; les principaux sont Mr l'Électeur de Trèves, Mr l'Électeur de Mayence et Mr l'Électeur Palatin. Pour ce dernier, sa conduite meriteroit assez les petits outrages qu'on pourroit luy faire; le Palatinat de Kaiserslauter est à portée d'essuyer tous ceux que le Roy me permettra d'imaginer. Les pays que ce mesme prince a en commun avec M. le prince de Bade autour de Creutznach sont plus éloignez; mais je trouveray bien le moyen d'y faire pénétrer de petits partys d'infanterie; outre ces princes que je viens de nommer, il y a divers autres comtes de l'Empire. Je vous supplie, Monseigneur, de vouloir bien me faire l'honneur de me prescrire les intentions de Sa Majesté; je suis persuadé que l'argent de ces messieurs là sera plus utile au service du Roy que leur amitié. On peut leur imposer sous des prétextes de fournitures de fourrages s'il convient au Roy d'esviter pour quelque temps le mot de contributions. Je crois nécessaire de mettre un poste dans Bouquenon; c'est une petite ville disputée entre M. le duc de Lorraine et M. le prince de Vaudémont; il y a une garnison de M. le duc de Lorraine, les murailles en sont très bonnes, et, si les ennemys songent à marcher vers la Sare, ce seroit un des premiers endroits qu'ils occuperoient.

J'auray l'honneur de vous dire, Monseigneur, sur les ordres

que vous avez donnés à M. de la Frezélière pour faire préparer quelque artillerie de campagne à Mets, qu'il m'a assuré que je trouveray tout en état; mais les chevaux pour la mener, je n'ay pas connoissance d'où ils peuvent venir. Si l'on ne peut mieux, je ne suis pas embarassé de me servir des chevaux de païsans; il y a icy 1,000 chevaux pour l'artillerie dont 300 ne sont occupés qu'à soulager ceux des vivres.

Vous me pardonnerez, Monseigneur, la liberté de vous exposer une réflection que je fais sur ce que les ennemis ayant pû imposer des contributions aux évêchés, puisque leurs partis ont pénétré jusques là, ne l'ont cependant fait; il me semble avoir ouy dire que M. de Varenne avoit proposé à M. le duc de Lorraine que ses États demeurassent dans une entière neutralité, pourveu que M. le prince de Bade n'imposât aucune contribution sur les terres de Sa Majesté; que cette proposition étant allée à M. le prince de Bade, il avoit répondu qu'il falloit sçavoir les intentions de l'Empereur, je n'ay point appris, Monseigneur, que l'on ait esté plus loin sur cela.

Or, que les ennemis n'ayent pas imposé dans le tems qu'occupés au siège de Landau, tout leur païs nous est ouvert, cela ne me surprend point, et me persuaderoit d'autant plus un dessein de venir border la Sare, parce qu'en suite ils se flatteroient de pouvoir en même temps demander aux sujets du Roy et empescher nos exécutions sur les leurs. Si donc Sa Majesté avoit encore le même objet de laisser les États de M. de Lorraine en neutralité, pourveu que l'Empereur ne demandât aucune contribution, il faut en même tems spécifier que les armées de l'Empereur ou de ses alliés ne songeront point à occuper les païs qui sont entre le Rhein et la Moselle depuis Creutzenach jusqu'à Trarbach; car vous comprendrez aisément, Monseigneur, que, quand le Roy se seroit engagé à ne point mettre de troupes en Lorraine, il luy seroit impossible de satisfaire à cet engagement, si les ennemis prenoient des quartiers d'hyver derrière la Sare en se tenant seulement sur les terres de l'Empire : et quelque chose que les ennemis promettent sur cela, ils ne tiendront qu'autant qu'il leur conviendra et qu'ils seront occupés d'ailleurs. Ainsy donc, Monseigneur, comme je vois que les États de l'Empire, sans se déclarer contre nous, font du pis qu'ils peuvent, j'en tirerois tout l'argent que je pourrois. Oserois-je des païs dont je dois avoir l'honneur de vous rendre conte passer à d'autres gouvernés par de bien plus habiles gens que moy? Je prendray la liberté de vous dire, Monseigneur, que partout vous devez, suivant mes foibles lumières, pousser les contributions aussi loin que vous pourrez sur l'Italie hors la République de Venise, quelque mal intentionnée que vous la puissiez croire, il ne faut point la forcer à se déclarer ; mais, quant aux autres États, tout aussy loin que vous pourrez vous étendre, demandez de l'argent, des bleds, des avoines ; en un mot, n'épargnez aucun de ces Italiens ; il n'y en a pas un qui mérite d'estre traitté autrement que le baston haut, excepté, comme j'ay l'honneur de vous le dire, les Vénitiens, parce qu'ils ont troupes et places ; tout le reste ne doit estre considéré que pour l'argent qu'il vous donnera, et vous sera d'autant plus soumis que vous les traitterez durement. Pardonnez, Monseigneur, à mon zèle d'oser vous exposer des veues qui n'échaperont pas à vos lumières si elles peuvent estre utiles.

(Orig. Dépôt de la guerre. Vol. 1569, n° 34.)

2. *Villars à Chamillart.*

Extrait. De Metz, le 19 juillet 1702.

..... Vous êtes informé, Monseigneur, par Mrs de Locmaria, de St Contest, M. de Metz m'a dit avoir eu aussy l'honneur de vous écrire que la mauvoise volonté des Lorrains, en général, et de la petite cour de Lorraine étoit au plus haut point. Je suis persuadé que ces sentimens ne sont point dans le souverain ; mais, en vérité, ces païs là mêlés avec ceux du Roy sur la frontière la plus dangereuse et la plus foible que vous ayez méritent une extrême attention, et vous pardonnerés à une liberté qui vous est déjà connüe d'oser vous dire les sentimens de tout ce que j'ay veu de gens les plus sensés dans l'armée d'Allemagne et en ces païs cy ; il n'y en a pas un qui ne croye que l'unique party que Sa Majesté puisse prendre, c'est de dire à M. le duc de Lorraine qu'il peut juger luy même de la nécessité de se servir de ses États tant que la guerre présente durera ; qu'on luy payera exactement, et par quartier, plus même qu'il n'en retire ; que ses sujets seront encore plus favorablement traités que ceux du Roy ; mais que c'est un party de nécessité à moins que l'Empereur ne s'engage à ne point porter la guerre dans tous les païs qui sont entre le Rhein et la Moselle, à ne pas mettre même de ses troupes, comme j'ay eu l'honneur de vous le mander, plus près de la Sare que de quinze à vingt lieues, sans quoy, il est aisé de voir que Sa Majesté ne peut pas laisser la frontière de son royaume, la plus importante et la moins fortifiée, exposée aux insultes des ennemis.

Vous savez, Monseigneur, en quel état est Marsal et Toul ; n'y auroit-il point quelque péril à laisser Nancy entre deux, sans en être assûré ?

Mrs de Locmaria et de St Contest vous ont sans doute rendu conte de leur voyage ; il me paroit que le confesseur de M. de Lorraine, qui est le principal de cette cour, persuadé des grandes forces de l'Empereur, a dit que, si le Roy mettoit un homme en Lorraine, le prince de Bade menaçoit d'y en mettre six. Pour moy, Monseigneur, suivant mes foibles lumières, je tiens la neutralité de la Lorraine impossible ; les ennemis ne la feront espérer que pour nous amuser, et ne l'observeront qu'autant qu'il leur conviendra.

Regardez le prince de Bade comme un général très habile, entreprenant et pensant noblement. L'on veut croire qu'il entreprendra ou le siège de Saarelouis ou celuy du Fortlouis ; je tiens le premier impossible par toutes les raisons que j'ay eu l'honneur de vous en dire ; je voudrois qu'il tentât le second, et c'est où je le crains le moins ; l'on pourroit se flatter d'y voir périr son armée, puisque celle du Roy, grossie pour lors de toutes les troupes que l'on pourroit assembler de ces côtés cy, lesquelles, avec ce qui seroit sorty de Landau, passeroient cinquante bataillons et quatre vingts escadrons, pourroient se mettre sur l'armée du prince Louis, la resserrer dans ses retranchemens, luy oster tous les fourrages ou la forcer de nous venir attaquer avec désavantage. Supposé même que M. le prince de Bade eût assez de munitions pour faire un second siège, ce que je ne crois pas, il ne pourroit songer à celuy du Fortlouis que vers la fin du mois d'aoust tout au plutôt : peut on conter qu'un général habile expose son armée à tous les périls d'une arrière saison dans un païs où il ne trouvera pas le moindre fourrage, puisque l'armée du Roy consomme tout ce que l'on ne porte point dans le Fortlouis ? Je souhaite, Monseigneur, ce dessein là à nos ennemis, mais je seray trompé s'ils le forment.

(Orig. Dépôt de la guerre. Vol. 1582, n° 3.)

3. *Villars à Chamillart.*

Extrait. A Metz, le 21 juillet 1702.

..... Je vois, Monseigneur, que Sa Majesté attend une réponce de M. le duc de Lorraine sur la nécessité de mettre des troupes dans les petites villes qui bordent la Sarre. Son envoyé nous dit hier que son maistre envoyoit actuellement des troupes nouvelles dans Saralbe et fortifioit la garnison de Bouquenon. Ayez la bonté de supputer si ce prince a pris cette résolution après avoir esté informé des intentions du Roy, puisqu'une telle connoissance pourroit vous confirmer dans les soupçons que tout le monde veut avoir de quelque mauvoise volonté dans l'esprit de la cour de Lorraine. Enfin, il paroist d'une nécessité indispensable à estre assuré de Nancy, les moyens, je les aurois trouvez infaillibles au commencement du siège de Landau, mais si cela sera aysé dans le mois d'aoust, qui peut nous en répondre? Je sçay que le plat pays de M. le duc de Lorraine est entre les mains de Sa Majesté; mais Nancy a de bons remparts, et seroit-il possible que depuis deux mois j'eusse été le premier ou le seul à vous faire voir une conséquence dont tout convient en ces païs cy et dans l'armée d'Allemagne. Enfin, Monseigneur, attendez de moy tout ce que la plus vive application, le zèle et une extrême envie de mériter la gloire de l'estime de Sa Majesté peut inspirer, c'est tout ce que je puis promettre.....

(Orig. Dépôt de la guerre. Vol. 1582, n° 6.)

4. *Villars à Chamillart.*

Extrait. A Metz, ce 23 juillet 1702.

..... J'ose vous supplier, Monseigneur, de vouloir bien me faire l'honneur de me prescrire de quelle manière j'en dois user pour les fourrages sur les terres de Lorraine. Il ne faut pas que vous vous étonniez des inquiétudes que je puis avoir sur les sentimens de M. le duc de Lorraine. Vous les connoissez sans doute plus parfaitement que moy, mais je dois vous dire que je me souviens très bien que, dans les premiers momens de la conclusion de la dernière paix, des politiques peut estre trop profonds estoient étonnés que l'on eût rendu la vieille ville de Nancy fortifiée; ç'a été une bonté de Sa Majesté pour Madame la Duchesse sa nièce; on luy a encore donné trente pièces de canon. Vous blamerez peut estre des soupçons outrés et sans fondement, mais il est du devoir d'un officier général, fidèle et attentif, de tout mander au Ministre. Je tâcheray de me garantir des ennemis que j'auray devant moy, mais je voudrois fort n'en avoir jamais à craindre de couverts et dans mes derrières.....

(Orig. Dépôt de la guerre. Vol. 1582, n° 8.)

5. *Villars à Chamillart.*

Extrait. A Metz, ce 26 juillet 1702.

..... Dans le même tems que j'y établiray des troupes, j'ay déjà eu l'honneur de vous mander, Monseigneur, que je tacheray de pousser les contributions le plus loin qu'il sera possible. Sa Majesté me trouvera sur cela toute l'attention que je dois, une parfaitte œconomie sur ses interests et un désintéressement dont je prétens d'autant moins de mérite que je n'ay en vérité pas, Monseigneur, beaucoup d'envie de me trouver beaucoup plus riche que je le suis. Je ne refuseray pas les grâces dont il plaira à Sa Majesté de m'honorer, convenables à l'élévation que j'ose espérer de mes services, mais, Dieu mercy, je n'ay nulle avidité.....

(Orig. Dépôt de la guerre. Vol. 1582, n° 11.)

6. *Villars à Chamillart.*

Extrait. Sous le Fortlouis, du 5 septembre 1702.

J'ay receu la lettre dont vous m'honorez du 27e du mois dernier avec la copie de celle que Sa Majesté écrit à M. le maréchal de Catinat du 23. Je vois, Monseigneur, avec une joie au dessus de toute expression, que j'ay eu le bonheur de penser comme Sa Majesté sur les ordres qu'Elle donne à son armée; j'en ay ressenty une plus vive encore par la lecture de la lettre de Sa Majesté du 30. Connoissant mieux que personne les grands avantages que le Roy peut attendre de la conclusion du traité avec M. l'Électeur de Bavière, si ce prince veut se servir habilement et avec la fermeté nécessaire de tout ce que luy promet l'union des forces du Roy aux siennes, je dis, Monseigneur, avec habileté et fermeté, ces deux qualités devant être indispensablement employées pour bien prendre son temps et ne pas s'allarmer des périls qui se présentent d'abord à un Prince qui ose attaquer l'Empereur.

Selon mes foibles lumières, son premier projet paroist difficile sans la surprise; mais s'il se rend maistre de cette place[1], et qu'ensuite il fasse la diligence possible pour la jonction de ses

---

1. Il s'agit de la ville d'Ulm que Max-Emmanuel voulait surprendre et qu'il prit en effet par surprise le 8 septembre.

troupes, il peut se rendre maistre d'une grande partie du Danube, recevoir des secours de M. de Vendosme par le Tirol, et dans fort peu de semaines mettre l'Empereur dans un tel désordre que toutes ses forces luy seroient nécessaires pour couvrir ses Estats et contenir des sujets aussy mal intentionnez que les Hongrois et les Bohêmes. Je vois, Monseigneur, de si grandes espérances à concevoir que je n'ose presque m'en flatter.

Je reçois avec une respectueuse reconnoissance l'honneur qu'il plait à Sa Majesté me faire de vouloir bien me donner le commandement des troupes qu'Elle promet à M. de Bavière; j'ose la supplier d'estre persuadée qu'Elle ne trouvera dans aucun de ses sujets une plus vive attention au bien de son service, et j'espère que dans ma conduite Elle ne verra ny témérité ny foiblesse.

Plus nous approchons des ennemis, plus tous nos amis détruisent l'opinion que l'on avoit de leurs forces, et aujourdhuy même l'on nous assuroit, M. l'intendant et moy, que par les païsans qui reviennent de leur camp, par les discours de leurs officiers et par toutes les nouvelles que l'on peut en avoir, ils n'ont pas 4,000 hommes en deçà du Rhein. La manière dont ils mènent le siège de Landau marque leur ignorance et leur foiblesse; il est certain que quatre différentes fois leurs attaques ont été suspendues manque de poudre; dans de telles dispositions, on pourroit les approcher, si d'autres raisons ne nous retiennent, voir leur contenance, mais sans commettre l'armée du Roy que l'on n'ait parfaitement reconnu le nombre de leurs troupes et leurs postes.

(Orig. Dépôt de la guerre. Vol. 1582, n° 50.)

7. *Villars à Chamillart.*

Extrait. 18 septembre 1702.

J'ay veu défiler, Monseigneur, la garnison de Landaw, laquelle arriva hier en très bon état; elle n'a perdu que seize officiers, comptant même un maréchal des logis de cavallerie; c'est bien peu en cinq mois de siège ou d'investiture. Vous serez informé de tous ces détails d'ailleurs.

Je passe, Monseigneur, à une matière plus importante, et laquelle en vérité me donne une vive inquiétude.

Ulm est occupée du 8 de ce mois, et nous sommes au 18. Sans avoir encore la moindre nouvelle d'un Prince qui, après un coup aussy hardy que d'attaquer l'Empereur et l'Empire, n'a certainement de salut que dans un concert bien réglé avec l'armée de Sa Majesté.

Pour moy, Monseigneur, j'aurois déjà envoyé bien des courriers, et je ne puis comprendre que M. l'Électeur sur tout se soit contenté de dépêcher celuy que l'on nous a mandé avoir été pris. J'ay toujours compté que ce Prince, veu la nécessité d'une jonction, nous feroit sçavoir de quelle manière il la projettoit; elle estoit seure avec son secours, mais quoy que sans cela il y paroisse des difficultés, il y a bien loin du difficile à l'impossible, et peu de choses le sont quand on joint la fermeté, la diligence et le secret à la forte envie de réussir.

J'ay esté au désespoir de voir M. l'Électeur attendre la veille de la reddition de Landaw pour se déclarer.

Si l'on a le temps et le moyen de joindre les troupes de Sa Majesté aux siennes, et de se placer comme j'ay déjà eu l'honneur de vous le mander de l'autre costé du Danube, je croiray possible d'en deffendre le passage à toutes les forces du prince de Bade. Ma pensée auroit esté de mettre la Bavière derrière nous, de ne conserver de ponts que ceux d'Ulm, de Donavert et Ratisbonne, et par ces trois places tirer des contributions prodigieuses de toute la Souabe, Franconie, Bohême, de l'Autriche par Bronau, place de M. de Bavière sur Lints; enfin, de faire subsister les armées de Sa Majesté et de M. l'Électeur aux dépens de l'Allemagne, sans qu'il en coute rien au Roy, au moins pendant le premier hyver; tâcher de déconcerter entièrement cet Empire qui réuni est redoutable.

Pour moy, je vous avoue que je ne sçaurois comprendre que M. l'Électeur commence sans aucune sorte de concert pour une jonction de laquelle dépend son salut ou sa perte. Il est bien certain que l'Empereur et l'Empire ne sçauroient imaginer d'affaire plus pressée que d'accabler ce Prince.

Quand ils abandonneront tout autre dessein pour celuy là, qu'une partie de leurs troupes se répandra le long du Rhin pendant que l'autre marchera à M. de Bavière, comment pourrons nous aller à luy? On me dira en ce cas là : ils nous laisseront la liberté d'attaquer Landaw; j'y ai songé d'abord, mais vous trouverez au moins 6,000 hommes des ennemis dans cette place, ils y auront laissé le reste des munitions qui devoit servir à leur siège, ils en peuvent tirer de Philisbourg, vous trouvez un pays qui doit être épuisé par le séjour de cinq mois d'une armée considérable, et puis vous ne pouvez commencer ce siège que dans le 5 ou 6 d'octobre. Je vois par le plan que m'en a montré dans ce moment le sieur de Villars Lugey que le fossé de la demy lune n'a pas esté comblé. Il ne faut donc pas un temps bien considérable aux ennemis pour réparer.

Toutes ces difficultés m'ont empêché de joindre cette veue à celles que j'ai pris la liberté de vous proposer. J'aurois tourné toute mon attention à passer le Rhein vers Huningue, mais les momens que l'on perd et que l'on ne peut s'empêcher de perdre me font une véritable peine.

Si M. le prince de Bade vouloit en même temps garder la Lutter, border le Rhein et envoyer des troupes contre M. de Bavière, je dirois qu'il se charge de trop d'affaires, et il me paroîtroit possible de trouver une joncture en quelque endroit et en faisant un mouvement vers Veissembourg remarcher et en même temps diligemment vers Huningue.

S'il est possible que je joigne M. l'Électeur de Bavière avec un corps considérable des troupes de Sa Majesté, et que ce Prince veuille bien me faire l'honneur de me croire, j'oseroy bien me flatter de rendre des services importans. Si le prince de Bade rend cette jonction impraticable, il faut agir promptement ailleurs; j'ay pris la liberté de vous mander ma pensée.

Ne pourroit-on pas détacher des corps considérables de cette armée de Flandre dont je vois l'inutilité avec une vive douleur, et que ces Hollandois qui n'ont jamais tenu devant nous puissent agir impunément. En vérité, Monseigneur, je vous plains avec tous les sentimens que peut avoir un bon serviteur du Roy et le vôtre, car ces armées du Roy sont belles, nombreuses, remplies d'ardeur, payées tous les cinq jours; elles se consument sans en retirer aucune utilité; j'aimerois mieux qu'elles fussent exposées à être battues, ce que je tiens impossible par la bonne opinion et la justice que l'on doit à des troupes depuis trente ans toujours victorieuses. J'ay pris la liberté de le dire à Sa Majesté que l'on ne mène pas ses armées à des murailles sèches ou à des rivières qu'il faille passer à la nage. Je ne crois rien d'impossible à ses troupes. Combien de fois ai-je eu l'honneur de vous dire cet hyver qu'il falloit avoir pour premier objet de chercher à combattre; il n'y a eu qu'une manière de bataille cette année que tout le monde veut avoir gagnée[1], et ce sont nos ennemis foiblets qui l'ont cherchée.

(Copie. Arch. Vogüé. L'orig. manque au dép. de la guerre.)

1. Bataille de Luzzara en Italie, 15 et 16 août.

8. *Villars à M. de Ricous*[1].

Extrait. 26 septembre 1702

Vous croiés bien que j'attends de vos nouvelles avec une extrême impatience ; je marche avec trente des meilleurs bataillons des troupes du Roy, quarante bons escadrons, un équipage de trente pièces de campagne, deux cents caissons, quarante charettes haut le pied, enfin une armée belle, nombreuse et en état de bien soutenir la guerre, et la porter où Son Altesse Électorale le désirera. Il n'est question que de nous donner les moyens de nous joindre, et j'advoue que jusqu'à ce que je sois parvenu à ce bonheur là, je regretteray toujours les momens précieux que vous avez perdu. Je ne parle pas de la prise de Landaw avant la conclusion du traitté. Il ne m'est pas permis d'entrer dans les raisons qui ont pû la faire traisner dans des temps où il estoit d'un si grand intérest au Roy et à Son Altesse Électorale d'agir ; mais, depuis que vous avez ratifié, est-il possible qu'en regardant la jonction comme capitalement nécessaire, l'armée bavaroise n'ait pas eû ordre de marcher incessamment sur Huningue? Vous n'y auriés asseurement trouvé qu'un petit camp de 2 à 3,000 hommes qui n'auroit pas tenu un moment; vous auriés establi la communication sans la moindre difficulté. Parleray je, après cela, du malheur de la prise de votre M. de Locatelli et de la facilité avec laquelle on prétend qu'il a révélé les secrets les plus importans? Est-il possible que tous ces officiers que vous nous avez envoyés ayent préféré l'ennui de faire dix lieues de moins à l'importance d'arriver en seureté par les terres des Suisses, comme les deux derniers. Enfin, ce qui est fait ne se répare plus; mais songeons au présent.

Je marche, avec la diligence convenue avec M. des Lutteins, adjudant général; si j'ay des nouvelles de votre arrivée, je puis arriver dès le 30 à Huningue. Pour ma personne, je m'y rendray dès le 28 avec quelqu'un des meilleurs généraux qui servent dans cette armée pour préparer toutes choses à un passage qu'il faudra que vous nous facilitiez, si les ennemis le deffendent avec une armée. Son Altesse Électorale connoist mieux que personne ce que c'est que forcer des retranchemens et un fort

[1]. Envoyé de France auprès de Max-Emmanuel, électeur de Bavière.

placé à la demie portée du canon de l'endroit où je dois passer, sur une hauteur qui domine tous ces bords du Rhein. Enfin, je suis persuadé que Son Altesse Électorale se reposera bien sur la connoissance qu'elle a de mon attachement très respectueux pour elle, joint à mon zèle pour le service de Sa Majesté et à l'opinion que j'ay que l'on peut faire les plus grandes choses du monde par la jonction d'une aussy bonne armée que celle que j'ay l'honneur de commander, à ses braves troupes et sous un chef comme Son Altesse Électorale; mais il ne faut pas nous demander l'impossible. Je suis dans une impatience d'avoir de vos nouvelles que rien ne peut exprimer. Je vous suplie de présenter mes très humbles respects à Son Altesse Électorale et mille complimens à M. le comte d'Arco.

(Copie. Arch. Vogüé.)

9. *Villars à Chamillart.*

Extrait. Du camp de Marckoltzheim, 27 septembre 1702.

..... Jamais troupes n'ont marché avec tant de joye et d'envie de joindre les ennemis. Si je demandois à l'infanterie de faire dix lieues par jour, elle l'accepteroit avec plaisir. J'en ay un parfait de la bonne volonté que je vois généralement à tout le monde depuis les premiers officiers généraux jusqu'au dernier soldat; mais, Monseigneur, il est troublé par la crainte de voir manquer un concert si nécessaire avec M. l'Électeur.....

(Orig. Dépôt de la guerre. Vol. 1582, n° 59.)

10. *Villars au comte d'Arco*[1].

Extrait. D'Huningue, le 29 septembre 1702.

Comme je vous envoye à cachet volant la lettre que vous trouverés cy jointe pour Son Altesse Électorale, elle vous informera parfaitement de la situation où nous sommes. Vous estes bien persuadé que j'attends avec une impatience audelà de toutte expression des nouvelles de votre arrivée, et j'avoue que je vois avec une extrême douleur que, si vous aviez continuez votre marche à Steitlingue, les ennemis estoient perdus. Le malheur arrivé à vos courriers est irréparable, surtout la prise de M. de Locatelli, lequel estant desjà en seureté sur les terres des Suisses pour espargner trois lieues de

---

1. Général en chef des troupes de Bavière.

chemin, s'est allé jetter entre les mains des Impériaux. Que dire à cela? Mon cher comte, il ne faut pas s'en pendre, mais, par ma foy, j'en suis bien faché, et ne m'en consoleray que quand je verray vos drapeaux sur le haut de ces montagnes noires vers lesquelles j'ay toujours les yeux tournés.

(Copie. Arch. Vogüé.)

11. *Villars au Roi.*

Au camp de Fridlingue, ce 14e octobre, à 5 heures du soir.

Sire,

Vostre Majesté vient de gagner une bataille, nous avons beaucoup de drapeaus, d'estendars, de timballes; nostre cavallerie a fait des merveilles; nous avons esté maistre de tout le canon des ennemis, mais la teste de nostre infanterie, après avoir battu trois fois celle des ennemis, s'est renversée et m'a empesché de desfaire toutes leurs troupes. Nous n'avons perdu ny estendars ny drapeaux, et il y en a assurément quantité. Le pauvre Mr des Bordes est très blessé, Mr de Chamarant a fait des merveilles. Je souhaitte, Sire, que Vostre Majesté daigne avoir pour agréable nostre sèle pour son service, aussi bien que le profond respect et la parfaitte vénération dans laquelle j'ay l'honneur d'estre, etc.

(Orig. autogr. Dépôt de la guerre. Vol. 1582, n° 101.)

12. *Villars à Chamillart.*

17 octobre 1702.

Monseigneur,

J'ay perdu mon premier secrétaire dans la bataille, les autres ne sçauroit lire mon escriture; j'espere que, jusques à ce que ils ait appris à la deschiffrer, messieurs vos commis en trouveront le moyens. Je n'ay peu encore vous envoyer l'estat de ce que l'armée du Roi a perdu. Il y a un grand nombre de chevaus pris sur les ennemis. Vous verrés sur un ordre de bataille que je n'ai pas le temps de faire mettre en françois qu'ils avoient près de 60 escadrons. Je n'oublie rien de tout ce qui se peut humaynement pour avoir des nouvelles de Mr de Bavieres. J'ay l'honneur d'estre, avec tout le respect et l'attachement que je dois, etc.

Ce 17, à 10 heures du soir.

Je dois avoir l'honneur de vous dire, Monseigneur, que Mr de Magnac, ayant commandé la cavallerie dans la plus belle action qu'elle fera jamais, mérite quelque élévation. Comme je n'ay plus de secrétaire qui scache lire mon escriture, je vous envoye la minute d'une lestre que j'avois l'honneur d'escrire à Sa Majesté la nuit qui a précédé la bataille ; celui de vos commis qui sera chargé de la deschiffrer ne me donnera point de bénédiction assurément.

(Orig. autogr. Dépôt de la guerre. Vol. 1582, n° 108.)

13. *Villars à Chamillart.*

Extrait. Au camp de Lauentzenau, ce 10° novembre 1702.

..... Je ne sçay, Monsieur, si le Roy me saura quelque gré d'avoir résisté aux tentations de percer les montagnes ; il ne seroit pas revenu la trentième partie de ses troupes, n'y eut-il d'autres inconvéniens que la neige ; mais un fort à attaquer après douze à treize lieues de défilés continuels, et toutes les forces des ennemis sur les bras, dont les deux premières marches n'ont esté asseurement que pour me faire donner dans le panneau ; Mrs de Chamarante, Magnac, Biron, Marivault et autres officiers généraux, qui se sont fortement opposés à l'envie que je paroissois en avoir, m'ont dit depuis que les troupes auroient obéy, mais que tout le monde généralement regardoit ce dessein comme une perte assurée.....

(Orig. Dépôt de la guerre. Vol. 1582, n° 162.)

14. *Villars à Chamillart.*

Extrait. Du quartier de Saverne, ce 14° novembre 1702.

..... Il y a longtems que nous disons que nos troupes ont oublié la guerre pendant la guerre même ; la même valeur y est toujours, mais l'application, la discipline, sçavoir se roidir contre les peines et les difficultés, une attention pour les marches, se bien poster dans les quartiers, en un mot tout ce qui s'appelle esprit de gens de guerre leur manque, hors le courage ; et, quant à la discipline, je me propose, si Sa Majesté m'honnore du commandement d'une armée, de la rétablir à quelque prix que ce soit, sans quoy, tous les malheurs du monde sont à craindre dans une guerre de campagne où il faut estre continuellement sur un ennemy, et où les occasions arrivent lorsque l'on s'y attend le moins. Il faudra quelque petite sévérité, plus pour les officiers encore que pour les soldats ; mais ils la trouveront tellement fondée sur la raison que je suis seur qu'ils me la pardonneront.....

(Orig. Dépôt de la guerre. Vol. 1582, n° 172.)

15. *Villars à Chamillart.*

Extrait. 21e novembre 1702.

Je sçais bien qu'il ne faut abandonner qu'à la dernière extrémité les veues de M. de Bavière ; mais, en attendant ses dernières résolutions, permettez moy de vous dire qu'il vaut mieux se ruiner en promesses qu'en lettres de change. Nos ennemis, qui croient que nous manquerons par là, ne sont pas fachés de voir quatre millions sortir tous les ans du royaume pour un Prince qui se conduit aussy mal. Je n'en parleray pas davantage, mais j'ay remply M. de Monastérol des plus magnifiques espérances. Il est party ce matin pour Strasbourg, et de là pour Huningue, où il espère avoir des nouvelles de M. l'Électeur. Je ne l'ay pas chargé de cette réponce que j'ay pris la liberté de vous envoyer hier. Je sçay bien que les grands Princes ne veulent pas avoir tort, et je n'ay donné qu'une petite lettre à M. de Monastérol, par laquelle j'ay l'honneur d'asseurer Son Altesse Électorale que les ordres que j'ay de Sa Majesté sont de ne rien laisser d'intenté pour la jonction ; que je suis persuadé qu'il conviendra que je les ay suivis autant qu'il m'a esté possible, et que Son Altesse Électorale doit tout attendre de notre ardeur, pourveu qu'il veuille bien ne luy demander que ce que l'ardeur, dépourveue même d'un peu de prudence, peut faire espérer. Jusqu'à présent, ce n'est rien moins que la prudence qu'il me demandoit.

(Copie. Arch. Vogüé.)

16. *Villars à Chamillart.*

Extrait. A Strasbourg, ce 12 décembre 1702.

J'ay trouvé icy, Monsieur, Made la marquise de Leyde, dame d'honneur de Made l'Électrice de Bavière, laquelle retournant en France avec des passeports de l'Empereur, m'a apporté des lettres sans chiffre de M. l'Électeur, dans lesquelles est un projet de jonction que j'ay l'honneur de vous envoyer en original. Ce projet me paroit très confus, et je n'y comprens rien, car nous ne connoissons que le chemin sous Fribourg ou celuy de Schophen par les forts de Rottenhause et de Hauwestein[1], comme vous l'aurez veu dans mes lettres du 20 novembre ; mais

---

1. Schopfheim, Rothenhausen et Hauenstein.

vous remarquerez, Monsieur, que ceux qui m'apportent ce projet de jonction m'apprennent en même temps que M. l'Électeur de Bavière est vers Ingolstatt; un de ses valets de chambre, nommé du Clos, a des lettres pour M. de Monastérol, qu'il croit retourné à Paris. Lalande, valet de garde robe du Roy, m'a dit que M. l'Électeur presse pour de l'argent, et qu'il est même chargé de le dire à M. de Torcy. Mad^e de Leyde ne parle que d'argent.

Vous trouverez, Monsieur, dans la lettre de M. de Ricous que j'ay l'honneur de vous envoyer en original, ce peu de mots en chiffre (je me suis laissé dire que dans cette idée on songeoit à la seureté de la Bavière en faisant une garantie d'hostilités entre les Cercles et la Bavière), et dans sa dernière lettre que j'ay eu l'honneur de vous envoyer aussy en original, vous verrés de grands soupçons. Il y a six semaines que les troupes de Bavière ont ordre de ne pas attaquer celles de l'Empereur ny des Cercles. Permettez moy la liberté de vous dire, Monsieur, qu'il faudroit mander à M. de Ricous avec sévérité de s'expliquer nettement. Je ne vois que gens dans ces places là qui aiment mieux mander les choses agréables que les véritables. Je sçay que cette maxime a esté souvent usitée. Pour moy, Monsieur, je suis forcé à un raisonnement pénible, et je voudrois bien pouvoir penser autrement; mais il faut éviter d'estre trompé.

M. l'Électeur de Bavière a toutes les forces de l'Empereur et de l'Empire autour de ses États; donc, si l'Empereur veut l'attaquer, il est perdu; pour luy, s'il ne l'attaque pas, n'y a-t-il pas longtemps qu'il est perdu pour nous? Car de croire l'Empereur, tout son Conseil, le prince de Bade et tous ses généraux des imbéciles, et que, tenant leur ennemy enfermé comme un sanglier dans les toiles, aucun d'eux n'ose seulement luy tirer un coup de fusil, c'est vouloir se tromper.

L'on me dira peut estre sur cela, mais le moment d'après qu'il n'aura pas les sommes qu'on luy a promises, il sera contre nous; mais, si, sans faire plus de diversion l'année prochaine que celle cy, il nous coûte quatre millions tous les ans, c'est tous les ans une bataille qu'il nous fait perdre. Qu'a-t-il fait cette année? Il a pris Ulm et Memmingue. A-t-il marché de nos ennemis un seul régiment d'infanterie ou de cavalerie contre luy, hors deux de houssards? Ne sçay je pas par le dernier homme qui m'a apporté ses lettres que les troupes de Bavière ont ordre de ne pas attaquer celles des Cercles et de l'Empereur? La même chose m'est déclarée par Mad^e la marquise de Leyde.

APPENDICE.   271

N'a-t-on pas dit dans l'Empire que ce Prince avoit pris ces places du consentement de l'Empereur? Le Roy des Romains n'a-t-il pas été obligé d'écrire sur cela aux États de l'Empire? Ses deux secrétaires qui le suivent sont deux créatures du comte de Kaunitz. Que ne m'ont pas dit Mrs de Monastérol et Simeoni sur l'étonnement où ils étoient comme moy de voir un Prince qui médite une guerre contre l'Empereur, mettre la moitié de l'argent que nous luy donnons à entreprendre un bâtiment[1] qui ne sera pas achevé pour six millions, faire si peu de troupes? Car on ne nous accuse point juste sur ses forces, et ce même étourdy de Des Luettein, dont Mrs de Monastérol et Simeoni sont si étonnés que M. l'Électeur se soit servy, a dit que son maitre ne pouvoit mettre que 10,000 hommes en campagne, encore supposé qu'il ne mit point de garnisons dans la pluspart de ses places.

Enfin, Monsieur, permettez moy la liberté de vous dire que je croirois du bien du service du Roy de mander à M. l'Électeur que Sa Majesté me charge d'une voiture de quatre, cinq, six millions, tant qu'il vous plaira, que je la meneray avec l'armée avec ordre de la luy remettre en le joignant; que jusques là, puisque les Cercles ny l'Empereur ne l'attaquent point, il n'a qu'à tenir ferme; que, dès que la campagne pourra s'ouvrir, le Roy aura des armées formidables de ces côtés cy; que l'on attaquera le Rhein, puisque présentement nous avons deux places et deux ponts sur cette rivière; qu'il verra bien par les efforts que l'on fera l'intention que l'on a de le soutenir; que j'ay ces sommes là toutes en lingots et en espèces d'or à luy remettre, parce que les banquiers ne trouvent plus de seureté pour leurs remises. Enfin, Monsieur, si vous voyez que M. l'Électeur ne soit pas attaqué, ne le payez que d'espérances; s'il est attaqué, Dieu le conduise! Pourquoi n'a-t-il pas voulu nous joindre quand il en a été absolument le maitre? Toute l'Europe est convaincue que l'armée du Roy a fait l'impossible pour cela.

Voilà, Monsieur, à quoy vont mes foibles lumières sur cette matière.

Je luy mande que l'armée a toujours demeuré en campagne uniquement pour attendre de ses nouvelles, que je ne la sépare que parce que j'aprens par ses propres gens que ses troupes sont séparées; du reste, je lui réponds un peu vivement sur ses

1. Le château de Schleissheim, à une petite distance de Munich; commencé dans de colossales proportions, il ne fut pas achevé.

propositions; il ne prendra pas cela en mauvoise part; il me connoit pour homme un peu vif, et par ma foy, Monsieur, il y avoit de quoy se mettre en colère sur les propositions qu'il fait.

(Orig. Dépôt de la guerre. Vol. 1582, n° 217.)

17. *Chamillart à Villars.*

Extrait. De Versailles, le 13 décembre 1702.

... M. l'Électeur de Bavière, il est étonnant que l'on n'entende pas plus parler de luy que du Turc; je ne comprendray jamais que toutte l'Allemagne soit assez bien gardée pour que l'on ne puisse pas faire passer un homme quant on le veut; l'Empereur est bien plus heureux que le Roy, car l'on en feroit passer cent pour un au travers de la France. Cependant, c'est une affaire bien sérieuse et capitale, et rien ne peut décider de la guerre que la diversion de M. l'Électeur de Bavière au milieu de l'Empire.

Je vous ay fait réponse, il y a longtemps, sur les lettres de M. de Ricous et celle que vous avez escritte à M. l'Électeur de Bavière; Sa Majesté a fort aprouvé la manière dont vous vous estes expliqué avec luy par M. de Monastérol, qui luy a paru beaucoup meilleure que la grande lettre dont vous m'avez envoyé le projet, qui ne contenoit que des faits trop véritables; mais la vérité toute nue ne fait pas toujours plaisir, surtout à gens qui peuvent avoir quelque tort; ce qui est à désirer, c'est que les intentions soient bonnes.

(Minute. Dépôt de la guerre. Vol. 1582, n° 226.)

18. *Villars à M. de Puysieulx*[1].

Du 16ᵉ décembre 1702.

Je n'ay pû, Monsieur, répondre bien exactement aux dernières lettres dont vous m'avez honoré, les ayant receues dans le temps d'un petit voiage que j'ay fait à Strasbourg, où il a fallu régler les dispositions des quartiers d'hyver, la cour ayant bien voulu me permettre de changer les premières.

Je m'en vais diligemment vers la Lorraine et dans les éveschés pour faire la même chose, après quoy Sa Majesté veut bien me permettre de me rendre pour quelques jours auprès d'Elle.

1. Brulart de Puysieux envoyé de France auprès des cantons suisses.

La lettre de M. de Trauttmansdorff ne m'a point surprise; elle est à peu près conforme aux idées que l'on a de ce ministre; j'admire qu'il veuille aliéner des esprits aussy sages que ceux à qui il s'adresse par les offenses que Molière et moy avons fait à la nation; il luy en fait une bien plus vive en imaginant qu'elle puisse prendre feu sur cela. Quant au pauvre Molière, si quelque nation pouvoit se plaindre d'en avoir été jouée, c'est la nôtre asseurement, et nous avons l'obligation à cet homme si illustre d'avoir travaillé à nous corriger de bien des deffauts. Je n'ay veu que M. de Trauttmansdorff et nos médecins en colère sur cela; trop heureux s'il avoit corrigé les derniers, car, pour M. de Trauttmansdorff, à Dieu ne plaise qu'il se corrige, et je ne vous souhaitteray jamais d'athlète plus dangereux. Il a très impudemment avancé les commerces qu'il me donne avec le prince de Ragotsky, et j'ose me flatter d'estre assez bien à la cour de l'Empereur pour que Sa Majesté Impérialle eut présentement les mêmes bontés dont Elle m'a honoré, la guerre même déjà commencée en Italie, c'est de faire déclarer par M. le comte de Kaunitz sur quelques bruits qui avoient couru dans le peuple et n'avoient pas même gagné une cour composée de tant d'honnestes gens, c'est-à-dire de ces nouvelles qui s'arrêtent dans les cours voisines et peuvent estre seulement relevées par M. le comte de Trauttmansdorff; l'Empereur eut donc la bonté de faire déclarer par M. le comte de Kaunitz que Sa Majesté Impériale estoit parfaitement informée que je n'avois jamais ouy parler de tout ce qui regardoit le prince de Ragotsky et les Hongrois, qu'elle m'honoroit de toute l'estime deue à un ministre qui, servant un maistre dont les intérests étoient opposés, avoit toujours montré une conduitte d'une probité sévère.

Voilà, Monsieur, ce que je puis vous dire sur cela, sans nulle intention que vous fassiez part de cette lettre à personne.

M. le comte de Trauttmansdorff a un frère, très galant homme, et qui sert dignement dans les armées de l'Empereur; pour le vôtre, il est certain que l'on s'étonnoit à Vienne que M. le comte de Kaunitz, qui a la principalle direction des affaires étrangères, et qui certainement employe de très bons sujets comme les comtes de Schlick, Sinzendorf, Stratman et plusieurs autres gens de beaucoup d'esprit asseurement, eût consenty que l'Empereur se soit servy dans un employ aussy important d'un fol comme M. de Trauttmansdorff. Je vous suplie encore une fois, Monsieur, de ne me mettre en aucune querelle avec cet homme-là. Je le méprise trop pour relever ses fadaises, et c'est asseurement pour vous seul, et je vous le demande en grâce.

(Copie. Arch. Vogüé.)

19. Villars à Chamillart.

Extrait.   A Metz, ce 20e décembre 1702.

..... Il peut être, si M. l'Électeur de Bavière n'est point pressé cet hyver par tous les ennemis qui l'environnent, que son habileté les endort; mais ce Prince, en ce cas-là, trompe l'Empereur et tous ses voysins ou le Roy; Dieu veuille le premier.

Pour moy, j'avoue que ce qui me paroist le plus dangereux en toutes matières, c'est d'estre trompé, puisque l'on ne peut prendre de mesures justes sur rien. Je comprens de quelle utilité nous peut estre un tel allié, mais quatre millions que l'on donne, sans qu'il fasse aucune diversion, me paroissent bien mal placés,.....

(Orig. Dépôt de la guerre. Vol. 1582, n° 231.)

20. Villars à Chamillart.

Extrait.   A Metz, ce 24e décembre 1702.

..... Vous me faittes l'honneur de me dire, Monsieur, que je regarde les affaires de Bavière avec un peu d'indifférence; il s'en faut bien, Monsieur, mais je regarde comme un grand bien de ne s'y pas tromper; ce malheur-là peut m'arriver d'autant plus aisément sur cette matière que je ne scay pas le fond du traitté, ny des nouvelles propositions que va faire M. de Monasterol. Je raisonne simplement sur les faits qui sont de ma connoissance, la situation actuelle de M. l'Électeur et ce que vous voyez dans les lettres de M. de Ricous. Enfin, environné de toutes les forces de l'Empereur et de l'Empire, il est le plus habile Prince du monde s'il les endort, et il faut bien qu'il trompe quelqu'un. Dans cette incertitude, et à juger des hommes un peu comme Machiavel, ma pensée seroit de promettre beaucoup et de donner peu.

Ma dernière lettre étoit vive, mais j'ay l'honneur de vous dire que ce Prince m'a connu ce tempéramment, et qu'il ne luy déplaisoit pas; elle est d'ailleurs d'un homme qui, pressé par les ordres du Roy de faire l'impossible, est outré de ne pouvoir satisfaire présentement à ce que son zèle, son ardeur et son obéissance à la volonté déterminée de son maistre exige de luy. D'ailleurs, je luy fais voir que j'ay tenu l'armée ensemble jusqu'au 13ᵉ décembre pour attendre de ses nouvelles, et que je ne l'ay séparée qu'après avoir appris que ses troupes estoient déjà dans leurs quartiers d'hyver.....

J'ay receu une lettre de M. de Monasterol, du 16ᵉ décembre, qui partoit pour un rendez-vous que l'on luy donnoit le 23. Ainsy, je le croy présentement auprès de son maistre avec Mʳˢ de Simeoni et Schelleberg dont je suis très aise, car, assurément, ce Prince est peu secouru de gens qui veuillent une jonction. M. de Monasterol m'a dit que les deux seuls secrétaires qui l'ont accompagné sont gens dévoués à l'Empereur. Enfin, Monsieur, Dieu veuille que mes soubçons soient mal fondés. Vous voyez par les lettres de M. de Ricous qu'il en a aussy.....

(Orig. Dépôt de la guerre. Vol. 1582, nº 243.)

21. *Villars à Chamillart.*

Extrait.   A Metz, ce 19 janvier 1703.

..... Je croy aussy, Monsieur, devoir prendre la liberté de vous dire qu'autrefois Mʳˢ les inspecteurs de cavallerie et infanterie passoient les hyvers entiers sur la frontière; ils sont bien payés pour cela. Je ne dis pas que Mʳˢ les directeurs généraux ne puissent, dans l'hyver, aller rendre conte à Sa Majesté, si Elle le juge nécessaire, de l'état des troupes; mais, pour les inspecteurs, je les tiendrois sur la frontière, car ce n'est pas de deux reveues dont il est question, mais d'exercer les troupes très souvent, et une fois au moins et deux fois la semaine s'il se peut; faire monter les escadrons à cheval, les faire marcher, les battaillons leur faire prendre les armes, et les exercices qui regardent purement la guerre, c'est-à-dire ceux ausquels il importe le plus que les troupes soient faittes pour un jour d'action. C'est à quoy je donneray mes heures inutiles sur la frontière, ne croyant rien de si capital que d'instruire le soldat et luy faire entendre ce qu'il doit faire dans le combat, et leur parler comme à gens qui doivent se préparer avoir plusieurs actions pendant la campagne.

Je vois, Monsieur, que Mʳˢ les inspecteurs ne songent qu'à leurs deux reveues et toiser et mesurer leurs hommes, vous envoyer de beaux états, et les soins actuels, personne ne les prend plus. Vous m'avez fait l'honneur de me dire vous-même que, dans vôtre jeunesse, vous alliez voir ces vieux régimens d'infanterie faire les exercices deux fois, trois fois la semaine, et que tous les capitaines y assistoient bien sérieusement ; cela est bon, il faut le rétablir.....

(Orig. Dépôt de la guerre. Vol. 1675, n° 14.)

22. *Villars à Chamillart.*

A Strasbourg, ce 23ᵉ janvier 1703.

Je reçois dans ce moment, Monsieur, une lettre de M. de Puysieux, du 20ᵉ janvier, avec une copie d'une lettre de M. de Ricous, qui demande, de la part de M. de Bavière, que Sa Majesté veuille l'informer des projets qu'Elle peut former pour occuper M. le prince de Bade ; j'ay une confiance entière dans la bonne foy de M. de Bavière ; cependant, j'ose vous supplier, Monsieur, de vouloir bien que ce Prince ne sçache rien de positif des desseins que Sa Majesté peut avoir vers le Rhin. Il suffit de luy mander en gros que l'on occupera les ennemys, car l'on regarde ses premiers secrétaires comme suspects, et vous savez bien, Monsieur, que, sans le secret, on ne réussit à rien, surtout dans la guerre. J'auray l'honneur de vous informer incessament de touttes les dispositions nécessaires pour acheminer ce que Sa Majesté a daigné approuver.

(Orig. Dépôt de la guerre. Vol. 1575, n° 17.)

23. *Villars à Chamillart.*

Extrait. A Strasbourg, ce 30ᵉ janvier 1703.

M. l'Électeur demande que les ennemis soient occupés, et, dans peu assurément, il n'aura rien à désirer sur cela.....

Je n'attendrois pas le retour de mon courrier pour passer le Rhein, si cela pouvoit estre utile, avant que nos troupes soient prestes à se joindre.

Si M. l'Électeur de Bavière n'a pas son traitté fait avec l'Empereur depuis longtemps, et qu'il n'ait attendu pour le manifester que d'avoir tout l'argent qu'il peut tirer du Roy, il verra dans peu de jours que l'on agit vivement pour son secours.

M. de Monasterol luy a-t-il fait sçavoir les dernières propositions de Sa Majesté ? Ayez la bonté de nous les renvoyer icy. Si l'on néglige ce qui est au pouvoir de l'homme pour rectifier les fausses démarches de son maître, je veux bien subir sur cela son jugement.

(Orig. Dépôt de la guerre. Vol. 1675, n° 33.)

24. *Villars à Chamillart.*

Extrait. A Bibrach, le 23ᵉ février 1703.

Jamais terreur n'a esté si répandue que celle que nous voyons dans la Suabe. J'ay esté au delà d'Haslach, nos maraudeurs ont esté plus loin encore. J'avoue que le libertinage de l'armée me fera prendre enfin le party d'une extrême sévérité, car tout le pays est désert, ce qui m'empesche de pouvoir faire voiturer par les communautés les fourrages dans le camp. Nostre cavallerie en auroit eu touttes ses provisions sans avoir la peine de l'aller chercher, et c'eût esté une commodité à laquelle elle n'est pas accoustumée à la guerre; mais, comme je songe à m'en servir aussy longtemps cette campagne que l'autre, je veux ne rien oublier pour la ménager. Grâces au Seigneur, nous avons un temps à souhait. L'armée l'appelle le temps de Villars, et il n'est pas mauvois qu'elle me croye heureux. Le Roy confirmera cette opinion quand il luy plaira; il n'est pas temps de parler de cela...

(Orig. Dépôt de la guerre. Vol. 1675, n° 86.)

25. *Villars à Chamillart.*

Au camp devant Kell, le 2ᵉ mars 1703.

..... Je ne mande point à Sa Majesté tous les obstacles que nous trouvons; un qui ne vaut pas la peine d'en parler, c'est que si je ne m'estois avisé de faire trois ou quatre saignées violantes à la Kinche avant-hier au matin, l'armée entière couroit risque d'une attaque d'apoplexie, c'est-à-dire qu'il y auroit eu deux pieds d'eau dans le camp. Grâce à Dieu, je ne crains plus rien de la Kinche. J'ay une autre ennemie dans les entrailles, c'est les deux chuttes; mais un meusnier m'a donné un avis salutaire, c'est de les faire saigner à deux lieues d'icy. J'en profite, et ainsy non seullement je fortiflie mon camp, mais je m'oste de terribles inquiétudes. L'on vous dira, Monsieur, que l'on va quelquefois de Kell à Offembourg, au travers des terres, en batteau. Faites moy l'honneur de croire que pareilles entreprises donnent de mauvois quarts d'heures à qui les exécute. Les fortunes de cour sont sujettes à moins de tribulations. Vous me dirés, sur saigner les rivières, que je pouvois commencer par là; mais il falloit que nos lignes fussent faittes et qu'elles nous pussent estre en plusieurs endroits une digue contre les inondations que produisent les saignées. Le mauvois temps n'a duré que deux nuits et un jour, et n'a pas retardé nos ouvrages d'un moment. Grâce à Dieu, le beau froid est revenu. Nos trouppes sont bien barraquées, le fourrage va bien, le soldat est gaillard. Je passe une partie de la nuit avec eux; nous buvons un peu de brandevin ensemble; je leur fais des contes; je leur dis qu'il n'y a que les François qui sçachent prendre les places l'hiver. Je n'en ay pas fait pendre un seul; je leur garde deux grenadiers, qui l'avoient bien mérité, pour leur donner leur grâce en faveur de la première bonne action que leurs camarades feront. Enfin, Monsieur, j'y fais tout de mon mieux; tout ira bien s'il plaist à Dieu, soyez tranquille; mais, si quelqu'un vous dit que tout cecy est bien aisé, ayés la bonté de ne le pas croire.....

(Orig. Dépôt de la guerre. Vol. 1675, n° 95.)

26. *Villars au Roi.*

Au camp devant Kell, le 2ᵉ mars 1703.

..... Je vois, Sire, que Vostre Majesté désireroit assés que la grosse garnison qui est dans Kell pust estre prisonnière de guerre. Elle sçait que cette place est une des meilleures et des plus parfaittes que M. le maréchal de Vauban ayt fortifiées, et que nous l'attaquons dans la plus rude saison; depuis avant-hier même, le temps est horrible, et, en vérité, la fermeté avec laquelle les troupes de Votre Majesté le soutiennent est respectable; et, quand je songe à leur valeur et à leur patience dans de certaines peines, je suis un peu porté à oublier leur libertinage, et je leur pardonnerois même, s'il n'estoit si contraire à l'exécution des projets, que l'on ne peut en former quand nos propres trouppes ruinent et font déserter le pays; cependant, je n'ay fait mourir personne, parce que, les premiers jours, cet exemple ne les auroit pas contenus, et que, sur la fin, ils estoient si gorgés de butin, que par cette raison et ne pouvoir plus aller, ils s'arrestoient dans le camp. Il faudra pourtant essayer de les mettre sur un pied de sagesse absolument nécessaire pour faire de longues campagnes au milieu du pays ennemy.

Je supplie Vostre Majesté d'estre persuadée que je feray ce qu'Elle désire sur la capitulation, à moins, comme Elle me l'ordonne elle-mesme, que les difficultez qui s'y trouveroient ne fussent contraires à son service.....

(Orig. Dépôt de la guerre. Vol. 1675, n° 94.)

27. *Chamillart à Villars.*

De Versailles, le 11e mars 1703.

Vous êtes trop occupé pour vous faire de longues lettres; contentez-vous de recevoir des assurances d'une joye bien sincère, que tout autre général que vous n'auroit pas partagée comme vous faites; mais je vous avoue que je m'oublie moy-même pour vous donner toute la part entière aux avantages que vous procurés tous les jours par tout ce que vous faites; sans vouloir pénétrer votre secret, je crois deviner que vous n'avés pas moins envie de battre une seconde fois le prince de Bade que de prendre Kell; vous êtes bien heureux de n'avoir pas eu pour témoin de votre entreprise M. le maréchal de Vauban; il n'auroit jamais consenty que vous eussiez méprisé la redoute et la demy-lune comme vous avez fait; il y a longtemps que je suis du sentiment de ceux qui ayment mieux guérir d'une fièvre par le quinquina que par les remèdes de la médecine ordinaire; continuez à vous en servir aussy heureusement que vous faites, et nous prendrons soin de vous faire proner dans les Gazettes. J'attens avec impatience la lettre que vous avés receu de M. l'Électeur de Bavière, qui n'avoit point encore esté déchiffrée. Je ne scaurois finir sans vous dire que vous avés restably le calme et rendu la joye à toute la cour.

(Min. Dépôt de la guerre. Vol. 1675, n° 123.)

P.-S. Le Roy veut que vous renvoyez M. de Maulevrier, et Madame de Maintenon vous recommande de le mesnager le plus que vous pourrez.

(Copie. Arch. Vogüé.)

28. *Villars au Roi.*

Extrait. Au camp, devant Kell, le 12e mars 1703.

..... Votre Majesté verra que je crois devoir regler la jonction pour les premiers jours de may par les raisons suivantes; à moins que M. l'électeur de Bavière pressé ne voulust faire quelque effort pour l'avancer.

Premièrement les troupes ont besoin de repos; elles doivent recevoir leurs recreües; tout sera selon les apparences en estat dans ce temps-là. Car de mener en Bavière une armée dont aucune troupe n'est complette en soldats ny officiers, les facilités pour rejoindre peu establies, en trois mois cette armée seroit ruinée.

En second lieu il faut le temps d'avoir les chevaux d'artillerie et des vivres; mettre nos charrois à la petite voye, ce qui sera peut estre difficile pour les quaissons, mais enfin nous allons y travailler.

Il faut, si V. M. l'a pour agréable, qu'elle règle un fonds pour les premiers mois, après cela si je puis j'épargneray sa bourse, mais elle ne doit pas conter que tout soit aussy facile que M. de Ricous le promet......

(Orig. Dépôt de la guerre. Vol. 1675, n° 125.)

29. *Villars à Chamillart.*

Extrait.   A Strasbourg, le 19ᵉ mars 1703.

...... Nous allons, Monsieur, nous reposer, les trouppes seront bientost rétablies, pour moy j'estois accablé allant à Capel, mais le canon, les poudres et les autres munitions des ennemis m'ont un peu rafraischy le sang. Je trouve que la prise de Kell, en contant ce que nous y avons trouvé de poudres, à Offembourg et dans nostre dernière petite conqueste, laisse l'arcenal de Strasbourg dans le même estat qu'il estoit. J'attens, Monsieur, avec impatience, si Sa Majesté aura daigné approuver ma diligence et mon zèle.

J'apprens qu'Elle a donné cent mille francs à M. le maréchal de Villeroy pour son équipage. Vous sçavés, Monsieur, les grâces que j'ay pris la liberté de demander[1], mais, comme elle aura peu me trouver économe par le compte que j'ay eu l'honneur de luy rendre de l'estat de mes affaires, je dois vous rendre compte de ma maison, vous suppliant, Monsieur, de vouloir bien vous en faire informer précisément.

Je n'ay pas veu, j'ose vous le dire, de plus grosse table que la mienne, peut estre y en a-t-il de plus délicates, mais jamais personne ne s'en retourne de chez moy, et j'y ay veu disner certains jours, pendant le siège de Kell, plus de soixante officiers.

J'ay une compagnie de gardes complette et j'en ay peu veu depuis long temps aux généraux d'armée qui en approche; elle n'est arrivée que depuis deux jours vêtüe de ma livrée avec des

---

1. Villars, après la prise de Kehl, avait demandé le brevet de duc.

galons d'argent. En un mot, Monsieur, peut-estre que par le bon ordre je fais ce que les autres exécutent avec dissipation. Je n'ay pas l'honneur de vous expliquer cecy pour vous dire ensuite que je me ruine. Ayés la bonté de vous informer de quelle maniere on meine les sauvegardes qui me rapportent si peu que vous en serés étonné. Enfin, Monsieur, je serois faché que S. M. ne fut pas informée que ma maison est en estat de paroistre dans l'Empire avec l'éclat qui convient à un général de ses armées.

Je ne vous demande point d'argent; les autres ont eu en même temps de l'argent et les grosses charges, et touttes les dignités du Royaume. A Dieu ne plaise que je veuille ravaler l'importance de leurs services, mais j'examine leurs recompenses, dans quels temps et à quelles occasions ils en ont esté honnorés, et j'espere de la bonté du Roy la grâce que j'ay pris la liberté de lui demander.....

(Orig. Dépôt de la guerre. Vol. 1675, n° 137.)

30. *Villars à Chamillart.*

A Strasbourg, ce 26e mars 1703.

Je reçois, Monsieur, la lettre dont vous m'honorés, je vous suis devoüé à la mort et à la vie, et crois que c'est avec peine que vous me donnés des ordres presque impossibles. Ce n'est pas là ce qui m'en cause le plus, mais de voir que l'on compte pour rien ce que j'ay fait si je ne réussis dans ce que l'on ne devroit pas me charger d'entreprendre. Monsieur, ce n'est point par les mortiffications que l'on meine un homme comme moy; c'est par les manières que vous avez eües, et par m'honnorer d'une élévation que j'ay mieux mérité que plusieurs.

C'est mon zèle et ma gloire qui me meinent et qui vont tellement avant touttes choses dans mon cœur que je vous supplie de croire, Monsieur, que rien au monde n'en approche; sans ces deux raisons je demanderois à me retirer.

Ayés la bonté de vous faire informer par ce qu'il y a d'officiers généraux icy les plus sensez et les plus raisonnables, s'il a esté possible de faire quelque chose de mieux pour le service du Roy depuis le siège de Kell que ce que nous avons fait jusques à present, et si le contraire ne nous ostoit pas les moyens de tout entreprendre dans la suitte mesme pour la jonction.

(Orig. Dépôt de la guerre. Vol. 1675, n° 160.)

31. *Villars au maréchal de Villeroy.*

De Strasbourg, le 26ᵉ mars 1703.

Vous ne m'avés honoré d'aucune lettre, Monsieur, sur les deux dernières que j'ay eu l'honneur de vous escrire et par M. de Sainte-Hermine et par l'ordinaire. Voicy pourtant bien des courriers que je reçois, et j'apprens que l'on est fort étonné que je n'aye pas encore passé en Bavière. Il n'y avoit qu'une petite difficulté, c'est que les neiges ont toujours fermé les montagnes, et que, les deux dernières nuits, il en est encore beaucoup tombé. Qu'enfin, si j'avois suivy l'intention de la Cour, je me serois osté les moyens de pouvoir repasser le Rhin avant les herbes, puisque j'avois desjà consommé tout ce qu'il y a de fourrages entre le Rhin et la montagne. Mais tout cela n'est rien, il faut parler de l'estat auquel est l'armée pour la faire marcher. Mon party estoit déjà pris sur les ordres que j'ay receu du Roy il y a quatre jours et qui sont bien reïterés par ceux d'aujourd'hui que je marche. Tous les officiers généraux m'ont obligé à en envoyer le chevalier de Tressemanes à la cour pour représenter en quel estat est l'armée, mais je n'attendray pas son retour, et je mets tout en mouvement. Ce n'est rien de vous dire que la cavallerie ny l'infanterie n'ont de tentes, les deux tiers de l'infanterie n'ont pas un fusil. Donner une bataille à coups de poings contre des fusils, c'est surprenant, et si j'estois en pays ou l'on trouvast de grandes perches, on les bruleroit par le bout et nous nous armerions comme les sauvages.

Le munitionnaire n'a pas une pistolle, le Roy me donne seulement pour payer son armée vingt jours, après quoy je feray comme je pourray.

Je n'ay pas encore le quart de l'artillerie préparé à la petite voye.

Je ne sçay ou trouver du pain les premiers huit jours passés quand une fois j'ay quitté le Rhin.

Je suis aussy devoüé que je le dois à M. de Chamillart, mais je vous supplieray, Monsieur, de luy demander que vous puissiez montrer cette lettre, car je veux que le public sçache ce que l'on m'ordonne, et avec quels moyens. Les mesmes gens qui publient peut-estre qu'il n'y a rien de si aisé ont oublié que, quand le Roy avoit Brissac et Fribourg, ils n'ont jamais osé envoyer un party à trois lieues de là dans les montagnes. L'armée doit périr par l'estat auquel on me force de la faire marcher.

Peut-estre que l'ardeur que je tascheray d'inspirer la soutiendra; mais il n'y a pas un bon sujet qui ne pense icy que notre dessein est mieux présentement, et pouvoit réussir dans cinq semaines comme je l'avois proposé.

Les trois quarts des trouppes, tant cavallerie, infanterie que dragons, n'ont pas leur habillement, et ne l'auront que dans plus de six semaines.

Voilà, Monsieur, tout ce que je puis avoir l'honeur de vous dire; rendez-moi la justice de me croire, etc.

(Copie. Arch. Vogüé.)

32. *Le Roi à Villars.*

De Marly, le 27e mars 1703.

Mon cousin, j'ay receu la lettre que vous m'avés écrite du 23, dont vous aviés chargé le chevalier de Tressemane ; il ne m'a rien laissé ignorer de tout ce qui peut vous avoir déterminé à faire repasser le Rhin à mes troupes, et les envoyer dans des quartiers différens pour leur donner le temps de se rétablir, et se mettre en état dans le peu de séjour qu'elles y devoient faire de bien servir pendant le reste de la campagne ; il m'a informé aussy très particulièrement de tous les embarras dans lesquels une marche trop précipitée peut vous faire tomber, il n'y a rien de ce qu'il m'a dit que je n'aye prévu par les lettres des 16, 19 et 23 que vous avés receues de moy, mais la conjoncture de Bavière est si singulière, l'importance de conserver cet allié est si grande, que tout ce qu'un général pense de plus sage est détruit par l'impossibilité de pouvoir s'asseurer de conserver l'électeur de Bavière dans mon alliance, s'il n'est promptement secouru, soit par une diversion ou par une jonction, et c'est cette nécessité qui vous a attiré des lettres si pressantes et des ordres si positifs que rien n'a dû en suspendre l'exécution, particulierement ceux portés par ma lettre du 23, à moins que vous ne vous soyés déterminé d'attendre le retour du chevalier de Tressemane. Il m'a paru, par le détail dans lequel je suis entré avec luy, que vous pourrés passer le Rhin le 10 ou le 12 du mois prochain, qu'une partie des recrües et des officiers auront joint dans ce temps-là, que les réparations les plus pressées seront faites, et qu'il ne vous manquera que ce que vous seriés obligé d'attendre trop longtemps.

Chamillart entrera avec vous dans une discution plus particulière pour les armes, les vivres, les hopitaux, les Recolets, et vous fera sçavoir mes intentions; je vous donne une liberté entière, lorsque vous serés de l'autre côté du Rhin, de faire ce que vous jugerés plus convenable au bien de mon service; je seray neantmoins bien aise d'estre informé d'avance, autant que vous le pourrés, de ce que vous croirez possible de faire et d'entreprendre, sans que ce que vous aurez pu me mander vous empêche de prendre d'autres partis si vous en trouviés de meilleurs, ma confiance estant telle que je ne l'ay jamais prise plus grande dans aucun de mes généraux, je suis bien aise de vous dire que vous avez fortiffié ces sentiments que j'avois il y a longtemps par tout ce que vous avés fait depuis le mois d'octobre de grand et d'avantageux pour la gloire de mes armes et pour mon repos, j'ay lieu de croire que vous continuerez avec le même zèle, la même conduitte et le même bonheur.

(Minute. Dépôt de la guerre. Vol. 1675, n° 164.)

33. *Chamillart à Villars.*

De Marly, le 27e mars 1703.

M. le chevalier de Tressemanes, à qui j'ay parlé avec une entière confiance, vous fera un récit très sincère, Monsieur, de tout ce qui a donné lieu aux lettres que vous avés reçeues qui n'ont pas dû faire l'impression sur vous qu'il me paroist qu'elles y ont faittes. La confiance du Roy n'a jamais été si grande pour un général qu'elle l'a été pour vous; et pour avoir mandé que vous ne deviés pas repasser en deça du Rhin, sans avoir receu ses ordres, ou du moins avoir connu ses intentions, il ne vous a pas dû paroitre qu'elle fut diminuée. Vous sçavés que de tout le tems le passage de ce fleuve a été regardé comme une des choses des plus importantes et qui méritoit davantage d'être délibérée, si avant, ou durant le siege de Kell vous aviés préparé à ce passage, le Roy vous auroit fait sçavoir sa volonté, ou du moins Sa Majesté, s'en remettant à vous, auroit donné des ordres contraires à ceux qu'Elle a envoyés à M. le maréchal de Tallard, et auroit fait parler différemment à M. de Monasterol, en luy donnant des espérances plus éloignées de secourir M. l'électeur de Bavière; mais S. M., ne doutant point que vous ne fussiés en estat de faire subsister ses troupes de l'autre côté du Rhin, l'avoit assuré qu'elles marcheroient diligemment au secours de son maistre, et en même tems avoit ordonné à M. le Maréchal de Tallard de s'avancer à Strasbourg pour prévenir et s'oposer, avec les troupes qu'il commande, aux inconvénients qui pourroient arriver si le prince de Bade, ne pouvant empescher votre passage, s'étoit déterminé à faire entrer en Alsace le corps d'armée qui est à ses ordres. Vous jugés bien quel a été l'embarras de M. le maréchal de Tallard, lorsqu'il a vu arriver dans les quartiers qu'il devoit prendre les troupes que vous y avés envoyées, et sans vous en dire d'avantage, il vous paroistera que le dérangement ne sçauroit jamais faire honneur à celuy qui est à la teste de tout, et qui gouverne tout par luy même, qui doit, par une connoissance entière de toutes les parties, faire cadrer tous les mouvements avec justesse.

Vous vous expliqués avec moy, comme avec votre amy, et vous avés raison de croire que je le suis veritablement, c'est à ce titre que je veux vous gronder d'outrer la matière au point que vous faittes ; conservés par une conduitte esgalle à celle que vous avés tenüe toutte la confiance que le Roy a en vous, et ne l'embarrassés pas à l'avenir en luy demandant des ordres sur toutes les choses qui doivent rouler sur vous. Il y en a de certaines qu'il est de votre intérest de luy faire sçavoir et même de luy laisser décider ; sy vous voulés y avoir toutte la part que le général y doit avoir, en consultant S. M., vous luy ferés part de vos sentiments ; c'est le moyen d'augmenter encore d'avantage, s'il est possible, la confiance que S. M. a en vous, et de ne pas vous attirer jusques aux moindres reproches. Vous aurés toujours lieu d'être content de tout ce qui vous viendra de moy, si vous voulés vous mettre au-dessus des discours de Paris, et ne pas adjouter trop de foy aux lettres qui vous viendront de ces pays-cy, dans lequel vous avés des envieux et des ennemis ; je vous répondray bien que vous avés toujours grand sujet de vous loüer des bontés du Roy et des dispositions de S. M. pour vous.

(Minute. Dépôt de la guerre. Vol. 1675, n° 165.)

34. *Le Pelletier*[1] *à Villars.*

De Paris, le 28º mars 1703.

Quand je vous ay félicité, Monsieur, sur votre glorieuse con-

1. Michel Le Pelletier de Souzy (1640-1725), qui joignait à d'autres charges celle de directeur général des fortifications et, à ce titre, correspondait avec Villars.

queste dont tout le succès est dû à votre bonne conduite et à votre application, je n'imaginois pas que j'aurois des reproches à vous faire sur ce même sujet. J'ay appris, par des personnes qui en ont esté témoins, qu'ils vous ont veu déboucher par une ouverture qu'on avoit fait dans le sousterrain de l'extrémité de la branche droite de l'ouvrage à corne du fort de Kell, et passer sur le glacis de ce fort dans un temps qu'à peine le logement estoit tracé, et qu'il n'y avoit encore que trois gabions postés qui n'estoient pas même remplis. Je loüerois fort cette bravoure en la personne d'un sergent de grenadiers, ou tout au plus d'un ingénieur, mais permettez moy de vous dire que cette action n'est pas pardonnable à un général d'armée, moins encore à un maréchal de France utile à l'Estat et précieux à sa famille et à ses amis; pardonnez s'il vous plaist cette liberté à un ancien serviteur zélé pour le service du Roy et pour vos intérests.

(Copie. Arch. Vogüé.)

35. *Villars à Chamillart.*

Extrait. A Strasbourg, ce 28e mars 1703.

..... Au reste, Monsieur, que le courtisan clabaude, un général en doit rire, mais que ses faux raisonnemens fassent impression sur de certaines testes, c'est ce qui peut déranger les meilleures. Croirés-vous que ce que j'ay d'amis à la cour, gens d'honneur, me mandent depuis quelques jours que je n'ay d'autre party à prendre que de faire plustôt battre l'armée du Roy que de ne rien faire, et m'asseurent que ces discours sont autorisés par ce qu'ils sçavent des sentimens du Roy. M. de Turenne pouvoit rire de telles clameurs, mais comment me peut-on croire la teste assés bonne pour n'en estre pas ébranlé. Je marche enfin beaucoup plustost que la raison ne le vouloit, puisque le party que je prenois de laisser aux trouppes le temps que me donneroit M. l'électeur de Bavière estoit, j'ose le dire, le seul bon. Mais on le veut, et je vais chercher ou les amis s'ils viennent au devant de moy et que j'aye de leurs nouvelles, ou les ennemis ; pour ces derniers, je sçays où les trouver.....

(Orig. Dépôt de la guerre. Vol. 1675, n° 169.)

36. *Chamillart à Villars.*

Du 29e mars 1703.

Ma lettre d'hier, Monsieur, et tout ce que M. de Tressemanes a veu et vous dira vous feront connoistre que je suis pour vous tel que vous le pouvez désirer, que, dans touttes les lettres que je vous ai escrittes par ordre du Roy et de luy, il n'y a que des termes qui conviennent à un homme dont on est content hors de n'avoir pas mandé d'avance le dessein que vous aviez de faire repasser le Rhin aux trouppes et que mes ordres pour vous escrire estoient au moins aussy précis que ceux que vous avez receus. La lettre de la main du Roy que je receus à Paris vendredy 23e et qui ne me permettoit pas de vous laisser délibérer sur ce passage, que j'ay leüe à M. de Tressemanes, vous fera connoistre que j'exécute les volontés du maistre en mesnageant mes amis. M. de Marsan m'a fait voir la lettre que vous luy avez escritte. Elle est bonne pour luy, mais elle ne seroit pas bonne pour d'autres. J'ay l'honneur d'estre, etc.

P.-S. — Le Roy m'ordonne, Monsieur, de vous faire sçavoir que, si vous avez passé le Rhin avant d'avoir receu la lettre de Sa Majesté, vous pouvés différer quelques jours à vous en esloigner pour donner le temps aux recreues et au reste de vous joindre, pourveu que vous trouviez de quoy subsister, etc.

(Copie. Arch. Vogüé.)

37. *Villars à Chamillart.*

Extrait.   A Strasbourg, le 6 avril 1703.

J'auray l'honneur de vous dire, Monsieur, que l'année passée tout partoit avec la plus grande joye du monde pour cette jonction, et cela venoit de ce que l'on voioit l'armée remplie de gens de faveur et du grand air : vous connoissez le françois ! cette dernière fois, Monsieur, dans les premiers estats l'on voyoit très peu de ces messieurs là, et la tristesse a saisy officiers généraux et autres. Ce qui vient des lettres écrittes de Versailles et de Paris l'augmente. Enfin, Monsieur, l'on ne doute point que cette armée ne puisse voir une grande action. Cependant cette ardeur qui faisoit partir autrefois tous les volontaires en poste à la moindre apparence de bataille n'est plus si vive. J'ay veu feu M. de Lesdiguières, après avoir quitté le service, se rendre jour et nuit à l'armée de M. de Luxembourg, qui n'estoit point du tout de ses amis, sur le bruit d'un combat pour le secours de Charleroy. Présentement la pluspart de ces messieurs là ont l'oreille basse. Il faut les réveiller, j'y feray bien de mon mieux, mais vous croyez bien, Monsieur, que la moindre parole de la part du Roy feroit son effet.....

(Orig. Dépôt de la guerre. Vol. 1675, n° 183.)

38. *Villars au prince de Conty.*

Du 14e avril 1703.

Monseigneur,

Il m'est revenu par mille endroits, et M. de Simeoni me le confirme, que V. A. S. a eu la bonté de me soutenir quand j'estois en vérité bien injustement attaqué, sur le party, je ne dis pas le plus raisonnable, mais l'unique que je pouvois prendre. Car enfin, Monseigneur, lorsque quelques courtisans vouloient absolument la jonction, il n'y avoit que deux petits obstacles. Le premier, que M. l'électeur de Bavière estoit dans le même temps près de Passau, à 150 lieues de moy; le second, qu'il y avoit deux pieds de neige dans les montagnes, je ne parle pas des besoins pressans que les trouppes avoient d'une infinité de secours.

Demeurer en deçà du Rhin et où nous sommes présentement. Pour cela il falloit consommer en cinq ou six jours les fourrages que nous y trouvons avec beaucoup de peine, et nous oster en la prenant mal à propos une subsistance sans laquelle on ne pouvoit avant les herbes repasser le Rhin.

Je prévois, Monseigneur, veu les habiles critiques que je me suis trouvé, que j'auray besoin de votre protection. Ayés la bonté de leur dire encore que, pour entrer en pays ennemy avec une armée, il faut au moins, quand vous perdés la communication par les derrières, espérer des secours asseurés par les testes, et ne les pas aller chercher au delà des vivres que l'on peut porter, et qu'enfin le party le plus sage, quand une armée ennemie et menée par un bon général peut traverser tous nos desseins, c'est d'aller chercher cet ennemy et ne rien oublier pour le forcer au combat. Si, dans l'exécution de ce dessein auquel je marche présentement, je fais quelques fautes, envoyés moy les grands raisonneurs, nous les mènerons aux retranchemens de M. de Bade, et nous tascherons au moins de nous justiffier auprès d'eux. Ils seront plus traittables dans .... que sur les terrasses de Versailles et Marly, où l'on traitte un pauvre diable d'extravagant ou par l'amour, ou par l'avarice, ou par la vanité, car j'ay ouy dire qu'il n'y avoit que ces trois petits points dans mon procédé. En voilà bien assés pour faire pendre un homme, et par ma foy, Monseigneur, je trouve qu'ils ont raison. Pour moy je croiray toujours l'avoir, quand un grand prince, dont le genie superieur et les veües sublimes discernent le vray et le bon party, voudra bien penser que je l'ay suivy et comblé de joye quand il m'honorera de ses bontés que j'ose dire que je mérite par l'attachement respectueux et fidele avec lequel, etc.

(Copie. Arch. Vogüé.)

39. *Villars à Chamillart.*

Au camp devant Bihl, ce 25 avril 1703.

Je vous avoue, Monsieur, que je n'ay jamais senty une si vive douleur que celle de me retirer sans avoir rendu au Roy le plus important service qu'il eut jamais pù recevoir d'un de ses sujets, le plus glorieux pour celuy qui avoit l'honneur de commander ses armées. Ce qui rend ma douleur plus vive et plus sensible, c'est que rien n'estoit plus facile le premier jour, et possible tous les autres; laissez les dire, et que cecy soit pour vous seul, Monsieur, je vous en conjure : ay-je pu conter que l'infanterie, qui marcha le 19 pour attaquer la montagne, seroit neuf heures à faire ce que j'ay fait trois fois depuis en trois quarts d'heure?

Je ne doute point que plusieurs officiers généraux ne se plaignent de moy, car je n'ai pù leur cacher mon indignation sur leur molesse; je vous supplie, Monsieur, ne me faittes pas d'ennemis, mais je vous ouvre mon cœur par l'amitié dont vous m'honorez; on a pour ainsy dire cabalé pour faire croire impossible ce qui n'étoit tout au plus que difficile. Enfin l'armée ennemie n'a jamais osé faire venir son canon, plus foible de moitié que celle du Roy, et quelle différence pour la qualité.

Vous me direz, mais avec tant de raisons que ne prenniez-vous sur vous? Je vous ay dit les miennes sur l'interest que j'avois de ne pas entreprendre. Cinq lieutenants généraux s'opposoient hautement, et même ceux qui menoient l'infanterie et qui avoient fait des difficultés. Enfin, avant hier, l'ordre du combat étoit écrit, donné pour la seconde fois et distribué à touttes les troupes, mais par les nouveaux obstacles que l'on me fit dans le moment que l'on devoit marcher on avoit découragé mon infanterie, laquelle les premiers jours avoit une ardeur à laquelle rien au monde ne pouvoit résister.

Je crains ces mesmes esprits sur ce que nous avons à faire encore, bien que je tienne les discours les plus propres à animer tout le monde, car je n'ay pas balancé à dire que Sa Majesté avoit nommé quelques officiers généraux parmy ceux qui méritoient le plus d'être avancés; mais qu'Elle m'ordonnoit de ne les déclarer qu'après le passage, et même de déclarer ceux qui montreroient le plus d'ardeur dans l'exécution d'un dessein si important pour Elle.

Croirez-vous, Monsieur, que les discours de plusieurs, sur la crainte de passer en Bavière, font impression jusques sur le soldat? Pour moy, c'est bien assurément la chose que je désire le plus ardemment, il suffit que j'en comprenne les conséquences pour le Roy ; mais tout homme se considère un peu aussy.

Ne vois-je pas par la bonté qu'a S. M. de me laisser en quelque manière la disposition de déclarer ceux qu'Elle a fait brigadiers, de quelle considération est l'employ de commander une grosse armée du Roy au milieu d'un pays ouvert, assez éloigné pour que S. M., par la nécessité même de ses affaires, soit en quelque manière obligée de m'honorer d'une confiance entière. J'avoue, Monsieur, que je suis sensible à la gloire, combien en puis-je esperer dans tout ce que j'auray à faire ? Je sçay qu'il y aura des difficultés pour l'entretien de cette armée, mais, enfin, qui est au milieu de l'Allemagne peut se flatter de trouver de grands secours. Que le Roy conte donc que je marche à la jonction avec une ardeur infinie; elle est infaillible si M. l'Électeur veut envoyer un corps un peu considérable, car ceux qui m'ont fait tant de difficultés sur attaquer les montagnes, que me diront-ils quand ils trouveront celles où nous marchons deffendues ? Ils diront ma foy ce qu'il leur plaira, mais ils les attaqueront bon gré mal gré, car pour cette fois je ne les consulteray pas, si Dieu me donne force et santé; quand la dernière me manqueroit, cela ne seroit pas étonnant, car tout ce que j'ay eu de peine de corps et d'esprit depuis huit jours n'est pas concevable. Tout cela n'est rien pourveu que les affaires du Roy aillent bien, ainsi que je l'espère.

Croirez-vous bien, Monsieur, qu'hors M. du Bourg, dont je dois me louer, personne ne m'a parlé pour m'ouvrir un moyen de réussir, mais tous ont voulu croire l'affaire impossible sans l'avoir même étudiée. Quand il faut tout reconnoître soy même sans trouver personne qui aille chercher à droite à gauche des hauteurs pour voir un flanc de leur camp, pour incommoder un ennemy, luy faire quitter un terrein, en gagner sur luy, car voilà comme se font ces sortes de guerres de campagne; mais point; dès le premier jour vouloir toujours croire tout impossible, Monsieur, je ne vous le cèle pas, si la guerre dure et cette létargie dans les esprits, un general qui veut agir a trop de peine assurément; je ne reconnois plus la nation que dans le soldat, dont la valeur est infinie.

APPENDICE. 291

J'auray l'honneur de vous envoyer par le premier ordinaire l'état des troupes que je meneray; vous croyez bien, Monsieur, que les regimens d'Ayen et de la Vallière n'en seront pas, non plus que celuy de Navarre, je laisseray autant que je pourray tous vieux regimens de cavalerie.

(Orig. Dépôt de la guerre. Vol. 1676, n° 36.)

40. *Villars au Roi.*

Extrait. Au camp de Donesching, le 7e may 1703.

..... Vostre Majesté aura la bonté de me faire connoistre si je dois suivre aveuglement touttes les pensées de M. l'Électeur pour la guerre. Elle peut estre asseurée, du moins je m'en flatte, que je seray très bien avec ce prince. Je luy ay connu autrefois une inclination assés naturelle pour moy, il n'est pas changeant dans ses amis, et ma conduitte sera telle qu'il aura asseurement lieu de s'en louer. Je ne suis pas trop en peine de l'impression que fera sur Votre Majesté l'opinion que plusieurs de ses courtisans veulent avoir que je ne me conduiray pas bien avec M. l'Électeur de Bavière; V. M. me pardonnera la liberté de luy dire que je ne suis pas encore bien armé contre la malignité de ces gens là. Je ne commence qu'à connoistre leur injustice et leur noirceur. Ne voudroit-elle point leur donner la mortiffication de voir qu'un homme sans appuy, sans cabale, uniquement occupé de l'envie de la bien servir, s'élève malgré eux. Je ne songe au monde qu'à mortiffier les ennemis de V. M., qu'Elle ayt la bonté de mortiffier un peu les miens.....

(Orig. Dépôt de la guerre. Vol. 1676, n° 64.)

41. *Le Roi à Villars.*

Extrait. De Versailles, le 14e may 1703.

..... Lorsque vous travaillerés aux projets de la campagne avec l'Électeur de Bavière, je vous recommande, en luy faisant connoistre vos sentimens, d'avoir une grande déférence pour les siens, et de faire en sorte de l'engager par raison et par des manières insinuantes à le faire revenir de votre avis, si vous trouviés que le sien pust porter quelque préjudice au bien de mes affaires.

Je feray connoistre à ce prince dans ma première dépesche, par les termes les plus forts, la confiance que je prends en vous, le pouvoir absolu que je vous ai donné, depuis que vous estes à la teste de mon armée, d'entreprendre ce que vous jugerés à propos, la liberté entière de choisir les officiers et les troupes qui vous conviendroient pour passer avec vous, l'abandon avec lequel je me suis livré, en vous permettant de remplir les lettres de brigadiers, sont des preuves convainquantes de l'estime que j'ay pour vous, et dont il n'y a aucun exemple jusques à vous ; je vous en donneray de nouvelles marques dans touttes les occasions qui se présenteront, et, en continuant à me servir comme vous faittes, je ne vous laisseray rien à désirer, mettés vous au-dessus des discours des courtisans, vous aurez toujours de grands avantages sur eux et vous me trouverés tousjours également prévenu pour vous, tant que vous me donnerés lieu d'en estre content.....

(Minute. Dépôt de la guerre. Vol. 1676, n° 72.)

42. *Villars au Roi.*

Du camp de Riedling, 30° may 1703.

Je reçois en même temps la lettre (sic) dont il a plû à Votre Majesté de m'honorer, du 29° avril et du 14° may ; par la première Elle croyoit notre passage presqu'impossible, par la dernière Elle a la bonté d'approuver la conduite qui a été tenue pour exécuter ses ordres, trop heureux, Sire, qu'une attention toujours également vive et entière à mériter le bonheur de luy plaire puisse luy être agréable. Je n'ay d'autres regrets, Sire, que de n'avoir pas les talens que mérite le plus grand et le meilleur maître du monde : je loue Dieu au moins que mes deffauts n'ayent esté en rien nuisibles au service de V. M. et je me reprocherois celuy de trop d'ardeur et de vivacité si quelques fois de certains vices n'opéroient plus heureusement que les vertus.

Peut-être que c'est par des moyens approchans que je suis enfin parvenu à bannir entièrement le libertinage de votre armée. Quand j'ay eu l'honneur de parler à V. M. de la nécessité indispensable de contenir ses trouppes, Elle daigna me dire que j'aurois bien de la peine à en venir à bout. Cependant, Sire, nous voyons actuellement les paysans apporter journellement des vivres dans le camp. On n'a pas brûlé une seulle maison depuis que l'on a traversé les montagnes, et cette armée qui d'abord faisoit fuir dix lieues à la ronde traverse présentement les villages sans que personne quitte sa maison ; les troupeaux sont au milieu des champs comme en pleine paix, les petites villes voiturent les farines et avoines d'impositions et l'on tirera des contributions en argent, malgré la très grande rareté d'espèces, et le peu de jours que l'on a commencé à en demander, nous avons déjà près de cent mille francs.

Pour établir cette sagesse dans le soldat, il n'en a pas coûté la vie à trente : j'ay parlé à tous et eux-mêmes se sont recriés que les punitions étoient justes, et que s'ils s'écartoient l'armée se dissiperoit en deux mois; l'ennemy nous environnant de toutes parts et les officiers se ruineroient par la cherté de tout ce qui doit fournir à leur subsistance. J'ay résisté dans la ferme résolution que j'ay prise de ne point me relacher sur la sévérité à plusieurs représentations des colonels, de quelques généraux persuadés que de réduire les François à une discipline si sévère c'étoit le forcer à déserter. Nous en avons très peu perdu de désertion, mais dans les commencemens il en a été tué plusieurs dans la maraude qu'il falloit arrêter à quelque prix que ce fut.

Comme l'on blâme tout, peut-être que ma sévérité aura cette destinée, mais, comme j'ay déjà eu l'honneur de le dire à V. M., je seray moins touché de mes deffauts quand ils seront utiles à Votre Majesté.....

(Orig. Dépôt de la guerre. Vol. 1676, n° 99.)

43. *Villars à Chamillart.*

Au camp de Riedling, le 30 mai 1703.

J'ai receu, Monsieur, la lettre que vous me faittes l'honneur de m'escrire du 14, je n'ai pas d'expressions pour vous marquer ma très vive reconnoissance de touttes vos bontéz; j'en suis pénétré, Monsieur, et crois par mon attachement très fidelle mériter l'honneur de vostre amitié; j'ose m'en flatter, et c'est ce qui me fera répondre avec plus de liberté à ce que vous me faites l'honneur de me dire.

Le premier article regarde le voyage de Madame la maréchale de Villars en Allemagne. Vous dites, Monsieur, m'avoir fait l'honneur de m'escrire quelque chose sur cela.

Il y a eu des ordinaires pris et assurément, Monsieur, cette lettre a esté perdue.

Quant à ce voyage, je l'ai résolu et publié, parce que, le Roy ayant eu la bonté de me demander ce que j'en ferois, j'eus l'honneur de lui dire que, si je passois en Allemagne, je la ferois venir.

Quant au raisonnement que l'on veut faire, par le mesme esprit des préventions que l'on veut avoir contre moy, il est d'autant moins fondé qu'elle n'a jamais deu aller à Munich, et je ne comprens pas comment moy-même je pourrois y estre plus de huit jours dans toutte l'année.

Pendant la campagne, apparemment je suis à la teste de l'armée; l'hivert cette armée prendra ses quartiers d'hivert ou vers l'Autriche, auquel cas je dois naturellement demeurer à Passau; ou en Franconie, auquel cas je dois demeurer à Nuremberg, ou à Ratisbonne; ou en Suabe, ce qui est le plus apparent; pour moi, je demeurerois à Ulm, ou dans quelque autre ville; ainsy donc, Monsieur, cette idée des causes et des divisions prétendues est entièrement fausse.

D'ailleurs, Monsieur, on veut que j'envoye Madame la maréchale de Villars en Dauphiné, dans quelque vieux château? Je ne suis pas mal satisfait de sa conduitte, pourquoi la traiterois-je avec dureté? J'avoue que je crains pour elle le séjour de Paris où elle doit indispensablement vivre avec des compagnies très dangereuses : d'ailleurs elle est mal avec ma mère et ma sœur, et je ne saurois luy donner entièrement le tort sur cela; j'ay fait venir auprès d'elle une de mes sœurs que j'ai toujours très tendrement aimée, et qui luy est une compagnie qu'elle ne sçauroit mener à Paris.

Je vous avoue, Monsieur, que d'ailleurs je suis outré de douleur que l'on veuille me regarder comme un homme dont une femme dérange la teste, et, par changer mes projets, establir ces discours si répandus; quand l'armée a repassé le Rhin, c'est sa femme qui lui a fait faire cette folie, elle luy en fera bien faire d'autres : je sçay qui a tenu ces discours-là et les mesmes gens sur ma parolle renouvellent ces propos-là. En quel temps le Roy a-t-il pu s'appercevoir que mon zèle pour son service et un désir de gloire n'ayent pas esté mes premières passions? Qu'on recherche ma vie entière, et les âges où les passions sont les plus vives et les plus excusables.

Hors mes ennemis qui empoisonnent mes meilleures et plus fidèles actions, l'on me regarde comme un homme assez sage; je ne veux point leur donner du tout la joye de dire : Il voulloit mener sa femme, mais l'on a très bien fait de la luy oster. Voilà franchement, Monsieur, ce qui me pique le plus vivement. Quand à ces sentimens vous ajouterez celuy-ci : Qui pourroit le blâmer? C'est un homme qui se donne tout entier au service du Roy, occupé jour et nuit de tout ce qui peut l'avancer. En vérité, quand après quatorze mois (car il y en a sept que je n'ay guères de douceurs ni de plaisirs), il contera sur celuy d'être deux ou trois mois, pendant l'hivert, avec une femme qu'il aime, une sœur et un frère avec lesquels il n'a jamais quasi vescu, dont l'union est parfaitte, pourquoy avoir la cruauté, sur des imaginations frivoles et sans fondement, de l'en priver? Ne doit-on nuls égards à un homme dont le zèle paroist en tout ce qui regarde le Roy, et la sagesse dans la conduitte de ses affaires domestiques?

Je relis, Monsieur, la lettre dont vous m'honorez, et je vous avoue que les vingt-cinq premières lignes me faisoient attendre une toutte autre suitte.

J'ai donc espéré qu'après les actions dont vous voulés bien faire mention, vous diriez : Pour porter la terreur dans l'Empire, forcer l'Empereur à la paix, le Roy croit du bien de son service de vous élever le courage par des grâces nouvelles, et m'ordonne de vous envoyer un brevet de duc, afin que son armée soit persuadée de ses bontéz pour vous ; que celle de ses ennemis, jugeant de vos services par ses grâces, craignent un homme qui commence une campagne dans le cœur de l'Empire avec de si heureux auspices.

Croyez-vous, Monsieur, qu'il convienne mieux de mettre une tristesse mortelle dans le cœur de vostre général, qui voit que les préventions de ses ennemis l'emportent toujours sur la réalité de ses services?

Je sçay, Monsieur, que l'on désapprouve cette vivacité, sans laquelle peut-estre cette mesme armée qui marche vers Nuremberg défendroit présentement Toul et les bords de la Moselle. Quant le Roy a bien voulu me la donner, le prince de Bade marchoit à Saverne abandonné, à la Saare et à Nancy.

Cette fermeté à discipliner l'armée, que m'oste enfin la juste crainte de la voir se destruire elle-même, est appellée dureté : elle est devenue sage, cependant, cette armée, contre l'opinion du Roy ; car, quand j'ai eu l'honneur de luy parler de la nécessité indispensable d'arrester le libertinage de ses troupes, Sa Majesté me fit l'honneur de me dire que j'aurois bien de la peine. J'en suis venu à bout par une fermeté que l'on appelle dureté, cruauté : l'on a mandé au Roy que j'avois tiré moi-même sur des soldats ; il est vray, je l'ai fait, je l'ai veu faire à M. de Turenne, qui tiroit peut-être aussi haut que je l'ai fait, et qui même ne faisoit pas toujours observer une exacte discipline ; je l'ay veu faire à M. le duc de Lorraine.

Je n'ay pas esté arresté dans mes résolutions d'employer des exemples fréquens par toutes les remontrances des colonels, de quelques officiers généraux, que les François ne pouvoient estre ainsy retenus, que je les forcerois à déserter ; j'ay suivy la droitte raison qui est qu'une armée étrangère qui fait la guerre au milieu d'un pays ennemy, et qui se débande pour la maraude, est perdue en deux mois. Voyez la liste des déserteurs que j'ay ordonné au major-général d'envoyer au Roy ? Examinez, Monsieur, si jamais l'on en a moins perdu ?

Cependant l'armée est sage ; le paysan qui fuyoit dix lieues à la ronde, apporte ses poulles et son beurre dans le camp ; l'on pourra tirer des contributions autant que le peu d'argent le peut permettre ; mais enfin les farines d'impositions, les avoines, les chariots du pays, tout nous sert ; et, pour parvenir à rendre l'armée sage, il n'en a pas cousté la vie de trente soldats : je leur ay parlé à tous, ils se sont récriéz eux-mesmes que j'avois raison, et j'en suis parvenu à leur inspirer la crainte nécessaire, sans perdre leur amitié ; le soldat m'aime, j'ose le dire, et a quelque confiance.

Quant aux officiers généraux et particuliers que l'on vous a persuadé, Monsieur, que je traittois durement ; aimez-vous mieux croire ces vains discours que de penser que l'armée d'Allemagne accoutumée, pendant dix ans de guerre, à n'entrer en campagne que le 25ᵉ de may, à en sortir le 20ᵉ octobre, aimoit mieux cette habitude que de servir treize mois sans relasche ?

Ne sçavez-vous pas, Monsieur, que nos officiers méprisent publiquement le général qui ne fait rien, et n'aime guères celuy qui veut toujours agir ? Pourquoy ne voulez-vous pas croire et dire : M. de Villars est homme juste, faisant la guerre avec ardeur ; les véritables hommes de guerre l'aimeront et, bien loin de blâmer sa vivacité, en montreront une pareille dans touttes les occasions ; ceux-là et ceux dont un général qui veut toujours faire la guerre se louera n'attendront pas les promotions générales ; le Roy veut des officiers hardis, entreprenants, qui applanissent les difficultés, au lieu d'en faire toujours de nouvelles à un général, de ces gens qui, loin d'estre rebutéz des entreprises hardies, les proposent eux-mêmes.

Croyez-vous, Monsieur, que je manque de politesse, que je n'employe pas toujours les termes les plus honnestes ? Je vous asseure, Monsieur, que j'aurois appris cet usage de vous, si je n'estois préparé de longtemps à n'avoir rien à me reprocher sur cela ; on blâme ma vivacité, hé bien ! Monsieur, il en faut revenir à la sagesse, à la modération, circonspection, une grande attention à escrire à tout ce qui pourra me rendre de bons offices à la cour, à ne parler dans mes lettres que de ceux auxquels je croirois que tout ce qui a le plus de crédit s'intéresse, les vanter, sans se donner la peine de discerner s'ils le méritent ou non.

Je suis si peu occupé de ces moyens les plus seurs pour parvenir que j'ay mesme oublié, dans la dernière lettre que j'ay eu l'honneur de vous escrire, de vous nommer un cornette que l'on m'a dit avoir l'honneur de vous appartenir et qui a fait des merveilles, quand 50 maîtres avec 100 hommes de pied ont battu 250 chevaux des ennemis, ce cornette, nommé le s^r Agard de Morgues, a esté assez blessé.

J'en reviendray, Monsieur, à ces premières et si nécessaires attentions et changeray volontiers de conduitte, après cela je ne feray rien; mais tout le monde sera content.

En vérité, Monsieur, ces préventions sont cruelles à un homme qui n'a en teste que le bien du service, je ne feray et ne penseray plus rien qu'en tremblant, je commence à craindre que, dans les derniers projets, Sa Majesté soit portée à penser que le mien a été uniquement de me conserver une armée plus longtemps; que, dans cette veue de la jonction que je propose par l'Italie, je songe seulement que, quand il y aura deux armées, je suis seur d'en avoir une, au lieu de tout ce qui me paroist d'utile et de sage dans tout ce qui est projeté.

Je ne vous cèle point, Monsieur, que je suis au désespoir que les premières lettres que je reçois, après avoir forcé les montagnes, ne soient remplies que de craintes sur ma conduitte, de régler celle de ma famille, et qui bien loin de remplir de joie et d'espérance par des grâces celuy de qui l'on peut attendre la division de l'Empire, la soumission de l'Empereur, la conquête même de Vienne, on ne marque que défiance de ses veues particulières; que l'on détourne les yeux de S. M. des avantages réels, pour les attacher aux manières plus ou moins polies de celuy qui mène ses armées. Enfin, Monsieur, j'en suis à craindre que l'on ne pense à me faire trop de grâce et de faveur, de me laisser la liberté de faire venir ma famille en Allemagne; je ne veux point du tout, Monsieur, donner à mes ennemis le plaisir de dire : Il avoit publié qu'il meineroit sa femme, demandé des passeports pour elle; ce n'est pas un homme à qui il faille laisser sa femme. J'avoue, Monsieur, que je ne fais point ces réflexions sans douleur : par quelle folie donc ay-je pu mériter que l'on raisonne ainsy? Le service en a-t-il souffert? Paru rallenty? Cependant je mande à Madame la maréchale de Villars que, comme il est dans l'ordre que S. M. approuve encore son voyage, quoyque je ne l'aye publié que parce que j'avois desjà eu l'honneur de luy en parler, vous aurez la bonté de luy mander qu'elle peut se servir des passeports qu'elle a demandés, ou passer par la Suisse.

Elle viendra à Ulm et n'en partira que pour se rendre dans une des grosses villes qui sera, s'il plaist à Dieu, au milieu de nos quartiers d'hivert.

J'auray l'honneur de vous dire encore, Monsieur, au sujet de M. l'Électeur de Bavière, que j'ay eu l'honneur de mander au Roy la vérité sur les manières qui conviennent pour gouverner ce prince ; je tremble encore que S. M. ne pense que je ne luy aye fait un caractère exprèz, pour establir une nécessité de m'honorer d'une dignité que j'ay pris la liberté de demander. Monsieur, je ne sers plus et n'écris plus qu'en tremblant, et, en un mot, je ne commence point du tout cette campagne avec la liberté d'esprit et la joie dans le cœur qu'il seroit peut-estre bon de me donner, et je n'ai pas tort ; plus il m'arrive d'heureux succèz, plus on m'attriste : c'estoit tout le contraire autrefois ; moins les généraux faisoient, plus on leur relevoit le courage. Il n'y avoit pas assés de charges, d'honneurs et de dignités pour ceux qui ne faisoient rien. Et pour moi, à mesure que je réussis, ou l'on blâme mes manières, ou l'on paroist toujours craindre que je ne fasse mal. Monsieur, honorés-moi toujours de vos bontéz, je les mérite par l'attachement respectueux et fidelle avec lequel je seray jusqu'à la mort, Monsieur, vostre très humble et très obéissant serviteur.

P.-S. — J'auray l'honneur de vous dire, Monsieur, que Madame de Maintenon a eu la bonté d'escrire à Madame de Saint-Geran une lettre qui regarde uniquement Madame de Villars ; je suis pénétré qu'elle veuille bien m'honorer de son attention, et j'ose vous supplier de vouloir bien l'informer de ce que j'ai l'honneur de vous mander.

Je sçay, Monsieur, que je ne devrois pas oser faire la moindre petite réflexion, après des avis aussy respectables que les siens. Si l'on me regarde comme un bon courtisan, qui ne pense rien par luy-même, persuadé que le mieux est un abandon soumis de touttes sortes de sentiments, l'on ne sera pas content de moy : si l'on veut bien aussy me regarder comme un homme remply d'ardeur et de zèle pour la gloire et le service du Roy, en faisant non seullement sa première, mais presque son unique affaire, occupé de tout ce que l'on peut s'imaginer de grand et de sage en mesme temps, pour faire un bon usage de l'armée que S. M. a daigné me confier, ayant l'élévation et l'ambition permises à un gentilhomme. Qu'on me laisse faire? si l'on veut relever mon courage et mes espérances par des grâces, et que je marche aux plus grandes entreprises avec plus de liberté d'esprit et de confiance, à la bonne heure ; mais, en vérité, que l'on ne me regarde point comme un homme dont la conduite n'est pas seure.

Je vous donne ma parole que jamais Madame de Villars n'a deu aller à Munich, ni suivre l'armée. Pourquoy me veut-on croire un insensé? La première démarche pouvoit avoir des inconvéniens ; mais la dernière seroit une folie outrée ; je n'en suis pas capable. Ulm est une grosse ville de guerre, gardée par quatre mil hommes de Bavière, où j'ay compté qu'elle demeureroit avec une de mes sœurs, comme elle auroit fait à Strasbourg. Trouvoit-on une folie qu'elle demeurast à Strasbourg? Pourquoy en est-ce une qu'elle demeure à quarante lieues de là dans une autre ville d'Allemagne? J'ai creu cela meilleur que Paris ; car pour un château de campagne cela me paroist dur.

En vérité, Monsieur, voilà parler bien longtemps à un grand ministre de ce que toutte autre personne que moy doit traiter de bagatelles.

(Orig. Dépôt de la guerre. Vol. 1676, n° 96.)

44. *Chamillart à Villars.*

Versailles, le 8 juin 1703.

Je voudrois bien, Monsieur, qu'il vous fust permis de chercher votre satisfaction dans votre propre gloire, et que le tableau de ce que vous avez fait depuis que vous avez laissé le prince de Baden l'année dernière à Saverne se présentast plus souvent à vos yeux que les discours des courtisans et tout ce que vous rappellez dans votre lettre, qui fait l'objet de vos peines. Je vous ay écrit par M. votre frère, avec tant de sincérité, qu'il eust esté à désirer que vous eussiez bien voulu entrer dans l'esprit d'un homme qui est véritablement occupé de ce qui vous regarde, et qui voudroit que vous eussiez assez de confiance en luy, pour faire usage de ce qu'il prend la liberté de vous dire et de vous écrire comme à son ami, parce que vous avez voulu établir avec moy un commerce sur ce pied-là. Je vois le Roy plus souvent que vous ; je dois par cette raison mieux connoître la manière de s'attirer ses grâces et son amitié ; au nom de Dieu, Monsieur, continuez à agir pour son service avec la mesme ardeur, le mesme zèle et le mesme bonheur, et laissez à Sa Majesté le soin de récompenser les services importants que vous lui rendez.

Vous verrez dans la réponse du Roy qu'il approuve le nouveau projet de M. de Bavière : faites en sortes, s'il est possible, de le voir souvent et de réunir vos forces pour l'exécution des projets concertés : vous avez plus d'ennemis devant vous, dans ce qu'il propose d'entreprendre ; mais si vous êtes assez heureux de vous en défaire, que deviendra l'Empire et l'Empereur ? M. le duc de Bourgogne ne contribuera pas peu, avec son armée, à vous faciliter le succès de ce que vous voudrez entreprendre.

Le Roy m'ordonne de mander à Madame la maréchale de Villars de faire tout ce qui conviendra ; ne croyez pas que Sa Majesté ait esté déterminée à vous faire sçavoir ses intentions par les discours des courtisans, mais par l'embarras qu'Elle prévoit qu'Elle pourra vous donner, quelque party que vous preniez ; pour moy, Monsieur, je ne désire que votre gloire et votre satisfaction, et que vous soyez bien persuadé du véritable et sincère attachement avec lequel j'ai l'honneur, etc.

(Min. Dépôt de la guerre. Vol. 1676, n° 111.)

45. *Villars à Chamillart.*

Extrait.   Au camp de Gundelfingen, le 17 juin 1703.

..... A Dieu ne plaise que je puisse regarder autrement que comme une grâce infinie celle que j'ay osé demander ; mais pour obtenir des grâces, il faut je crois représenter ses services, surtout quand on est pas assés habile ou assés heureux pour se ménager de puissantes protections. Personne, Monsieur, n'est plus convaincu que moy du mérite de M. le duc d'Harcourt et ne trouve plus justes les grâces qu'il a receues de la bonté de Sa Majesté quant à la part qu'il a eue a mettre la couronne d'Espagne sur la teste du Roy à present regnant, je serois bien fasché de diminuer le mérite des négociations heureuses par lesquelles il peut avoir favorablement disposé les esprits, mais, Monsieur, l'on ne peut pas aussy me refuser d'avoir autant contribué que personne à ce grand évenement, puisque, pendant que M. le duc d'Harcourt estoit à Paris, le cardinal Portocarero et ceux qui ont le plus contribué ensuitte au testament portèrent le feu Roy d'Espagne à envoyer à l'Empereur le pouvoir de s'emparer de tous les estats d'Italie, et firent donner ordre à tous les vice rois et gouverneurs de recevoir les ordres et les trouppes de l'Empereur dans touttes leurs places.

J'ay veu les princes Eugène, de Commercy et de Vaudémont prets à porter les ordres desjà expediez pour les regimens qui devoient aller dans l'Estat de Milan et à Naples. Le Roy me fit l'honneur de m'avertir de cette résolution des Espagnols par un courrier m'ordonnant de ne rien obmettre pour traverser un dessein qui mettoit l'Italie entre les mains de l'Empereur. Après 27 jours d'une négociation très vive, j'eus le bonheur d'obtenir de l'Empereur un engagement par écrit qui me fut remis par M^{rs} les comtes d'Harrach et de Kaunits, par lequel l'Empereur promettoit de n'envoyer aucune trouppe en Italie. Où estoient celles de S. M. pour traverser pour lors ce dessein? Il n'y en avoit encore aucune en Dauphiné; tout estoit vers Bayonne, la Catalogne et l'Alsace. Ce fut cette résolution du Conseil de l'Empereur qui porta le Roy des Romains à de si grandes fureurs contre le ministère, qui l'obligea à dire qu'il falloit faire pendre les ministres, que j'avois receu cinq cent mille écus et distribué très à propos. Le refus de l'Empereur de proffitter de cette bonne volonté du Roy d'Espagne arriva à Madrid peu de semaines avant la mort de ce prince, et marqua si bien la foiblesse de la cour de Vienne que ces mesmes ministres qui vouloient se donner à l'archiduc conclurent à un party contraire.

Ne pourrois-je pas me flatter, Monsieur, d'avoir rendu dans cette occasion un service assés important?

La crainte qu'avoit l'Angleterre et la Hollande d'un accommodement du Roy avec l'Empereur ne pouvoit-elle pas contribuer à faire trouver quelques facilités à M. de Tallard auprès du Roy Guillaume? Cependant, Monsieur, à mon retour je trouvois que j'avois battu les buissons et mes camarades pris les oiseaux.

Voici, Monsieur, la dernière fois que je vous parleray sur tout cela. Je n'ay pas l'honneur d'estre encore bien connu de S. M., j'espère de l'honneur qu'elle m'a fait de me mettre à la teste de ses armées, les plus sensibles récompenses pour moy, c'est la gloire de luy rendre de très grands services. Qu'Elle ne craigne jamais que mon intérest particulier ayt la moindre part à mes actions: j'ose dire que je suis né véritable et vertueux. Peut-estre qu'avec de certains généraux il faudroit songer quelquefois: a-t-il intérest que la guerre dure? Profitera-t-il des plus heureuses conjonctures pour accabler ce qui est ébranlé? J'iray toujours au bien avec la même ardeur, et suivant la droite raison autant que je la pourroy connoistre. Grâces à Dieu jusqu'à present, je ne me suis pas trompé dans les projets et j'espère le même bonheur puisque j'auroy toujours le mesme zele et la même ardeur, et pour vous, Monsieur, tout le respect et l'attachement que merite le plus honeste homme qui ait jamais esté ministre.....

Je crois, Monsieur, devoir me donner l'honneur de vous dire que, si quelqu'un de M^rs les généraux se plaint de moy, il est d'une profonde dissimulation; je n'en vois aucun qui ne me montre et beaucoup d'estime et beaucoup d'amitié. Mon caractère naturellement n'est pas bien caressant, mais il ne m'est jamais arrivé de dire une parolle dure; pour pénible je ne dis pas qu'à Bihel celle-cy ne me soit échappée à quelques-uns des plus difficultueux. ..... Messieurs, je vous ay assés fait connoistre de quelle importance il estoit pour le Roy et pour l'Estat de trouver les moyens d'emporter ce poste pour que l'on deust plus tost chercher à m'applanir les difficultés qu'à m'en faire tous les jours de nouvelles; et je regretteray toutte ma vie ces deux premieres journées, mais il n'en faut plus parler. J'auray seullement l'honneur de vous dire, Monsieur, que, comme rien ne convient mieux à ceux qui ont l'honneur de commander qu'une politesse infinie, et toujours des termes qui adoucissent ce qu'il y a de dur dans l'obéissance, il y a aussi de la foiblesse à estre trop occupé de plaire et de caresser. Celuy qui en fait son premier soin se deffie de son génie et de sa vertu; les qualités les plus nécessaires à ceux qui commandent, c'est justice et fermeté. Celles-là attirent le cœur des honnestes gens et meinent les autres par la crainte. Ce pauvre M. de Luxembourg caressoit tout le monde et avoit mille ennemis; ses favoris tour à tour se deschainoient contre luy. Monsieur, n'ayez nulle inquiétude sur les manières dont je vivray avec tout le monde; hors les paresseux et méchans officiers, vous verrés que l'on sera content de moy. Vous m'ordonnéz de vous dire librement ma pensée sur nos principaux sujets; il y a de l'esprit, de la capacité, du reste je ne vous diray mot d'aucun; quand ils auront bien fait je n'oublieray pas d'en rendre un compte fidelle : après cela ce que je connois tous les jours dans la pratique des hommes, c'est que l'on ne les connoist point, et que souvent les idées que l'on en a, en bien ou en mal, sont fausses; je suis quelquefois forcé de me rendre à cette opinion des Espagnols, laquelle j'ay toujours combattue, qui veulent que l'on dise : « Cet homme là estoit brave ce jour là. »

Ce qu'il y a de bien certain, Monsieur, c'est que la vertu ferme, solide, constante est bien rare; si par hazard vous la trouvés soutenue de quelque génie, ne la rebuttéz pas par les deffauts dont elle peut estre accompagnée. Vous, Monsieur, qui estes un grand ministre chargé des plus importantes affaires du plus grand royaume de l'univers, vous en avés une plus nécessaire et plus difficile que de regler les finances et l'estat de la guerre, c'est d'estudier et de connoistre les hommes qui n'approchent jamais du Roy et de vous, Monsieur, qu'avec un masque : pour moy, je me suis assés demasqué, Dieu mercy, surtout depuis quelques jours; c'est ce qui me fait vous supplier d'aimer vos serviteurs avec leurs deffauts.....

(Orig. Dépôt de la guerre. Vol. 1676, n° 123.)

46. *Villars à Chamillart.*

Au camp de Gundelfing, le 22° juin 1703.

..... M. l'Électeur me fait des complimens infinis sur le bonheur que je luy porte et nos François. Voilà qui commence bien, Monsieur. J'ay eu le cœur un peu en tristesse, remettés y une veritable joye et vous verrés comme nous meinerons nostre guerre. Songés à nous soutenir par quelque endroit, et j'espère que nostre fortune ira comme vous le desirés.....

J'adjoutte, Monsieur, qu'il faut que vous me fassiés l'honneur de me croire. Je vous avoue que depuis Kell je n'avois eu de joye qu'après avoir passé les montagnes et le moment d'après vous m'avés remis en tristesse. Au nom de Dieu faittes vous un petit plan sur moy, et dites : « Nous avons à faire à un homme qui entend moins la cour que l'arabe, mais qui meine assés heureusement la guerre; ne le lanternons point, croyons le puisqu'il n'a pas fait de faute et qu'il est heureux dans ses conseils et dans ses entreprises. » Permettés moy de vous citer un petit exemple de M. le cardinal Mazarin. On voulloit le porter à employer un homme dont on vantoit l'esprit et le mérite, « j'en conviens, disoit-il, mais il est malheureux. » Si le Roy veut encore mon conseil, nous sommes maistres de l'Empire; s'il ne le croit point, vous aurés Landau et ce sera à recommencer l'année prochaine. Je vous ai ouvert l'Empire, suivéz moy. J'en ay présentement touttes les forces sur les bras, je tiendray bon et ne me commettray point jusques à ce que je sçache ce que vous voulez faire; car, si je ne suis point soustenu, pour ne point mourir de faim, il faut que je hazarde tout; mais, au nom de Dieu, faittes moy l'honneur de m'écrire.

Je prie M. de Puisieulx de faire passer les nouvelles que je luy envoye par un exprès à M. de Vendosme.

(Orig. autogr. Dépôt de la guerre. Vol. 1676, n° 128.)

47. *Villars au Roi.*

Extrait.   Au camp de Gundelfing, le 22° juin 1703.

..... Que Votre Majesté ait la bonté d'ordonner et, sans écouter les représentations à M. le duc de Vendosme d'envoyer vingt mille hommes par le Tirol, qu'Elle veuille bien suivre son projet à l'égard de l'armée de Monseigneur le duc de Bourgogne, c'est-à-dire que cette armée, composée de soixante bataillons et quatre-vingts escadrons, marche au Nekre comme V. M. me fait l'honneur de me le mander ; pour cela il faut emporter les retranchements de Bielh, qui estoient mal gardéz il y a huit jours et ne le sont peut-estre pas mieux encore, ou, sy on le trouve difficile, faire le siège de Fribourg et marcher droit à Filingen. Je ne sçay, Sire, quels avantages V. M. ne pourroit point attendre d'une telle résolution. L'Allemagne est ouverte, il n'y a qu'à suivre. Mais, si V. M. se rend aux diverses représentations, M. de Tallard voudra attaquer Landau qui ne donne qu'une place à V. M., car elle ne poussera pas ses conquestes de ce costé du Rhin. M. de Vendosme se flattera d'emporter ce camp des impériaux et peut estre aussy inutilement que l'année passée. V. M. perdra encore vingt mille hommes de maladie et, faisant ce que je propose, il est impossible que l'Empereur ne rappelle pas son armée d'Italie voyant tous ses pays héréditaires prests à estre envahis et celles de V. M., sans donner un combat, tiendront depuis Huningue jusques à Vienne, ayant tous les ponts du Danube et les ennemys aucuns. Que V. M. ayt la bonté de croire un homme assés heureux dans la guerre et qui a la gloire de servir le plus grand, le plus heureux et le plus digne maistre du monde.....

(Orig. Dépôt de la guerre. Vol. 1676, n° 127.)

48. Villars à Chamillart.

Extrait.   Du camp de Dillingen, le 1er juillet 1703.

..... Peut-estre verrons-nous bientost une grande action, si Dieu nous la donne heureuse comme je dois l'esperer de la conduitte que j'ai l'honneur d'expliquer à Sa Majesté. Elle peut compter que je les meneray loin, à moins que je ne retourne sur mes pas ou que je ne renvoye une partie de l'armée pour escorter Madame de Villars, auquel cas vous me pardonnerés bien, Monsieur, de ne pas pousser nos conquestes. Au nom de Dieu, que l'on ait l'esprit en repos une fois pour tout sur ma conduite, je n'ay pas assez de souplesse d'esprit pour souffrir tranquilement qu'on s'en défie ; mais ayez toujours la bonté de répondre que ma teste est bonne et que mon cœur ne la dérangera pas.....

(Orig. Dépôt de la guerre. Vol. 1676, n° 135.)

49. *Villars au comte de Marsan.*

Du 6ᵉ aoust 1703.

J'aurois eu l'honneur, Monsieur, de vous écrire personnellement si depuis quelques jours les occasions de le faire seurement ne m'estoient entierement ostées; j'ay toujours eu quelques moyens d'escrire à la cour, mais il falloit que les lettres fussent d'un très petit volume, ainsy je n'ay escrit n'y à parens, n'y à amis depuis très longtemps.

Les nouvelles d'Hollande ou d'Allemagne vous auront donné quelque inquiétude pour cette armée, laquelle n'en a d'autre que de n'avoir pas la liberté d'attaquer celle de l'Empereur. La raison ne voulloit pas que l'on hasardat une bataille contre une armée très supérieure en nombre pendant que M. l'Électeur de Bavière faisoit des conquestes importantes et que l'on est dans l'attente de secours dont l'arrivée, que je n'espère presque plus, pourroit mettre l'Empereur dans de grandes extrémités. Enfin, Monsieur, les nouvelles publiques ont répandu partout que l'armée du Roy est assiégée; outre qu'elle tient trois assez grosses villes au delà du Danube par des postes, elle n'est pas si resserrée qu'elle ne fasse quelquefois des sorties; la dernière a esté à 18 lieues de mon camp. J'ay envoyé Legall, très hardy et très bon officier général, attaquer le comte de la Tour qui avoit 4,000 chevaux des meilleures trouppes de l'Empereur, lesquelles, après un combat très opiniatre, ont esté entierement deffaits et renversés dans le Danube. Les ennemis y ont perdu de leur adveu plus de 1,500 hommes, quantité d'officiers, entre autres le prince Maximilien d'Hannover, général de la cavallerie de l'Empereur. Le général comte de la Tour a esté pris par deux cavaliers de Barentin, lesquels, après l'avoir très honnestement fouillé, l'ont renvoyé. Je ne le regrette que pour n'avoir pas eu le plaisir de l'envoyer à l'Électeur, dont il a très indignement quitté le service y ayant fait sa fortune et n'estant pas né sujet de l'Empereur. Vous m'avouerés, Monsieur, que voilà d'assés belles sorties. Nous en fismes quelques jours auparavant dans laquelle les ennemis perdirent un estendart et vous aurez veu dans une de mes dépesches pour S. M. que les ennemis ayant poussé une de nos gardes, M. le prince Charles, qui se trouva colonel de piquet, se mit à la teste de la première trouppe, chargea les ennemis et les ramena dans leurs étendarts avec cette valeur si naturelle aux princes de sa maison. Les escarmouches sont assés fréquentes par le voisinage de deux armées à la portée du canon, je ne les empesche pas aussy sévèrement que plusieurs voudroient et j'ay desjà essuyé diverses représentations sur cela. J'ay plusieurs raisons pour laisser quelque liberté; premièrement, pourquoy ne pas rembarrer les ennemis quand ils osent sortir de leur camp? Il est vray que nos officiers les provoquent souvent, d'ailleurs ces escarmouches nous sont toujours heureuses et nous n'y avons encore perdu qu'un capitaine, un lieutenant, aucun officier de pris, et nous en avons plusieurs des leurs. Il n'est pas mauvais aussy que de jeunes subalternes, qui n'ont pas encore veu l'ennemy, s'accoutument à luy tirer des coups de pistolet de bien près. Nous estions assés accoutumés aux escarmouches de notre jeunesse, non seullement elles estoient permises aux cornettes, mais les colonels, les généraux quelquefois s'en mesloient, et j'ay esté témoin d'un grand prince, qui appuya le pistolet sous le menton du commandant d'un escadron ennemy et tourna entre le commandant et l'escadron. Ne vous souvenés vous point de ce prince là? Il estoit assés de vos amis, et pour moy je le respecte fort, et tout autant que vous, Monsieur, afin que vous n'en doutiés pas; mais quelques uns de nos généraux deviennent...... que je fais lire après le repas un petit chapitre des guerres de Gustave Adolphe, dont les généraux, aussy bien que ce grand prince, estoient très imprudens. Pour moy, j'ay déclaré que je pretendois estre le plus prudent de l'armée. Il est certain que les guerres de campagne sont très oubliées. J'ay tasché de ne pas oublier entièrement ce que j'en ay appris de M. le prince, de M. de Turenne, de Mrs de Luxembourg, Schomberg et de Créqui, et je me souviens que le duc d'Harcourt, Feuquières et moy disions souvent, nous oublierons la guerre pendant la guerre si nous n'y prenons garde. Pourquoy ne s'en sert-on pas de ce Feuquières, je vous le donne, Monsieur, pour officier général très entendu et des meilleurs, je sçay qu'il auroit ardemment désiré de servir même depuis que l'on a fait des maréchaux de France : il faut qu'il soit ruiné, car autrement il y auroit de la folie à luy? On dit qu'il est méchant, et qu'importe au Roy que l'on soit méchant. Vous trouverés les qualités du plus grand général du monde dans un homme cruel, avare, perfide, impie, qu'est-ce que tout cela fait? J'aimerois mieux pour le Roy un bon général qui auroit touttes ces pernicieuses qualités qu'un fat que l'on trouveroit devot, libéral, honneste, chaste, pieux. Il faut des hommes dans les guerres importantes, et je vous asseure que ce qui s'appelle des hommes sont très rares. Vous trouverés de très bonnes gens de leur personne qui, si on leur ordonne à ces gens de se jeter dans les plus grands périls, ils n'y balanceront pas; s'ils sont seuls, ils n'attaqueront pas une chaumière. Pour leur oster ces sortes de craintes dans les événemens, j'ai déclaré de bouche et par écrit que ne pouvant pas ordonner à un officier général que je détache d'attaquer ce que je ne connois pas, cependant touttes les fois qu'ils attaqueront je prendray sur moy le manque de succès; je veux bien leur donner tout l'honneur de ce qui réussira, prendre sur moi tout le blâme de ce qui ne réussira pas. Je me suis servy pour ce dernier combat d'un très digne sujet; c'est ce Legall que j'ay trouvé hardy, entreprenant et sage en même temps, il faut que le Roy le fasse tout à l'heure lieutenant général et deux de ses brigadiers maréchaux de camp. Je crains que nous n'en perdions un, le M. Duhesme, homme de beaucoup d'esprit et de courage. Le petit La Vrillière a fait des merveilles dans cette dernière action. C'est un très bon sujet. Voilà bien une assez longue lettre. Je vous supplie d'asseurer ce Prince qui escarmouchoit si bien de mes respects très humbles.

(Copie. Arch. Vogüé.)

50. *Villars à Chamillart.*

Du 21 octobre 1703.

Je dois, Monsieur, vous rendre compte d'une caballe qui s'est formée contre moy et des raisons particulieres qui ont animé chacun de ceux qui la composent. M. de Ricous, parce que je n'ay pas trouvé juste que de capitaine d'infanterie il fut lieutenant général des armées du Roy, luy ayant dit moy même, contentés vous de servir de maréchal de camp, comme votre commission de feldt maréchal lieutenant le comporte, et je trouveray moyen de faire taire nos brigadiers assés faschés pourtant de se voir à vos ordres. Du reste, le Roy sçait combien j'ay eu l'honneur de luy en mander de bien, en luy expliquant ses intentions de prendre la main sur moy partout.

M. Dusson est mécontent parce que je n'ai pas loué sa sottise de s'estre approché trop tôt des ennemis, puisque la raison veut que l'armée la plus foible se trouve à portée d'attaquer quand la plus forte commence, ce qu'il pouvoit en se plaçant derrière le ruisseau d'Ochstett, et d'ailleurs j'ay blâmé sa prompte et honteuse retraitte qui pouvoit nous faire perdre la bataille, mais vous avés pu remarquer dans ma relation à Sa Majesté comme je traitte cette matière. Il ne peut point s'excuser sur ma première lettre de se mettre à portée d'attaquer à la pointe du jour : premièrement, parce qu'un général qui voit les mouvemens des ennemis, doit toujours se conduire sur ce qu'il peut en découvrir de ses propres yeux. L'ennemy ne pouvoit pas faire remuer un escadron que l'on ne le vit de la tour d'Ochstett, d'ailleurs c'est que je luy escrivis une seconde lettre à minuit, et qu'il receut à sept heures du matin, par laquelle je l'avertissois que nous ne pouvions pas arriver sitôt que je l'avois espéré par les difficultés de passer le Danube et la Vernits sur un seul pont.

Enfin ce M. Dusson, me croyant d'ailleurs peu satisfait de ce qu'il a envoyé un courrier pour rendre compte de la bataille, est à la teste de la caballe : je l'ay un peu traitté comme je le devois, et il est venu aujourd'huy me demander pardon de sa mauvaise conduite devant la pluspart des officiers généraux, lesquels me paroissent très contens de moy, et je ne sache personne qui puisse se plaindre que de ma vivacité à faire bien servir. Ils sçavent d'ailleurs que je suis juste, qualité qui attire plustôt l'estime que l'amitié, mais que je crois vous convenir mieux que toutte autre. Je voudrois, Monsieur, estre moins sensible, mais vous sur les bontés de qui je compte, n'avés vous point pensé que je serois outré de douleur que dans la première lettre dont S. M. daigne m'honorer après la bataille, sans qu'il paroisse la moindre attention sur un tel service, Elle ne soit occupée que de ce qu'on luy écrit faussement de ma conduitte avec M. l'Électeur et ses généraux ? Je vous avoue, Monsieur, que je sens vivement un tel malheur, estant aussy occupé que je le suis de la gloire de plaire au Roy. Ma santé s'en ressentira, et je ne puis vous cacher que j'en ay eu la fievre. J'en avois déjà ressenty plusieurs accès. Je vois que l'on me compte pour peu, et peut être n'est-il jamais arrivé que la première lettre que reçoive un homme qui vient de gagner une grande bataille donnée malgré l'Électeur et son petit ministre, le général qui sauve l'Électeur et l'armée pour la quatrième fois ne reçoive aucune marque de la satisfaction que l'on a de sa conduitte. En voilà assés, Monsieur, car vous serés affligé de ma douleur. Je demande du moins du repos de corps et d'esprit, je ne le prendray pas que je ne sois entièrement accablé, et cela à Schaffouse dont le séjour n'est pas charmant, mais c'est que je n'en puis plus.

Au reste, Monsieur, les nécessités de l'armée sont extrêmes, S. M. aura la bonté d'y pourvoir : je vous envoye un secretaire, homme d'esprit et capable de vous rendre un bon compte de tout.

Je crois que l'on est quelquefois bien aise de pouvoir interroger.

M. Dusson se fait tout blanc de son épée et de la lettre en chiffre dont vous l'avés honoré et l'a montrée à tout le monde. Je vois bien que ces gens là sont quelquefois écoutés, pour moy, je ne sçay qu'avoir une conduitte très droitte et telle je croy qu'un aussy honneste homme que vous la peut desirer dans les sentimens du Roy.

Vous croiés, Monsieur, que par cette lettre en chiffre que vous avés écritte à M. Dusson, et qu'il montre à tout le monde, et par deux lettres du Roy rendues à M. l'Électeur par M. de Ricous sans que le général de l'armée puisse dire un seul mot dans cette occasion, donne lieu à ces deux Messieurs de me décréditer entièrement, et dans l'armée et auprès de M. l'Électeur, c'est à dire que S. M. ne m'honore pas d'une entière confiance. J'avois pris la liberté de mander à S. M. dès les commencemens qu'il estoit du bien de son service que moy ou tout autre qui auroit l'honneur de commander son armée parut tellement accrédité auprès d'Elle que personne n'osat contredire ses amis. M. de Monastrol n'a pas eu cette crainte les ayant tous attaqués depuis le premier jusqu'au dernier, mais grâces à Dieu inutilement celuy de la bataille. C'est à vous à juger de ce qui peut convenir sur cela au bien du service du Roy, pour moy je suis plus que satisfait de l'estime dont amis et ennemis veulent bien m'honorer.

(Copie. Arch. Vogüé.)

51. *Villars à Chamillart.*

Au camp d'Eroltzheim, ce 23e octobre 1703.

Je vous assure, Monsieur, que c'est avec une joïe bien sensible que je reçois la liberté que Sa Majesté veut bien m'accorder, et vous ne pouviez me donner des marques de votre protection plus satisfaisantes qu'en me tirant d'un lieu où j'ay le malheur de voir les plus importans services tellement detruits par les impostures de M. de Monastrol, que dans les deux dernieres depesches dont S. M. a daigné m'honorer après la bataille. Sa bonté si naturelle pour tout ce qui a la gloire de la servir ne l'a pas portée à me dire un seul mot sur ma conduitte dans cette action : je l'ay seul projettée, opiniatrement voulue, acheminée malgré tous les conseils de ce petit fripon de Monastrol qui veut encore ternir ma reputation par des faussetés noires sur l'intérest. Je dois, Monsieur, vous rendre conte de ma conduite sur les sauvegardes.

Dès que M. l'Électeur a joint l'armée, je luy fis dire, par M. d'Ocfort, qui estoit auprès de moy de sa part, que j'avois ordonné qu'on les retirat; il me dit d'attendre, et ce prince s'estant informé de quelle maniere Monseigneur le Dauphin en usoit, il luy fut repondu qu'il les laissoit à celuy des mareschaux de France qui commandoit l'armée sous luy, et l'Électeur ordonna donc qu'on les laissat; mais comme ses aydes de camp et tous ses valets estoient en possession d'en mettre, ils en ont envoyé dans tout le pays et l'ont pillé tant qu'ils ont pû. Sur le champ, j'ordonnay de retirer mes gardes surtout dans les endroits ou les gens de M. l'Électeur en mettoient. Enfin, Monsieur, le fait est, et sur mon honneur, que mon capitaine qui est un très honneste homme et consciencieux en contant ce que l'on donne pour l'imprimé et tout le reste, depuis le 1er may, ne va au monde qu'à cent soixante mille francs, lesquels je n'ay pas résolu de luy donner tous entiers, et cet argent a servy au munitionnaire general et au tresorier. Enfin, Monsieur, je n'en veux d'autre avantage que de me dédommager en partie de mon équipage et de ma campagne. Après cela, si j'osois vous dire ma pensée pour le bien du service du Roy, il faudroit les oster à tous les generaux, retablir des compagnies de sauvegardes, que S. M. donna sur cela au general qui commande l'armée ce qu'elle auroit pour agréable et le reste à son profit. L'honneste homme et le pillard sont toujours confondus. N'a-t-on pas dit la dernière campagne qu'elles ont valu cinq cens mille francs en deux mois à M. le marechal de Boufflers? Je l'ai toujours connu homme très désinteressé, mais, outre les opinions que l'on a sur cela, et pour moy, Monsieur, je ne veux d'avantage que connu de S. M. Enfin, grâces à Dieu, je renonce de bon cœur à ceux que l'on pouvoit avoir en ces pays-cy, car encore le general auroit-il pu espérer un bon quartier d'hyver. Que je vous suis obligé de m'en tirer. Ce que je craignois le plus, c'estoit la peine de contenir les commandans des quartiers séparés, car tout le monde a bonne envie de gagner un peu. J'aurois voulu tourner tout au profit du Roy et à la subsistance des troupes; je me serois fait haïr à la fureur, car le pillard hait bien vivement celuy qui veut l'empescher de l'estre. Dieu mercy, je n'auray ny à proffiter ny a empescher que l'on ne proffite.

(Orig. Dépôt de la guerre. Vol. 1677, n° 57.)

52. *Jean Cavalier à Villars.*

Saint-Jean-de-Scivorgune, 13 may 1704.

Monseigneur,

Quoyque je me sois donné hier l'honneur de vous escrire, je ne sçaurois m'empescher de recourir encore par celle-cy à Votre Grandeur pour la supplier très humblement de m'accorder la grâce de sa protection pour moy et pour ma trouppe qui brûlons tous d'un zèle ardent de réparer la faute que nous avons commise de prendre les armes, non point contre Sa Majesté comme nos ennemis nous ont voulu imputer, mais pour deffendre nos vies contre nos ennemis qu'ils ont attaqué avec une si grande animosité que nous n'avons pas cru que ce fust par ordre de Sa Majesté. Si, malgré ces protestations très sincères, le Roy demande notre sang, nous serons prests en peu de temps de remettre nos vies à sa justice; nous nous estimerons trop heureux, Monseigneur, si S. M., touchée de notre repentir à l'exemple de la divinité, dont elle est l'image vivante sur la terre, veut nous faire la grâce de nous pardonner et de nous recevoir à son service, nous ajoutons que par notre fidélité et notre zèle nous acquerons l'honneur de votre protection et sous un illustre et clément général comme vous, Monseigneur, nous ferons notre plus grande gloire d'hazarder notre sang et notre vie pour le service de S. M. et de pouvoir par là me rendre digne de me dire avec un profound respect, Monseigneur, votre très humble et très soumis serviteur.

(Copie. Arch. Vogüé.)

53. *Jean Cavalier à Villars.*

Du 28ᵉ may 1704.

Monseigneur,

Je n'ay pas voulu manquer à vous apprendre le sensible déplaisir que j'ay eu en arrivant à Calvisson : de ce que la trouppe a appris que nous devions partir le premier du mois en n'ayant pas veu la délivrance de leurs parens et amis, tout a crié d'une même voix que, si on élargissoit les captifs, ils sont prests à obéir aux ordres du Roy et demandent aussy que le monde ne soit plus tourmenté, mais qu'il demeure dans la tranquilité, priant Dieu au désert avec toutte permission, promettant sitost de marcher où il plaira Sa Majesté de les envoyer pour son service. Je vous prie aussy, Monseigneur, de vouloir estre persuadé de mes sentimens et des mesmes soumissions que je vous ay témoigné, suppliant Votre Grandeur de vouloir accorder cette demande.

(Copie. Arch. Vogüé.)

54. *Villars à J. Cavalier.*

Du 29 may 1704.

Je crois que c'est avec un grand déplaisir que vous m'escrivés le changement d'esprit de vos gens. Comme Dieu vous avoit inspiré le seul moyen de vous garantir et le pays où vous estes de tous les malheurs qui vont l'accabler, c'est le démon qui porte vos gens presentement à renoncer à la clémence du Roy après en avoir receu par moy des asseurances. Les trouppes recommencent à marcher pour punir les coupables, et comme j'ay fait tout ce qui a dépendu de moy pour finir par la douceur, je me porteray à la plus grande rigueur. Je vous l'ay déjà dit et vous l'ay asseuré que le Roy permettoit qu'on donnast la liberté aux prisonniers. Quant à la religion, vous sçavez que je n'ay jamais voulu en entendre parler; et comment pretenderiés vous que le Roy n'eust pas dans son royaume le mesme pouvoir que les plus petits princes d'Allemagne ont dans leurs États qui deffendent bien tout exercice de la religion catholique. Une troupe d'aveuglés croiront imposer la loy au plus grand Roy du monde. En un mot, je vous dis pour la dernière fois que les prisonniers auront la liberté et pourront s'en aller où ils voudront, et que, pour marque de cette bonne foy, vous pourrés prendre sur votre route tous ceux qui sont à portée de vous : que vous autres pourrés ou servir le Roy ou sortir du Royaume. Mais, si après de telles bontés du Roy vous ne vous soumettés, ne vous en prenés qu'à vous de tous les malheurs que vous allés attirer sur vos parens. Je suis justement irrité contre les peuples des environs de Calvisson, plus insensés que l'on ne peut imaginer, et dès demain je commenceray à les punir avec la dernière rigueur. Pour vos gens, si Dieu les abandonne au point de ne pas profiter des bontés du Roy, je les feray bientost perir ou par les armes ou par la famine dans les bois. Pour vous, comme vous avés plus de sens que les autres, je vous plains du malheur que vous allés attirer sur vos testes, celles de vos pères, mères, enfans et parens.

Mandés moy incessamment votre dernière résolution, car je

APPENDICE. 313

ne veux plus estre retenu par de fausses soumissions. Je prie Dieu de tout mon cœur qu'il veuille bien par sa bonté ouvrir les yeux aux malheureux qui vous ont fait partir de Calvisson.

(Copie. Arch. Vogüé.)

55. *Roland à Cavalier (?).*

Du Dezert, ce 4ᵉ juin 1704.

Monsieur mon cher frère,

J'ay receu trois lettres de vostre part. M'avés fait l'honneur de m'escrire, et particulièrement la dernière par Mrs Pistoly et Ollivier, lesquels m'ont fort persuadé de reentrer dans les considérations que vous donnés, je leur ay respondu que je me tenois à la demande que je avois heu l'honneur de faire à mosg^r le marechal Devilard; vous en scavez la teneur. Permetez que je vous dise que vous me proposés une paix qui produiroit infailliblement la guerre; je vous rends cette justice que je ne crois pas que sca procede de vous, mais bien de ceux au nom de qui agissés; je suis très fasché de ne pouvoir pas avoir l'honneur de vous voir pour avoir ce bien de vous embrasser et vous temoigner de vive voix l'attachement que j'ay pour tout ce qui vous regarde vous estant entierement,

Monsieur mon cher frere,

Vostre très humble et très obeissant serviteur,

Rolland l'apostre.

(Orig. Autogr.)

56. *J. Cavalier à Villars.*

De Valabre, le 22ᵉ juin 1704.

Monseigneur,

Je me donne l'honneur de vous escrire pour vous remercier du bien qu'il a plû à Votre Grandeur de me procurer; j'espère, moyennant le secours de Dieu, que je vous en donneray une reconnoissance toutte particulière avec le temps et que je ne mettray jamais en oubly vos bienfaits comme aussy ceux de Monseigneur l'intendant, je vous supplie, Monseigneur, de me conserver dans votre bon souvenir, vous suppliant de croire que je ne cesseray jamais de prier le Seigneur pour la prospérité de votre personne et qu'il la veuille remplir de touttes ses plus précieuses bénédictions. Je vous prie d'estre persuadé que je vous rendray un fidel compte de tout ce qui se passera dans notre route à l'avenir et que vous avés lieu d'estre content de ma conduitte où j'employeray tous mes soins pour obéir entièrement aux ordres de mon prince. Je finis avec un profond respect et soumission, Monseigneur, etc.

(Copie. Arch. Vogüé.)

57. *Villars à Chamillart.*

Extrait. A Nismes, le 16 juillet 1704.

..... J'apprends par tous les amis de Suisse une grande affaire à Donnavert. Vous pourrez trouver dans mes depesches de l'année passée ces mesmes mots. Ce qui me met au désespoir, c'est que quand je pressay M. l'Électeur de faire élever un fort de terre sur la hauteur de Donnavert, il me parle des dépenses qu'il est obligé de faire à Schleisheimb dans la mesme saison de peur que les marbres incrustés dans une autre ne tiennent pas. Vous voyez bien, Monsieur, que, si le fort proposé au-dessus de Donnavert avoit esté fait dans le mesme endroit ou Gustave Adolphe l'avoit placé, il ne falloit pas une armée retranchée pour soutenir Donnavert, puisque, l'ennemi ne pouvant l'investir et les trouppes du Roy ou de M. de Bavière pouvant le soutenir par l'autre costé du Danube, M. le prince de Bade n'auroit osé l'attaquer. On fait très bien morfondre une armée qui attaque ce qu'elle n'investit pas, et jamais M. de Bade, avec touttes ses forces, n'osa l'attaquer la dernière campagne; j'ose dire qu'il estoit plus circonspect devant moy qu'il ne le sera devant S. A. E. et peut estre devant d'autres, cela soit dit sans nulle vanité.....

(Orig. Dépôt de la guerre. Vol. 1797, n° 23.)

58. *Villars au prince de Conti.*

Du 28 juillet 1704.

Il est, je crois, très raisonnable, Monseigneur, de se retenir un peu sur la démangaison des raisonnemens de guerre, mais on estoufferoit s'il n'estoit permis d'en discourir un peu, je suis très parfaitement instruit de ce qui se passe en Bavière par tous les amis qui m'arrivent de Suisse et Genèves, d'ailleurs, j'ay tellement ce pays-là dans la teste que l'on ne peut y faire un pas qu'il ne me soit aisé de juger si M^{rs} les généraux ont eu de bons maistres à danser; il me paroit que les uns et les autres ont fait de faux pas, ... les ennemis de n'avoir pas poussé leur victoire et suivy les fuiars jusques à Neubourg qui de leur aveu auroient jettés leurs armes.

Nous en sommes presentement aux lettres du 10 d'Ausbourg, je ne vois rien de plus frais qu'une lettre de Chamarante qui explique assés toutte l'action, je vois des fauttes capitales de M. l'Électeur et j'auray l'honeur de les expliquer à S. M. Je ne parle plus de celle de n'avoir pas fait redresser le fort des Suédois sur le Schelemberg, je l'en avois averty, mais puisqu'il vouloit un camp retranché au moins falloit-il s'y prendre plustost; mais par la lettre de Chamarante il convient que, si le secours estoit arrivé, les ennemis n'auroient jamais remporté ce poste. Or ce secours il a toujours dépendu de luy de le faire arriver à Donnavert avant que l'ennemy eut commencé ses dispositions pour l'attaque des retranchemens. Le poste de Dilingen est hors de toute insulte, il a fallu que les ennemis ayent passé devant luy et à la veue de son camp; il a donc dépendu de luy d'envoyer un secours à temps. Je vous dis que c'est l'homme du monde auquel il faut le moins confier la conduitte de son armée et de ses Estats; après cela il leur soutient à tous qu'ils auroient encore fait périr une bonne partie de l'infanterie des ennemis en deffendant trois murailles assés bonnes qu'il faut emporter l'une après l'autre; ils n'ont jamais osez l'attaquer la dernière campagne devant moy par touttes les coupures que j'y avois faites et touttes les petites chicanes que l'on peut imaginer, soutenant tout cela de l'autre costé du Danube. D'ailleurs, je me serois placé hors du canon avec touttes mes forces et n'aurois quitté le Danube qu'à l'extrémité. Ma foy, Monseigneur, il ne faut pas croire que de certaines fautes soient légères dans le commandement des armées. Je m'estonne que nous n'ayons encore appris que les ennemis ont passé le Lech, il y a une seule lettre qui le dit, le Lech une fois passé les ennemis peuvent prendre aisement Neubourg et faire ensuitte tomber Ratisbonne et Passau; après cela on ressere M. l'Électeur entre Munich et Ausbourg, les Tirolois le tiennent d'ailleurs par le costé de Miterwaldt et de Schangau, tout cela peut estre fait en peu de jours, je dis pour Neubourg, car Ratisbonne et Passau rien ne presse. Si tout cela n'est fait avant l'arrivée de M. de Tallard, je tiens M. de Bavière gasté, et il estoit le maistre de la guerre en soutenant le Danube. J'ose dire que je l'ay un peu mieux deffendu l'année passée, car j'avois des trouppes du Roy depuis Munderking jusques auprès de Ratisbonne.

Nos nouvelles de Catalogne deviennent assez importantes,

Quinson me mande que le vice Roy est peu seur des peuples et les armées navalles des ennemis rentrées dans la Méditerrannée.

(Copie. Arch. Vogüé.)

59. D'Aigaliers à Villars.

St Hipolite, le 30 juillet 1704.

Monseigneur,

Je ne vouleus pas manquer en arrivant ici de me donner l'honneur de vous écrire pour vous faire sçavoir en général le succès de ma négociation, mais j'estois si fatigué et si accablé de la journée et de la nuit que j'avois passée parmy un peuple séditieux, farouche, prechant et prophétisant, qu'il me feut impossible de vous faire sçavoir les particularités dont je crois, Monseigneur, qu'il est nécessaire que vous soyez informé, de mesme que M. de Basville.

En arrivant à Durfort, où Roland m'avoit donné rendez-vous, je n'y trouvai qu'environ 200 hommes armés quoique j'eusse demandé de parler au milieu de toute la trouppe. C'estoient apparement ceux qu'il jugeoit les plus devoués à sa volonté. Cependant quoique les chefs vouleussent que je parlasse à eux seuls, tous les Camisards demandèrent de m'entendre d'une manière si forte, que les chefs feurent contraints d'y consentir; je les fis assembler dans un pré derrière le château, et je me mis sur le balcon en devoir de les haranguer; dans ce temps là un prédicant séditieux commencea à precher de l'autre côté, et Ravanel voyant qu'il y en avoit plusieurs qui disoit qu'il faloit le faire taire pour m'ecouter, mit le sabre à la main, et ala sabrer plusieurs paisans; quelques camisars voyant cela se jettèrent sur lui, le gourmèrent un peu et le désarmèrent pour m'apaiser; ce feut un tumulte très grand qui nous mena presques jusques à la nuit, et je compris parmi tout cela que ces chefs des rébelles s'entendoit à merveilles mesme avec Ravanel.

Lorsqu'ils eurent cessé, je fis un discours d'une heure pour leur faire cognoistre qu'en venant avec moi ils avoit tous les avantages qu'ils pouvoit souhaiter; Rolland parla ensuitte, et après un discours extraordinairement mauvais qui conclut de rester dans leur pays natal, ceux qu'ils apelent les anciens, qui sont les premiers de la révolte, se mirent à crier d'une manière très séditieuse qu'ils vouloient rester; en sorte que de crainte que la sédition ne tournât contre ma mère et contre moi, je leur fis un autre discours qui conclut qu'ils estoit peut estre plus sages que moi, mais qu'aiant travaillé pour leur bien et celui du pais autant que j'avois peu, ils ne devoit point s'emporter contre moi. Ils ne peuvent pas contredire à cela; cependant il estoit nuit, et comme je les voiois très disposés à chercher querele, et qu'ils n'estoit retenus que par la multitude du peuple qui estoit pour nous, je vouleus attandre le jour pour partir; alors les prédications recommancèrent; on en fit sept ou huit jusques à minuit, et à cette heure que nous espérions d'avoir un peu de repos, les camisards que Roland avoit laissés dans le château, sous prétexte de nous garder, entrèrent dans notre chambre et il en eut un qui eut l'insolence de tomber tout près de ma mère, d'y faire pendant trois heures des postures de possédé, de dire que nous estions des hipocrites pharisiens et saduceens et tant d'autres sottises que je pensai mourir de la contrainte où j'estois d'estre obligé d'écouter patiemment un scélérat à qui j'aurois esté ravi de pouvoir donner mille coups de baton pour luy imposer silence.

Vous pouvés juger, Monseigneur, que le lendemain je partis des qu'il fut jour; Roland se trouva pour nous escorter, et nous fimes le chemin sans nous dire quasi un seul mot.

Plusieurs camisars m'ont fait dire qu'ils viendroit avec moy et si M. de Chamillart veut me permettre de commencer icy la levée d'un régiment, j'espère que cela contribuera beaucoup à dissiper cette rébellion; ils sont orgueilleux de ce que quelques soldats ont déserté pour les aler joindre, mais j'espère, Monseigneur, que tous ces faux prophètes et prédicateurs périront bientost et de ceux-là je n'en veux point recevoir avec moy; pour les autres vous les réduirés bientost avec vos troupes à la nécessité de se trouver bien heureux de trouver un moien pour garantir leur vie.

Je me donne l'honneur d'escrire à M. de Chamillart pour lui demander la commission qu'il m'a fait espérer; en attendant je parle icy contre les faux prophètes, et je suis très résolu de ne me remettre jamais à la discrétion de tels scélérats; je vous suplie très humblement, Monseigneur, de faire part de ma lettre à M. de Basville et de me donner vos ordres. Si vous voulés me le permettre, je commenceray de faire venir ici quelques volontaires de ceux que j'avois à Uzès, pour commencer la levée d'un régiment que j'appeleray de dragons et que l'on montera si l'on veut; mais c'est un moien pour attirer plus de monde, surtout de la cavalerie des rebeles qui est ce qu'ils ont de meilleurs soldats.

Il faudra, Monseigneur, que vous aiez la bonté de leur faire donner une subsistance et à moi aussy et je donne ma parole d'honeur et de chrestien que de tous les gens qui font la guerre aux faux prophètes, il n'y en aura pas un qui la fasse de meilleur cœur que moi.

J'attens vos ordres et suis, etc.

(Orig. Dépôt de la guerre. Vol. 1797, n° 44.)

60. *Villars au prince de Conti.*

Du 4 aoust 1704.

Je reçois, Monseigneur, la lettre dont V. A. S. m'honore du 27 juillet. J'avoue qu'il me seroit très difficile de contenir toutte ma démangeaison de raisonner sur les affaires de l'Empire. Je la renferme uniquement avec V. A. S. et avec M. d'Harcourt. Elle a pris mes intérest contre le courtisan dans des occasions où certainement j'avois assez bonne cause. Cela m'oblige à m'estendre un peu avec elle sur des affaires dont personne (je crois pouvoir le dire sans vanité) ne peut parler avec plus de connoissance par les avoir veues et bien estudiées pendant un an.

Je vois que M. le marechal de Tallard abandonne le siège de Villinghen par les divers courriers de M. l'Électeur de Bavière : je vous avoue qu'ils ne m'auroient ébranlés qu'aux conditions de laisser cette entreprise entre les mains de M. le maréchal de Villeroy, lequel, selon toutte apparence, s'en chargera ; car de laisser deux armées dans l'Empire sans communication, estant bien assés d'une, deux seroient trop. Pour moy eussay-je receu dix courriers de M. de Bavière, j'aurois pris Villinghen et puis me serois estendu le long du Danube. Le solide de cette guerre estoit de tenir le Danube; il faut le reprendre, car vous comprendrés fort bien, Monseigneur, que si les ennemis en demeurent les maistres, M. de Bavière ne peut se soutenir ; ainsy j'aurois redescendu le Danube, et me seroit appuyé au Lech au-dessus de Rain, ramenant ensuitte les ennemis sur Neubourg et les resserant ; au lieu de cela, M. l'Électeur croit que pourveu qu'une seconde armée le gagne, il n'a plus rien à craindre. Cette seconde armée ne fera que l'embarasser quand il l'aura toutte entière à Ausbourg. M. le prince de Bade se gardera bien d'hazarder une bataille ; ce n'est pas là son esprit ; il se retranchera à 4 ou 5 lieues d'eux, ayant Neubourg, Rain, Donnavert derrière luy et touttes ses subsistances par Norlingue, et tout l'autre costé du Danube, et M. de Bavière ne sçaura où se mettre pour soutenir en même temps Ausbourg, Munich et Ratisbonne, grandes villes sans fortifications, et en attendant il aura 120,000 hommes dans le cœur de ses Estats ; on m'en dira des nouvelles dans le mois d'octobre[1]. Sont-ce là des projets de guerre ? Oh ma foy il n'en auroit pas exécuté de pareils avec moy, car après bien des respects, quand la raison ne pouvoit rien sur luy, je luy disois avec grande soumission : « Je n'en feray rien. » C'est par là que je l'ay sauvé, et j'ose vous dire que, si j'avois esté avec luy, j'aurois soutenu Donnavert que vous voyez bien estre son unique salut. Je demande pardon à ces messieurs, mais il falloit prendre Villinghen, et il faut plus que jamais le prendre, ou de la plus avantageuse guerre du monde et qui nous rendroit les maistres de l'univers nous en viendrons à estre forcés à en soutenir une qui ne finira pas sitost ; c'est pourtant la fin qu'il faut envisager et penser vivement, et dans cette fin de guerre je ne sçay s'il n'est pas plus question du *quando* que *quo modo*. Ce sont des termes de la diette de Ratisbonne, et il faut vous faire voir, Monseigneur, que nous sçavons plus d'un mestier. Je ne vous parleray pas de celuy que je fais présentement, je le fais avec ardeur, cependant nos pauvres fols ne sont pas aisés à ramener ; le mal diminue tous les jours, mais je ne suis pas du tout content quand il ne finit pas absolument, ce qui me réussit le mieux, c'est l'enlèvement des pères et mères des camisards, ce qui en fait revenir un très grand nombre. Je résiste aux partis violens, et qui vont à la ruine de la province, mais je seray à la fin forcé de faire abandonner des villages plus révoltés dans le fonds de leur cœur que ceux qui ont les armes à la main. Nous découvrons tous les jours de nouveaux ressorts que nos ennemis font jouer pour troubler des testes déjà si gastées que ce qui en raccommoderoit d'autres, achève de les brouiller. Cependant ils sont dispersés et ne se soutiennent que par se cacher entièrement, mais si heureusement que l'on ne sçait plus où les trouver, car, soit dans la plaine, soit dans les Sévennes, nous marchons autant que nos soldats le peuvent sans mourir des chaleurs excessives et de lassitude.

Il paroist que M. de Marlborough prenoit la route de Munich ; s'il croit le pouvoir prendre c'est bien fait, mais pour moy j'aurois préféré Ratisbonne et Passau ; tombant par là, tout le Danube est aux ennemis jusqu'à Vienne en état d'envoyer à l'Empereur des

---

1. Les prévisions de Villars ne se sont que trop réalisées : le 13 août suivant avait lieu la catastrophe d'Hochstedt, et c'est par la prise de Donauwörth que Marlborough prépara cette victoire.

secours prompts; car encore ces Messieurs là doivent-ils un peu songer au pauvre Empereur qui essuye depuis quelques mois de grandes tribulations. Je voudrois sçavoir pourquoy M. l'Électeur, depuis la prise de Passau, n'a pas un peu inquiété l'Autriche; la raison de donner du repos aux trouppes ne peut estre alléguée. Le soldat bien vestu, couché et nourry, couchant dans de bons lieux ou il souppe grassement chez son hoste, ne s'ennuie point du tout de faire la guerre l'hivert, et jugés, Monseigneur, de l'importance de porter la révolte des Hongrois, desjà si ameutés, au plus haut point; comptés que la communication de la Bavière avec eux pouvoit fort bien n'estre pas regardée comme chimérique; il n'y a de moyen seur de se tirer heureusement des affaires d'Allemagne que d'y envoyer des trouppes de l'armée de M. de Vendosme, lequel je crois n'a pas besoin de 80,000 hommes pour réduire M. de Savoye, du moins pour le resserer de si près qu'il n'ait presque plus que Turin pour principale ressource.

Voilà, Monseigneur, mes foibles raisonnemens que je vous expose et à M. d'Harcourt; car pour raisonner de la guerre de l'Empire *inter privatos parietes,* par ma foy il y auroit de la dureté à me l'interdire, j'en étoufferois : vous croyés bien que je n'en parle à personne icy. Si c'estoit à la cour, je serois plus silencieux qu'un moyne de la Trappe.

(Copie. Arch. Vogüé.)

61. *Villars à Chamillart.*

A Nismes, le 16 aoust 1704.

Quand j'ay eu l'honneur de vous mander, Monsieur, que l'on n'obmettoit rien au monde pour finir la révolte, vous jugez bien que l'on n'a pas oublié de promettre des récompenses promptes à ceux qui pourroient nous livrer les chefs des rebelles. Il y a plus de six semaines qu'un nommé Maltar me vint trouver icy et me fit espérer de faire surprendre Rolland. Il a suivy son projet et à mon dernier voiage d'Uzès peu s'en est fallu qu'il ne réussit. Il y a deux filles de condition nommées Mlles Corneli, très bien faittes et qui honnorent de leurs bonnes grâces Rolland et Maillé son lieutenant. Ces deux filles estoient dans le château de Castelnau depuis 15 jours, et Rolland, ainsy que j'en estois informé par ses lettres, leur promettoit de les venir voir à la première occasion. Il y vint donc la nuit du 13 au 14, avec six de ses principaux officiers et deux valets. M. de Paratte, averty sur-le-champ par ledit Maltar et un nommé Rouviere qui agissoit de concert pour nous livrer Rolland, y envoya le s. de Castelbady commandant le second bataillon de Charolois avec tous les officiers de son bataillon à cheval et trente dragons ; ils allèrent à toutte bride. Rolland, averty par une sentinelle au haut du château, sort du lit et n'eut que le temps de descendre dans la cour et monter à cheval à poil avec ses gens; ils sortirent par une porte de derrière du château dans le temps que les officiers y entroient, mais la trouppe de dragons qui avoit fait le tour les coupa dans la plaine et les arresta dans un chemin creux. J'avois fort recommandé que l'on prit Rolland vif s'il estoit possible, mais un dragon l'a tué, et cinq des autres parmy lesquels sont Maillé, Raspal et Cantarel. Les trois principaux lieutenants de Rolland furent amenéz hier dans les prisons de cette ville, et M. de Basville les juge dans ce moment. Un exemple de sévérité très bien mérité, joint à ceux de clémence qu'il a plû à S. M. de donner, va faire asseurément un très bon effet, et vous verrés par les lettres cy jointes combien il revient tous les jours de ces rebelles se soumettre. Cela va, Monsieur, aussy bien qu'il est possible. Je m'en vas dans les Sévennes pour profiter de la terreur que va répandre la prise de ce chef, beaucoup plus avantageuse par estre livré que s'il avoit esté tué dans un combat avec cent de ses gens, puisque cette asseurance qu'ils prenoient dans leurs frères, perdue par une telle avanture, fera qu'ils ne seront plus tranquilles en aucun endroit. Nous avons bien des gens qui nous promettent la chose pour Ravanel, Catinat et les autres.

Les deux officiers pris sur les tartanes ont esté interrogés par M. de Basville et nous apprennent que le marquis de Corail, gouverneur de Nice, est le canal par où passe le principal commerce de M. le duc de Savoye avec les rebelles. Rolland promettoit au prince que 15,000 hommes armés de fuzils ou de fourches, ne fust-ce que de pierres, favoriseroient sa descente. Tout va bien jusqu'à present et j'espère encore mieux.

(Orig. Dépôt de la guerre. Vol. 1797, n° 60.)

62. *Villars au cardinal de Janson.*

Extrait. Du 16 aoust 1704.

Vous ne m'auriés pas trouvé bien ébranlé de voir ma conduitte critiquée ; l'expérience donne une tranquilité sur cela bien nécessaire au service du Roy, car, si l'on vouloit suivre les pensées creuses de gens qui ne sçavent rien du fait, on tomberoit dans de grands inconvéniens. Je suis venu, j'ay persuadé que je ne pourrois rendre un plus grand service au Roy qu'en finissant une révolte bien dangereuse. J'ay creu que je devois pour cela mettre en usage touttes sortes de voyes, hors celles de destruire entièrement une des meilleures provinces du Royaume, et que même, si je pouvois ramener les coupables sans les punir, je conserverois les meilleurs hommes de guerre qu'il y ait dans le Royaume : ce sont des François, très braves et très forts; ces trois qualités ne sont pas bien incompatibles. Je sçavois que les supplices les plus cruels ne faisoient qu'irriter le mal, j'ay donc creu qu'il falloit commencer par leur faire entendre raison, et j'ay trouvé que mes discours n'avoient pas esté sans fruit; les trouppes agissent en même temps de touttes parts : on trouve souvent les rebelles escartés et pressés; enfin des misères dont ils estoient accablés et par les fatigues et par la faim, ils résolurent de se soumettre; leur principal chef Cavalier et tous les autres promirent la même chose. Cavalier l'a tenue et a quitté la province avec plus de cent des siens. La bonté que le Roy a eu de pardonner à ceux qui imploroient sa clémence en a fait revenir un très grand nombre; et tous auroient suivis l'exemple de Cavalier, si Rolland et Ravanel n'avoient esté gagnés par les émissaires d'Angleterre, de Hollande et de M. de Savoye; ainsy que nous l'avons appris positivement par les lettres de ces ministres même interceptées heureusement dans l'Empire par M. de Massembach. M. Bil mandant à la cour d'Angleterre qu'il avoit si bien fait que ces deux derniers ne suiveroient pas l'exemple de Cavalier. Nous nous estions bien doutés de ces intrigues, mais nous avons sceu qu'outre les grâces que ces deux derniers ont receus, l'on flattoit les rebelles d'un puissant secours par mer. A la vérité, un marquis de Guiscard, que l'on dit estre l'abbé de la Bourlie, embarqué à Nice avec 500 religionnaires, a répandu des imprimés très séditieux. On a pris les précautions possibles pour les costes, on continuera à ne pas donner un moment de relasche aux rebelles; on en a tué plusieurs en divers endroits. D'ailleurs on a enlevé les pères et mères de ceux qui estoient parmy eux, ce qui en fait revenir un grand nombre. Comme l'on avoit remarqué l'année passée que pendant la moisson les camisars venoient la faire dans la plaine, on a enlevé les moissonneurs, et ensuitte choisissant ceux qui n'estoient pas suspects pour les laisser libres, on a enfermé les autres. On n'a pas négligé aussy de promettre des recompenses à ceux qui pourroient nous faire prendre les chefs des rebelles. Il y a sept semaines que des gens m'estoient venu proposer de me livrer Rolland, cela devoit s'exécuter dans le dernier voiage que j'ay fait à Uzès. Il n'a esté différé que de trois jours. Je sçavois qu'il devoit aller voir dans le château de Castelnau une jeune Demoiselle qui tantost suit sa trouppe et tantost luy donne des rendés vous ; on l'a guetté et il fut investy avant hier dans ce château avec huit de ces principaux chefs.

(Copie. Arch. Vogüé.)

63. *Le comte de Choiseul-Traves[1] à Villars.*

A Homberg, le 30 aoust 1704.

Monseigneur,

Vous nous aviez bien établis dans le fond de l'Allemagne, mais sans vous il étoit impossible de s'y soutenir. M. de Tallart est arrivé icy tout remply de sa bataille de Spire, menaçant l'empire d'une ruine prochaine ; il nous a joint nous regardant mesme comme de petits garçons, mais, malheureusement pour sa gloire et pour nous, le poste du marais d'Hocstet s'est trouvé mauvois, le prince Eugene et milord Malboroug sont venus nous attaquer pendant que le prince de Bade faisoit le siège d'Ingolstat ; leur disposition pour le combat étoit belle : l'armée de M. de Tallart, ayant nostre droitte, étoit appuyée au Danube, le village de Schvening devant elle, où ce general avoit jetté 25 bataillons et quatre régimens de dragons ; vostre armée, car je la regarde toujours comme telle, joignant par sa droite celle de M. de Tallart, étoit apuyée par sa gauche au bois ; les enemis nous attaquèrent en mesme temps, nostre armée culbuta à la première charge et jusques à la fin du combat la droitte des ennemis, que commendoit le prince Eugene, sans perdre un pouce de terrain, et la bataille étoit gagnée de nostre costé, les ennemis poussez jusques dans le bois, tandis que celle de M. de Tallart étoit battue sans resource, ce qui obligea M. de Marcin de se retirer à Lauvingen, avec son armée, dans le plus bel ordre qu'il est possible, ayant donné toutes les marques d'une expérience consommée dans le combat et dans sa retraitte. Nous avons pris aux enemis trente huit étandars ou drapeaux, desquels mon régiment en a pris un soubs le feu de l'infanterie enemie postée dans les hayes du village du Centre, où l'on avoit mis le feu avant le combat, et j'oze vous assurer qu'il s'y est distingué à son ordinaire ; M. le comte

---

1. Beau-frère de Villars.

du Bourg y a fait des merveilles, ayant toujours été à la teste de toutes les troupes qui ont chargé ; nous n'avons perdu ny canon ni etandars de nostre costé.

Il n'en a pas été de mesme de l'armée de M. de Tallart ; milor Malboroug, qui commandoit la gauche des enemis, voyant qu'il avoit jetté toute son infanterie dans le village de Schvening[1], le fit attaquer très vigoureusement. Son infanterie s'y défendit vaillamment pendant sept heures que dura le combat, le reste de son infanterie, qui étoit hors du vilage, ayant eté taillée en pièce, sa cavalerie et gendarmerie culbutée dans le Danube et dans les marais d'Hocstet, les ennemis firent rouler de l'infanterie et la plus grande partie de leur cavalerie, investirent le village où étoient enfermez les 25 bataillons et les quatre régiments de dragons ; M. de Tallart, s'avisant trop tard de vouloir retirer son infanterie du vilage, fut blessé et pris prisonnier, M. de Clérembault qui la commendoit et à qui apparemment la teste tourna, l'abandonna et s'alla noyer dans le Danube, aussi bien que Maisontelle, laissant M. de Blanzac seul officier général dans ledit village, auquel les enemis ayant fait voir soubs parole la disposition de l'investiture du village, il tint conseil de guerre avec les vieux officiers d'infanterie et l'affaire étant sans remède, il capitula et se rendit prisonnier de guerre avec les 25 bataillons et les quatre régiments de dragons.

Personne, hors M. le maréchal de Tallart, Legal et M. de Blainville ne vouloient la bataille et vous voyés mieux que personne, que dans la conjoncture présente il n'étoit pas question d'en donner, ou qu'il falloit mieux se poster. La cavallerie de cette armée là est hors d'état de servir, ayant été très maltraittée, tout le canon perdu et presque tous les étandars et timbales, sans que nostre armée aye pu secourir celle-là, ayant assés d'affaires sur les bras, et les enemis étant fort supérieurs à nous en cavalerie. Voilà l'électeur dépossédé de ses États ; nous l'enmenons avec nous, avec ses quatre régiments de cavalerie et quelques bataillons, dont la moitié a déserté, tous ses chatrez, ses basses de violle et bassons ; il fait déjà des projets de divertissement pour la Flandre ; il avoit voulu faire suivre sa femme et ses enfans, mais il l'a renvoyée de Memingen à Munich avec un plein pouvoir pour faire un accomodement pour ses enfans ; nous attendons toujours le reste de ses troupes, qui devroient nous avoir joint à

1. Choiseul se trompe : c'est dans le village de Blindheim que fut enfermée et prise l'infanterie de Tallard.

Dutlingen; la garnison d'Ausbourg nous a joint avec celles de Memingen et de Bibrac; on a laissé huit bataillons bavarois et quatre françois aux ordres de Betendorf avec tous nos blessez dans Ulm, que les enemis assiègent à présent; nous nous sommes retirés avec grande précipitation, ayant brulez nos gros équipages, qu'on sauva après la bataille avec les menus par le pont de Lavingen, qui fut brulé sur-le-champ; la cavalerie se retira à Ulm, passa la Brentz à Gondelfingen, en marchant toute la nuit nous arrivâmes à midi le 14; les bagages et l'infanterie passèrent comme j'ay eu l'honneur de vous le dire, par Lavingen, M. de Marcin faisant l'arière garde. M. de Blainville mourut de ses blessures deux jours après, à Ulm; Mrs de Surlauben, de Gassion, Plancy, Bissy, tous généraux et plusieurs autres sont demeurez à Ulm : Mrs de Blanzac, Monperroux, Saint-Ponanges, Rigondez, Silly, Hautefeuilles, et bien d'autres dont je ne me souviens pas à présent sont prisonniers, c'est-à-dire colonels et brigadiers de l'armée de M. de Tallard; le comte de Sebeville est aussi prisonnier; le comte de Verüe fut tué à la première charge, qui en laisse une belle à donner : le comte de Sanfré, des troupes de Bavière, a été tué, et l'envoyé de Cramer fut blessé, il me semble Monseigneur, que j'oublie bien des particularitez que j'auray l'honneur de vous dire moy-mesme. Voilà un grand évènement et un terrible coup pour la France; toute nostre armée vous attent bientôt par le Rhin pour son retablissement, vous seriez content de tout ce qui se dit sur vostre chapitre; tous nos derniers malheurs font vostre eloge; vos enemis en sont confondus et commencent à me prevenir, croyant bien se retrouver bientôt soubs vos ordres; ils ne méritent assurément pas vostre ressentiment; ce sont des malheureux que vous verrez bientost ramper à vos pieds; le maréchal de Villeroy s'est avancé jusques à Villingen pour nous recevoir, croyant tout perdu; nos troupes sont à bout, nous mourons de faim et de soif dans ces montagnes et tout le monde a grande impatience d'en sortir, j'en ay une fort grande d'avoir l'honneur de vous voir et de vous entretenir sur tout ce qui s'est passé icy depuis vostre départ. Je vous demande, Monseigneur, la continuation de vostre amitié; je la mérite assurement par celle que j'ay toujour eu pour vous et par l'attachement et le respect avec lequel je veux estre toute ma vie, Monseigneur, vostre très humble et très obéissant serviteur.

Choiseul Traves.

Trouvés bon que je présente icy mes très humbles respects à

Mme la marechalle et que j'y fasse mille très humbles complimens à M. et Mme de Voguë.

Le marquis de Bellefont a trente et un coups de sabre sur la teste et sur les bras; il sera estropié de sa bonne main : il avoit été fait prisonnier avec le fils de M. du Chatelet, le prince Eugène les a renvoyé sur leur parole; les blessures du Bellefont ne vont pas trop bien par son peu de ménagement.

(Orig. autogr. Arch. Vogüé.)

64. *Villars à Chamillart.*

Du 1er septembre 1704.

Je n'ay voulu croire, Monsieur, qu'après avoir leü les lettres dont vous m'honorez que 26 de nos bataillons et quatre régimens de dragons se soient rendus prisonniers de guerre, sur tout nostre gauche se retirant assez entière, vous en estes surpris et c'est avec raison. C'est dans ces occasions que nostre fermeté est souvent nostre salut. En vérité, Monsieur, je suis bien affligé de tout ce que j'apprends ; vous me dites, Monsieur, que les raisonnements sont inutiles après les malheurs, ils n'estoient pas arrivés quand j'ay fait ces raisonnements, et d'ailleurs ils peuvent servir à les esviter une autre fois et à vous faire voir au moins que M. de Bavière n'a perdu le Danube que par des fautes très grossières asseurement. Ma fidélité pour le service du Roy m'oblige encore à vous dire, Monsieur, que si vous luy laissez gouverner la guerre et les finances de Flandre, il perdra ce pays-là comme il a perdu le sien. Jamais l'Empereur ni le Roy Guillaume ne luy ont abandonné la conduitte de 4,000 hommes, pas même de ses propres troupes, ainsy, Monsieur, laissez luy la représentation du généralat, réglez luy un fond pour la dépense de sa maison et du reste, continués à gouverner les finances de Flandres par vos intendants, et les armées par vos généraux. Sans M. de Monastrol et M. de Ricous, j'aurois gouverné ce Prince et si l'on m'avoit un peu plus autorisé auprès de luy; mais, ne le gouvernant pas, je voyois bien qu'il m'auroit à la fin malgré moy fait tomber dans le précipice, dont j'aurois eu toutte la honte. J'aurois bien des choses à vous dire encore qui pourroient estre attribuées à des sentimens moins vifs en moy que l'on ne pense et que je serois bien tenté d'avoir l'honneur de vous dire comme bon serviteur du Roy et le vostre, je dois l'estre, et je vous assure aussy que l'on ne peut rien adjouter à l'attachement respectueux avec lequel je suis, etc.

Mais, Monsieur, si M. l'Électeur rameine autant de troupes que l'on dit, si les ennemis ont perdu, de leur propre aveu, 10,000 hommes, s'ils ont autant perdu que l'on a publié à Donnavert, M. l'Électeur ne pourroit-il encore disputter le terrain? Je vous avoüe, Monsieur, que j'aurois bien voulu que ce prince eut trouvé moyen de demeurer dans son pays, car il vous sera bien à charge et méritera fort d'estre traitté comme luy-mesme le disoit, lorsqu'il me déduisoit toutes les raisons qu'il avoit de s'accommoder avec l'Empereur. J'ay eu l'honneur de vous les mander dans ce temps-là; enfin, quand on veut bien perdre tout ce que l'on a au monde, le plus tard est toujours le meilleur; traisnant la guerre et entretenant toujours celle d'Hongrie, et tant que cette révolte est dans sa plus grande force, il avoit toujours le moyen de traitter avec l'Empereur. C'est luy faire un beau présent tout d'un coup que toute la Bavière, 28 bataillons de ses trouppes, puisqu'il n'en revient que 5, et 22 escadrons, ses places, tout ce qu'il a d'artillerie, ses meubles; il ne peut pas s'estonner d'estre pillé après avoir luy-même pillé les maisons de l'Empereur, son beau-père, en Tirol. Il ne tira pas une pistolle de contribution, ce qui estoit dans l'ordre, parce que ses valets relaschèrent les ostages pour de l'argent et l'on prit les porcelaines, les bronzes et les portraits de l'Empereur; enfin, Monsieur, c'est trop vous en parler; mais je dois vous faire connoistre l'humeur de ce prince pour que vous preniez vos mesures, il faut ou qu'il soit plus battu que l'on ne dit, ou la teste leur a tourné de tout abandonner si promptement.

(Orig. Dépôt de la guerre. Vol. 1797, n° 82.)

65. *Villars à Du Bourg.*

Du 2 septembre 1704.

Je seray asseurement dans une bien vive inquiétude, Monsieur, jusqu'à ce que j'ay receu de vos nouvelles et que j'apprenne que vous rameniés en bonne santé, vous, Monsieur, et tous les amis que je compte avoir dans ma chère armée. Nous n'avons encore aucun détail. M. de Chamillart me promet les premiers et me mande que la lettre du 14 de M. le maréchal de Marcin a esté perdüe, et que celle du 16 informoit seullement que M. l'Électeur prenoit le party d'abandonner ses Estats; voilà, Monsieur, une grande résolution. L'on nous disoit que notre armée se retiroit presque entière, que les ennemis, de leur aveu, avoient perdu 10,000 hommes, leur perte à Donnavert considérable d'ailleurs. Avez-vous peu estre forcé d'abandonner tant d'Estats à l'Empereur? La revolte de Hongrie estant surtout dans sa force et par conséquent M. l'Électeur toujours en état de faire un accommodement, moins avantageux à la vérité qu'avant la bataille, mais moins fatal à la cause commune, car quitter son pays sans le deffendre un moment, c'est mettre l'Empereur en estat de donner la loy aux rebelles de Hongrie et de rentrer en Italie plus fort que jamais, et certainement plus aydé des Vénitiens qu'il ne l'a esté encore, par le peu d'esgard que M. le grand prieur a eu pour eux. Ah, mon cher comte, quel revers! M. de Chamillart m'en parle comme le sentant vivement, et le Roy, connoissant parfaitement bien dans quel embarras on le met. M. le maréchal de Tallart paye bien chèrement son opiniatreté de n'avoir jamais voulu establir de communication, et nous rendre les maîtres de la guerre dans l'Empire, et sans estre forcé à ces grands événements qu'une triste expérience vient de nous faire voir. . . . . En verité, j'ay toujours fort apprehendé quand j'ay veu le Danube perdu et je vous avoue que j'aurois mis mon dernier homme à soutenir Donnavert, le retranchement et même le Danube, Donnavert perdu. Je vois, par touttes les nouvelles, que, si le retranchement avoit esté parfait, le secours arrivé à temps, l'ennemy perdant la fleur de son infanterie dans une vaine attaque, vous estiés les maistres de tout. Je vous escris sans sçavoir encore si vous n'avés pas péry dans cette malheureuse affaire, et je vous assure que je fais une vive expérience de mes sentimens pour vous et pour mes autres amis, par toutte l'inquiétude que je ressens. Cependant, je compte que nous saurions déjà par les Suisses les noms de ceux auxquels il seroit arrivé malheur. Je suis touché de tout ce qui regarde mon armée comme je le serois de mon frère; j'espère qu'elle me pardonnera la liberté de la nommer ainsy. Elle n'a pas esté assez malheureuse avec moy pour me désavoüer. Je songe à tous ceux qui ont employé tant de sollicitations pour n'en estre pas quand je passois en Bavière ; les uns tués, les autres prisonniers, et tout ce que j'ay mené, à un petit nombre près, encore morts de maladie, revient sain et glorieux, hors le pauvre du Héron, que je regrette bien fort.

Mille amitiés, je vous prie, à mon cher Lanion. M. de Legal est celuy dont j'ay reçeu le plus de marques de souvenir, je dis de Bavière, car pour de Versailles il luy estoit aisé, mais ses lettres auront esté plus heureuses que les vostres et celles de gens qui m'auront escrit aussy. Je vous demande mille complimens pour M. de Lee, le major-général, Verceil, Beaujeu, le pauvre intendant, n'oubliez pas le comte de Druy, mon gendre[1], mais, mon Dieu, tout cela se porte-t-il bien? Ils peuvent compter que j'ay rendu compte de leurs services au Roy, et si tous n'en ont pas receuz des marques, j'ose vous asseurer que le Roy a bien voulu me faire l'honneur de me montrer un peu de confiance et adjouter foy à la vérité de ma recommandation. Les friponneries de M. de Monasterol n'ont pas esté escoutées, il fut un peu surpris de la manière pleine de bonté avec laquelle Sa Majesté me fit l'honneur de me recevoir; il pouvoit s'y attendre, puisque je n'en méritois pas une mauvoise. Mais les fripons comme luy croyent que les friponneries l'emportent sur les services, j'ose dire, solides et éclatans. Honteux de ses perfidies, il m'en fit faire des excuses, donnant des desmentis publics sur tout ce que je sçavois bien qu'il avoit dit, mais je l'ay toujours traitté avec la hauteur qui convient à un homme comme moy et le mépris qu'il mérite. Je l'ay un peu mortiffié. Dieu punit ces petits misérables. Peut-estre celui-là coute-t-il des estats à son maistre puisque, manquant aux ordres qu'il avoit de luy, il n'a pas insisté pour la communication, cela est certain; je le sçay de source et que l'on s'est laissé aller au siège de Landau, sur les instances de M. le maréchal de Tallard, et le peu d'opposition de M. de Monasterol. Cet autre fripon de Dusson, le Roy me fit l'honneur de m'en parler, je le jugeay indigne de ma colère et répondis seullement à Sa Majesté qu'Elle en pouvoit juger par sa conduitte; que l'on devoit luy pardonner d'avoir manqué à son général, puisque le bonheur d'estre le premier à apprendre une bonne nouvelle à Sa Majesté tourne souvent la teste, que cette occasion, qui pourroit estre blamée, estoit la plus raisonnable qu'il eut fait, et ce faquin de Ricous! je serois assez vengé de ces misérables-là si je n'estois pénétré de la juste douleur de la perte que nous avons faite et encore mesme de ne sçavoir si j'escris et si je parle de gens morts ou en vie. Mille amitiés à Mrs de Lévy et de Boussole, Mrs de Manicault, Chamarante, enfin je vous laisse le dispensateur de mes complimens. Le pauvre milord Clare, ne l'oubliés pas, je luy suis obligé de ses larmes quand je lui dis adieu.

Ce pauvre Nétancourt, je le regrette bien, et mon cher Nangy, je suis en peine de ce petit garçon, j'ay fait mon devoir sur son

---

1. Erreur évidente du copiste, Villars n'ayant alors qu'un fils âgé de quelques mois.

sujet. Bonjour, Monsieur, nos affaires vont bien, Dieu mercy, et la pluspart des camisards se soumettent l'un après l'autre ; je suis tres content et ne desire, je vous asseure, aucun autre employ. J'ay quitté le plus grand et le plus glorieux que l'on pouvoit jamais désirer dans la guerre, parce qu'il falloit toujours disputter pour suivre le bon party. M. l'Électeur a pu juger si c'en estoit un bien bon de se renfermer dans son pays. Il escrivoit le diable contre moy quand je le forçay à marcher à l'Iller ; je puis vous dire que cette résolution fut bien approuvée par Sa Majesté malgré touttes les plaintes de ce prince, très poussé par son fripon de ministre, car il n'a pas eu d'autre nom de moy. Le pauvre Simeoni prévoyoit tout cela et manda, quand il sceut que je voulois revenir, que tout prit au diable. J'en suis bien fasché pour son bien, car il perd 13 ou 14 mille livres de rente.

Je crois causer avec vous ; je vous asseure que pour vous autres particuliers vous devez estre bien aise d'estre revenus ; il n'est rien tel que de pouvoir songer soy-mesme à ses affaires ; j'en juge par le gouvernement de Brisach donné à M. de La Lande que je vous avois bien souhaitté.

(Copie. Arch. Vogüé.)

66. *Villars à l'abbé de Saint-Pierre.*

Extrait.   Du 2ᵉ septembre 1704.

Je vois par vostre dernière lettre que le public excuse fort le party que 25 bataillons et 4 régiments de dragons ont pris de se rendre prisonniers de guerre, nostre aisle gauche se retirant presque entière. Ces sentimens ne ressemblent gueres à ceux de Rome après la perte de la bataille de Cannes, qui ne vouloit pas laisser en Italie les trouppes qui en avoient eschapé, bien qu'Annibal fut à leurs portes, ny à ceux du pauvre Currois, qui ne voulut pas se retirer avec la cavallerie gauloise, disant je ne paroîtray pas devant Cœsar après avoir perdu ses légions. C'est dans ces occasions où il faut repondre aux imbeciles, qui disent que pouvoit on faire de mieux,

        qu'il mourust,
Ou qu'un beau désespoir alors le secourust.

L'infanterie espagnolle à Rocroy n'aima-t-elle pas mieux périr que de demander quartier ? Le soldat et l'officier ne doit-il pas préférer une mort glorieuse, cherchant à se faire jour la bayonnette au bout du fusil, à l'ignominie de périr de faim et de misère dans des prisons? Je suis honteux et penetré pour la nation d'une reddition aussy lasche. Jusqu'icy, je ne sçays pas de détails, mais puisque nostre aisle gauche s'est retirée si entière, pourquoy s'est-elle retirée? Ne voit-on pas quelquefois regagner des batailles par un dernier effort? Un corps de réserve les a souvent relevées. Quoy! pour mettre la personne de M. l'Électeur de Baviere en seureté? Ma foy, Monsieur, nous sommes bien éloignés des Romains et même des François que j'ay connus. Allés, mon pauvre abbé, si vous n'estiés pas un homme d'église, je ne sçay ce que je ne vous dirois pas. (Copie. Arch. Vogüé.)

67. *Villars à l'évêque d'Alais.*

Du 2 novembre 1704.

Je reçois, Monsieur, la lettre que vous me faittes l'honeur de m'escrire du premier; j'y vois que vostre zèle très loüable vous porte à vouloir faire une visitte, et surtout à examiner la vie de vos curéz, lesquels chassés de leurs églises et retirés en divers lieux, ont besoin d'une petitte inspection. Vous connoissez, Monsieur, la situation des affaires et des esprits nouvellement rentrés dans leurs devoirs, mais bien plus dans ce qui regarde le Roy que la religion. Vous m'avés dit vous mesme, et M. l'abbé Poncet partant pour l'evesché d'Uzès, le peu de véritables conversions qu'il y avoit dans vos diocèses. M. l'abbé Poncet n'a pas fait difficulté de me dire devant vous que sur 33 mille nouveaux convertis l'on ne pouvoit peut estre pas en compter 30 qui le fussent véritablement. Jugez donc combien une revolte commencée par le motif de la religion dans des temps où les charges du royaume, necessaires, mais très fortes, mettent tous les esprits en mouvement, jugés, dis-je, Monsieur, combien le zèle des plus saints et des plus sages evesques doit estre modéré. Je comprends qu'ils souffrent de ne pouvoir le laisser agir tout entier, mais il faut qu'ils considèrent l'estat du royaume et celuy d'une province que j'ay trouvée tout en feu. Ce feu est presque esteint, mais craignons toujours de le rallumer.

Voilà, Monsieur, ce que je crois devoir répondre à la lettre dont vous m'honorés, bien persuadé que vostre bon esprit vous portera à faire les mesmes reflections. La visitte que vous me dites ne pourra que produire de très bons effets. Vous trouverés cy joint les ordres que vous désirés pour les escortes et en touttes occasions les sentimens d'estime et de respect avec lesquels, etc.

(Minute. Dépôt de la guerre. Vol. 1797, n° 160.)

68. *Villars au prince de Conti.*

Du 23 novembre 1704.

J'ay l'honneur d'escrire à V. A. S. par M. de Courten. J'ay remarqué que l'on ouvre la pluspart des lettres que je reçois et celles de V. A. S. n'en sont pas exemptes ; ce qu'elle ecrit asseurement est bon à estre veu et leu, et ne scauroit estre augmenté ny corrigé par son zèle pour le service du Roy et le bien de l'Etat, pour moy, monseigneur, je suis en verité des plus zelés et quelquefois trop pour mon repos. Le Seigneur, dit-on, n'ayme pas les tièdes, ce sont cependant les plus sages et il faut tascher de le devenir ; cela est plus malaisé icy qu'ailleurs par être au milieu de gens les moins tièdes que vous puissiés imaginer, mais dont la vivacité fait plaisir. Pour moy, je suis très content des Languedochiens, ils me paroissent l'estre de moy et me sçavoir quelque gré de la tranquilité dont ils jouissent. Je reviens d'un voiage des Sévennes, c'est le sixieme que j'ay fait dans vostre bon comté d'Alais. J'ay dispersé les trouppes de manière que je suis bien trompé si Mrs de Ravanel et Sales ne sont bientôt rendus ou pendus. L'on vient de joindre la petite trouppe du premier, on luy a tué huit hommes et blessé plusieurs, les suivant aux traces du sang. On a joint aussy cinq ou six hommes qui estoient avec Ravanel, mais l'on en a pris qu'un, qui sera demain bien pendu, la sévérité n'estant jamais plus raisonnable que quand la porte est ouverte à la grâce. Pour moy, j'ay passé ces deux jours en harangues, et j'ay dit, comme notre baron de la Crasse, les comparaisons m'ont pleu certainement pour les en remercier. Je les feray boire et manger, danser leurs femmes et des comédiens tant que je pourray, afin que la douceur de la musique et les plaisirs leur fassent prendre en grande douceur tout l'argent que M. de Basville leur demandera. J'ay retenu une harangue que le duc de Grammont avoit preparée en demandant une lieutenance de Roy, que le Roy ne luy donna pas.

(Copie. Arch. Vogüé.)

69. *Villars à Chamillart.*

Extrait.   Montpellier, 16 septembre 1704.

.....Comme dans vos deux lettres je vois des bontés infinies pour moy et qui me permettent d'espérer qu'à la fin je seray un peu mieux connu de vous, j'auray l'honneur de vous dire que je ne me flatte point du bonheur de l'estre entierement de Sa

Majesté. On m'a donné à elle pour un homme dur aux officiers, assez incompatible, j'ay consenty mesme à passer pour peu docile. Je vous supplie d'avoir la bonté de vous informer si l'on me trouve ces qualités en ce pays cy, ce n'est point par m'estre corrigé je vous asseure, mais je vous supplie de vouloir bien penser que je me suis trouvé nouveau général à la teste d'une armée que j'ay voulu soumettre à une discipline très sévère. S. M. n'aura peut estre pas oublié qu'elle me fit l'honneur de me dire que j'aurois bien de la peine à rendre les soldats aussy sages que je me le promettois et à faire porter[1] des armes aux officiers.

Avec un peu de fermeté qui n'a pas cousté la vie à vingt hommes dans les quinze premiers jours, les trouppes ont esté réduittes à une telle discipline qu'en six mois je n'ay pas été obligé à faire punir un soldat. M. l'Électeur de Bavière vient et me gate tellement l'armée en huit jours qu'un seul fourage près d'Ausbourg nous cousta plus de soldats que la bataille d'Hocstet.

Quant aux armes, après avoir declaré aux officiers que le premier colonel qui marcheroit à la teste des trouppes sans cuirasse iroit en prison, un ou deux exemples, tout se soumit, et nous n'eusmes que deux capitaines de cavallerie en pied tuéz à cette bataille.

D'ailleurs, Monsieur, on me connoit incapable de m'écarter de la verité par aucune considération humaine, vous avez veu avec quelle liberté je vous ay mandé que de certains regiments ne devoient pas estre donnez aux neveux de gens qui ont le premier crédit préférablement à des services plus anciens et plus distingués. Un homme reconnu de cette humeur là ne convient qu'au Roy et à un ministre comme vous.

Je vous diray encore que les principaux officiers d'une armée aimeroient tout autant un général qui laisse piller, que celuy qui, se trouvant au milieu de l'Allemagne, dira : « Messieurs, je comprens que vos quartiers d'hivert doivent vous donner les moyens de servir avec commodité, ainsy, quand M. le lieutenant général en aura huit mille écus et le maréchal de camp quatre, je ne veux point que cela aille plus loin, et tourner le reste au proffit du Roy, » pensez-vous, Monsieur, que le général qui est plus occupé de plaire au particulier aux depens du maître ne se fasse pas un plus grand nombre d'amis ?

---

1. Il s'agit des cuirasses, que les officiers refusaient de porter, par un faux point d'honneur que le roi avait renoncé à combattre, mais que Villars entreprit de vaincre.

D'ailleurs, M. de Ricous, très insolemment, se déchaîne contre moy, parce qu'il ne me parut pas juste qu'il commandast à nos lieutenants généraux, car j'avois trouvé un expédient pour qu'il pust servir de lieutenant général subordonné, cependant, à ceux du Roy qui seroient plus anciens que luy et cela ne devoit pas luy déplaire, puisqu'il n'avoit jamais esté que capitaine d'infanterie. M. l'Électeur approuva l'expédient, mais M. de Ricous dit tout haut que c'estoit à M. l'Électeur à commander, et point à moy à trouver d'expediens.

M. de Monasterol d'ailleurs qui, dès les commencemens, comme vous l'avez pu remarquer dans mes dépesches du mois de may, avoit persuadé à son maistre que je ne serois pas aysé à gouverner, sur les beaux projets que ce prince et ses petits fripons de serviteurs avoient fait de tourner tout à leur profit, luy met en teste qu'il faut se brouiller avec moy, et combat tous mes projets; vous avez veu leur conduitte en Tirol, où ils ne firent que piller les maisons de l'Empereur et des particuliers sans tirer une pistolle de contribution pour le Roy ou pour l'Électeur, les otages s'estant rachetés des fripons, qui les laissèrent aller.

Je vous demande pardon, Monsieur, de vous parler encore de tout cela; ne dois-je pas souhaitter que le Roy et vous connoissiez qu'il n'y a point d'humeur dans ma conduitte, mais assez de droiture et de fermeté pour vouloir le bien du service, et ne m'en laisser détourner par aucune considération. Je ne songe à faire de cour à personne au monde, pas mesme vous, Monsieur (désirant pourtant fort l'honneur de vos bonnes graces) que par vous mander la verité et vous rendre un compte exact et fidelle. Ceux qui dans les armées songent à s'élever par leur zèle, leur courage et leur application au service disent de moy : Voilà nostre homme; ceux qui comptent sur leurs cousins, leurs cousines, leurs tantes, au lieu d'estre occupés de la guerre ne le sont que de leur commerce de cour, me craignent, non que j'aye des manieres hauttes, car jamais il ne m'est arrivé de dire une parole dure à personne, mais je ne suis point leur fait.

Encore une fois, Monsieur, je vous demande pardon de cette longue et ennuyeuse lettre dont je vous assure que je ne vous aurois pas fatigué sans celle que vous me faittes l'honneur de m'escrire de votre main, à laquelle vous trouverez la reponse cy jointe.

Je m'en vas vous parler d'une autre bagatelle. L'on m'asseure que M. de Montpellier, très saint évêque asseurement, peut estre un peu trop zelé, est très fasché de voir icy des comediens; il y en avoit il y a deux ans. Je vous asseure, Monsieur, que s'il y a ville dans le royaume où ils fassent moins de mal qu'ailleurs, c'est icy, où le libertinage est tel qu'il sera plustost modéré qu'augmenté par les spectacles. Je vous diray d'ailleurs que ma pensée est qu'il faut des spectacles dans les grandes villes, peut estre plustost en Languedoc qu'ailleurs; la vivacité des peuples voullant estre occupée par des divertissemens plustost qu'abandonnée à ses reflexions.

(Orig. Dépôt de la guerre. Vol. 1797, n° 197.)

70. *Villars à Chamillart.*

Extrait. A Metz, le 14 février 1705.

[Les ennemis] se flattent que les affaires nouvelles sont épuisées. Voicy les occasions où les bons et fidelles sujets doivent donner des marques solides de leur zèle pour le plus grand Roy et le meilleur maistre du monde. Comme personne n'en a reçu de plus grandes graces que moy, je voudrois bien, Monsieur, estre des premiers à donner les plus fortes preuves de reconnoissance.

Quelque pénétré que je sois des dignitez dont il a plu à S. M. de m'honorer, ce ne sont pas ses plus sensibles graces. Celle de sa confiance pour les plus importants emplois, la bonté qu'Elle a eu il y a deux ans et demy de me donner son armée d'Allemagne n'estant que le sixieme dans lad. armée, ont imprimé dans mon cœur des désirs, ou pour mieux dire un tourment de satisfaire à mes devoirs et à mes obligations, qui ne peut se dissiper que par les services que je pourray rendre à S. M.

En attendant ceux de la guerre, je vous supplie, Monsieur, de m'attirer une grâce de S. M., d'une nature différente de celles dont Elle m'a honoré; mais, auparavant, je dois, Monsieur, vous expliquer l'estat de mes affaires. Je n'en ay jamais rien caché à Sa Majesté, et en me mariant je pris la liberté de luy dire que, parmy tant de sujets qui se ruinent à son service, Elle ne seroit peut estre pas fachée d'en trouver un qui, en soutenant une dépense au dessus de son estat, s'estoit enrichy. J'eus donc l'honneur de dire à S. M. que j'avois plus de 500 mille francs, outre mes terres de Dauphiné et Lionnois, qui venoient de ma famille, et la charge de commissaire général de la cavalerie. Ce bien là, me venant pour la pluspart du jeu, et M. le prince Eugene en ayant fourny une assés bonne partie.

L'on verra donc dans mon contract de mariage que j'avois 527 mille francs; j'ai vendu la charge de commissaire général 210, cela fait 737. J'ay eu l'honneur de dire au Roy que les sauvegardes m'avoient valu 210 mille livres dans l'Empire; cela fait près de 950; si vous me trouvés présentement plus de 960 mille francs de bien, je veux bien perdre l'honneur de la confiance de S. M. Cela détruit en peu les impostures du comte de Monasterol, qui avoit répandu et persuadé que j'avois tiré cinq ou six cens mille écus de l'Empire; peut estre mesme, Monsieur, avant que j'eusse l'honneur de vous parler, en avez vous creu une partie. J'avoue que je ne puis penser à la malice de cet imposteur, lequel a peut estre sauvé l'Empereur et l'Empire par avoir toujours traversé mes projets et m'avoir brouillé avec son maistre, sans estre saisy d'une fureur dont je ne suis pas le maistre; pardonnés moy cette digression, je reviens à l'estat de mes affaires.

J'ai donc 960 mille francs de bien, outre mes terres, dont le revenu est employé à ma mère, mon frère, auquel je donne mille écus tous les ans, outre la légitime, et deux sœurs, auxquelles mes secours sont nécessaires. Je ne compte pas le bien de Mme la maréchalle de Villars, ce que j'en tire n'a pas fait jusqu'à présent la troisième partie de sa depense, mais, comme je veux retrancher la mienne, elle en usera de mesme.

Ces 960 mille francs ne m'en produisent présentement que trente cinq mil de rente, parce que je ne suis pas payé des intérests qui me sont deus de la vente de la charge de commissaire général, la mort du comte de Verüe ayant apporté quelques difficultez au payement, et d'ailleurs j'ay de l'argent qui ne me porte aucun intérest, le voullant employer à une terre.

Mais laissons le revenu de mes terres et le bien de Mme la maréchalle pour entretenir ma famille. Je conte sur trente cinq mille francs bien venants du reste de mon bien. Outre cela, j'ay des bontez du Roy quinze mille francs comme gouverneur de Fribourg et huit mille francs de pension, et treize comme maréchal de France; cela fait trente six mille livres de rente et trente cinq font soixante et onze. Je conjure S. M. de vouloir bien jusques à la paix generalle se servir de ces soixante et onze mille livres tous les ans.

Ce qu'elle me fait l'honneur de me donner comme commandant de ses armées suffira pour ma dépense, laquelle je modéreray, mais asseurement, Monsieur, ny l'officier ni le soldat n'en auront moins d'estime et d'amité pour moy, connoissant l'usage que je fais de mon bien. D'ailleurs, je n'ay point entendu ny lu que les généraux les plus fameux l'ayent esté par le nombre de leurs chevaux de main ou par la délicatesse de leur table.

Je suis bien persuadé, Monsieur, que je ne suis pas le premier qui ay fait de pareilles propositions; mais je conjure S. M. de m'accorder la grâce que je sois le premier à donner un exemple qui sera ardemment suivy. Il n'y a pas tant de mérite, Monsieur, nous nous asseurons les bienfaits du Roy en luy donnant les moyens de soutenir sa gloire et celle de sa nation dans une si juste guerre, et rien n'estonnera plus nos ennemis que d'apprendre que le Roy, par ce qui luy reste de libre de ses anciens revenus, par la capitation et les efforts de ses sujets, soutiendra la guerre, quelque longue qu'elle puisse estre. Enfin, Monsieur, je vous demande votre protection pour obtenir cette grace et je vous la demande par tout l'attachement et le respect avec lequel je suis, etc.

(Orig. Dépôt de la guerre. Vol. 1851, n° 117.)

71. Chamillart à Villars.

Extrait. A Versailles, le 18 février 1705.

..... Pour ce qui est de votre seconde lettre et de ce qu'elle contient, je l'ay luë toute entière au Roy; vous en avez tout le mérite et il ne vous en coustera pas beaucoup. S. M. est bien convaincüe de votre bonne volonté; j'espere qu'elle en aura des preuves en tout genre. Il ne seroit pas juste que vous eussiez fait voir de l'argent au controlleur general des finances sans qu'il vous en coutast quelque chose. C'est un peu de temps que je vous demande et de ne me pas tenir rigueur sur la régularité du payement. Je serois bien content s'il se trouvoit un grand nombre de gens dans les mêmes dispositions que vous, je ne leur en demanderois pas davantage, cela ne laisseroit pas de me soulager.....

(Minute. Dépôt de la guerre. Vol. 1851, n° 132.)

72. Villars à Chamillart.

Extrait. A Metz, le 28 mars 1705.

..... J'apprens par des officiers généraux de M. l'Électeur de Bavière qui sont icy que M. le prince Eugène ne conte pas que le Roy puisse avoir de cavalerie cette campagne. Nous leur en ferons voir avant que la leur ait encore osé paroistre. Ces deux officiers généraux, qui arrivèrent avant-hier, sont M. le marquis

Maffey et M. le chevalier de Santini ; je ne sçay si M. l'Électeur, leur maître, approuvera ce qu'ils dirent hier publiquement, en présence de M. le marquis d'Alègre et des principaux officiers qui sont icy ; pardonnez-moy, Monsieur, la petite vanité de vous en rendre compte.

Ces Messieurs-là déclarèrent donc que M. le prince Eugène n'avoit fait aucune difficulté de leur dire publiquement qu'il avoit conté l'Autriche, Vienne et l'Empereur entièrement perdus en deux occasions : la première quand on apprist à Vienne qu'immédiatement après mon entrée dans l'Empire, j'avois envoyé des trouppes qui devoient s'embarquer à Ulm pour attaquer Passau, et la seconde quand M. le prince de Bade, poussé dans le lac de Constance, vit prendre Kempten devant luy, et, n'ayant plus aucune retraitte, et seullement douze ou treize mil hommes, pouvoit estre emporté par touttes nos forces rassemblées à Memmingen. Peut-estre est-il ridicule, Monsieur, de vous parler encore de ces avantures, mais c'est une grande consolation pour moy d'apprendre par de tels témoignages que les généraux des ennemis conviennent de ce que j'ay eu l'honneur de vous mander il y a longtemps.

(Orig. Dépôt de la guerre. Vol. 1851, n° 268.)

73. *Villars à Chamillart.*

A Thionville, le 14 may 1705.

Il arriva hier icy, Monsieur, un scandale dont je crois qu'il faut faire punir sévèrement les auteurs ; un dragon du régiment d'Epaux, condamné pour duel à estre pendu et mené à la potence, comme il estoit prest à y monter, un capitaine de l'Estrange, nommé Dorcise, commandé pour la garde, étant à la teste de son detachement, s'avise de demander que l'on relise la sentence. Le lieutenant général de Thionville la fait relire par une complaisance ridicule, pendant ce temps-là, ce capitaine crie que c'est un plaisant jugement, fait marcher la garde les armes hautes, l'aide-major de la place le saisit par le justeaucorps, le capitaine des Portes luy dit : « Comment, Monsieur, vous allés contre les ordres du Roy. » Le capitaine dit qu'il s'en moque et marche à la potence, d'où le dragon se sauve. Dans le moment que je suis averty, j'envoye pour arrester le capitaine, qui s'est sauvé. Les misérables archers de la ville et le lieutenant général à leur teste s'enfuirent d'abord, sans même songer à me venir demander justice. J'ay chargé M. d'Espagne de vous envoyer les informations, mais le fait a été eclaircy publiquement devant moy, tel que j'ay l'honneur de vous l'expliquer. Le capitaine de l'Estrange mérite le plus sévère chatiment, et le lieutenant général et toute la justice de la ville sont des innocents ; le premier d'avoir fait relire une sentence sur l'ordre d'un capitaine. D'ailleurs, ils n'avoient pas fait lier le dragon, ils n'ont demandé main forte à personne et ont commencé par s'enfuir.

Je dois avoir l'honneur de vous dire, Monsieur, qu'il y avoit un conflit de juridiction, le lieutenant général de Thionville ayant voulu connoitre du crime du dragon, comme de duel, et les troupes, prétendant que ce n'étoit pas duel, vouloient que le conseil de guerre en eut seul connoissance, et nous trouvasmes M. de Saint-Contest, M. de Refuge et moy, que c'estoit au Parlement de Mets à juger le cas. Enfin, Monsieur, le crime du capitaine me paroist digne des plus sévères punitions. Comme cela arrive dans un régiment déjà un peu en désordre et contre lequel mesme j'ay eu l'honneur de vous escrire ; je dois, pour rendre témoignage à la vérité, vous dire que M. le marquis de l'Estrange me paroist un assez bon sujet, jeune homme de condition bien fait, qui n'est secondé par personne ; son lieutenant-colonel, qui a esté déjà cassé dans un autre régiment, ne sert point. La compagnie de ce lieutenant-colonel est à Péronne. Il est de mon pays, toutte sa famille m'a écrit en sa faveur, mais rien ne me fera jamais soutenir un mauvais sujet.

(Orig. Dépôt de la guerre. Vol. 1852, n° 178.)

74. Villars à Chamillart.

Au camp de Frikingen, le 4 juin 1705.

Je n'ay pu, Monsieur, avoir l'honneur de vous escrire hier, ayant esté toutte la journée à voir arriver l'armée ennemie, laquelle, par une marche forcée, vint camper sur les hauteurs de Perl le mesme jour qu'elle a passé la Saare ; elle a sa droite à la Moselle et la gauche vers Schervalds, tenant une assés grande estendüe ; je ne sçay si M. de Marlborough s'est flatté de surprendre l'armée du Roy, la marche qu'il a faitte étant asseurement très longue.

L'ennemy ne fait aujourd'huy que s'estendre dans son camp, attendant son artillerie et tout ce qui n'avoit pu arriver hier ; les discours de leurs prisonniers et déserteurs sont qu'ils viennent nous attaquer, et quoyque M. de Marlborough, s'il ne tient pas parolle en nous attaquant, ne puisse donner pour excuse que nous soyons couverts de ravines, de rivières ou de ruisseaux, puisque rien de tout cela ne nous sépare de luy, je souhaite qu'il persiste dans le dessein qu'il a publié. Ce général m'a fait faire beaucoup de compliments par M. Protin, qui estoit allé luy en faire de la part de M. le duc de Lorraine, l'ayant chargé de me dire qu'il espéroit de voir une belle campagne, puisqu'il avoit à faire à moy et que du reste il venoit nous chercher à la teste de 110 mil hommes. De pareils discours ne nous imposent beaucoup. J'ay un peu reculé ma droitte pour pouvoir mieux me servir de ma cavalerie. J'ai l'honneur de vous répéter, Monsieur, que je souhaitte très ardemment d'estre attaqué. Le Roy doit estre content de l'ardeur que marquent ses trouppes, et, comme l'armée mettoit en bataille ce matin, il n'y a pas un bataillon dont je n'aye entendu les soldats me demander à combattre, cela est comme je vous le dis.....

(Orig. Dépôt de la guerre. Vol. 1853, n° 14.)

75. *Villars à Chamillart.*

Au camp de Frikingen, le 5 juin 1705.

Comme Sa Majesté peut estre bien aise d'estre promptement informée de la situation de son armée en présence des ennemis depuis deux jours, j'ay cru devoir dépescher ce courrier. Je souhaitte véritablement que M. de Marlborough soutienne la gageure et prenne la resolution de nous attaquer dans un aussy bon poste que celuy-cy. J'ay un peu reculé ma droitte et n'avois pas voulu la retrancher dans le premier lieu où je l'avois placé, bien que cela eut été nécessaire, mais je voulois paroitre uniquement occupé de marcher en avant, et quand on a tant fait que de retrancher un poste, c'est une petite marque de foiblesse que de le quitter, au lieu que quand on est seur de son terrain on attend à l'occuper quand le temps en est arrivé.

J'ay déjà eu l'honneur de vous dire plus d'une fois, Monsieur, que, pour empescher le siège de Sarrelouis, il faut une bataille ; je ne vous diray pas bien précisément la force des ennemis ; il s'en faut beaucoup que je ne leur croye les cent dix mille hommes qu'ils publient. Otons-en trente mille hommes, pourroit-on leur en croire quatre-vingt mille effectifs, ce ne sera pas sur les divers états et mémoires, dont aucun jusqu'à présent ne me paroit bien digne de foy, mais par les raisonnements.

L'ennemy n'ose se montrer en Flandre ny en Alsace, il faut donc qu'il soit bien nombreux icy.

Le siège d'Huy et de Liège est fort agréable et peu utile à

M. l'Électeur de Cologne. Je suis seulement obligé d'avoir l'honneur de vous dire qu'il n'a pas attiré un homme des ennemis.

Vous trouverez ci-joint, Monsieur, une copie d'une lettre que j'ay receue de M. de Marlborough et de la réponse que je luy fais. J'espère, Monsieur, que vous me ferez l'honneur de m'envoyer la lettre de l'Électeur de Brandebourg à M. de Marlborough, que je vous ay adressée en original.

(Orig. Dépôt de la guerre. Vol. 1853, n° 20.)

76. *Marlborough à Villars.*

Du 5 juin 1705.

Monsieur,

Mon frère, le general Churchill, m'ayant appris que, dans sa marche avec les troupes angloises de Maestricht vers ces quartiers, quelques-uns des dites troupes auroient esté pris et menez par vos partis à Luxembourg, et comme je sçais que vous ne trouvez point de plaisir dans les souffrances de ces honnestes gens, je viens vous faire offre, en cas que vous voulussiez bien me les envoyer, d'en user de mesme avec vous et de vous rendre un pareil nombre.

Permettés aussy, je vous prie, Monsieur, que je me serve de cette occasion pour vous informer qu'un courrier qui m'apportoit des lettres de Mayence à Trèves, ayant tombé entre les mains d'un de vos partis de Sarrelouis qui luy ont enlevé son paquet, je m'estois flatté que, selon ce qu'on a toujours pratiqué de nostre costé, on me les auroit renvoyé. C'est la grace aussy que je vous demande de donner les ordres au commandant de cette place, affin qu'il le fasse en cas qu'il ne s'y trouve rien qui soit de conséquence.

Je me sers aussy avec plaisir de cette occasion pour vous asseurer de mes respects et que partout où il s'agira de vous rendre les mesmes justices, je m'y employeray avec empressement pour vous marquer l'estime très particulière avec laquelle j'ay l'honneur d'estre, etc.

(Orig. Dépôt de la guerre. Vol. 1853, n° 21.)

77. *Villars à Marlborough.*

Du 5 juin 1705.

Monsieur,

Je suis fort honteux, dans le premier commerce que j'ay l'honneur d'avoir avec vous, d'estre obligé à vous supplier de me pardonner un manque de politesse, ouvrant quelques lettres qui vous estoient adressées; quoyque le courrier qui les portoit n'eust aucun passeport, j'aurois eu beaucoup d'égard pour tout ce qui vous regarde, si un homme comme vous, Monsieur, ne méritoit trop d'attention pour ne pas inspirer beaucoup de curiosité. Je vous avoueray, Monsieur, que je n'ay pas présentement ces lettres, j'auray l'honneur de vous les renvoyer incessamment et bien cachetées.

Quant aux prisonniers, vostre trompette n'aura que le temps de disner pour vous ramener ceux qui se trouvent à l'armée; je dois cependant vous expliquer, Monsieur, qu'il nous en est redeub un très grand nombre, parce que j'ay fait renvoyer tous ceux que j'ay trouvé sur ces frontières depuis qu'il a pleu à Sa Majesté me faire l'honneur de m'en donner le commandement. Je ne me prens pas à ce qui est sous vostre autorité, ny des Hollandois; M. le comte de Noyelles et le sieur Pesters en ayant usé très honnestement. Mais, Monsieur, comme vous plaignez les honestes gens de vos troupes, qui souffrent, pardonnés moy les mesmes sentiments pour les nostres. Vous trouverés toujours en moy, Monsieur, ceux de respect et d'estime que vous méritez et une grande envie d'acquerir la vostre par ce qui pourra se passer dans le cours de cette campagne. J'ay l'honneur, etc.

(Min. Dépôt de la guerre. Vol. 1853, n° 22.)

78. *Villars au Roi.*

Extrait. Au camp de Frikingen, le 5 juin 1705.

..... Je viens de visiter la gauche des ennemis, qui s'estend très loin. J'ay trouvé des baillifs de M. le duc de Lorraine qui alloient se plaindre à M. de Marlborough de ce que six de leurs villages ont esté entièrement saccagés, les églises forcées, les curez dépouillez, aussy bien que les paysans et tous les bestiaux enlevez. J'avoue, Sire, que je n'ay point du tout esté fasché de voir les Lorrains traités avec la dernière rigueur par les Allemans, dont ils desiroient si fort l'arrivée.

M. le duc de Lorraine est un prince très sage, mais presque tous ses sujets, qui doivent aux bontés de Votre Majesté le rétablissement de leurs biens et l'opulence dont ils jouissent, sont de très dangereux voisins, et pendant que les ennemis les saccagent, je dois dire, à la louange de vos trouppes, qu'elles vivent dans une discipline exemplaire.

Je reviens, Sire, à ce qui regarde la guerre. Voilà deux jours que les ennemis passent sans nous attaquer. J'ay toujours bien connu la bonté de ce poste et mieux que plusieurs qui voulloient me porter à des partis foibles. Je ne les en blasme point, car on peut penser diversement avec les mesmes bonnes intentions. Je prendray les partis de hauteur dans touttes les apparences ; je sçay, Sire, que l'on impose quelquefois à un ennemy par là, et ne commettray pas l'armée légèrement. Je tascheray toujours de me montrer et d'arriver à la Nied en mesme temps que l'ennemy, s'il cherche à combattre avec autant d'empressement qu'il le publie, il n'est pas possible que nos divers mouvements ne luy en donnent les moyens, c'est à moy à empecher qu'il n'en ayt de favorables.....

(Orig. Dépôt de la guerre. Vol. 1853, n° 18.)

79. *Villars à Chamillart.*

Au camp de Ferkem, le 7 juin 1705.

Je vois, Monsieur, par la lettre dont vous m'honorez du 2, que vous me croyés bien plus fort en infanterie que les ennemis, mais que véritablement ils peuvent avoir plus de cavalerie que moy. J'ay peine à croire que vous soyez toujours dans la même opinion, voyant que les ennemis sont renfermés en Flandre dans leur camp de Mastricht et qu'il ne leur reste presque plus personne sur le Rhin, que M. le maréchal de Villeroy a plus de 80 bataillons et M. le maréchal de Marcin encore 27. A ce compte-là, Monsieur, le Roy auroit un nombre si supérieur à ses ennemis que ce seroit à nous à entreprendre. Pour moy, Monsieur, je voudrois bien que vous m'eussiez fait l'honneur de me mander : le Roy désire que vous ne perdiez pas la première occasion de combattre. Cela ne me porteroit pas à la faire mal à propos, mais je vous avoüe que d'avoir seulement voulu demeurer dans ce camp me fait passer pour téméraire parmy tous nos généraux, et je n'entens que discours de sagesse, que j'ay le sort de l'Estat entre les mains, qu'il vaut mieux que Sarlouis tombe que de donner une bataille avec une si grande inégalité de forces. Je vous supplie, Monsieur, de ne rien témoigner de tout cecy ; peut-estre me croyez-vous trop prudent lorsque je suis presque seul de mon avis dans les partis, je ne dis pas hazardeux, mais qui n'ont que les apparences d'audace. Si j'avois esté aux opinions, j'aurois, à l'approche des ennemis, repassé la Moselle ou du moins la petite rivière de Kunigsmaker ; une pareille démarche sur leurs premiers mouvements pour s'approcher de moy estoit d'une dangereuse conséquence. Mais, Monsieur, n'avez-vous aucun estat fidelle des forces des ennemis? Pour moy, les plus foibles qui me sont venus leur donnent 90 mil hommes. M. le prince Louis arrive, ne croyez-vous pas, Monsieur, que leurs armées approcheront de ce nombre-là? M. le maréchal de Villeroy m'a envoyé des copies d'avis qui luy ont esté donnez par des gens que le Roy paye, dit-il, bien cher. Je luy ay mandé que je croyois ces donneurs d'avis des fripons et ceux que le Roy a eü précédemment que les ennemis devoient avoir deux armées en ces pays-cy estoient bien les plus raisonnables.

Vous avez raison d'avoir grande opinion de l'armée que j'ay l'honneur de commander, mais pardonnez-moy la liberté de vous dire que pendant la dernière guerre nos armées en Allemagne n'ont jamais esté moins de 135 ou 140 escadrons, et les compagnies étoient à 40 maistres, et par conséquent les escadrons plus forts. Quelle frontiere estoit la notre, et à quelles misérables armées d'ennemis avions-nous à faire? Présentement que j'ay à soutenir des places séparées par des pays très difficiles et que j'ay sur les bras touttes les forces d'Angleterre, la pluspart de celles de Hollande et touttes celles de l'Empire, vous regardez cent vingt cinq escadrons comme un nombre formidable. Faites moy l'honneur de me mander que je ne perde point les premières occasions de combattre, cela sera bientost fait, je me conduiray pourtant sagement, en les cherchant et en taschant de me donner tout l'avantage du poste.

Je vous demande pardon de la liberté que je prens de vous parler sincèrement; encore une fois, le Roy est mieux informé que moy, mais j'ay toujours résolu, comme j'ai eu l'honneur de vous le mander, de marcher à la Nied dès que les ennemis y marcheront. J'espère que ils ne pourront me combattre qu'avec désavantage en m'en approchant, ne soyés pas inquiet sur l'ordre, les mouvements et les situations que je prendray. Vous pourriés l'estre sur la force des ennemis, mais je dois croire vos avis bien plus justes que les miens.

Vous aurez veu, Monsieur, par la lettre que j'ay eu l'honneur de vous escrire hier, que les ennemys attendent aujourd'huy et demain un renfort considérable. Ils n'ont fait aucun mouvement aujourd'huy. Je suis prest au premier pas qu'ils feront à costoyer leur marche. Il nous arrive un prodigieux nombre de deserteurs de leur camp. Ce qui fait deux bons effets, le premier et le moindre, c'est l'augmentation que cela met dans nos troupes, mais cela les contient au point que je n'entends parler d'aucune désertion des nôtres, qui voyent bien qu'il ne fait pas bon chez les ennemis, puisqu'elle y est grande.

(Orig. Dépôt de la guerre. Vol. 1853, n° 38.)

80. *Villars à M. Des Alleurs* [1].

Du 16 juin 1705.

Je reçois une lettre de M. de Ferriol [2] de trois mois, ne pourrois-je pas en recevoir une des vostres de six? Je voudrois bien sçavoir comment vous vous trouvez de nos bons houssards et comment un homme élevé dans l'infanterie s'accommode de cette petitte guerre de Tartares. Ce qui vous aura plu davantage et que jusqu'à présent vous avez parfaitement bien fait, c'est d'empescher les mécontens d'estre..... Vous m'avez toujours paru plus propre, soit dit sans vous déplaire, à entretenir noise qu'à établir une indolente tranquilité dans les esprits. Si pourtant, après avoir bien echauffé la division qui est entre les Germains et les Huns, vous pouviez trouver quelque recette pour mettre l'univers en paix, vous obligeriez bien du petit monde, qui ne peut estre content de tous ces troubles.

Pour moy, depuis huit jours, j'ay une assés jolie petite compagnie devant moy : Milord Marlborough, avec tous les Anglois, Hollandois, tous les princes de l'Empire et leur séquelle est en présence de l'armée du Roy. Il m'avoit promis de m'avaller avec un grain de sel en arrivant. Enfin, ils ramassent tout leur monde. Le prince Louis y arrive aussy de son costé et bientôt tout le monde y sera; je dis pour moy tant mieux.

Pendant ce temps-là, M. le maréchal de Villeroy prend Huy, il prendra bientost Liège. Voilà, mon cher major général, à quoy nous en sommes. Je vous demande pardon de vous appeler major général, je sçay bien que vous êtes lieutenant général et je crois même général. Je crois vous voir un sabre sous la cuisse, un panserote (?) à la main, des aisles d'aigle sur les épaules et enfin tout l'équipage avec lequel l'on nous représente Attila. Buvez toujours du bon vin de Tokay. Bien des compliments de ma part à M. le prince de Ragotsy. J'ay eu bien peur pour luy dans des périls où je ne l'avois pas jetté, ainsi que les impériaux le publioient, car je n'avois aucune connoissance de ses affaires,

---

1. En mission en Hongrie auprès du prince Rakoczy.
2. Alors ambassadeur de France à Constantinople.

quand son fripon de..... enfin il s'en est bien tiré. Bonjour, mon cher major général, aimez-moy toujours, vous sçavez à quel point je vous estime et honore. Quand touttes ces petittes bagatelles seront terminées, je seray ma foy ravy que nous nous retrouvions un peu au coin de notre feu ensemble. Mais je meurs de peur que vous ne soyez tenté d'une ambassade à Constantinople, gardés-vous en bien[1].

(Copie. Arch. Vogüé.)

81. *Villars au Roi.*

Extrait. Au camp de Fcrkem, le 17 juin 1705.

J'ose espérer que Votre Majesté apprendra avec quelque joye la retraitte des ennemis; l'on peut mesme dire honteuse, puisque cette armée, composée de tant de nations et qui vouloit répandre une si grande terreur, s'est retirée la nuit, fort à la sourdine. Il semble que Dieu protecteur de la justice des armes de Votre Majesté avoit marqué à ce grand nombre d'ennemis les terres qu'ils devoient respecter. On les a empesché de mettre le pied sur celles de Votre Majesté. Le poste que vostre armée a occupé étoit précisément sur la frontière de ses Estats, et, entre les raisons de guerre plus solides, je n'aurois pas osé dire que celle-là m'auroit fait une grande impression, et que j'aurois été bien faché d'avoir à me reprocher qu'honoré du commandement de ses armées, j'eusse laissé entrer celles des ennemis dans ses Estats.....

(Orig. Dépôt de la guerre. Vol. 1853, n° 102.)

82. *Villars à la marquise de Maintenon.*

Du 17.

Madame, la confiance que vous avez en moy ne sera point trompée; vous m'avez fait l'honneur de me dire que vous attendiez quelque bonne nouvelle de mon costé; en voicy une très importante et comme vous les aimez, sans qu'il en coute du sang. Enfin, Madame, je viens de voir la retraitte de ce nombre prodigieux d'ennemis qui devoient envahir nos frontières et une retraitte même en quelque manière honteuse, puisqu'elle s'est faitte la nuit, sans bruit. Voilà nos frontières tranquilles et nos ennemis chassez de la Moselle et de la Saarre, qu'ils regar-

---

[1]. Malgré ce conseil, Des Alleurs accepta l'ambassade de Constantinople.

doient comme une entrée facile pour pénétrer dans le cœur de nos États. J'ose vous augurer, Madame, que ce grand dessein des ennemis avorté rend le Roy maître de la guerre et de faire une paix glorieuse à la fin de la campagne. Celle des ennemis est entièrement perdüe après des dépenses prodigieuses et des efforts immenses, et si le Roy se contente d'une deffensive, elle est seure partout, car ses troupes seront plus promptement d'icy en Alsace et en Flandres que celles des ennemis.

Si le Roy veut que l'on attaque, j'offre le siège de Landau ou d'emporter Trèves. Je compte, Madame, que l'on prendra Turin. Je n'ay plus d'inquiétude que pour l'Espagne. Un peu d'audace dans ce jeune Roy ou dans ceux qui gouvernent ses armées peut ranimer cette indolente nation. De notre côté, l'ennemy n'a pas eu l'avantage de mettre le pied sur les terres du Roy. J'ay voulu me tenir sur l'extrémité de la frontière et qu'il ne fut pas dit que sous mon commandement l'ennemy put la pénétrer. Ça esté une des raisons, mais la moins forte, qui m'a fait opiniâtrer à soutenir un poste que plusieurs avoient voulu m'obliger de quitter. J'en connoissois trop la seureté et l'importance pour céder à de foibles raisons.

Dieu me fasse la grace, Madame, de pouvoir donner au plus grand et au meilleur maître du monde quelques momens de joye et à vous, Madame, dont les bontés ne peuvent estre assez payées par le respect avec lequel je suis, etc.

(Copie. Arch. Vogüé.)

83. *Villars au Roi.*

Extrait. Au camp de Ferkem, le 18 juin 1705.

Dans le moment, mon trompette, que j'avois envoyé à l'armée des ennemis la veille de leur départ, en arrive et a laissé le duc de Marlborougk à Trèves, toutte leur armée ayant passé hier et aujourd'huy la Moselle et la Saarre, une partie sur des ponts faits à Igell et l'autre à Consarbrick. Mais, Sire, je dois avoir l'honneur de rendre compte à Votre Majesté de ce que mon trompette me rapporte, sur quoy je l'ay très soigneusement interrogé et bien deffendu de me mentir.

Il m'asseure donc que M. le duc de Marlborougk, après beaucoup de complimens pour moy, luy avoit dit ces mesmes parolles : « ... Dites à M. le maréchal de Villars que je suis au « désespoir que le prince m'a manqué de parolle et que je ne « peux me prendre qu'à luy de voir toutes nos mesures rompües. »

Il a envoyé un de ses aydes de camp à l'Empereur luy faire ses plaintes. Les discours publics de tous les généraux, c'est de se déchaisner contre le prince Louis, traittant sa conduitte de trahison manifeste. Vostre Majesté sera bien persuadée que j'ay eu peine à croire les discours de mon trompette, il m'a soutenu qu'il n'augmentoit ny diminuoit les propres termes du duc de Marlborougk.

Le prince de Bade n'est point arrivé à Trèves ; ce trompette dit avoir entendu de plusieurs officiers généraux, lesquels paroissants outrez, ainsy que le milord, et mesme s'expliquant audit trompette, que le prince Louis devoit, avec touttes ses trouppes, joindre l'armée le 10, et puis conformément aux résolutions déjà prises, attaquer l'armée de Votre Majesté, en un mot faire les derniers efforts ou pour la forcer dans son poste en la tournant ou, luy ostant ses subsistances, la forcer à reculer.

Non seulement M. le prince de Bade n'a pas voulu joindre, estant allé à des eaux, mais le duc de Virtemberg, commandant en son absence, a eu ordre de luy de ne pas combattre.

Enfin, Sire, mon trompette m'a dit qu'il sembloit qu'ils s'estoient donné rendez-vous pour venir jurer autour de luy.....

(Orig. **Dépôt de la guerre.** Vol. 1853, n° 108.)

84. *Villars à Chamillart.*

Extrait.   Au camp de Ferkem, le 19 juin 1705.

..... Je n'ay pas eu l'honneur de vous mander une petitte avanture du sieur de Martigny, envoyé de M. le duc de Lorraine auprès du duc de Marlborougk. Ce général, la veille que l'armée devoit marcher, dit à l'envoyé de Lorraine : « Revenez demain matin, je vous donneray des lettres pour M. le duc de Lorraine. » Cet envoyé y retourne et ne trouve personne au quartier. L'armée étoit en marche et le village où estoit le quartier général, qui estoit de Lorraine, brulant. Il s'en retourne assez estonné à une maison où il logeoit, éloignée de l'armée ennemie environ de trois quarts de lieües, prend son équipage pour suivre. Il trouve nos houssards, qui commencent par le mettre nud comme la main. Il leur montre un passe-port ; les houssards le lisent et ne voyant que Marlborougk sur le passeport, et point Villars, continuent avec leur politesse naturelle à ne luy pas laisser un chausson. Heureusement pour luy, le nommé Bonnaire, que le Roy a fait capitaine de houssards en dernier lieu, arrive et luy fait rendre générallement tout ce qu'il avoit perdu, mais l'honneur d'estre envoyé auprès des ennemis sans avoir aucun passeport de moy luy a fait passer une très facheuse demy heure.....

(Orig. Dépôt de la guerre. Vol. 1853, n° 113.)

85. *Villeroy à Villars.*

Au camp d'Esclain, 19 juin 1705.

Je vous pardonne de bon cœur, Monsieur, le mal que m'a fait votre courrier en m'éveillant à une heure après minuit, mais je vous assure que j'en suis bien dédommagé par la grande et importante nouvelle que vous m'apprenez par la lettre que vous m'avez fait l'honneur de m'écrire le 17. Voilà bien du temps perdu à M. de Marlborough, que vous avez employé bien utilement pour le service du Roy. Un ennemy plus fort que vous au moins de 35,000 hommes n'oser vous attaquer, c'est précisément comme vous le dites, Monsieur, une chose qui décrédite autant les ennemis que s'ils avoient perdu une bataille. Il est surprenant que M. de Marlborough demeure 11 ou 12 jours en présence devant vous, qu'il fasse venir des trouppes des quatre parties du monde avec l'ostentation de dire qu'il vous attaquera partout et que, le jour que touttes ses troupes le joignent, l'affaire aboutisse à se retirer à la sourdine. Certainement, c'est un grand manque de jugement, ce n'est pas la première fois que les gens habiles ont fait des projets qu'ils ne peuvent exécuter par les difficultez qu'ilz y trouvent, mais, je le répéteray encore, demeurer douze jours dans la même situation, faisant venir tout ce qu'il peut rassembler des pays les plus éloignez et changer son premier projet, certainement cela n'est pas d'un habile homme. J'espère que des entreprises si mal concertées causeront bien de la division entre M^{rs} les généraux. La semence y étoit déjà, Monsieur, comme vous sçavez, entre M. de Marlborough et le prince de Bade. Il faut voir présentement de quel costé ils tourneront, car il n'y a pas moyen de croire que ce nombre innombrable d'hommes ne soyent employez à quelque chose. Luxembourg me paroist si difficile que je pense comme vous, Monsieur ; comme je ne connois point le pays, je ne sçaurois juger si dans la situation où ils sont ils croyent pouvoir contenir votre armée et faire investir Sarrelouis. Vous m'avez mandé que l'armée du prince de Bade arrivant sur Trèves étoit une marque que le projet de Marlborough n'étoit pas le siège de Sarrelouis ; ainsi, Monsieur, je jette mon bonnet par dessus les moulins et je ne fatigue plus mon imagination de chercher à deviner. Je jouis bien pleinement du plaisir de vous voir un si heureux événement pour les affaires du Roy.

(Copie. Arch. Vogüé.)

86. *Chamillart à Villars.*

A Versailles, le 20 juin 1705.

Vous ne serez, Monsieur, pas tant loué que vous méritez de l'estre, quoyque ce que vous venez de faire soit d'un grand éclat. J'avoue que je vous en croiois très capable. Vous avez donné une grande joye au Roy. J'espère que ce ne sera pas la dernière nouvelle agréable qui viendra de votre part à Sa Majesté pendant le cours de cette campagne. Permettez-moy de vous dire que j'ay presque autant de courage que vous et que je n'ay pu me persuader que les ennemis formassent le siège de Sarrelouis devant votre armée. Le Roy vous donne une nouvelle matière de vous occuper, c'est à vous à secourir vos voisins, et à faire l'arrangement des armées de manière que les ennemis ne se dédommagent pas ailleurs de ce qu'ils ont manqué de votre costé.

Je vous demande de continuer d'écrire à M. le prince de Conty, mais de le faire de manière à ne point donner occasion de raisonnements dont vous connoissez les conséquences. Si vous cessiez de le faire, il en chercheroit la cause et je serois bien fasché d'avoir rien à me reprocher à son esgard.

Mandez-moy, je vous supplie, avec l'amitié et la confiance que vous m'avez promise, si vous estes contant de mon frère.

(Min. Dépôt de la guerre. Vol. 1853, n° 117.)

87. *Villars au Roi.*

Au camp de Vissembourg, le 4 juillet 1705.

Sire,

J'avois pris la liberté de mander à Votre Majesté que je croyois la diligence très nécessaire. Grace à Dieu, j'ay retiré de celle que j'ay faitte pour me rendre icy toutte l'utilité que j'en pouvois espérer. Votre Majesté aura trouvé dans mes precedentes que j'avois seullement fait avancer M^{rs} les comtes Dubourg et de Druy sur Treves, tant pour donner à des ennemis déjà ébranlez une terreur qui pust leur faire abandonner legerement leurs postes que pour cacher un peu ma marche vers le Rhin. Celle de ces messieurs a chassé les ennemis de Trèves, laissant onze pièces de canon et une infinité de munitions dans Trèves et Sarbourg.

J'ay continué la mienne vivement sur la Loutre, et ce matin, l'armée s'estant mise en marche sur quatre colones, j'ay pris la teste avec dix escadrons, mille grenadiers et tous nos houssards soutenus des gardes ordinaires.

J'ay trouvé, Sire, cinq regiments des ennemis campez sur leurs lignes nouvellement rétablies et en très bon estat, dont un d'infanterie estoit en garnison dans la ville de Vissembourg. Ces troupes avoient paru vouloir se retirer hier, mais elles ont receu de nouveaux ordres cette nuit, devant estre jointes par le prince de Hohenzolern avec la teste des troupes qui reviennent de la Moselle, lesquelles estoient arrivées d'hier à Landau.

J'ay trouvé 5 ou 600 houssards des ennemis en deça de Vissembourg. On les a poussé vivement, ils ont repassé la Loutre sous les murailles de Vissembourg; soutenus par le feu de la ligne, les dix escadrons sont arrivez, et la teste des grenadiers. L'on a fait mettre trois escadrons de dragons à pied, que M. le marquis de Coigny et M. Des Zeddes ont mené aux redouttes des ennemis. M. le comte d'Evreux a voulu se mettre à la teste des gardes ordinaires, aussi bien que M. de Vivant et M. de Streff, officiers généraux de jour. On a forcé les ennemis, et nos houssars, un nommé Bonnaire, capitaine, à la teste, les ont mené battans jusques à Candel, et quelques-uns jusqu'aux portes de Landau. On en a tué un très grand nombre. L'on compte plus de cent prisonniers, un major, sept autres officiers. Ils ont abandonné plusieurs charettes de leur artillerie.

Il est certain, Sire, que l'on ne peut rien adjouter à l'ardeur des troupes, et je ne suis occupé que de les retenir. Elles sont ravies de triompher un peu sur le mesme terrain qu'elles n'avoient abandonné qu'avec peine. Ce qui est heureux, Sire, c'est d'avoir prevenu les ennemis, car ils arrivoient icy ce soir, et certainement, si on les avoit trouvé placez derrière ces retranchements, ils nous auroient embarassez.....

(Orig. Dépôt de la guerre. Vol. 1845, n° 25.)

88. *Villars à Chamillart.*

Au camp de Vissembourg, le 4 juillet 1705.

Je sçavois bien, Monsieur, que la goutte ne m'empescheroit pas d'arriver promptement en ces pays-cy; elle ne m'a pas empesché de monter à cheval aujourd'huy et de galoper un peu nos amis ; qui les a mieux galopés que moy, comme de raison, ce sont nos houssards, ils en ont asseurément tué un très grand nombre et quantité de chevaux pris. Le bon Dieu me maintient dans la possession de vous donner toujours quelque bonne nouvelle, moyennant cela, vous me pardonnerés bien quelques vivacités dans lesquelles cependant je ne retomberay plus..... Tous les aydes de camp et autres officiers de distinction vouloient porter cette nouvelle. Je ne vous en envoieray point qui ne méritent d'estre portées par M. le comte de Chamillart. Il arrive fort à propos un de vos courriers dans cet instant. Il veut repartir, et pour épargner une course au Roy, je le renvoye sur le champ.

J'espère que M. le maréchal de Marcin sera content de moy comme aussy j'ay tout lieu de me louer de ses honestetez.

(Orig. Dépôt de la guerre. Vol. 1845, n° 26.)

89. *Villars à Chamillart.*

Vissembourg, du 11 juillet 1705.

Sur l'ordre que vous me donnez, Monsieur, d'avoir l'honneur d'informer S. M. si M^{rs} les officiers généraux et autres se conforment à ses ordonnances sur les équipages et tables, j'auray l'honneur de vous dire que, pour les équipages, il me semble que l'on les suit assez exactement ; pour les tables, c'est à peu près comme les campagnes précédentes. Plusieurs mangent peu pour le public, c'est-à-dire pour que les officiers y puissent venir librement. Il y a longtemps que cela est sur ce pied-là. Mais les ordonnances de S. M. ont cela de bon, outre la justice qui en est le fondement, c'est que le Roy fait ce qui dépend de luy pour que l'on soit dans les règles, que l'on n'ait pas à dire : je me suis ruiné ; aussy me paroît-il depuis fort longtemps qu'il ne se ruine à l'armée que gens qui se ruineront partout, aussy bien dans la paix que dans la guerre, gens sans ordre et qui veullent se ruiner. Ces testes-là, Monsieur, vous n'avez pas résolu de les rectifier, le Roy n'est pas obligé aussy à réparer leurs désordres.....

(Orig. Dépôt de la guerre. Vol. 1845, n° 74.)

90. *Villars au Roi.*

Extrait.   Au camp de Bischveiler, le 25 aoust 1705.

..... Je seray toujours très circonspect sur le sujet des officiers généraux et surtout de ceux qui tiennent les premiers postes dans les armées et mon zèle pour le service de Vostre Majesté me fera prendre la liberté de luy dire qu'Elle ne peut y estre trop difficile; que le trop grand nombre mesme ne convient pas : par exemple, je vois dans l'ordre de bataille de l'armée de Flandres quinze lieutenants généraux à une première ligne, cinq à chaque aile. Il est vray que le plus ancien commande l'aile, mais, Sire, le hazard ne permet pas toujours que le plus ancien soit le plus capable. D'ailleurs, gens égaux en dignité ne sont pas portés naturellement ny à s'estimer ny à s'obéir assez promptement. La guerre veut une autorité trop décidée pour que la parité puisse s'en accommoder. Il y a des gens plus occupez de la maniere dont ils ordonnent que de la force qui doit estre dans le commandement. Il est bon de se faire aimer des troupes, mais leur confiance ne s'acquiert que par la fermeté et la justice.....

(Orig. Dépôt de la guerre. Vol. 1846, n° 146.)

91. *Villars à Chamillart.*

Au camp de Bischveiler, le dernier aoust 1705.

Je fus averty hier, Monsieur, à la pointe du jour, que l'armée ennemie marchoit à moy pour me combattre, et sur les cinq heures du matin leur teste estoit déjà sur nos gardes. Les trouppes prirent les armes, et, quoyque mon camp soit bon, je creus cependant qu'il estoit plus avantageux d'aller chercher l'ennemy que de l'attendre. Je marchay donc avec l'armée en bataille jusqu'à Schveckause. L'on commença par faire presser cette teste de cavalerie, qui s'estoit avancée. L'armée impériale s'arresta au dela du village de Kesdorff. Je marchay avec les houssars, les dragons du colonel général et de Listenois et douze escadrons de la droitte commandés par M. le comte d'Évreux, Mⁱˢ de Lannion et de Chamillart, officiers de jour. Les ennemis ayant poussé les houssars, les deux regiments de dragons les soutinrent et chassèrent huit ou dix escadrons des ennemis jusques dans leur colonne.

Les officiers que nous avons pris ont tous dit que le prince de Bade avoit résolu de nous attaquer, et qu'ils ne voyoient pas d'autre raison à son changement de résolution que de ce que nous avons marché à eux. Je voulois me porter sur leur armée et je cherchay pendant tout le reste du jour à me mettre sur eux, de manière que l'ennemy ne pust sortir de son camp sans me donner quelque avantage sur son arrière-garde, mais entre la

Sour et la Mutter il n'y a pas une goutte d'eau. Naturellement les petits ruisseaux ne fournissent guères et la sécheresse extraordinaire les a tous taris..... Ces mouvemens là sont nécessaires tant pour imposer à l'ennemy que pour conserver l'audace de nos troupes, car en vérité, Monsieur, contez qu'il est très dangereux pour les François d'estre attaquez, mesme dans un bon poste...

(Orig. Dépôt de la guerre. Vol. 1846, n° 179.)

92. *Villars au Roi.*

Extrait. Au camp de Bischveiler, le 7 septembre 1705.

..... Vostre Majesté aura veu dans mes précédentes que sur l'avis de la marche d'un convoy j'avois envoyé M. le chevalier de Rozel avec cinq mil hommes pour attaquer ledit convoy. Les avis ne se sont pas trouvés justes. M. de Lannion le cherche actuellement, et l'on n'oublie rien au monde pour ruiner l'ennemy, qui souffre beaucoup par le manque de pain. La désertion aussy est très grande parmy eux. D'ailleurs, V. M. ne permet ny ne deffend une bataille, mais de soutenir la dignité de ses armes. J'ay publié que Vostre Majesté m'ordonnoit de la chercher, et pour paroistre vouloir exécuter ses ordres, le jour d'après l'arrivée du courrier, j'ay marché à l'ennemy avec toutte l'armée de V. M., me mettant en plaine devant luy et estendant ma gauche à la hauteur de sa droite. En arrivant, on a poussé leurs gardes et pris un assez grand nombre de chevaux à la hauteur de leur camp et plus de cent cinquante bœufs de Hongrie. Comme l'armée de V. M. se plaçoit, M. le prince de Bade m'a envoyé un trompette pour me demander un passeport pour M. le duc de Virtemberg, qui est assez malade, et lequel, veu la quantité de partis que nous avons dans leurs derrières, n'espéroit pas pouvoir passer.

J'ay fait voir l'armée de V. M. au trompette et luy ay demandé si ces Messieurs, qui nous avoient promis de nous venir voir, n'en trouvoient pas l'occasion assez belle, que V. M. m'avoit ordonné par un courrier que j'avois receu la veille de chercher un combat, et que je suivrois exactement l'honneur de ses ordres.

Ces discours là, Sire, plaisent à vos soldats, qui véritablement désirent une bataille, et imposent aux ennemis. Du reste, comme ils parlent de divers corps qui doivent les joindre, je dis au trompette que j'espérois que, quand cette grande compagnie seroit arrivée, ils entreroient dans la plaine.....

(Orig. Dépôt de la guerre. Vol. 1846, n° 231.)

93. *Villars à Chamillart.*

Au camp d'Heneim, le 21 octobre 1705.

Les petits exemples de sévérité que j'ay donnés, Monsieur, envoyant dans la citadelle de Strasbourg deux lieutenants colonels, et menaçant d'y envoyer M. de Seignelay s'il ne faisoit revenir les officiers de Champagne, ont produit l'effet que j'en devois attendre. Aucun officier depuis ce temps là n'a quitté l'armée, mais j'auray l'honneur de vous dire, Monsieur, qu'il est absolument nécessaire que vous fassiez mettre en prison dans les provinces les capitaines et autres officiers qui ont quitté l'armée malgré mes ordres, et notamment M. d'Hautefort Bozin, brigadier, dont asseurement la blessure au doigt n'exige pas la sortie de l'armée. MM. de Mailly et du Bourdet ont aussy quitté l'armée ayant des congés du Roy; à ceux là, qui veritablement sont plus incommodez, j'ay seulement fait dire qu'ils voyoient la scituation de l'armée et que je les laissois les juges de leur santé et les maistres de juger ce que leur santé ou leur reputation demandoit. Je suis.....

(Orig. Dépôt de la guerre. Vol. 1847, n° 111.)

94. *Villars à l'évêque de Nîmes.*

Du 18 novembre 1705.

J'ay toujours bien compté, Monsieur, sur l'honneur de votre amitié, et en verité je vous crois bien persuadé que je la mérite par toutte l'ardeur avec laquelle je la désire.

Je suis persuadé que vous estes réjouy et affligé quand vous m'aurez cru content et triste. Le commencement de la campagne a esté tel que l'on pourroit le desirer, très inférieur en force aux ennemis; leurs grands projets ont esté dérangez. J'en formay immédiatement après qui pouvoient réussir; on a voulu m'envoyer en Allemagne, où nous avons fait ce qui étoit possible, et M. de Chamillart me faisant l'honneur de me mander que je soulagerois fort M. le maréchal de Villeroy, je luy repondis que pour soulager les autres je me verrois bientost dans une facheuse scituation si l'on m'affoiblissoit. Enfin, Monsieur, plusieurs détachements, joints à la perte de plus de 12 mil chevaux par la même maladie qui nous a coûté si cher l'année dernière, m'ont réduit aux partis de sagesse, lesquels, grâce à Dieu, ont réussy. Il est certain que depuis la fin d'aoust les ennemis ont toujours eu plus de vingt mil hommes plus que moy, et outre touttes les forces de l'Empereur et de tout l'Empire leur armée étoit fortiffiée de plus de 50 escadrons et 32 bataillons à la solde de l'Angleterre et de Hollande et un corps de Saxons; malgré cela on a disputé le terrein, deffendu et puis abandonné Haguenau, pendant ce temps la fortiffié Hombourg et les postes de la Saarre, et empêché l'ennemy de faire aucun progrès en ces pays cy, et enfin resserré leur armée dans les pays ruinez, n'y ayant point de fourages. Les troupes de leurs alliez se sont lassez, ils ont voulu attaquer Hombourg, j'y ai fait marcher un corps si diligemment que leur projet a esté rompu. L'Électeur de Brandebourg, dont nous avons pris un courrier, a retiré ses troupes, se plaignant hautement du prince de Bade. L'Électeur palatin fait la même chose, et j'espère qu'il sera aussy mal avec ces deux Électeurs que je l'ay veu brouillé au printemps avec Marlborough. L'ennemy est donc sur la Mouter, où il n'y a aucune espèce de fourage. L'armée du Roy est sur la Bruche, où elle est dans l'abandon, et si la rigueur de la saison ne m'arreste tout court, j'espère, avec l'aide de Dieu, de ne pas me séparer sans aller prendre congé par une petite visite de ces Messieurs. Toutte l'amitié que vous voulez bien me montrer, Monsieur, vous attire ce detail, qui vous marquera au moins combien je suis sensible à votre souvenir. Je suis, etc.....

(Copie. Arch. Vogüé.)

95. *Villars au cardinal de Janson.*

Du 10 décembre 1705, à Metz.

Je ne veux point quitter ces pays cy sans rendre compte à Vostre Eminence de la fin de notre campagne, après laquelle, grâces à Dieu, nous laissons cette frontière dans un état bien différent de celuy où elle estoit le quinze de juin, que touttes les forces d'Angleterre, de Hollande et de l'Empire occupoient Trèves et vinrent se camper sur Sirk. Aujourdhuy Trèves et Sarbourg sont au pouvoir de S. M. Nous avons de plus Hombourg, qui est en très bon état, et tel que les ennemis ne peuvent plus en former le siège qu'avec le mesme appareil que pour les plus grandes et meilleures places. Je diray encore à V. E. que, sur des avis que j'ay eu que les ennemis songeoient à se rendre maîtres de Bitche, je l'ay fait occuper par un détachement de nos troupes, qui y sont présentement en sûreté. M. de Ricart, brigadier de cavalerie, que j'ay chargé de cette commission, m'assure qu'avec peu de dépense et en 15 jours tout au plus l'on peut rendre cette place presqu'aussy bonne qu'auparavant. Ainsy les ennemis sont présentement aussy éloignez des frontières de Lorraine, des Evechez et de la Sarre qu'ils l'étoient avant la paix de Risvick.

Je suis persuadé que V. E. verra avec plaisir cette tranquille situation d'une frontière qui a donné de grandes attentions à toutte l'Europe au commencement de la campagne, et je me flatte qu'elle voudra bien recevoir les assurances du respectueux attachement avec lequel je suis.....

(Copie. Arch. Vogüé.)

96. *Villars à Chamillart.*

Au camp de Drusenheim, le 2 may 1706.

J'ay l'honneur de vous faire mon compliment, Monsieur, sur le plus prompt succès que vous puissiez attendre du beau et grand projet dont tout l'honneur vous est deu. Je vous avois bien promis que nous le menerions vivement, et certainement la dilligence dont nous avons usé a peut estre seule empesché les ennemis de se prevalloir de ce poste, que plusieurs vouloient croire inataquable, et dont la haute opinion retenoit au point que l'on desapprouvoit fort que l'on songeast seulement à y marcher. Dieu mercy, Monsieur, voila le Roy maistre de la Mutter et du Rhin jusques à Lutterbourg.

Je prends la liberté de mander au Roy que je songe à y marcher, après cela je peseray bien toute chose, tant l'utilité de l'objet, qui seroit très grande, que la fatigue des troupes, laquelle seroit médiocre. Nous pourrions y porter du foin, mais les seigles sont desja fort avancés. Enfin, Monsieur, je suis bien contant de voir les affaires du Roy dans une si bonne situation dans ces pays cy; mais vous me permettrés de vouloir toujours mieux. Vous voyez souvent, Monsieur, ma vivacité attaquée, mais comme elle me réussit quelquefois à la guerre, du moins si elle me fait du mal auprès de vous qu'elle me fasse du bien, et celuy qui me sera toujours le plus sensible est un peu de part dans l'honneur de vos bonnes graces, lesquelles je crois mériter plus que personne par l'attachement inviolable avec lequel j'ay l'honneur d'estre, etc.

(Orig. Dépôt de la guerre. Vol. 1948, n° 43.)

97. *Villars au Roi.*

Au camp de Lutterbourg, le 6e may 1706.

J'ay eu l'honneur de mander à Vostre Majesté par les srs de Laurière que nous estions les maistres du Rhin jusques à Philisbourg, ayant emporté la teste du pont que les ennemis avoient derrière Lutterbourg. J'avois laissé M. le comte du Bourg pour attaquer celle de leur pont de Statmat, ce qu'il fit la nuit d'avant hier après en avoir un peu rompu les fraises et les palissades avec du canon tiré du fort Louis. Il fit attaquer cet ouvrage par les grenadiers commandés par M. le marquis de Nangis, lequel monta des premiers à l'assaut. Les ennemis furent emportés avec une extreme vigueur, on en a beaucoup tué. Une barque, dans laquelle cinquante ou soixante s'estoient jettés, tourna, et tout fut noyé. Il y a quatre-vingt-dix prisonniers, parmy lesquels sont deux capitaines et trois ou quatre autres officiers. Les grenadiers vouloient tout tuer, mais les commandans leur ayant crié : « Mes amis, nous avons des prisonniers à retirer, » dans le moment se continrent et ne tuèrent plus personne. Je continüeray à me loüer singulièrement de M. le comte du Bourg et du jeune marquis de Nangis.

La garnison du chasteau d'Hatten a esté prise et nous commençons à rassembler un assés grand nombre de prisonniers. Nous avons presentement des partis bien prés de Mayence, et V. M. peut conter que je n'oublie rien pour porter la terreur de ses armes aussy loin qu'elle doit aller.

Je passay la journée d'hier à visitter les attaques de Drusenheim et Haguenau. Ce matin, huit pièces de 24 commencent à battre Drusenheim, et dès hier au matin une batterie de six pièces avoit tiré au siège d'Haguenau, mais, deux heures après, les ennemis la firent taire par la supériorité de leur canon. Je trouvay en arrivant à la batterie nostre silence fort mauvais, et me payay ensuitte des bonnes raisons que me donnèrent MM. de Peri et les commandans d'artillerie. C'est qu'ils avoient mieux aimez cesser de tirer pour reprendre avec vigueur ce matin avec douze pieces de 24, et je doute mesme que c'en soit assez pour imposer aux ennemis. J'en fais venir encore douze. Il est de la gloire des armes de V. M. que de pareilles places ne tiennent pas longtemps. Les majors de Charost et Peri ont esté dangereusement blessés. Après cela, Sire, il faut regarder le siège d'Haguenau comme assés serieux : les ennemis y ont 2,500 hommes commandés par le lieutenant feld-mareschal Stein, qui a mesme d'autres officiers generaux sous luy. Le prince de Bade l'y establit en se retirant et luy demanda seulement dix jours.

Dès le moment que j'ay esté maistre de Lutterbourg et de la teste de pont des ennemis, j'ay envoyé M. le comte de Vivans à M. le mareschal de Marcin pour luy faire voir la facilité du siège de Landau, me rapportant après cela à luy de tout ce que son zèle et les ordres de V. M. luy pouvoient permettre.

J'apprens dans ce moment, Sire, que les trouppes de V. M. sont entrées dans Drusenheim.

(Orig. Dépôt de la guerre. Vol. 1948, n° 65.)

98. *Villars à Chamillart.*

Au camp de Langkandel, le 7ᵉ mai 1706.

Vous aurés veu, Monsieur, dans ma dernière depesche, que les ennemis avoient abandonné Drusenheim la nuit, ayant cependant laissé dans la place six pièces de canons de fer, mais plus de deux mille sacs de farine et quantité de munitions de guerre. Il est certain, Monsieur, que tous leurs magazins de campagne sont détruits, et l'on voit le Rhin blanchir de touttes les farines qu'ils ont jettées, outre la quantité prodigieuse que nous en trouvons dans tous les villages le long du Rhin.

Dans le moment que nous avons esté maistres de Drusenheim, j'ay pris le party de marcher en avant avec le gros de la cavalerie et les grenadiers de l'armée, et j'envoye dans ce moment M. le comte d'Évreux avec nos houssars et mille chevaux ou dragons tascher de s'emparer de Germersheim, d'où l'on peut voir défiler tout ce qui passe le Rhin à Philisbourg.

J'ay divers avis que Landau est très mal muny, surtout de vivres, et je ne feray pas difficulté de vous dire, Monsieur, que j'en crois la prise très facile, si les trouppes de M. le mareschal de Marcin reviennent à moy. Mais sans ce secours là, vous comprendrés aisément qu'un pareil dessein ne se peut former. Je ne puis avoir presentement que 58 escadrons, en comptant mesme les houssars. Vous scavez, Monsieur, que les regimens de Saint-Cernin, Rachecourt et Chastellet ne peuvent estre encore en Alsace, et je dois avoir une grande attention à border le Rhin depuis Strasbourg, de manière que le prince de Bade, certainement très piqué de tous les malheurs qui luy arrivent, ne fasse un effort pour tenter un passage sur le Rhin, ayant un pont de battcaux portatif. Je suis donc obligé de laisser 18 ou 20 escadrons et huit bataillons le long du Rhin, depuis Offendorff jusques à Lauterbourg, sans compter ce qui fait le siège d'Haguenau.

Dans l'incertitude où je suis des intentions de S. M., je fais toujours travailler les pionniers qui m'avoient suyvy à mettre Lauterbourg, où les ennemis avoient desja travaillé, dans le meilleur estat qu'il sera possible. L'on prépare des inondations pour rendre ce poste inattaquable. J'ay reconnu très exactement ce camp retranché des ennemis, que nous trouvasmes tous si redoutable l'année dernière ; et j'auray l'honneur de vous dire que nous ne l'avons tous estimé tel que parce que nous l'avions fort mal reconnu. Pour moy, j'avois la goutte à ne pouvoir monter à cheval qu'avec grandissime peine, et, si malheureusement je l'avois eue cette année cy, je vous asseure, Monsieur, que le camp de Drusenheim, que l'on vous avoit asseuré estre pareillement inattaquable, n'auroit pas seulement esté reconnu, et que les ennemis y seroient rentrez, comme ils revenoient au camp de Lauterbourg, dans l'instant mesme que le comte de Broglie s'y est jetté. La situation des armées du Roy seroit un peu différente.

Plus j'avance dans le pays, et plus on me confirme que l'appareil d'un grand siège est dans Haguenau. Il y a quelque chose de surprenant dans la conduite du prince de Bade, et l'on ne peut s'empescher de penser qu'elle est causée par plus de dépit encore que de foiblesse, parce que les trouppes qu'il avoit mandé ne sont pas arrivées dans le temps précis qu'il avoit ordonné. Et certainement c'est la justesse et la précision des ordres du Roy qui est la véritable source de tous nos bonheurs. Pardonnés moy d'y ajouter que je n'ay pas admis les partis foibles, et vous en scaurés un jour la vérité. Mais ce qui doit estre bien agréable à S. M. et vous causer une sensible joye, c'est de songer que jamais les trouppes du Roy n'ont esté si belles, si complettes, ny mieux payées : et le contraire dans celle des ennemis. Lorsque vous entendés dire tous les jours que la France n'a plus ny hommes ny argent, celuy donc qui trouve de l'argent et par conséquent des hommes a plus d'esprit qu'un autre.

(Orig. Dépôt de la guerre. Vol. 1948, n° 71.)

99. *Villars à Chamillart.*

A Haguenau, le 12 may 1706.

Vous croyéz bien, Monsieur, que je n'ay pu refuser à M. de Peri d'envoyer son cher M. Darsin pour avoir l'honneur de présenter au Roy les drapeaux de la garnison d'Haguenau; ils sont tous des trouppes de Saxe, dont les officiers et soldats en sortant donnoient au diable de bon cœur et l'Empereur et le prince de Bade de la mauvaise commission qu'il leur avoit donnée. Je vous supplie de me faire l'honneur de me mander ce que vous voullés que l'on fasse de tous ces prisonniers. Je verray en attendant à les faire passer un peu dans les derrieres.

Je recommence, Monsieur, les compliments que l'on vous doit sur nos heureux succès et le peu qu'il en couste. En vérité, Monsieur, si vous voullés bien me faire l'honneur de me l'avouer, vous conviendrés que vous n'avés pas esté si aise depuis longtemps que vous devés l'estre presentement. Je ne crois point du tout vous donner de vaine esperance en vous disant que je vous crois maistre de la paix dans trois mois. Que va dire l'Angleterre, la Hollande? Quel murmure parmy tous les notables d'Amsterdam de voir tant de dépenses perdües? Ils pourront bien pendre quelques uns de ces Messieurs qui se sont opposés opiniatrement à la paix jusqu'à présent. Quelle gloire pour vous, Monsieur, malgré les vastes esperances de nos ennemis; les craintes excessives, mais un peu fondées, de nos courtisans; les malheurs d'Hocstett; la destruction de nostre cavallerie : dans cet accablement d'avoir toujours paru serein, tranquille, restablir tous les désordres et voir presentement les trouppes du Roy plus complettes, plus belles que jamais, bien payées! Encore une fois, Monsieur, vous devés estre bien content. Vostre joye sera bien plus solide quand vous verrés une bonne paix, mais celle de ce moment doit estre vive.

(Orig. Dépôt de la guerre. Vol. 1948, n° 90.)

100. *Villars au comte de Broglie.*

De Bill à 6 heures du matin, ce 23 may [1707].

Mon cher comte. Nous voilà maistres des lignes et de tout le canon. C'est à vous que je dois le plus grand succez que nous pouvions jamais espérer : j'en rends compte à Sa Majesté dans les termes que je dois et en luy demandant votre élévation. Dans le tems que je faisois marcher l'infanterie pour attaquer les lignes de Bill, que défendoit le prince de Dourlach, j'ay veu ce corps disparoitre et j'ay apris par leurs prisonniers que vous aviez forcé le passage de votre costé. Je marche du côté de Rastatt et je ne doute pas que dès que vous aurez de la cavallerie vous n'envoyez de mon costé comme j'envoye du vôtre. Je vous embrasse ma foy de bon cœur, mon cher comte, etc.

(Cop. Dépôt de la guerre. Vol. 2027, n° 122.)

101. *Villars à Chamillart.*

Au camp de Rastatt, le 25° may 1707.

Je dois, Monsieur, avoir l'honneur de vous parler sur nos lignes de la Lutter. Le malheur qui vient d'arriver à ces fameuses lignes de Bihl doit dégouster d'un princîpe de guerre, auquel vous scavez, Monsieur, que j'ay toujours esté assés opposé : les plus grands généraux des siècles passés et du dernier n'ont jamais songé à cette sorte de guerre. Il est certain que tout homme qui est derrière une ligne a peur. Nos François sont faits pour marcher à l'ennemy. J'approuve fort les camps retranchés, mais pour des lignes estendües je les ay toujours creu dangereuses. J'en ay fait de belles aussy, mais je ne suis point amoureux de mon ouvrage. Lutterbourg est une très bonne place, je puis vous en asseurer ; il faut la soutenir. Le fort de Saint-Remy sur la Lutter est très bon aussy, cent hommes le deffendroient contre une armée. Il y a encore trois ou quatre redoutes qui protègent les écluses qu'on garderoit avec peu de monde, mais d'y occuper un corps d'armée quand je m'esloigneray, puisque toutte l'Alsace contribüe desjà, ce ne seroit pas ma pensée. Pour Haguenau, il faut le raser absolument ; et jamais il n'a deu estre fortifié.

Voilà, Monsieur, sur ce sujet tout ce que je crois devoir avoir l'honneur de vous dire et sur quoy je vous demande les ordres du Roy, car je laisseray un petit corps qui m'affoiblira d'autant plus que je seray obligé d'en mettre un autre à hauteur de Philisbourg quand je m'esloigneray.

Pour l'ordre de raser Haguenau, il ne peut trop promptement estre donné.

Je suis très fasché du petit séjour que je suis forcé de faire icy, et scais mieux que personne combien il importe de ne pas donner le temps à l'ennemy de se reconnoistre. J'espère bien qu'il n'aura pas le temps de prendre haleine.

(Orig. Dépôt de la guerre. Vol. 2027, n° 91.)

102. *Villars à Chamillart.*

Au camp de Schweibertingen près Stutgard, le 5ᵉ juin 1707.

Je sçais, Monsieur, que, rendant compte au ministre de la guerre de la situation de l'armée du Roy, j'ay l'honneur d'escrire aussy à Monsieur le Controlleur général des finances. Je vous supplie, Monsieur, dans ces deux grandes charges de vouloir bien faire un moment d'attention au lieu d'où ma lettre est dattée : du 23 may au 4 juin, nous avons chassé l'armée de l'Empereur des bords du Rhin au delà du Nekre et bien près du Danube. J'ay laissé derrière moy les Estats des ducs de Vurtemberg, de l'Électeur palatin, des princes de Bade, de Dourlac, d'Hohenzolern et plusieurs villes impérialles. Je pousse des partis vers Francfort, Nuremberg, Ulm et Villinghen et j'espère tirer des contributions d'une bonne partie de l'Empire. J'ose me flatter, Monsieur, que vous connoissés en moy non seullement le zèle qui m'inspire mon devoir, mais aussy quelque ordre et économie. Le soldat, dont le libertinage me faisoit craindre la destruction inutile des riches pays dont nous sommes les maistres, devient sage et me permet d'espérer que le Roy profitera de tout. Je commence par avoir l'honneur de vous dire que cette armée ne coustera rien au Roy et, si le prince Eugenne s'est fait un honneur d'envoyer à l'Empereur deux millions du Milanois, qui nous a tant cousté, j'espère avoir de l'Empire dix fois plus de mérite que luy, et que M. le ministre de la guerre et M. le ministre des finances ne trouvera rien qui luy déplaise dans la présente lettre. Il ne vous déplaira pas aussy, Monsieur, que je vous supplie de me faire toujours l'honneur de me regarder comme l'homme du monde qui est avec le plus fidelle attachement, etc.

(Orig. Dépôt de la guerre. Vol. 2027, n° 111.)

103. *Villars au Roi.*

Extrait. Au camp de Schweibertingen, le 5 juin 1707.

..... J'espère que Vostre Majesté sera satisfaitte de la fin de cette lettre. La régence de Vurtemberg est convenüe de donner à Vostre Majesté deux millions deux cens mille livres. Certainement, Sire, l'on ne pouvoit aller plus loin. Vostre Majesté se souviendra que, lorsque Monseigneur entra dans ces pays cy avec une grosse armée, on ne demanda que douze cent mille francs, lesquels mesme furent mal payez. Je supplie très humblement Vostre Majesté d'estre bien persuadée que je me fais un honneur de ces contributions comme du gain d'une bataille. C'est je crois en gagner une que d'obliger un ennemy dont le pays n'est pas bien grand à payer deux millions deux cens mille livres. Je ne puis trop me loüer de M. l'intendant : nostre vivacité est conforme à nos obligations, etc., etc.

(Orig. Dépôt de la guerre. Vol. 2027, n° 112.)

104. *Villars au Roi.*

Extrait. Au camp de Stutgard, le 11ᵉ juin 1707.

..... Vostre Majesté blasmera peut estre la liberté que je vas prendre, qu'elle la pardonne à mon zèle ; je croirois qu'il conviendroit de marquer quelque froideur pour la paix. Je crois l'Angleterre et la Hollande très consternées par les changemens heureux arrivés en Espagne et par ce que nous voyons dans l'Empire.

J'apprens, Sire, dans le moment que je fais partir ce courrier que les ennemis ont encore quitté le camp de Schwabsgemund et marché à Bergen, trois lieues au delà, sur la route de Norlingen. La diligence qu'ils font pour nous éviter est grande : il faut du temps pour se préparer à les suivre. L'on veut mesme me faire craindre le manque de moulins ; j'espère que nous en trouverons.

Pour ne pas perdre de temps, j'ay fait partir M. le marquis d'Imécourt avec quinze cent chevaux pour passer le Danube audessus d'Ulm et mettre à contribution tout le pays qui est au delà et au deçà du haut Danube. M. le comte de Broglie marche avec un pareil corps pour soumettre la Franconie, et pour moy, Sire, dans deux jours je marcheray encore sur la piste des ennemis pour nous donner toujours plus de pays.

J'espère que Vostre Majesté aura esté satisfaite des contributions du Vurtemberg. La ville impériale d'Eslingen qui est très pauvre et a très peu de villages a traité à cent dix mille francs.

Nous n'apprenons rien du roy de Suède, il paroist seulement que la cour de Vienne craint ses premiers mouvemens.

Comme cette depesche est escritte et de plusieurs jours, je la finiray par avoir l'honneur de dire à Vostre Majesté que les deux derniers l'armée a esté sage. Je ne répondray pas que cette sagesse soit solide, mais ma plus grande affaire est de l'establir moyennant la discipline qui seulle peut nous conserver. L'Empire sera trop consterné pour ne pas demander des secours de touttes parts... Le duc de Wurtemberg n'est point allé à Vienne comme on l'avoit dit, mais il est certain qu'il est toujours dans de violentes querelles avec le marquis de Bareith.....

(Orig. Dépôt de la guerre. Vol. 2027, n° 127.)

105. *Villars au Roi.*

Au camp de Schorndorff, le 16e juin 1707.

J'espère que Vostre Majesté apprendra avec joye la continuation des progrès de son armée. Elle a trouvé dans mes precedentes que je n'attendois que mes farines pour suivre l'armée. Dez que le pain a esté prest, j'ay marché sur Schorndorff où l'ennemy avoit laissé une garnison de six cens hommes. C'est une place qui a autrefois arresté longtemps le roy de Suede et que M. de Turenne a conservé depuis pendant les guerres d'Allemagne : elle a esté negligée ; cependant, il y a six bastions bien revestus, le fossé revestu de mesme, des casemates et contremines presque partout : un chasteau, outre cela, flanqué de quatre bonnes tours à l'épreuve du canon. C'estoit une entreprise un peu difficile pour une armée qui n'a que quatre pièces de batterie et quatre cent coups à tirer; plusieurs pensoient que l'on pouvoit y faire tuer bien des gens sans esperance de réussir. Pour moy, Sire, qui scais bien que dans la guerre de campagne il ne faut pas se faire un point d'honneur de lever des sièges, et que l'on force ces places souvent par estonner les peuples et une garnison, j'ay voulu ouvrir une tranchée et fait dire à Mme la duchesse de Virtemberg que, si cette place attendoit le premier coup de canon, elle serviroit d'exemple à touttes les autres qui auroient l'insolence d'arrester une armée royale. M. de Saint-Fremont avoit marché la veille pour l'investir, l'ennemy tenant toujours un petit corps de cavallerie à veüe de la place : j'y arrivay quelques heures après ; on esloigna la cavallerie : pendant deux jours, la garnison a fait un assés gros feu de canon ; le 3e, à l'entrée de la nuit, les magistrats sortirent pour représenter que le commandant de l'Empereur les empeschoit de se soumettre. Ils me trouvèrent à la teste des travailleurs et des fascines. Je leur dis que je marchois pour combler le fossé et qu'ils pouvoient dire au commandant de l'Empereur que luy et sa garnison seroient passés au fil de l'épée et la ville abandonnée à la fureur du soldat. Ils retournèrent saisis de frayeur et la communiquèrent au commandant, lequel, deux heures après, me remit la place.

J'avoüe, Sire, que, lorsque j'en ay fait le tour, je me suis trouvé heureux que personne ne l'eust bien connue, puisqu'il n'eust pas esté prudent de l'attaquer, quoyque la prise nous fust indispensablement necessaire, cette place fermant la seule gorge qui puisse nous mener vers Dillingen.

Nous y avons trouvé 46 pièces de canon de fer, cinq de fonte, et des magasins assés remplis de touttes munitions de guerre. Je vais en faire ma place d'armes pour marcher en avant, et asseurement j'aurois trouvé moyen de joindre l'ennemy si je pouvois venir à bout du libertinage. Je suis forcé à deffendre sur peine de la vie de passer les gardes et n'ay plus que cette ressource de contenir l'armée. J'en estois venu à bout autrefois avec moins de peine. C'est la seule qui trouble la satisfaction de voir tout réussir, même au delà de mes espérances, quoyque Vostre Majesté scache bien que je n'en avois pas de médiocres dans mon premier projet.

Ma lettre à M^{rs} les magistrats d'Ulm a eu son effect. Il a fallu les menacer une seconde fois et leur marquer un jour précis pour le renvoy de M. Dargelos. Ils ont executé l'ordre à la lettre et m'en ont escrit une fort soumise. Ce pauvre M. d'Argelos estoit veritablement retenu dans la prison des criminels et gardé à veüe jour et nuit depuis treize mois. On voit bien qu'il a beaucoup souffert.

Il m'a dit que le cercle de Suabe paroissoit fort ébranlé : que le magistrat d'Ulm avoit envoyé deux courriers à la cour de Vienne et autant à milord Marlborough avec des lettres très pressantes pour des secours. Certainement une très grande partie de l'Empire est dans la consternation et je crois l'Empereur fort embarassé! M. d'Argelos a esté informé en partant d'Ulm que les Bavarois commençoient à remuer.

M. le comte de Broglie me mande que les baillifs de Franconie commençoient à se rendre auprès de luy; ceux du grand maistre de l'ordre Teutonique estant desjà arrivés et plusieurs autres à vingt lieues à la ronde.

Sans l'effroy que nos maraudeurs répandent et qui fait fuir les peuples, je suivrois les ennemis aussi facilement que si l'armée de Vostre Majesté marchoit sur ses frontières; l'officier n'agit pas aussy vivement qu'il le devroit. J'en viendrois à bout, Sire, mais il faudra plus de rigueur que je n'avois résolu d'en employer. L'on n'a pas encore bruslé, mais le pillage continüe.

La cavallerie est en très bon estat, parce qu'elle trouve tous les jours le fourage dans son camp et que ce sont moins les marches, mesmes les courses, que les fourages esloignés qui la ruinent.

Les Estats de Virtemberg ont esté reguliers dans leurs payemens et ont rapporté aujourd'huy le premier, aussi bien que la ville d'Eslingen.

Dans le moment du depart de ce courrier, les avis sont encore partagés sur le party que les ennemis auront pris depuis la prise de Schorndorff. Les uns disent qu'ils se retranchent à Bergen, deux lieues derriere Suabsgemundt, et d'autres qu'ils ont desjà pris la route de Norlingen.

(Orig. Dépôt de la guerre. Vol. 2027, n° 140.)

106. *Villars au Roi.*

Extrait. Au camp de Winenden, le dernier juin 1707.

Vostre Majesté aura veu dans ma precedente que je n'avois conté de m'approcher du Danube qu'en cas que l'ennemy pour ainsy dire m'en monstrant la route se retirast vers Norlingen et Donavert.

Je vois par la depesche dont il a plu à Vostre Majesté de m'honorer du 23 qu'Elle craint que je ne m'avance trop dans l'Empire. Elle me permettra de luy dire que touttes les fois que l'on a devant soy une armée intimidée qui fonde son salut dans la retraite, les raisons de guerre veulent qu'on ayt pour premier objet de la suivre sans luy donner le temps de se reconnoistre. Il peut arriver ou de la défaire assés aisément dans un combat, ou de l'affoiblir par tous les désordres que l'on luy cause. Voilà, Sire, ce dont j'ay esté occupé et à quoy j'ay réussi en partie. Mais dez que cette armée s'esloigne de manière à ne pouvoir estre attaquée, on s'arreste jusqu'à ce qu'elle prenne une route, et il faut faire les reflexions que Vostre Majesté me fait l'honneur de me prescrire et sur lesquelles je m'estois reglé, puisque ce courrier m'a trouvé arrivant dans ce camp sur les premiers avis que j'ay eüs que l'armée imperialle tournoit derriere les montagnes et se rapprochoit du Necre.

Avant que d'avoir l'honneur de luy rendre compte de la situation des ennemis et de celle de son armée, je prendray la liberté de repondre à sa lettre que, quand Elle a veu dans mes precedentes que je contois d'aller à Dillingen, c'est que j'esperois de pousser les ennemis jusques à Donavert, et si ce bonheur là m'estoit arrivé, je me serois flatté de faire périr leur armée mesme sans combat, puisqu'il m'eust esté facile de les enfermer avec les forces de Vostre Majesté, appuyées de tous les peuples de Baviere qui n'auroient pas manqué de m'aider dans ce dessein dez qu'ils en auroient connu la possibilité.

Mais le premier pas que l'armée impériale a fait pour se rapprocher du Necre, je l'ay suivie, ayant toujours esté determiné à ne m'avancer qu'autant que mes communications et mes vivres seroient bien établis. Mais, Sire, tant que j'avois cette armée devant moy, les derrières ne pouvoient estre inquiétés que par des troupes de Flandres dont la marche ne pouvoit estre assés vive pour n'estre pas avertis à temps par des courriers qui m'auroient toujours donné celuy de me rapprocher du Rhin.

J'ay eu l'honneur d'expliquer à Vostre Majesté que l'ouvrage que j'ay fait faire en deçà du fort Louis, et sans lequel le fort Louis est defectueux, me donne les mesmes avantages que Philisbourg. Vostre Majesté en jugera par la facilité avec laquelle cent maistres viennent me joindre sans estre troublés....

(Orig. Dépôt de la guerre. Vol. 2027, n° 182.)

107. *Villars à Chamillart.*

Extrait. Au camp de Valdorff, ce 23° juillet 1707.

Depuis la dernière lettre que j'ay eü l'honneur de vous escrire, Monsieur, les contributions ont esté reglées avec les députés de Mayence. Ceux de Darmstatt, des cinq cantons de la noblesse de Suabe et de la ville d'Ulm, dont les députés ont avoué que la dernière exécution que les housars ont faitte dans leurs terres leur coustera plus de douze cens mille frans. Ils avoient bien merité un pareil traittement par leur conduitte passée et se le sont justement attirés en dernier lieu, persuadés que l'armée du Roy rapprochée du Rhin, ils estoient à couvert de tout péril.

Le comte de Sezanne est en Franconie et doit revenir à la fin du moins. Je crois qu'il rapportera des sommes considérables et ramenera bien des ostages. J'espère que vous trouverés, Monsieur, que l'on a estendu les contributions aussy loin qu'il estoit possible. Il n'y avoit plus de temps à perdre pour cela, puisque l'armée des ennemis se fortiffie considérablement tous les jours.

APPENDICE. 369

Les cinq mille Saxons les ont joints depuis quatre jours et le jour d'après leur armée est revenüe camper à Spire.....

(Orig. Dépôt de la guerre. Vol. 2027, n° 223.)

108. *Villars à Chamillart.*

Extrait. Au camp de Rastat, ce 23e septembre 1707.

..... Je vois que le Roy ne veut pas employer un grand nombre d'officiers généraux sur la frontière. La pluralité n'est pas nécessaire au bien de son service. Je ne doute pas qu'Elle ne se serve des mesmes que l'année dernière dont l'estat est cy joint. Je vous supplieray de mettre ailleurs M. de Cheladet et vous diray bien naturellement que, dès l'hiver passé, je le voyois avec peine chargé d'un commandement où je scavois bien qu'il trouveroit impossible tout ce que je voudrois entreprendre. Les lettres qu'il m'a escrittes sur cela en font foy. Cependant, ayant résolu d'examiner dans les premiers jours de mon arrivée en Alsace ce qui seroit possible pour ne pas perdre de temps, je le priay de venir au-devant de moy à Saverne avec M. le comte de Broglie. M. de Cheladet persista à me dire qu'il estoit impossible de surprendre un passage sur le Rhin, ny de forcer les lignes de Stoloffen. M. de Broglie me donna des veues touttes contraires et, dez que je les eus examinées, j'espéray le succès que nous avons eû : dont par parenthèse vous me permettrez la liberté de vous dire, Monsieur, que M. le comte de Broglie doit espérer quelque récompense.

Je n'avois garde de charger M. de Cheladet d'une entreprise qu'il jugeoit impossible. Je ne luy en parlay mesme plus, ayant pour principe de ne jamais parler d'un dessein qu'à ceux qui doivent indispensablement en estre informés : celuy là réussit. Il en fut surpris et fasché. J'aurois autre chose à vous dire, mais la vérité est que M. de Cheladet a esté bon capitaine de cavallerie, bon colonel, a bien servy M. de Luxembourg en Flandres, mesme pour donner la bataille de Fleurus; présentement il servira mieux qu'un autre pour en éviter. Je suis forcé à vous dire ces vérités là sur son sujet. Je ne scaurois luy pardonner de ne m'avoir pas donné un avis à Gemundt qu'il scavoit bien que j'attendois avec impatience. Je finis court sur cela.

Je reviens aux lieutenans généraux. M. le comte du Bourg, qui est le premier, a certainement la pluspart des bonnes qualités que l'on peut désirer pour la guerre, exact, vigilant; je luy ay veu beaucoup de courage, et personne ne sera plus propre à prendre touttes les précautions pour la seureté d'une frontière. Il m'a témoigné qu'il désireroit fort de servir l'hiver, si je demeurois, et m'a dit qu'il avoit l'honneur de vous escrire pour cela.

M. de Saint-Fremont a aussy bon esprit et pense aussy bien sur la guerre qu'aucun officier général des armées du Roy. Je dois mesme dire que, dans l'affaire de Lorch et celle de l'arrière-garde près Gemundt, il servit avec beaucoup de vigueur. Je l'aime fort, personnellement, mais vous, Monsieur, qui le connoissés et l'aimés, croyés vous que sa santé, son âge et sa volonté luy fassent désirer de faire encore la guerre? Pour moy, j'en doutte, et il faut aimer la guerre et estre animé d'ambition pour penser toujours de même sur la guerre. Et moy qui vous parle et qui, j'ose le dire, ay toujours esté plus occupé de me faire du mérite que de ma fortune, croyés vous que je me flatte de penser toujours de mesme sur la guerre? Les sentimens des hommes changent et, si ma santé n'estoit pas aussy bonne qu'elle l'est, grâce à Dieu, je supplierois Sa Majesté d'honorer quelqu'autre du commandement de ses armées. Il y a bien peu d'hommes dont l'ardeur et un esprit d'audace ne soit affoibly par l'âge ou la mauvaise santé. J'en ay connu deux au-dessus des années et des maladies : c'estoit M. de Turenne et M. le Prince, encore le dernier s'exécuta. Il n'y en a pas beaucoup de cette trempe là.

Voilà bien des digressions, et, si vous n'avés pas plus de temps à Fontainebleau qu'ailleurs, ma trop longue lettre vous fatiguera beaucoup.

Je reviens à nos généraux : si M. le comte d'Hautefort vous paroist [avoir] une grande envie de demeurer l'hiver, je m'en accommode assez; M. de Peri est fort appliqué et vigilant. Je vous avoue que je suis fasché de voir des étrangers se distinguer de nos François. Cela arrive pourtant dans plusieurs de nos armées, et Dilon s'est bien distingué partout. Mon frère m'a mandé de sa part qu'il souhaitte fort de venir avec moy : je le souhaitte fort aussy. Je vous demanderay préférablement mon frère, si S. M. ne le destine à rien sur la mer. Mylord Marlborough a son frère que l'on m'a dit estre un officier général très médiocre; cependant, parce que c'est son frère, il luy confie les principaux postes. Le mien, Monsieur, j'ose le dire, est un des meilleurs sujets que le Roy ayt. Vous scavés combien je l'ay désiré : ce n'est que par la raison du bien du service. Je suis bien seur que, quand je le mettray à une teste, il m'en répondra avec autant de capacité et plus de fermeté qu'un autre. Il a servy de mareschal de camp pour le Roy d'Espagne à Gibraltar, et les services qu'il a rendus depuis sur mer et sur terre, à l'isle de Minorque et en Provence, peuvent obliger S. M. à l'honorer de quelque confiance. J'ose dire qu'il n'en est pas indigne, et vous asseure, Monsieur, que je suis moins occupé de son avancement que du bien du service quand je désire qu'il ne soit pas un moment inutile.

Je reviens aux mareschaux de camp. Je commenceray par M. le comte de Chamillart et M. le marquis de Dreux. Je vous asseure, Monsieur, que par toutes sortes de raisons je les désirerois fort.

M. le comte de Chamillart est fort appliqué et aime fort le mestier. J'ay oüy dire mille biens de M. de Dreux à ceux qui l'ont veu servir en Italie. Un grand courage ; je luy connois un grand sens et je l'aime fort asseurement. Vous sçavés, Monsieur, par ces messieurs mesmes, ce qu'ils désirent : pour moy je les désire fort. J'en ay parlé à M. le marquis de Dreux, qui m'a fait l'honneur de me paroistre de mes amis. Il n'a pas fait difficulté de me dire qu'il avoit des affaires indispensables qui l'attiroient auprès de vous cet hiver, mais que pour la campagne il vous demanderoit à la faire avec moy.

M. le chevalier de Croissy m'a paru désirer de servir, et il est de très bonne volonté. M. de Vieuxpont est fort bon sujet. Je ne scay si les raisons qui l'ont fait retourner à Paris luy permettent d'en partir.

Vous avez des brigadiers de cavalerie et d'infanterie excellens. Il y en a de médiocres dans l'infanterie. C'est aux majors généraux à vous les faire connoistre.....

(Orig. Dépôt de la guerre. Vol. 2028, n° 129.)

109. *Villars à Chamillart.*

A Strasbourg, ce 4e novembre 1707.

M. le duc de Virtemberg, Monsieur, a renvoyé de luy mesme (et comme vous croirés bien sans en avoir esté sollicité par moy) les officiers de la garnison d'Hornberg, lesquels j'ay fait mettre en prison sur le champ, et maudé à M. le duc de Virtemberg que de tous les prisonniers, c'estoit ceux que j'estois le moins pressé d'échanger, puisque mon sentiment est que tous officiers qui se rendront prisonniers de guerre pourriront dans les prisons ennemies et n'en sortiront que pour entrer dans celles du Roy.

Ces officiers ont commencé par s'excuser sur ce que les soldats s'estoient révoltés contr'eux. Je leur ay dit qu'il falloit tuer les plus mutins et qu'il eust esté plus honneste pour eux que leurs soldats les eussent livrés prisonniers eux mesmes que de livrer leur garnison. M. de la Bastie m'a dit que le lieutenant colonel qui estoit allé leur porter des munitions de guerre les avoit trouvés tous bien logés dans la ville d'Hornberg sans songer à s'accommoder dans le château qui n'est pas très bon, mais cependant il y a trois costés inattaquables, et le troisième (*sic*) est une muraille et un donjon où le canon ne fait pas grand effect.

Enfin, Monsieur, ma pensée est que l'on laisse ces officiers en prison pendant deux ou trois mois; s'informer autant qu'il sera possible pendant ce temps là de l'estat du chateau, et après cela les mettre au conseil de guerre. Peut estre qu'ils le méritent moins que ceux des places régulières, dont les garnisons ont eu la lascheté de se rendre à de pareilles conditions, mais je suis entièrement pour la sévérité, la croyant nécessaire.

J'auray l'honneur de vous dire, Monsieur, qu'en 74, M. l'Électeur de Brandebourg estant en Alsace avec plus de 60 mil hommes, attaqua le chateau de Wasselone qui ne valoit peut estre pas celuy d'Hornberg : un capitaine de Champagne y commandoit avec 200 hommes; après cinq jours d'attaque, battu de canon, il se rendit, sortant avec sa garnison et tous les honneurs de la guerre. Il voulut se présenter à M. de Turenne et M. de Turenne ne voulut pas le voir; tout le régiment de Champagne est instruit de ce que j'ay l'honneur de vous mander. Le mesme esprit n'est pas présentement dans les trouppes.

(Orig. Dépôt de la guerre. Vol. 2028, n° 244.)

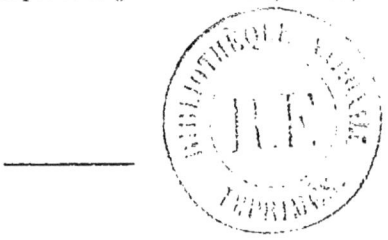

TABLE

DU SECOND VOLUME.

SOMMAIRES.

1701.

Villars quitte Vienne, p. 1 ; s'arrête chez l'électeur de Bavière et le prince de Bade, 1, 2 ; est destiné à l'armée d'Italie, 2 ; est reçu par Louis XIV. Villeroy battu à Chiari, 3. Villars malade à Turin, 5 ; rejoint le prince de Vaudemont à Pizzighitone, 6. Combat de Castelleone, 7. Villars reçu avec enthousiasme par l'armée de Villeroy, 8 ; commande un corps détaché sur l'Adda, 10. Séparation de l'armée, 10. Villars, passant par Turin, est retenu par le duc de Savoie, qui lui confie ses griefs, 11, 12.

1702.

Villars à Versailles, 12 ; n'est pas fait maréchal de France, 13 ; épouse Mlle de Varangeville, 13. Villeroy pris à Crémone, 14. Traité de l'électeur de Bavière avec Louis XIV, 16. Mort de Guillaume III, 17. Villars envoyé à l'armée d'Allemagne sous Catinat, 19. Siège et prise de Landau, 18-20, 22. Inaction de Catinat, 18-21. Ulm surpris par l'électeur de Bavière, 22. Villars reçoit le commandement du corps destiné à joindre l'électeur, 25 ; se rend à Huningue, 27 ; jette un pont sur le Rhin, 28. Prise de Neuenbourg par du Bourg, 31. Les Suisses protestent contre le passage sur leur territoire, 33. Le prince de Bade abandonne ses positions de Friedlingen, 32. Villars passe le Rhin et le défait complètement, 34-37 ; reçoit le bâton de maréchal, 40 ; lettres du Roi, du duc d'Orléans et de la princesse de Conti, 41. L'électeur de Bavière évite de joindre Villars, 42. Le prince de Bade n'ose attaquer Neuenbourg, 42. Villars, après une démonstration sur Fribourg, repasse le Rhin, 45 ; et s'établit à Saverne, 43-45. Expédition de Tallard sur Nancy,

45. Négociations de l'électeur de Bavière avec l'empereur, 46. Villars établit ses quartiers d'hiver en Alsace, en Lorraine, en Franche-Comté, 47. Naissance d'Honoré-Armand de Villars, fils du maréchal, 47.

1703.

Villars est très bien reçu par le Roi, 47. Plans pour la campagne suivante, 48-56. Villars passe le Rhin le 10 février, 56; disperse la cavalerie ennemie, passe la Kintche, 59; remonte la vallée jusqu'à Haslach, 60, et investit Kehl, 61; mène le siège de cette place sans tenir compte des plans de Vauban, 61-63; elle capitule le 11, 64. Villars demande un brevet de duc, qui lui est refusé, 65; s'empare de Kensingen, 67; écrit au Roi une longue lettre sur le siège de Kehl, 67-72. Son dépit de ne pas être duc, 72; sa correspondance avec Chamillart, 73. Il repasse le Rhin, 74. Mécontentement du Roi et de la Cour, 74. Le Roi lui rend sa liberté d'action, 76. Villars confère avec Tallard, passe le Rhin et se porte devant Bühl, 77. Blainville ne croit pas pouvoir attaquer la droite des lignes ennemies, 77. Villars tient un conseil de guerre et renonce à l'attaque, 78; s'engage dans la vallée de la Kintche, 79; s'empare de Hausach, Haslach et Hornberg, 80; bombarde inutilement Villingen, 82; rétablit la discipline dans l'armée, 83; joint l'électeur de Bavière à Riedlingen, 85; reçoit les confidences de Ricous, 87; décide l'électeur à marcher sur Passau et Vienne, 89. L'électeur renonce à ce projet, 91. Villars essaye en vain de le faire revenir, 94. Max Emmanuel envahit le Tyrol, 95. Villars presse inutilement la marche de Vendôme en Italie, de Tallard sur le Rhin, 96-97. Prise de Kufstein, 97; de Rattenberg, 98. Villars insiste inutilement pour que l'électeur occupe Augsbourg, 98. Le prince de Bade et Styrum se concentrent devant Villars campé entre Lauingen et Dillingen, 99. Insurrection des Tyroliens, 102. Lenteur de Vendôme et de Tallard, 103, 107. Legall bat le comte de la Tour à Munderkingen, 104. Villars insiste encore pour l'occupation d'Augsbourg, 107, 109. Max Emmanuel évacue le Tyrol, 109. Le prince de Bade marche vers l'Iller, 110. Villars se porte à sa rencontre, 111; ne peut l'empêcher d'occuper Augsbourg, 112. Discussion de Villars et de l'électeur, 113-115. Villars se décide à attaquer Styrum et passe le Danube à Donauwerth, 116. Fausse manœuvre de d'Usson, 119. Victoire d'Hochstædt, 119-121. Villars veut rétablir la communication avec la France, 123; l'électeur veut défendre la Bavière,

124. Conflit entre les deux chefs d'armée, lettre de Villars au Roi, 125. Marche sur l'Iller, prise de Memmingen, 133. Le prince de Bade évacue Augsbourg, 134. Villars remplacé par Marsin, 135. Sa dernière entrevue avec l'électeur de Bavière, 138. Il se rend à Schaffouse, où il rencontre Marsin, 140. Le Roi le destine à l'armée d'Italie, 141. Il refuse et rappelle à ce sujet les maladresses de Phelypeaux, ambassadeur auprès du duc de Savoie, 142. Il est reçu à Marly, 143.

1704.

Villars est chargé de réduire les Camisards révoltés du Languedoc, 145; se propose de les prendre par la douceur, 146; s'abouche avec d'Aygalliers, 147; presse activement les opérations militaires, 148; son entrevue avec Jean Cavalier, 150-151. Résistance des lieutenants de Cavalier, 152. Secours envoyés aux rebelles par l'étranger, 152. Cavalier se soumet et quitte la France, 154. Défaite de la flotte ennemie devant Malaga, 156. Mort de Rolland et de Maillet, 160. Villars apprend la défaite d'Hochstædt, 161. Mort ou soumission des derniers chefs rebelles, 162-165. Aventure du sieur de Mandajors, 165. L'électeur de Bavière vient à Versailles, y rencontre la maréchale de Villars, 166. Le roi des Romains prend Landau, 167. Villars tient les états de Languedoc, 167.

1705.

Villars reçoit le cordon bleu, 169; se rend à la Cour, 170; est nommé commandant en chef de l'armée de la Moselle, se rend à Metz, 172; offre ses revenus au Roi, 172; prend les Deux-Ponts et Hombourg, 174. Lettre de Villars au Roi pour demander des ordres, 176. Mort de l'empereur Léopold, 179. Villars prend position près de Sierk, 180. Marlborough passe la Sarre et se poste en face de lui, 182. Lenteur du prince de Bade, 183. Marlborough décampe avec toute son armée, 185; attribue sa retraite à l'inaction du prince de Bade, 186. Villars obligé d'envoyer une partie de ses troupes en Flandre, 187; fait une démonstration vers Trèves et marche rapidement sur Wissembourg, dont il force les lignes, 188; prend les petites places de la basse Alsace, occupe Hombourg, démantèle Trèves, 189-191; passe le Rhin et fait une excursion autour de Lichtenau, qui est pris, 192. Le prince de Bade ayant reçu des renforts, Villars, affaibli par des détachements envoyés en Flandre, évacue la ligne de la Moder, 193. L'ennemi assiège Haguenau, 194. Pery sort de la place avec toute la garnison, 195. Villars s'établit solidement sur la Bruche et sur la Sarre et prend ses quartiers d'hiver, 196.

1706.

Villars, de concert avec Marsin, attaque les lignes de la Moder, 198. Irrésolution de Marsin, 199. Villars donne l'exemple, 200. Broglie occupe Lauterbourg, 201. Drusenheim et Haguenau sont pris, 202. Villeroy battu à Ramillies, 202. Marsin conduit son corps en Flandre, 203. Villars fortifie la ligne de la Lauter, 203. La Cour ne l'autorise pas à passer le Rhin, 204. Le Roi lui donne le commandement de l'armée d'Italie sous le duc d'Orléans, 205. Villars refuse : ses lettres à Mme de Maintenon, 206; à Chamillart, 209. Le Roi consent à envoyer Marsin à sa place, 212. Villars s'empare de l'île du Marquisat, 213; reçoit l'ordre d'assiéger Landau, 214; mais démontre au Roi que son armée a été trop affaiblie pour pouvoir mener à bien cette opération, 215. Il se retranche sur la Lauter, 215. L'ennemi se présente devant lui, 215. Mauvaises nouvelles d'Italie, affaire de Turin, 218. Le prince de Bade quitte le commandement de l'armée ennemie, 219, qui repasse le Rhin le 17 novembre, 220. Villars occupe Hagembach et prend ses quartiers d'hiver, 221.

1707.

Succès de Berwick en Espagne, 222. Victoire d'Almanza, 223. Villars prépare avec le comte de Broglie l'attaque des lignes de Stolhoffen, 223; elles sont forcées le 21 mai. Villars occupe Rastatt, 228; Pforzheim, Etlingen, 230; Stuttgard, 232; pousse ses contributions jusqu'au Danube, 234. Prise de Schorndorff, 235. Combat de Lorch, 236. Villars entre en relations avec Charles XII, roi de Suède, et lui propose une action combinée, 238; mais la Cour le rappelle sur le Rhin et lui demande des détachements pour la Provence, 239. Villars revient devant Manheim, 241, puis à Bruchsal, 242. Combat de Dourlach, 243. Agnès de Villars reçoit l'abbaye de Chelles, 245. Villars se maintient sur la rive droite du Rhin devant les forces croissantes de l'électeur de Hanovre jusqu'à la fin de septembre, 246-249. Il repasse le Rhin et sépare l'armée en octobre, 250.

TABLE. 377

APPENDICE.

I. Négociations relatives a la succession d'Espagne (suite). 253
II. Extraits de la Correspondance de Villars.

  Lettres écrites en 1702 256
    Villars à Chamillart, nos 1-7, 9, 12-16, 19, 20.
    Villars à M. de Ricous, n° 8.
    Villars au comte d'Arco, n° 10.
    Villars au Roi, n° 11.
    Chamillart à Villars, n° 17.
    Villars à M. de Puysieulx, n° 18.

  Lettres écrites en 1703 275
    Villars à Chamillart, nos 21-25, 27, 29, 30, 35, 37, 39, 43, 45, 46, 48, 50, 51.
    Villars au Roi, nos 26, 28, 40, 42, 47.
    Villars au maréchal de Villeroy, n° 31.
    Le Roi à Villars, nos 32, 41.
    Chamillart à Villars, nos 33, 36, 44.
    Le Pelletier à Villars, n° 34.
    Villars au prince de Conti, n° 38.
    Villars au comte de Marsan, n° 49.

  Lettres écrites en 1704 311
    Jean Cavalier à Villars, nos 52, 53, 56.
    Villars à J. Cavalier, n° 54.
    Rolland à J. Cavalier (?), n° 55.
    Villars à Chamillart, nos 57, 61, 64, 69.
    Villars au prince de Conti, nos 58, 60, 68.
    D'Aigalliers à Villars, n° 59.
    Villars au cardinal de Janson, n° 62.
    Le comte de Choiseul Traves à Villars, n° 63.
    Villars à du Bourg, n° 65.
    Villars à l'abbé de Saint-Pierre, n° 66.
    Villars à l'évêque d'Alais, n° 67.

  Lettres écrites en 1705 335
    Villars à Chamillart, nos 70, 72-75, 79, 84, 88, 89, 91, 93.
    Chamillart à Villars, nos 71, 86.
    Marlborough à Villars, n° 76.

Villars à Marlborough, n° 77.
Villars au Roi, n°s 78, 81, 83, 87, 90, 92.
Villars à M. des Alleurs, n° 80.
Villars à la marquise de Maintenon, n° 82.
Villeroy à Villars, n° 85.
Villars à l'évêque de Nîmes, n° 94.
Villars au cardinal de Janson, n° 95.

LETTRES ÉCRITES EN 1706   357
Villars à Chamillart, n°s 96, 98, 99, 101, 102.
Villars au Roi, n°s 97, 103.

LETTRES ÉCRITES EN 1707   361
Villars au comte de Broglie, n° 100.
Villars à Chamillart, n°s 101, 102, 107-109.
Villars au Roi, n°s 103-106.

Nogent-le-Rotrou, imprimerie DAUPELEY-GOUVERNEUR.

IMPRIMERIE DAUPELEY-GOUVERNEUR

A NOGENT-LE-ROTROU.

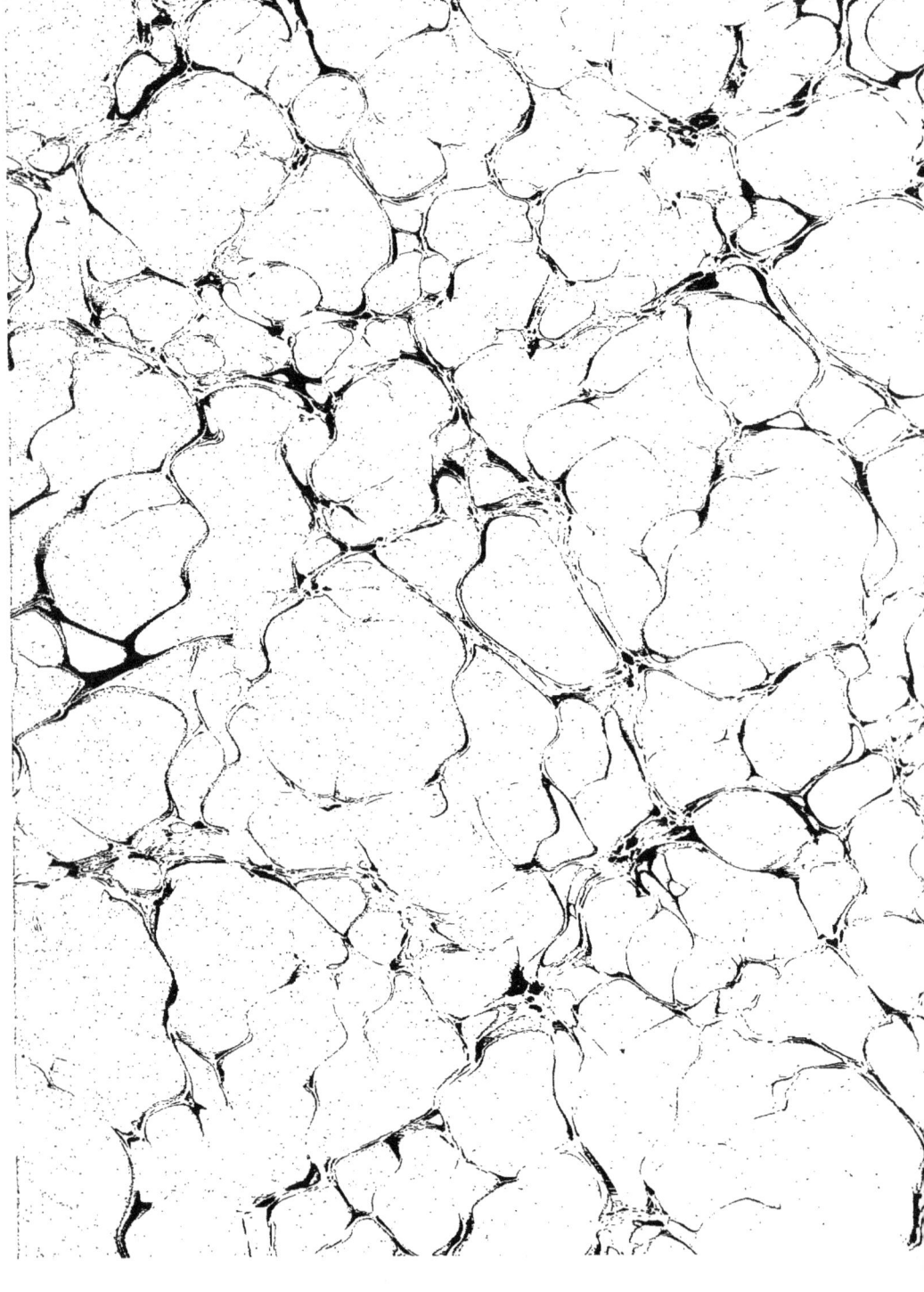

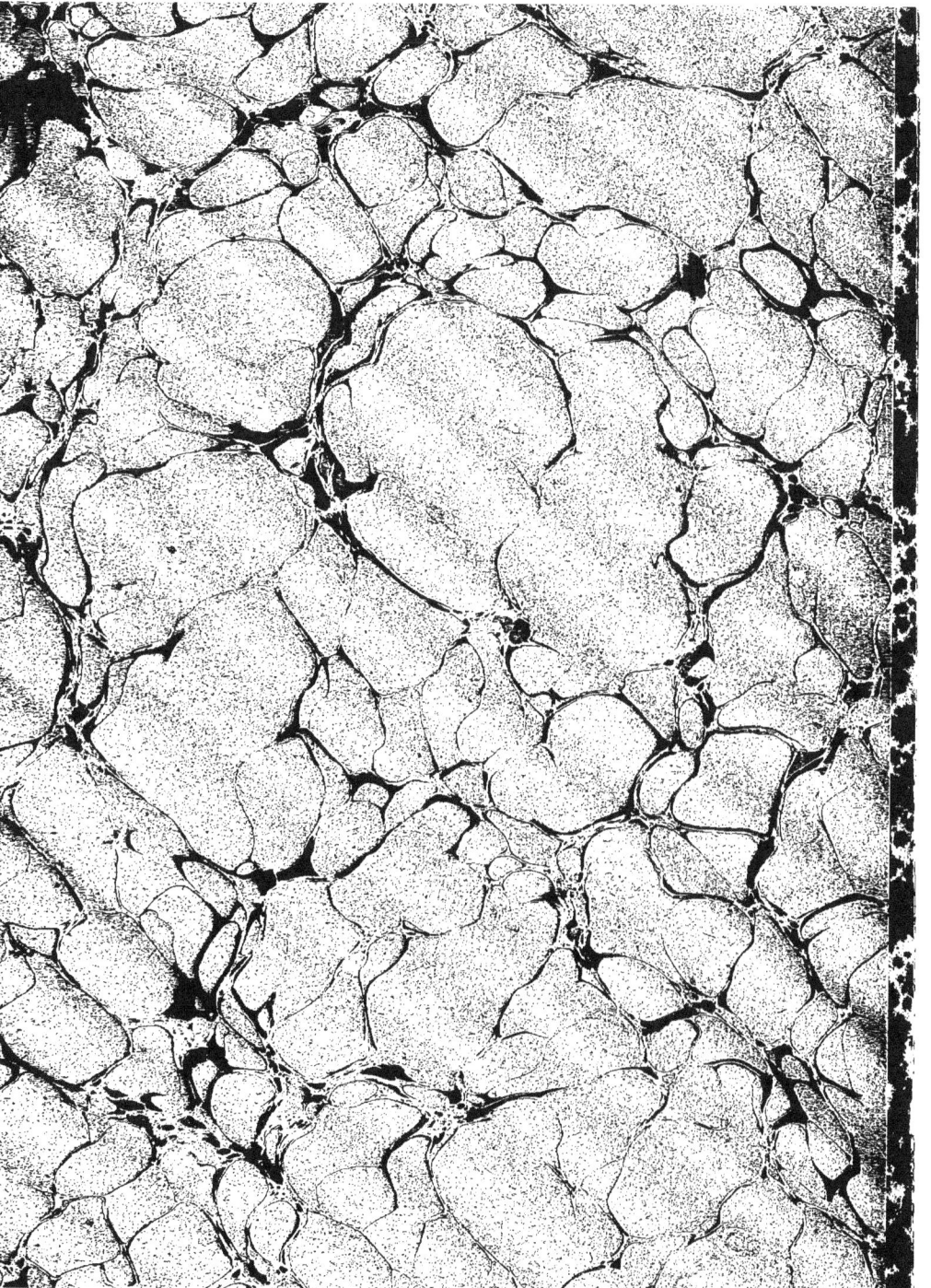

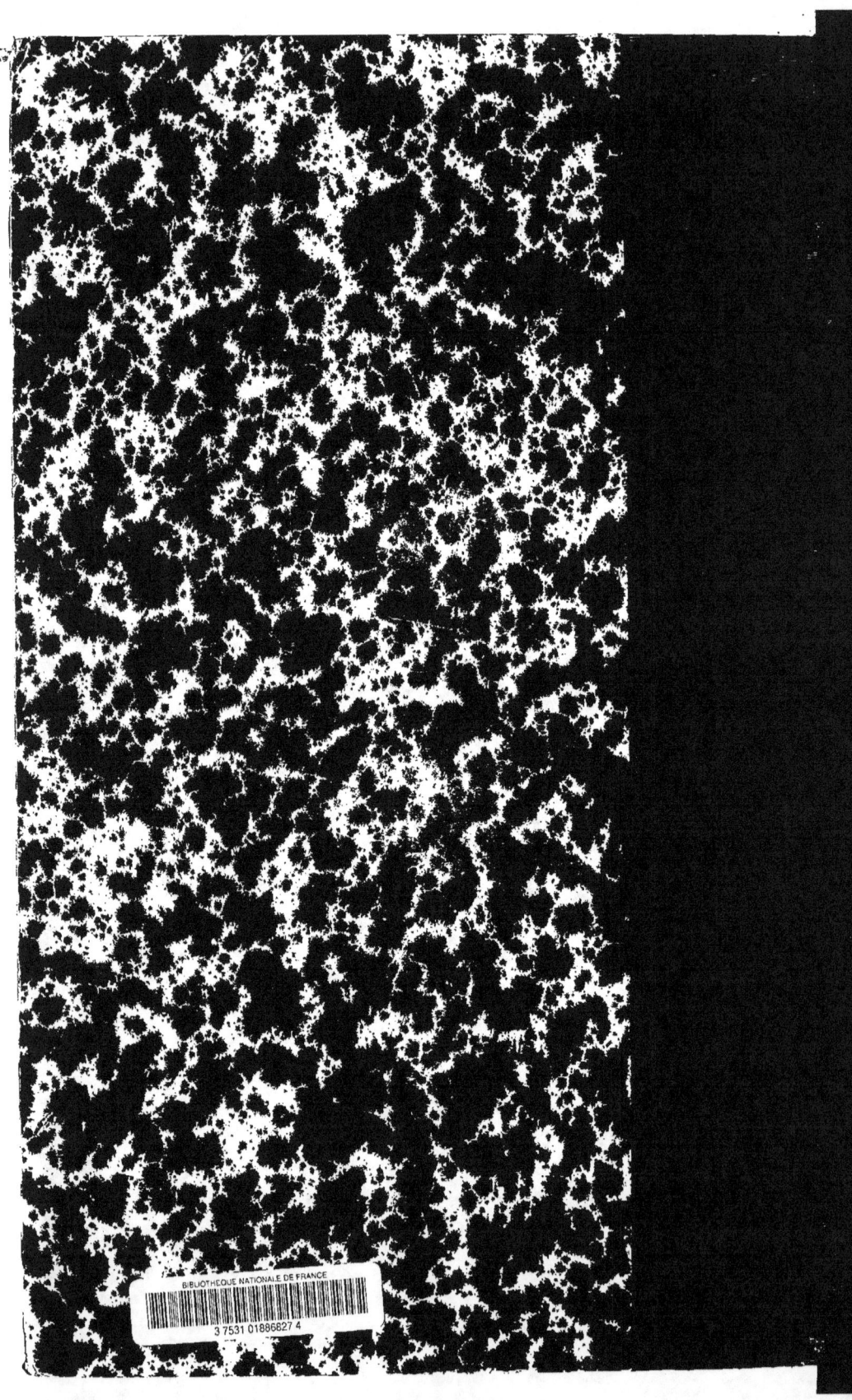

www.ingramcontent.com/pod-product-compliance
Lightning Source LLC
Chambersburg PA
CBHW052138230426
43671CB00009B/1299